古代歷史文化研究輯刊

四編

王明蓀 主編

第28冊

清初翰苑體制與翰林流品（上）

宋秉仁 著

國家圖書館出版品預行編目資料

清初翰苑體制與翰林流品（上）／宋秉仁 著—初版—台北
縣永和市：花木蘭文化出版社，2010〔民99〕
序 4+ 目 4+256 面：19×26 公分
（古代歷史文化研究輯刊 四編：第 28 冊）
ISBN：978-986-254-248-4（精裝）
1. 中國政治制度　2. 內閣　3. 文官制度　4. 清代
573.529　　　　　　　　　　　　　　　　99013201

ISBN - 978-986-254-248-4

9 789862 542484

古代歷史文化研究輯刊
四　編　第二八冊　　　　　　ISBN：978-986-254-248-4

清初翰苑體制與翰林流品（上）

作　　者　宋秉仁
主　　編　王明蓀
總 編 輯　杜潔祥
印　　刷　普羅文化出版廣告事業
出　　版　花木蘭文化出版社
發 行 所　花木蘭文化出版社
發 行 人　高小娟
聯絡地址　台北縣永和市中正路五九五號七樓之三
　　　　　電話：02-2923-1455／傳眞：02-2923-1452
電子信箱　sut81518@ms59.hinet.net
初　　版　2010 年 9 月
定　　價　四編 35 冊（精裝）新台幣 55,000 元

清初翰苑體制與翰林流品（上）

宋秉仁　著

作者簡介

宋秉仁，國立政治大學歷史系學士（1987）、歷史研究所碩士（1992），國立台灣師範大學歷史系博士（2001）。研究領域以清代文化史、清代政治史、清代制度史爲主，現任國立台灣師範大學國際與僑教學院人文社會學科助理教授。

提　要

　　本書研究斷限爲清初順治、康熙、雍正、乾隆四朝，以翰林院制度及人員爲重心。首章詳論官制更迭，另且一併論述詹事府，以顯現翰林官制之完整。首章二節陞轉之制乃與第五仕途一章遙相呼應，正見詞臣出身者，其宦途之可能經歷，又舉多項實例以爲證明。職掌一章論述翰林實際從事職務，有其特殊與重要之處。考試一章專論與翰林有關各項考試之制，翰林雖爲科舉層層篩選，脫穎而出，仍有其特殊考績之處，允爲精英中之精英。典禮一章專論國之大典與翰林密切相關者，是即講筵體制與身後易名。仕途一章，自庶吉士散館，分別留館、改官爲始，逐項發掘翰苑出身者未來仕途經歷之各種可能，清楚可見翰林仕途遷轉之跡，益見翰林官僚格局與仕途全面性。官常一章專論翰林名號稱謂、欽定行止儀注、官場人際關係與翰林讀書立品特徵，皆須以讀書爲立品之本，非惟紙上談兵而已，亦爲其官僚格局之一面。末章論翰林名位，有其榮顯之處，亦爲清廷統治之一種穩定力量。書後所附「則例」三種，在台向所未見，特赴北京抄回。又附表九種，俱明翰林職掌遷轉，更爲國家股肱棟梁。

著者小識

　　本書之作，係民國八十四年至九十年（1995-2001A.D.）就讀國立台灣師範大學修習博士學位期間所作博士論文，原題「清代前期翰林院體制與儒生官僚格局」，由中央研究院近代史研究所王爾敏教授指導完成。在學期間，親炙先生風華，初窺堂奧之秘，惟以愚鈍之資，遲遲未有進境，實在慚愧惶怵。其時生活困頓，端賴先生所賜，得紓窘境，王師母復時時昫拂問暖，殷殷照顧，倍感溫馨。此番付梓，復承王先生改定書名，亦實愧不敢當。

　　近代史研究所前所長呂實強教授，乃筆者早期修習碩士學位指導教授，多年來於立身行世之道，不斷激勵鼓舞。先生淡泊明志、清操厲節，非小子所能望其項背，祇求無負清勤謹慎之望而已。

　　二位先生非僅經師，實亦不世之偉岸人師，厚恩殷望，終身不敢相忘。

　　本書寫作期間，曾蒙中研院諸女士、先生大力鼎助，謹誌大名，藉申謝忱：公小穎、丘慧君、皮慧萍、江世杭、江淑玲、朱浤源、沈懷玉、呂芳上、吳鳳蓮、李秋芳、李朝順、李銘銀、李美儀、李達嘉、林成奎、林秀貞、林登雲、林淑慧、林滿紅、林錦龍、周柏榮、邱彥貴、范毅軍、姜正華、胡國台、徐思泠、許文堂、許雪姬、許聖明、陳南之、張力、張存武、張秋雯、張啓雄、張瑞德、張壽安、崔蓮祥、游鑑明、黃自進、黃克武、黃福慶、隋皓昀、詹婉信、楊翠華、葉其忠、廖懿姿、熊秉眞、劉增富、錢慧華、魏秀梅、蘇樹、鐘玉霞。其餘諸師友未遑一一題記，心實有愧，然諸位深情厚誼，非筆墨所能盡，當銘記在心，永誌不忘。北京王戎笙、朱淑媛、李保文、李國榮、屈六生、陳東林諸先生，屢次相助，亦於此一并致謝。

　　本書於民國九十年六月撰成，經論文考試委員會莊吉發、劉家駒、劉德

美、魏秀梅諸先生審查,並通過考試,順利取得學位。諸先生對本書多有糾謬,亦且提出非凡識見,振聾發聵,裨益實多。

　　月前偶得邸永君先生著《清代翰林院制度》(北京:社會科學文獻出版社,2002),據作者自述,該書研究及撰寫期間,適與本書大致相同,邸君與筆者同時選擇本題撰寫學位論文,千里同道,天涯咫尺,寧非快事,讀者自可對讀,當有所發明也。本書絕非盡善盡美之作,所有文責當由筆者自負,萬祈海內外方家有以教我,不吝指正,此眞衷心期盼者也。

　　泰安書局易啓山先生不計盈虧,堅持出版,謹此敬致謝忱。

民國九十二年 (2003) 三月

著者識於後寮畎畝間

　　本書原爲昔年博士論文,原題《清代前期翰林院體制與儒生官僚格局》,曾於民國九十三年 (2004) 增補內容,並改題《清初翰苑體制與翰林流品》,由台北泰安書局易啓山先生義助印行,數量無多,亦未簽訂版權合同。泰安書局早於數年前結束營業,今逢花木蘭文化出版社之邀,再度出版,並納入王明蓀教授主編之《古代歷史文化研究輯刊》,甚感榮幸,特此聲敘,並申謝忱。

民國九十九年 (2010) 四月

誌於林口新寮

目
次

序

王爾敏先生

　　門人宋秉仁博士，自民國七十八年（1989）在國立政治大學歷史研究所選修近代史料分析，得以相結師生之緣。其時彼在呂實強教授指導之下，研究清季常勝軍史事並攻研碩士論文，我適被邀爲其論文考試委員，頗鑑賞其探析縝密，思辯精細，確信其具有治學潛力，將會在史學之林有所表現。

　　秉仁弟於民國八十一年（1992）取得學位後，即到中央研究院近代史研究所擔任研究助理，期間專事在我的研究計畫之下協助研究明清庶民社會以及編纂康有爲手書等工作，前後有二年經驗。隨即考入國立台灣師範大學歷史系博士班繼續攻讀博士學位，並亦選讀吾所授之「中國古代典籍」及「掌故學」等課程，且在吾教導之下，選擇清代政治史問題爲其主修領域。

　　在台灣學界，前代明清史名家，有蕭一山、李宗侗、郭廷以等碩學廣爲傳授，同領域中後輩學子，一時俊秀有王家儉、李國祁、陳文石、吳秀良、劉家駒、魏秀梅、莊吉發等人，各有著作建樹。惟專門研治制度史者，僅有吳秀良、魏秀梅兩位。我雖重視清代制度，然則未能上及盛清時代，愈見清史一門缺乏後繼人才，故屬意秉仁在此領域用心。

　　回觀二十世紀史學界，研治制度史者屈指可數，具通論性者有呂思勉、陶希聖、韋慶遠等人著作。專門漢代者有勞榦、徐復觀，專門唐代者有陳寅恪、嚴耕望、王壽南，專門宋代者有宋晞、王德毅，專門明代者有孟森、吳緝華，專門清代者有王鍾翰、王戎笙、吳秀良、魏秀梅。吾並非清代制度史專家，然於晚清地方制度、軍事制度亦有研究專著，於盛清政治制度，自感有責任培育新人，因是極力鼓勵秉仁弟在清代制度史上多所用心。

　　清史爲滿清政權終結以後，由史家孟森、蕭一山所新開拓的研治領域。

雖然同在民國時代已開館分職,修纂成清史稿五百卷,而在二十世紀新史學風氣之下,清史研究自是完全新闢的一個斷代史。除了固有的各類史料,在研究的進程上,亦是新的啓步,正有許多論題等待今時學者開拓探討。秉仁弟逢此良機,自可一展才學識見。

秉仁在其思考研究選擇專題上與我有多次切商,我們對清代政制共同希望澄清國家政治何以長期有效的推動政務,願就清史領域作爲探討目標。這在本世紀史學論題而言,早有一個中國文官制度共喻的通識,因爲是早有英國政府是學得中國的文官制度(Civil Service)而運用有效,故而我們學界不但是熟知,而且也是普通常識。秉仁自有其特識與敏覺,特別與我做深入研討,順著這個方向,我們思考到文官制度的內涵與格局,並深知這是制度史上具悠久淵源的龐大論題。即使專就清史一個段落研究,也是相當龐大,關繫到中央官吏、地方官吏、正途出身、雜佐出身、捐班出身等各樣人才,若要全面研究清代文官體制,自必曠日持久方能達成。於是秉仁思考在清史上劃定盛清時代,在文官體制上專事研治最核心、最拔尖的政治菁英,遂決定以盛清翰林出身者爲確定對象,宗旨在掌握清代政府中的菁英。我同意做此選擇,具體來說,秉仁選擇的攻研領域,是清代文官制度上最關乎政務主軸的核心分子。

秉仁的此項研究著作,大方向是清代文官制度,但是特別抽取科甲出身的分子這一部份,進而又在清代科甲出身官員中排除舉人、貢生兩類,又在進士這一門類只選定翰林出身做爲代表。其博士論文原本標示爲《清代前期翰林院體制與儒生官僚格局》,今時出版,改題爲《清初翰苑體制與翰林流品》,在時代上言,是統觀盛清順、康、雍、乾四朝的政府人才素質;在題旨上言,在於探討清政府中的儒生官僚格局。我以爲秉仁的研究是充分把握到要領,將做一個制度史的明確建樹。

秉仁在二年前完成其大著,取得博士學位,如今任助理教授,雖教職繁忙,仍努力於精研清史問題,吾自望其開拓進境,更具重大成就。而在期盼之間,得知其學位論文即將出版,既富研究精神,又有充分自信。其大著主體七章,外有緒論、結論,附錄、附表亦具參考價值。吾故早已衡鑑其成熟程度,極望能刊布於世,以備學者參考引用,今日出版,果足副我殷切期望。

第一、此書的著作宗旨,在澄清中國帝王時代國家政府的政務之推行與其持久穩定性。這是要靠文官制度的健全與有效運行,這是國史上的重大問

題。秉仁對於清代史乘爬羅剔抉之後，提示三個關鍵要素，其一是考試選舉公開了人才登進之途；其二，選取有才智的飽學之士，歷經四、五次考試，精選拔尖人才；其三，文官陞轉體制，特為翰林清望增闢坦途，躋身政府高位如部院大臣、封疆大吏。文官制度健全、政務穩定，國家基礎較不易動搖，可以維持統治持久。秉仁舉出大學士朱珪的話：「宰相須用讀書人」一語可以表明治國人才要有學識。

第二、本書具體詳密的徵引大量史料，盡疏詳解翰林出身者之受到帝王重用。這包括寬廣之仕途，地方官下自守令、上至督撫，中央官下自部郎、上至宰輔，均具適任資格，並較他途優先。而特別重要的，專任翰林為帝王身邊備顧問之臣，此一接近帝王的使任，則為其他出身的官員所不及。翰林擔當文學侍從，具體使任包括入直南書房、尚書房，擔任經筵講官，隨扈巡幸、教授皇子，以至書寫太廟神主等等，具屬翰林出身者專任差使，概非他官所能勝任。此節即充分顯出翰林在帝王心目中的重要份量。

第三、秉仁之書專列官常與名位兩章，這些全是以往制度史著作所忽略闕如的關鍵性內涵，這是因為此內涵完全不入於官制，而卻是實際出現的做官規矩與官場習慣。因此特別建議讀者注意這兩章，因為翰林清望並非依靠官威維持，而是最為講究履踐做官規矩，也就是出於日久形成的慣性與風氣。翰林流品，是清代官場中最具指標性的官員典型，這種典型既非來自制度，也並無文字章則。雖然一切都在風氣中展現，然而行為上卻不可有分毫差錯，拿捏分寸全在於累積經驗與習慣養成。關於此點，前賢官制論述甚少提及，而秉仁則詳為解說，貢獻至鉅。

在清代官場中，翰林流品最重視名分，最講究前後輩分，有一定的不成文風習，同仁共守，不稍假借。在名位上言，除官制功令所定，便於查照，不需贅述者外，其為習慣積成者，如「文學侍從之臣」，是指翰林出身官員。「金堂玉馬」，專指翰林身分定義，確定不能亂用。「太史」，專指對翰林之通稱，毫不含糊。位至內外高官，死後諡名必加「文」字，如胡文忠公（林翼）、曾文正公（國藩）、閻文介公（敬銘）、丁文誠公（寶楨）俱必是翰林出身。惟至左宗棠諡文襄，雖是特例恩賞翰林，並非出於考試，而左氏仍到京親詣翰林院清秘堂，與同仁列序前後輩，成為當年盛傳佳話。

說到清秘堂，關係十分重要。此堂設於翰林院內，乃是保持翰林規矩，講究同流家法的聖地。在這裡，講究的是前後輩分、師弟關係，更重同榜同

年，形成宦場中繁密的交織網，官場中如非翰林，外官尚不重要，京官則大受排斥與孤立。但如身為翰林卻不懂規矩，在政壇上恃寵而驕，爭先恐後，必被前輩喝斥糾正，可以嚴正拉此後輩到清秘堂論理，則此後輩定招來一番羞辱。所以翰林在官場中彼此管束約制，似也像有幫規一般。

總之，翰林專用名號，他人不能亂自竊取。「清秘」專指翰林，「詞林」亦專指翰林，有清一代，絕無混淆，絕無誤解，如果錯用，就成笑柄。

秉仁之書，分章清明，標題簡覈，自勝橫流，足見用心之審。余為寫序，彌覺曠怡。望其更加精進，以期成為清史名家。

太歲在癸未，二月二十二日 (2003．3．24)
淮陽王爾敏寫於新大陸之柳谷草堂

緒　論

　　翰林之名，始見於漢時。當時並非用以署名官職之稱，乃是賦家取以喻為文辭之用。揚雄〈長楊賦〉序曰：

> 雄從至射熊館，還，上〈長楊賦〉，聊因筆墨之成文章，故藉翰林以為主人，子墨為客卿以風。

唐人李善注云「翰林，文翰之多若林也」〔註1〕，由此而知翰林原為文章、墨客之意。

　　唐代始置翰林院，《新唐書》〈百官志〉云：

> 學士之職，本以文學言語備顧問，出入侍從，因得參謀議、納諫諍，其禮尤寵；而翰林院者，待詔之所也。唐制，乘輿所在，必有文詞、經學之士，下至卜、醫、伎術之流，皆直於別院，以備宴見；而文書詔令，則中書舍人掌之……玄宗初，置翰林待詔……掌四方表疏批答、應和文章；既而又以中書務劇，文書多壅滯，乃選文學之士，號翰林供奉，與集賢院學士分掌制詔書敕。開元二十六年，又改翰林供奉為學士，別置學士院，專掌內命。凡拜免將相，號令征伐，皆用白麻。其後，選用益重，而禮遇益親，至號為內相。〔註2〕

乃是文學儒臣及各種技術者流供奉待詔之所。《唐會要》即明言翰林院乃「天

〔註1〕蕭統編，李善注《文選》（上海：上海古籍出版社標點本，全六冊，1986年），冊一，卷九，楊子雲〈長楊賦〉，頁403。

〔註2〕歐陽修、宋祁撰《新唐書》（北京：中華書局點校本，全二十冊，1975年），冊四，卷四十六，志三，百官一，學士之職，頁1138。

下以藝能技術見召者之所處也」〔註3〕，入居其中者，包括「詞學、經術、合鍊、僧道、卜祝、術藝、書奕」等類人物，各以擅長聽候召見，稱「翰林待詔」。〔註4〕

宋代置翰林學士院，有翰林學士承旨、翰林學士、直學士院、翰林權直、知制誥、學士院權直等官，掌制誥詔令撰述之事；又有侍讀學士、侍講學士、侍讀、侍講、崇政院說書等官，掌進讀書史，講釋經義，備顧問應對〔註5〕。元代設翰林國史院，主官為翰林學士承旨，下有翰林學士、侍讀學士、侍講學士、直學士，屬官有翰林待制、修撰、編修、檢閱、典籍等官，職掌與宋代略同。〔註6〕

明太祖洪武十八年（1385）定翰林院官制，設官如下：

翰林學士一人，正五品。　　　侍讀學士二人，從五品。

侍講學士二人，從五品。　　　侍讀二人，正六品。

侍講二人，正六品。　　　　　修撰三人，從六品。

編修四人，正七品。　　　　　檢討四人，從七品。

另有五經博士（正八品）、典籍（從八品）、侍書（正九品）、待詔（從九品）等官〔註7〕。據今人研究，其職掌可歸納為：侍從顧問、知制誥、經筵講學、衡文掄才、參與廷議、記注起居，編纂章奏，纂修史志，典藏圖籍等等項目〔註8〕。傳衍既久，明代閣臣以詞林出身者最多，其入閣歷程，初年皆自翰林直接入閣，中期以後，則多由翰林經卿貳大僚入參機務。

清承明制，亦設翰林院。院署所在，據明末清初人孫承澤《天府廣記》載：

今所知者，順天府，元之大都路總管府也；國子監，金之樞密院也；

〔註3〕 王溥《唐會要》（上海：上海古籍出版社點校本，1991年），卷五十七，翰林院，頁1145。

〔註4〕 劉昫《舊唐書》（北京：中華書局點校本，全十六冊，1975年），冊六，卷四十三，志二十三，職官二，翰林院，頁1853。

〔註5〕 脫脫等撰《宋史》（北京：中華書局點校本，全四十冊，1977年），冊十二，卷一六二，志一一五，職官二，翰林學士院，頁3811。

〔註6〕 宋濂《元史》（北京：中華書局點校本，全十五冊，1976年），冊七，卷八十七，志三十七，百官三，翰林兼國史院，頁2189。

〔註7〕 黃佐《翰林記》（上海：商務印書館叢書集成初編據嶺南遺書本排印，1936年），卷一，官制因革，頁1。

〔註8〕 張治安《明代政治制度研究》（台北：聯經出版事業公司，1992年），頁326～340。

> 翰林院，元之光祿寺也。其餘不可考。〔註9〕

另據清高宗時人于敏中所考，元代翰林國史院屢經遷徙，至順年間賜居北中書省（北省）舊署，自後遂爲定制。其地在鳳池坊之北，鐘樓之西，鐘樓又在中心閣西，而中心閣即爲清之鼓樓，則知元代翰林院署在清代鼓樓迤西，與清之翰苑廨署無甚關涉〔註10〕。再者，北省、南省乃金時兩稅賦宰相莊，號爲南相莊、北相莊，可知元代北省後來改爲翰林院署，亦即舊日金代北相莊。而金時兀朮（或曰烏珠）亦稱北相，故金兀朮居第即爲元翰林院署，朱彝尊《瀛洲道古錄》乃載歐陽楚公詩紀其事：

> 翰林老屋勢深雄，此是金家兀朮宮。〔註11〕

明代原立翰林院署於北京東長安門外，北向。其西爲鑾駕庫，東爲玉河橋。清代仍沿用之。孫承澤《春明夢餘錄》云明代翰林院署即爲元代鴻臚寺署〔註12〕，此說與《天府廣記》不符，因此清人朱彝尊再加考析：元代並無鴻臚寺官名，但有侍儀司，其衙署在都省（即元中書省，以尚書省所改，即南省）之東，水門之西，南倉（即元之太倉）之前；又引明焦竑《玉堂叢語》「宣德七年（1432）以故鴻臚寺爲翰林院」，因而推斷孫承澤所稱鴻臚寺署應爲明成祖永樂時所建。清初張廷玉等纂《詞林典故》推考翰苑廨署位置，即斷論明成祖建鴻臚署雖年遠無稽，但朱彝尊之言非無所本，於理當爲近是。于敏中等奉清高宗之命就朱彝尊舊纂《日下舊聞》增補考訂，亦言歷代翰苑衙署舊跡雖皆不可覆考，但以金水河水門按之，元代院署在水門之西，清則當其西北，此因明代展築南城，水門遂改徙而南，故翰苑廨署縈帶玉河，自明已然〔註13〕。故清人吳長元《宸垣識略》即明載當時翰林院署「在東長安街北，玉河橋之西北」。〔註14〕

〔註 9〕孫承澤《天府廣記》（北京：北京古籍出版社排印本，1982年），卷十，頁106。

〔註10〕于敏中等編纂《日下舊聞考》（北京：北京古籍出版社排印本，全八冊，1981年），冊四，卷六十四，官署，頁1053。

〔註11〕張廷玉等纂《詞林典故》（揚州：江蘇廣陵古籍刻印社據乾隆武英殿刊本影印，1989年），卷六下，廨署，頁8b。

〔註12〕張廷玉等纂《詞林典故》，卷六下，廨署，頁9a。

〔註13〕以上論證皆見于敏中《日下舊聞考》冊四，卷六十四，官署，頁1054。及張廷玉等纂《詞林典故》，卷六下，廨署，頁9a～9b。

〔註14〕吳長元《宸垣識略》（台北：文海出版社據清乾隆五十三年戊申冬刊本影印，1972年），卷五，頁10a。

清代翰苑官制，自掌院學士以下，有侍讀學士、侍講學士、侍讀、侍講、修撰、編修、檢討，均由科舉考試選拔任用，職掌類同前明，亦可以「侍講讀，備顧問，纂撰修史」數語繫之。清仁宗嘉慶朝體仁閣大學士朱珪嘗論翰林之職云：

> 翰林，史官也。自古歷三代，越唐、宋、元、明暨國朝，代以爲榮，然非獨擒文藻，誇寵遇以蓬山爲捷徑也。必將敦品茂學，處則傳名山，出則作霖雨，入則爲羹梅，所謂宰相須用讀書人。蓋古今名賢大半出此而負此官者，亦不少矣。〔註15〕

明揭翰林即爲史官，必須品格高尚、學問湛深，而此等讀書之人乃爲大拜宰相最佳人選。

清代科舉承明之制，仍用八股文，取《四子書》與《易經》、《尚書》、《詩經》、《春秋》、《禮記》五經命題，謂之制義。三年大比，子、午、卯、酉之年，試諸生於各直省，曰鄉試，中式者爲舉人。次年，丑、未、辰、戌，禮部試各省舉人於京師，曰會試，中式者爲貢士。貢士經天子親策於廷，曰殿試，或曰廷試，不再裁汰，惟將名次分爲三甲。一甲三人，曰狀元、榜眼、探花，均賜進士及第，榜下授職，分授翰林院修撰、編修之職；二甲若干人，賜進士出身；三甲若干人，賜同進士出身〔註 16〕。二、三甲進士再經朝考選拔，優者改爲庶吉士入庶常館讀書，教習三年，期滿散館，試之優者留館任官，原二甲進士授翰林院編修，原三甲進士授檢討，正式成爲翰苑詞臣，亦稱留館。就科考之逐級篩選言之，翰林爲菁英中之菁英無疑。

古代中國以儒家道術爲治國依據，儒家經典乃士子據以榮身晉官之具。士子自幼發蒙，浸淫於儒家道德經論之中，是爲儒生；以所學之儒家學問參與科舉，一旦中式登第，依國家典制授與官職，是爲儒生官僚。清代翰林侍講讀、備顧問、纂撰修史，以其滿腹經綸成就帝王君德、維繫儒道治術，更爲儒生官僚最上乘者。職此之故，本文主旨在於探究清代翰苑體制，既明其任官來歷、官場地位、職任權責，又知其遷轉陞擢、內外器使、氣類格局，欲全面理解清代翰苑及此類典型儒生官僚，並盼爲清代政治制度研究之一助。

〔註15〕法式善等撰《清秘述聞三種》（北京：中華書局點校本，1982 年），卷首，朱珪〈科名故實二書序〉，頁 1。

〔註16〕清代科舉之制，可參見商衍鎏《清代科舉考試述錄》（北京：生活讀書新知三聯書店，1958 年）。

　　本文之作，計分七章：官制、職掌、考試、典禮、仕途、官常、名位。研究斷限自清世祖順治元年（1644）爲始，至高宗乾隆六十年（1795）爲止，其因乃翰林體制至高宗乾隆朝已十分固定，爾後歷朝偶有微小變異，惟均無關宏旨；又，世祖朝至高宗朝計一百五十一年，已超越清代全期之半有餘，且爲清代鼎盛之期，翰林體制於此一時段之確立與傳衍，正有助於觀察清代受近代西方世界影響前之政權原始型態。至於清末罷廢科舉、停選庶常，翰林制度全然改變，因其已入於清末新政研究範圍，本文並不詳爲論述，但仍於結論一章略作交代。另，行文之際，各色例舉偶有下涉仁宗嘉慶朝以後人事，此乃個別事實論列之時，爲考慮其完整性，便於說明之故。

　　制度史之研究，首在官制。清人入關，原已保留前明在京各衙門，翰林院亦在其中，前明官員順降者仍留原職錄用。清人原有內院之制，其制乃將明代內閣承旨、廷議與翰林院記注、撰述、侍講讀融爲一體，入關未幾，即恢復內院之制，裁內閣、翰林院。自世祖順治二年（1645）閏六月首裁翰林院，分其職掌於內翰林三院爲始，清代翰林院即時置時罷。凡內三院設置之時，內閣、翰林院即行停罷；凡內閣、翰林院恢復之日，即內三院解散歸權之時。幾經更革，至聖祖康熙九年（1670）八月改內三院官制爲殿閣大學士，並恢復內閣、翰林院，此後確立不改，直至清末。另，詹事府原爲古代東宮官屬，清人入關後亦一體保留。惟其後亦措置無常，至康熙十四年（1675）十二月冊立皇太子，復設詹事府，始爲常設衙門，不再裁撤。將詹事府納入本文研究範圍，乃因清代詹事府雖無實質權責，卻爲翰林官遷轉歷練之階，必須一併論述，否則無以顯現翰林官制之完整。

　　翰林之內外陞轉，乃觀察其仕宦格局之唯一途徑。按清代典制之傳衍，內而六部卿寺之堂司郎官、職司風憲之御史給事、部院卿貳、殿閣宰輔，外而總督巡撫、布按兩司、河道漕務、道府守令，無一不有詞臣蹤跡。首章二節陞轉之制乃與第五仕途一章遙相呼應，正見詞臣出身者，其宦途之可能經歷，又舉多項實例以爲證明。

　　職掌一章乃以翰林實際從事職務爲論述內容。翰林爲史官，故其職掌首在纂撰修史，舉凡受命編纂書史、撰擬文字、纂修國史等，無所不包。又，清廷以滿人入主中原，自有其滿族文字，國家檔冊書史多有須以滿文留存者，是以翰林須學習國書（即滿文，或云清書），備作滿漢繙譯之用。其餘職掌以提學、衡文最受矚目。提學即出爲各省學政，掌一省學校政令，取進秀才，

為各省最高教育首長，是為「學差」。衡文即出為各省鄉試主考，負有選拔未來棟樑之責，職任綦重，是為「試差」；或為會試同考，輔佐主考，分房評閱，是為「房差」。凡奉使提學、衡文者，俱為欽差，地位尊崇。

翰林其餘職掌，又以南書房侍直與尚書房講讀最為特殊。自聖祖選翰林之文學優長者入內廷侍直，南書房翰林一度為特旨草擬要地，入直翰林亦隨而備受禮敬。又選翰林入尚書房，侍諸皇子皇孫講讀之事，清代帝王普遍學問淵厚，亦無甚敗德邪行，雖曰祖宗家法謹嚴，然亦不能不謂與昔日師傅課讀有深厚關係。凡入侍翰林，無論與君王講道論學、吟風弄月，或至書房以文藝經史教導諸阿哥，均有成就君德、緝熙聖學之神聖使命。尤其尚書房講讀，以清代之廢儲密建，所有皇子均有可能繼登大寶，則其幼時教育與潛邸修為，均與未來選擇新皇關繫絕大，新皇之是否承先啟後、更創新猷，胥奠基於此，不可不慎。凡此皆見翰林職掌之特殊性。

考試一章專論與翰林有關各項考試之制。首為館選，新科進士再經考試，優者選為庶吉士，入庶常館讀書。其制原為簡選，世宗改試詩文四六，高宗又增為論、詔、疏、詩，號為「朝考」。庶吉士在館三年期滿，行散館之試，乃所以甄別庶常，課以詩賦，優者留館授職翰林官，次者改他官。凡留館為翰林者，遷調常優於他官，宰輔亦多由此選，其餘位列卿尹、膺任疆圻者，亦不可勝數。

翰林職任文學，在館之日，除尋常職守之外，又須時刻讀書，奮勵精進，以備「大考」。翰林原為京官，理當入京察之列，但又有大考，乃獨立於京察之外，為考校翰林專屬之制。試題皆欽命，詩、賦兼有，優者不次恩賞拔擢，其餘者或外轉、或罰俸、或黜落不等。是知即使已然身在詞館，仍須時加考驗其學養，則翰林雖由科舉層層篩選，脫穎而出，仍有其特殊考績之處，允為菁英中之菁英。

常科選翰林之外，另有制科，號為「博學鴻詞」、「保舉經學」，亦選翰林。俱是薦舉山林隱逸之碩學鴻儒，試以文藝，授以官職，畀以修史之任。後世論者雖有以攏絡權謀視之，然一代之振興文教、崇儒重道，亦不得不謂即在於此。

典禮一章專論國家大典之與翰林密切相關者，是即講筵體制與身後易名。講筵乃經筵與日講。每歲春秋舉行經筵大典，一則示以國家重儒道、尊風教，一則示以清廷統治乃上承古聖先王，為融合滿漢界限象徵，亦為道統

與政統合理、合法性利器。日講則專以翰林侍帝王講讀，啓沃君德，建立家法，日起而有功。

身後易名即死後予諡，起源甚古，濫觴於殷代。古時帝王、公卿、大夫死後，國家依典制給予稱號，用以彰顯其人一生功績懿行或醜陋罪惡，蓋棺論定，實爲要典。清代諡典承明之舊而有所更革，其中最具特色者，厥爲翰林出身大臣卒後易名，望其諡號，既知其文學侍從之職掌與出身，亦知其身分地位之殊異。

仕途一章，自庶吉士散館，分別留館、改官爲始，逐項發掘翰苑出身者未來仕途經歷之各種可能性。庶常散館留館者，爲翰林官之絕大來源，其餘改官給事中、御史、主事、中書、推官、知縣、教職，亦有等第不佳而再予教習或逕予除名者。

翰林仕途，須以詹事府官爲歷階。遇大考優異，常見有超擢之情。內陞京官如部曹、九卿、科道，外轉他途如督撫藩臬、守令河漕等。又如殿閣宰輔、部院軍機，以其赫赫之經歷，更清楚可見翰林仕途遷轉之跡，益見翰林官僚格局與仕途之全面性。

官常一章專論翰林名號稱謂、欽定行止儀注、官場人際關係與翰林讀書立品之特徵。自唐代設翰林官職爲始，歷代傳衍，號爲清秘〔註17〕，有各種尊稱名號，皆與其職掌或地位相關。清代翰林最爲清華上選，入館到職有欽定儀注，最爲崇高。此輩以科目出身，彼此往來交接，最重禮數，座師門生、前後輩分、同年學友等關係，絲毫模糊不得，稍有不愼，輕則貽人訕笑，重則有玷士行、眾所唾棄。又，翰林爲一種特殊官僚集團，出身與眾不同，自有其氣類，且以其位居禁近，侍講讀、備顧問、纂撰書史，亦有其特殊之臣綱要求。其內外遷轉，亦不僅爲騃板之書生從政，實有其經世致用格局。凡此均須以讀書爲立品之本，非惟紙上談兵而已，亦爲其官僚格局之一面。

〔註17〕　清秘原指清靜秘密之所，多係宮禁之地。唐・張九齡〈酬通事舍人寓直見示篇中兼起居陸舍人景獻〉，詩有「軒掖殊清秘，才華固在斯」語，見氏著《曲江集》（台北：臺灣商務印書館人人文庫本，1973年），卷二，詩，頁20。引申爲清貴之意，明李東陽〈贈右諭德謝君序〉「儲宮之左右春坊，猶朝廷之有翰林，以講說道德制作文章爲職，地位清秘，聯華並峙」。見氏著《懷麓堂集》（台北：臺灣商務印書館《景印文淵閣四庫全書》冊一二五〇，1983年），卷二十七，文稿七，序，頁1。清昭槤《嘯亭雜錄》（北京：中華書局點校本，1980年），續錄，卷一，南書房，頁398。有「唐宋優重翰林，最爲清秘，凡制誥草麻外，一切機務，皆與商榷，故其品爲高要」語。

　　末章爲翰林名位。翰林爲科舉菁英中之菁英，社會尊崇，帝王重視，有其榮顯之處，君上之寵眷恩賞亦倍於他途。清代領受古代文化累積，實屬去蕪存菁、精緻典麗時代，科舉制度之嚴密已發展至最高峰，讀書晉身之社會價值觀亦爲普世公認，書香門第、詩禮傳家乃爲世俗所敬，累世功名、續代翰林並不少見，亦爲清廷統治之一種穩定力量。

　　本書之作，取材實甚不易。清末義和拳變，引發八國聯軍之役，清兵施砲誤擊，翰林院署付之一炬，歷代檔冊圖籍俱爲灰燼，至爲可惜，幸有欽定《詞林典故》稍補資料闕如之憾。《詞林典故》爲清高宗乾隆九年（1744）御駕臨幸翰林院署，創爲臨幸盛典，掌翰林院事張廷玉奉命纂修：

　　　　輯成典故之書，起例發凡，由國朝以上推往代，條分縷析，自官制

　　　　而下及題名。繫以職司，知紀言之有要，稽其姓氏，見入選之爲榮。

　　　　統以八門，釐爲八卷。〔註18〕

至嘉慶九年（1804）上距高宗幸院已屆周甲，仁宗踵行斯典幸院，亦命修書，續成《皇朝詞林典故》：

　　　　以誌我朝木天之盛軌，奎璧珠輝，鳳池革翰，與四庫石渠同垂奕祀，

　　　　永昭不朽。〔註19〕

均爲理解清代翰苑體制入手之書。復據清代歷朝《實錄》、《會典》、《會典事例》、《清三通》，爬羅剔抉，以時序重建翰林體制之先後變革；又廣泛閱讀各類清人傳記、筆記小說、碑銘記狀等，期以當時人筆下所記，還原翰林體制眞相，進而發掘其體制精神、時代特色。

　　學界於清代翰苑體制與翰林儒生官僚研究，向未多見。中文著作之專研清代制度者，於翰林體制多過於簡略，而多種論述清代科舉之書，於庶常館選、散館及翰詹大考又未詳論。香港學者呂元驄曾有 *The Hanlin Academy: Training Ground for the Ambitious, 1644~1850* 一書〔註20〕，爲現在唯一可見專論清代翰林制度之書，然其書對於最重要之清代歷朝《實錄》及其他典制之書並未多所引用，致清代翰林體制更迭未盡其詳，官職權責亦模糊不清。雖大量參考清人傳記，然翰林之特殊地位、仕途格局、君臣關係等重要論題，

〔註18〕張廷玉等纂《詞林典故》，表，頁3a。

〔註19〕朱珪等撰《皇朝詞林典故》（揚州：江蘇廣陵古籍刻印社據光緒刊本影印，1990年），御製序，頁4a。

〔註20〕Adam Yuen-chung Lui. *The Hanlin Academy: Training Ground for the Ambitious, 1644~1850*, Hamden, Connecticut: Archon Books, 1981.

均闕而不備。該書之貢獻應是首創清代翰林院制度之研究先河，惟學術務博貴精，本文大膽續貂，續作深入探析，絕不敢求全於前賢，實欲有以補苴彌縫，稍繼其未竟之功，亦自許小子獻曝，冀補清代制度研究之缺憾。

第一章　官　制

第一節　設置沿革

　　翰林職掌與詹事府官互兼，又與起居注官有絕大關係，故將詹事府與起居注館之設官及職掌置於此處一並論列。

一、翰林院（附四譯館）

　　太宗天聰三年（1629）四月設立文館，命儒臣分爲兩直，巴克什達海與筆帖式剛林、蘇開、顧爾馬渾、托布戚等四人「繙譯漢字書籍」，另巴克什庫爾纏與筆帖式吳巴什、查素喀、胡球、詹霸等四人「記注本朝政事，以昭信史」〔註1〕。巴克什亦作榜式，或把什，「乃清語文儒諳悉事體之稱」，清人初建政體，凡文臣皆呼爲巴克什〔註2〕。筆帖式亦係清語，後改音筆帖赫式，意爲文臣儲材之地，漢譯差可迻爲書記之官。〔註3〕

　　據太宗《實錄》所載，設立文館乃是因爲太祖努爾哈齊命創滿洲文字，「因心肇造，備列軌範」，而太宗皇太極「秉聖明之資，復樂觀古來典籍，故分命

〔註 1〕　《清實錄》（北京：中華書局影印本，全六十冊，1986 年），冊二，《太宗實錄》，
　　　　　卷五，天聰三年四月丙戌，頁 70。
　　　　　文館之設立與太祖時期的「書房」有關，詳細討論見梁希哲、孟昭信《明清
　　　　　政治制度述論》（長春：吉林大學出版社，1991 年），頁 369～372。
〔註 2〕　福格《聽雨叢談》（北京：中華書局點校本，1984 年），卷八，巴克什，頁
　　　　　181。
〔註 3〕　福格《聽雨叢談》，卷一，筆帖式，頁 22。
　　　　　商鴻逵、劉景憲、季永海、徐凱《清史滿語辭典》（上海：上海古籍出版社，
　　　　　1990 年），頁 39。

滿漢儒臣繙譯記注。欲以歷代帝王得失爲鑑，併以記己躬之得失焉」〔註4〕。
清人福格直指文館職能爲「備顧問，司簿稽，掌制詔，記起居，任撰擬也」
〔註5〕，實已具備翰林院某些實質功能。有學者歸納文館職掌爲以下數項：翻
譯漢籍，記注國史，出納章奏，傳宣詔令，辦理往來國書及撰寫功臣敕書，
贊襄啓沃，隨時提供有關軍政事務之見解〔註6〕。可以確見清人於入關前即
已建立一套與中原漢人政權若合符節之初級政治機制，此一機制正爲後來清
代內閣與翰林院體制前身。

　　天聰十年（1636）三月，將文館改爲內三院，即內國史院、內秘書院及
內弘文院。其分別職掌如下：

內國史院：

　　記注皇上起居詔令，收藏御製文字。凡皇上用兵行政事宜，編纂
　　史書，撰擬郊天告廟祝文及陛殿宣讀慶賀表文，纂修歷代祖宗實
　　錄，撰擬礦誌文，編纂一切機密文移及各官章奏，掌記官員陞降
　　文冊、撰擬功臣母妻誥命印文，追贈諸貝勒冊文。凡六部所辦事
　　宜可入史冊者，選擇記載。一應鄰國遠方往來書札，俱編爲史
　　冊。

內秘書院：

　　撰與外國往來書札，掌錄各衙門奏疏及辯冤詞狀。皇上敕諭文武
　　各官敕書並告祭文廟諭祭文武各官。

內弘文院：

　　注釋歷代行事善惡進講御前，侍講皇子並教諸親王，頒行制度。

　　〔註7〕

其初各院掌領官員原有「承政」之名，其後各置大學士、學士等官〔註8〕，亦

〔註4〕《清實錄》冊二，《太宗實錄》，卷五，天聰三年四月丙戌，頁70。

〔註5〕福格《聽雨叢談》，卷一，大學士，頁12。

〔註6〕梁希哲、孟昭信《明清政治制度述論》，頁372～375。

〔註7〕《清實錄》冊二，《太宗實錄》，卷二十八，天聰十年三月辛亥，頁355～
356。
清高宗敕撰《清朝文獻通考》（上海：商務印書館萬有文庫本，1936年），卷
七十七，職官一，頁5570。

〔註8〕趙爾巽等撰《清史稿》（北京：中華書局點校本，全二十八冊，1974年），冊
十二，卷一一四，志八十九，職官一，內閣，頁3268。
王士禎《池北偶談》（北京：中華書局點校本，1982年），卷二，談故二，五

謂之榜式〔註9〕。清人初立政治規模，滿漢大臣多有稱某部承政、某部參政者。承政即後來之尚書，參政即後來之侍郎，左右承政即左右都御史，左右參政即左右副都御史〔註10〕。其先早於天聰五年（1631）七月，太宗更革政治制度，分設六部，各自掌管吏、戶、禮、兵、刑、工等事，並命停止文臣巴克什之稱，一律改呼筆帖式〔註11〕，此時文館仍存，館中大臣原有榜式之號則仍之不變〔註12〕。將文館職掌進一步確立並擴大範圍，其目的乃為因應政務日益龐雜之實際需求。

將內三院職掌與明代制度作一比較，論者認為幾乎全部承襲明代內閣、翰林院、六科中書及通政司等機關職能。例如「記注皇上起居詔令」，在明初曾設起居注官擔任，後併入翰林院。「編纂史書」在明代乃翰林院專責。撰擬詔令及郊天表文、修實錄、機密文書及誥命冊文等，明代歸內閣及中書制敕房、誥敕房。又如撰與外國書札，在明代歸內閣制敕房。御前進講，明代則歸翰林院學士、侍讀。侍講皇子及諸王，明代歸詹事府春坊學士。頒行制度則歸內閣主其事〔註13〕。清人於關外歷經政治制度之確立與深化，愈發顯見其立國規模之宏遠與日益漢化之軌跡。

世祖順治元年（1644）五月初二日，多爾袞率清軍入北京。初三日，諭令故明內外官民人等「各衙門官員俱照舊錄用，可速將職名開報」〔註14〕，

　　　　學士，頁27；卷三，談故三，國朝官制，頁62。
　　　　桐西漫士《聽雨閒談》（上海：上海古籍出版社據清代抄本影印，1983年），頁4。
〔註 9〕伊桑阿等纂修《大清會典（康熙朝）》（台北：文海出版社據清刻本影印，1993年），卷二，內閣，頁1a。
〔註10〕陳康祺《郎潛紀聞初筆二筆三筆》（北京：中華書局點校本，1984年），初筆，卷五，承政參政，頁99。
〔註11〕《清實錄》冊二，《太宗實錄》，卷九，天聰五年七月庚辰，頁124。
　　　　太宗更定六部，滿漢官員各部皆有，其任筆帖式者專習滿文。清初談遷記載盛京各衙門疏奏程序，應可窺見筆帖式職能：「筆帖式專習國書。盛京各衙，外而督撫並有之。京官滿漢各從本書，然滿官先得旨施行，迨漢官奉旨，則事且早定矣。漢疏呈至內院，仍譯滿書以進，下內院漢人者票擬。滿書呈御，即得旨以內院滿人者任之。其大事經諸王大臣處分既定，下內院或更譯漢書，以示諸臣」。見談遷《北游錄》（北京：中華書局點校本，1960年），紀聞下，頁369。
〔註12〕福格《聽雨叢談》，卷八，巴克什，頁181。
〔註13〕王戎笙主編《清代全史》（瀋陽：遼寧人民出版社，1991～1993年），第一卷，頁333～334。
〔註14〕《清實錄》冊三，《世祖實錄》，卷五，順治元年五月庚寅，頁57。

是知其時前明翰林院、詹事府等機關仍存未廢。至六月，多爾袞首次對前明翰林院與詹事府官員稍做異動，陞詹事府少詹事兼翰林院侍講學士何瑞徵爲禮部右侍郎、以翰林院檢討李若琳爲左春坊左庶子兼翰林院侍讀署詹事府事〔註15〕。李若琳之署詹事府事早被承認爲入清後詹事府之首次遷官。〔註16〕

順治元年（1644）十月，清廷入北京，世祖祭告天地，即皇帝位。十一月正式定翰林院爲正三品衙門，其職官員額依大學士馮銓等人所奏共爲二十員：

> 掌院學士一員，秩正三品。
>
> 侍讀學士、侍講學士各二員，秩正四品。
>
> 侍讀、侍講各二員，秩正五品。
>
> 修撰三員，秩從六品。
>
> 編修四員，秩正七品。
>
> 檢討四員，秩從七品。

所有員缺俱從新舊翰林之中，查其資序、才能，俾通融補用；另，詹事府則裁去廢止〔註17〕。此奏得旨允行，數日後任命首任掌院：原詹事府少詹事兼翰林院侍讀學士掌院事胡世安以裁詹事府之故，改爲翰林院侍讀學士掌院事。〔註18〕

順治元年（1644）置翰林院時，內三院仍然存在。二年（1645）三月，定內三院爲正二品衙門〔註19〕。四月，從大學士剛林之議，凡翰林官仍循舊制由內三院補授〔註20〕；閏六月，裁翰林院以歸內三院，稱爲內翰林國史院、內翰林秘書院、內翰林弘文院。並定其官制爲大學士二員，秩二品；學士四員，秩三品；侍讀六員，秩四品；筆帖式三員，秩七品〔註21〕。六年（1649）正月復更定官制爲每院設學士、侍讀學士、侍講學士、侍讀、侍講均各一員，

〔註15〕《清實錄》冊三，《世祖實錄》，卷五，順治元年六月己未，頁61。

〔註16〕吳鼎雯《國朝翰詹源流編年》（台北：文海出版社據清刻本影印，1968年），卷一，順治元年六月，頁3a～3b。

〔註17〕《清實錄》冊三，《世祖實錄》，卷十一，順治元年十一月乙酉，頁105。

〔註18〕《清實錄》冊三，《世祖實錄》，卷十一，順治元年十一月庚寅，頁106。
吳鼎雯《國朝翰詹源流編年》，卷一，順治元年十一月，頁4b～5a。

〔註19〕《清實錄》冊三，《世祖實錄》，卷十五，順治二年三月戊申，頁133。

〔註20〕《清實錄》冊三，《世祖實錄》，卷十五，順治二年四月甲戌，頁139。

〔註21〕伊桑阿等纂修《大清會典（康熙朝）》，卷二，內閣，頁1a。
張廷玉等纂《詞林典故》，卷二，官制，皇朝，頁31a。

並著爲例〔註22〕。八年（1651）四月，以慮及內翰林三院大學士品級既與尙書相同，遂命學士品級與侍郎同，每院復添設侍讀學士三員，秩三品，並各裁侍讀二員〔註23〕。十年（1653）六月，以「綸扉爲機密重地，事務殷繁，宜選賢能，以宏匡贊」，令每院各設漢官大學士二員。〔註24〕

順治十五年（1658）七月，更定各衙門官制，世祖諭吏部「自古帝王設官分職，共襄化理，所關甚鉅，必名義符合，品級畫一，始足昭垂永久，用成一代之本」，欲斟酌往制，除去內三院名色，改設內閣，原大學士改加殿閣大學士，仍爲正五品，並照舊例兼銜。另又別置翰林院：

> 設掌院學士一員，正五品，照舊例兼銜。除掌印外，其餘學士亦正
> 五品……內三院舊印俱銷毀，照例給印內閣，滿字稱爲多爾吉衙門，
> 漢字稱爲內閣。翰林院滿字稱爲筆帖黑衙門，漢字稱爲翰林院，其
> 侍讀學士以下員數官銜，滿名照漢官稱謂。〔註25〕

殿閣大學士隨即任官，分別爲：

> 中和殿大學士兼吏部尚書：巴哈納、金之俊。
> 保和殿大學士兼戶部尚書：額色黑、成克鞏。
> 文華殿大學士兼禮部尚書：蔣赫德、劉正宗。
> 武英殿大學士兼兵部尚書：洪承疇、傅以漸、胡世安。
> 文淵閣大學士兼刑部尚書：衛周祚。
> 東閣大學士兼工部尚書：李霨。〔註26〕

同年十一月復命折庫訥、王熙以禮部侍郎銜兼翰林院掌院學士〔註27〕。十六年（1569）正月，世祖諭翰林院設滿漢掌院學士外，不必再設滿翰林官。〔註28〕

順治十八年（1661）正月，世祖崩殂，遺詔罪己，其中有云：

> 自親政以來，紀綱法度，用人行政，不能仰法太祖太宗謨烈。因循
> 悠忽，苟且目前，且漸習漢俗，於淳樸舊制，日有更張。以致國治

〔註22〕《清實錄》冊三，《世祖實錄》，卷四十二，順治六年正月丙子，頁337～338。
〔註23〕《清實錄》冊三，《世祖實錄》，卷五十六，順治八年四月乙丑，頁447。
〔註24〕《清實錄》冊三，《世祖實錄》，卷七十六，順治十年六月辛酉，頁600。
〔註25〕《清實錄》冊三，《世祖實錄》，卷一一九，順治十五年七月戊午，頁924。
　　　　清高宗敕撰《清朝文獻通考》，卷七十七，職官一，順治十五年，頁5571。
〔註26〕《清實錄》冊三，《世祖實錄》，卷一二〇，順治十五年九月甲寅，頁933。
〔註27〕《清實錄》冊三，《世祖實錄》，卷一二一，順治十五年十一月壬寅，頁940。
〔註28〕《清實錄》冊三，《世祖實錄》，卷一二三，順治十六年正月庚子，頁949。

未臻，民生未遂，是朕之罪一也。〔註29〕

聖祖玄燁繼位，鰲拜輔政，於同年六月即以此為由，「於一切政務，思欲率循祖制，咸復舊章，以副先帝遺命」，乃諭吏部：

> 內三院衙門自太宗皇帝時設立，今應仍復舊制，設內秘書院、內國
> 史院、內弘文院。其內閣、翰林院名色俱停罷。〔註30〕

七月，吏部便遵旨開列復設內三院衙門應用官員人數：滿漢大學士各一員，滿洲學士各二員，漢軍學士各一員，漢學士各一員〔註31〕。翌年，聖祖康熙元年（1662）春二月又各增設侍讀學士、侍讀均二員。〔註32〕

聖祖於康熙八年（1669）五月親政，九年（1670）八月命改內三院為內閣，並諭「大學士、學士官銜，及設立翰林院衙門等官，俱著察順治十五年例議奏」〔註33〕。先於十月改內三院大學士、學士銜，恢復殿閣大學士、學士：

> 中和殿大學士兼吏部尚書：圖海、巴泰。
>
> 保和殿大學士兼戶部尚書：索額圖、李霨。
>
> 保和殿大學士兼禮部尚書：杜立德。
>
> 文華殿大學士管刑部尚書事：對喀納。
>
> 中和殿學士：折爾肯、哈占。
>
> 保和殿學士：塞黑、達都。
>
> 文華殿學士：馬朗古、張鳳儀。
>
> 武英殿學士：靳輔。
>
> 文淵閣學士：田種玉。
>
> 東閣學士：陳敱永。
>
> 翰林院掌院學士兼禮部侍郎：折庫納、熊賜履。〔註34〕

〔註29〕世祖遺詔亦為清代下詔罪己之首例。見《清實錄》冊三，《世祖實錄》，卷一四四，順治十八年正月丁巳，頁1105。

〔註30〕《清實錄》冊四，《聖祖實錄》，卷三，順治十八年六月丁酉，頁73。
清高宗敕撰《清朝文獻通考》，卷七十七，職官一，頁5572～5573。

〔註31〕《清實錄》冊四，《聖祖實錄》，卷三，順治十八年七月己酉，頁75。
林熙春《皇朝掌故輯要》（台北：華文書局據光緒二十八年壬寅昌江岳雲山館梓行本影印），卷二，順治十八年秋七月，頁23a。
吳鼎雯《國朝翰詹源流編年》，卷一，順治十八年，頁26a。

〔註32〕《清實錄》冊四，《聖祖實錄》，卷六，康熙元年二月丙辰，頁106。
吳鼎雯《國朝翰詹源流編年》，卷一，康熙元年二月，頁27a。

〔註33〕《清實錄》冊四，《聖祖實錄》，卷三十三，康熙九年八月乙未，頁453。

〔註34〕《清實錄》冊四，《聖祖實錄》，卷三十四，康熙九年十月甲午，頁462。

其後，於十二月正式設置翰林院職官：

　　滿漢侍讀學士各三員。

　　滿漢侍講學士各三員。

　　滿漢侍讀各三員。

　　滿漢侍講各三員。

　　滿漢典簿、孔目各一員。

　　滿漢待詔各二員。

　　習滿字筆帖式十六員。

　　習漢字筆帖式十六員。〔註35〕

　　清代翰林院制度幾經更革，至此終於確立不變。世宗雍正三年（1725）十二月，復從內閣學士班第之請，晉翰林院侍讀侍講學士秩從四品、侍讀侍講從五品，一如世祖順治元年（1644）定制〔註36〕。院內人員品級、職掌如下：

正 官

　　掌院學士：從二品（雍正八年改），滿漢各一員。掌國史筆翰，備
　　　　　　　左右顧問。

　　侍讀學士：從四品，滿二漢三。由侍讀學士以下至檢討，俱掌國
　　　　　　　史圖籍、制誥文章之事。南書房侍直、上書房教席，
　　　　　　　自講讀學士以下，咸得與選。凡遇祭告郊廟神祇，則
　　　　　　　擬上祝文。恭上徽號、冊立、冊封，則擬上冊文、寶
　　　　　　　文。內外文武官碑文、祭文，皆撰詞以進而行之。修
　　　　　　　輯諸書，則以掌院學士充總裁官，講讀學士以下充纂
　　　　　　　修官。其直省考官，及提督學政、磨勘鄉會試卷，皆
　　　　　　　預焉。

　　侍講學士：從四品，滿二漢三。

　　侍讀：從五品，滿三漢四。

　　侍講：從五品，滿三漢四。

　　修撰：從六品，無定員。

　　　　　王士禎《池北偶談》，卷一，談故一，復內閣，頁3。

〔註35〕《清實錄》冊四，《聖祖實錄》，卷三十四，康熙九年十二月戊子，頁467。

〔註36〕《清實錄》冊七，《世宗實錄》，卷三十九，雍正三年十二月甲子，頁565。

　　　　　清高宗敕撰《清朝文獻通考》，卷七十七，職官一，雍正三年，頁5574。

　　　　　吳鼎雯《國朝翰詹源流編年》，卷二，雍正三年十二月，頁6a。

編修：正七品，無定員。

檢討：從七品，無定員。

屬　官

典簿廳典簿：從八品，滿漢各一。掌出納文移。

孔目：滿員從九品、漢員不入流，滿漢各一。掌收掌圖籍。

待詔廳待詔：從九品，滿漢各二。掌校對章疏文史。

筆帖式：滿洲四十人、漢軍四人。掌繙譯清漢章奏文籍。〔註37〕

掌院學士爲翰林院之長，地位清要，本爲專官，後爲重臣兼領，爲明瞭其地位之特殊，乃於此處先做說明。高宗乾隆時纂修《詞林典故》詳紀清初翰林院故實，內載：

學士掌院事，即承旨職也。國初設有專員。〔註38〕

但世祖順治元年（1644）初設翰林院，首任掌院事者爲胡世安，其官銜並非掌院學士，而是「翰林院侍讀學士掌院事」〔註39〕，乃是兼銜，並非專官。此年所置掌院學士，按功令爲漢官職缺〔註40〕。順治十五年（1658）復設翰林院，則增置滿洲掌院學士一員，改秩正五品，以其兼領禮部侍郎銜之故，乃從侍郎品級爲正三品〔註41〕。聖祖康熙九年（1670）定置翰林院，設滿漢掌院學士各一員，俱兼禮部侍郎，其品秩規定悉如順治十五年例〔註42〕，此時已有專官折庫納、熊賜履〔註43〕。世宗雍正八年（1730）定掌院學士爲從二品，由大學士、尚書內特簡〔註44〕。清代旗員不論文武出身，皆可致身宰輔，或文武互任，不似明代之專重翰林。惟翰林院滿掌院學士員缺，必用翰林、庶吉士出身，此是定例。然亦有例外，如康熙年間傅達禮主事出身、庫

〔註37〕席裕福纂《皇朝政典類纂》（台北：成文出版社據光緒二十九年刊本影印，1982年），冊十五，卷二四〇，職官三，在京文武官，翰林院，頁7493〜7497。趙爾巽等撰《清史稿》冊十二，卷一一五，志九十，職官二，翰林院，頁3309〜3310。

〔註38〕張廷玉等纂《詞林典故》，卷二，官制，掌院學士，頁33a。

〔註39〕《清實錄》冊三，《世祖實錄》，卷十一，順治元年十一月庚寅，頁106。

〔註40〕清高宗敕撰《清朝通典》（上海：商務印書館萬有文庫本，1935年），卷二十三，職官一，頁2162。

〔註41〕清高宗敕撰《清朝通志》（上海：商務印書館萬有文庫本，1935年），卷七十一，職官略八，頁7171。

〔註42〕伊桑阿等纂修《大清會典（康熙朝）》，卷三，吏部，頁26a。

〔註43〕《清實錄》冊四，《聖祖實錄》，卷三十四，康熙九年十月甲午，頁462。

〔註44〕趙爾巽《清史稿》冊十二，卷一一五，志九十，職官二，翰林院，頁3309。

勒納監生筆帖式出身；乾隆年間阿桂舉人出身、和珅生員出身。不僅不專用
翰林出身，亦且並不專用進士。〔註45〕

　　掌院學士兼禮部侍郎銜並非清代獨創之舉，康熙朝王士禎便舉明代正統
時各部侍郎仍供事翰林，當時引爲館閣盛事，而清代之內閣學士、翰林院掌
院學士例兼禮部侍郎，故認爲此舉「不爲異典」〔註46〕。以掌院學士兼禮部
侍郎，不論滿漢皆如此。唯康熙時徐元文以大學士兼掌院（康熙二十八年，
1689），張英以禮部尚書兼掌院（康熙二十九年，1690），韓菼以禮部侍郎兼
掌院（康熙三十六年，1697），均與往例不同。啓奏講書之時，「仍滿前漢後，
不論所居本官也」。〔註47〕

　　清初故事，翰林院掌院學士爲專官，由皇帝特簡任用。但康熙二十八年
（1689）夏五月，聖祖就掌院學士一缺諭大學士等曰：

> 翰林掌院一官，職任緊要，必文學淹通，眾所推服者，始克勝任。
> 凡翰林撰擬之文，亦須掌院詳加刪潤，然後成章。朕觀邇來皆草率
> 從事，衙門事務隳廢殊甚。聞明代大學士有兼管掌院之例，大學士
> 徐元文著兼管翰林院掌院學士事。〔註48〕

此舉爲清代以重臣兼領翰苑掌院之始〔註49〕。清代本有兼管部務之例，康熙
二十八年（1689），原翰林院掌院學士李光地調任通政使，改以文華殿大學士
兼戶部尚書徐元文再兼管翰林院事，並不設正員；其後更有禮部尚書張英同
時兼掌翰林院及詹事府二衙門之事〔註50〕。按例，掌院學士缺出，可以陞補
之員分爲「應陞」、「其次應陞」二等。滿洲掌院缺出，得列應陞之員爲：

> 詹事、少詹事、讀講學士、祭酒、庶子暨科甲出身之太常寺卿、光
> 祿寺卿、太僕寺卿、通政司副使、大理寺少卿、鴻臚寺卿、太常寺
> 少卿、太僕寺少卿、內閣侍讀學士。

得列其次應陞之員爲：

> 侍讀、侍講、洗馬、司業暨科甲出身之通政司參議、光祿寺少卿、

〔註45〕福格《聽雨叢談》，卷一，滿洲掌院，頁11。
〔註46〕王士禎《池北偶談》，卷三，談故三，學士兼侍郎，頁64。
〔註47〕王士禎《香祖筆記》（台北：新興書局筆記小說大觀二十八編據清刻本影印，
　　　　1988年），卷一，頁7b。
〔註48〕《清實錄》冊五，《聖祖實錄》，卷一四一，康熙二十八年五月戊申，頁545。
〔註49〕張廷玉等纂《詞林典故》，卷二，官制，掌院學士，頁33a～33b。
　　　　吳鼎雯《國朝翰詹源流編年》，卷一，康熙二十八年五月，頁38b。
〔註50〕王士禎《池北偶談》，卷三，談故三，翰詹之長，頁52。

鴻臚寺少卿、科道等官。

漢掌院學士缺出，得列應陞之員為：

詹事、少詹事、讀講學士、祭酒。

得列其次應陞之員為：

庶子、侍讀、侍講。

均由吏部開列具題〔註51〕。自康熙二十八年（1689）大學士徐元文兼掌院事始，皆以重臣兼領掌院學士，遇有缺出，均由皇帝特簡。

康熙五十六年（1717）正月，吏部以左都御史及掌院學士皆缺員，兩疏入奏，聖祖諭「是當以不畏人，學問優者兼任之」，遂特命徐元夢為都察院左都御史兼翰林院掌院學士。〔註52〕

世祖、聖祖、世宗三朝沿革，翰林院掌院學士一職甚少獲得專官專領機會，至高宗朝，國家功令乃明載掌院「正三品，無專員，以閣部大臣翰林出身者領之」〔註53〕。乾隆二十八年（1763）更明定「掌院學士為兼管銜」〔註54〕。遲至乾隆五十八年（1793）始議定掌院學士毋庸兼禮部侍郎銜〔註55〕，同時亦准奏定議嗣後掌院學士如奉旨開列，應以科甲出身之大學士、各部尚書、侍郎、都察院左都御史繕單進呈〔註56〕。大幅縮減得以任為掌院學士之資格。

以下請附論四譯館。明代已設四譯館，以太常寺少卿提督之，聽於翰林院。所隸凡八館：西天、韃靼、回回、女直、高昌、西番、緬甸、百夷，專司與諸外族、鄰國、藩屬往來文字繙譯。其初擇舉人監生之年少者入翰林院習四裔文字，以通事為教習。科舉時任其應試，中榜後改庶吉士，仍習譯事。至英宗天順中革其制，改擇俊民俾專其業，藝成則會六部大臣試之，通者冠

〔註51〕托津等奉敕撰《欽定大清會典事例（嘉慶朝）》（台北：文海出版社據清刻本影印，1982年），卷七八三，翰林院，官制，陞除，頁4a～4b。

〔註52〕陳康祺《郎潛紀聞初筆二筆三筆》，初筆，卷二，翰林院掌院學士，頁29。

〔註53〕清高宗敕撰《清朝通志》，卷七十一，職官略八，頁7171。

〔註54〕托津等奉敕纂《欽定大清會典事例（嘉慶朝）》，卷七八三，翰林院，官制，設官，頁3b。

〔註55〕劉錦藻撰《清朝文獻通考》（台北：鼎文書局，楊家駱主編《十通分類總纂》冊十，1975年），卷一二八，職官十四，乾隆五十八年，頁799。

〔註56〕托津等奉敕纂《欽定大清會典事例（嘉慶朝）》，卷七八三，翰林院，官制，陞除，頁8a～8b。

另，同書卷四十一，頁16a，漢員開列，翰詹衙門陞轉。將此事繫於乾隆五十九年。

帶，又三年乃授官。〔註 57〕

　　清世祖順治元年（1644）仿明制置會同、四譯兩館。會同館隸禮部，以主客清吏司滿漢主事各一員提督之。四譯館隸翰林院，以太常寺漢少卿一員提督之〔註 58〕。四譯館專司翻譯遠方朝貢文字，其初分十館：韃靼、女直、回回、緬甸、百譯、西番、高昌、西天、八百、暹羅。順治十五年（1658）裁韃靼、女直二館〔註 59〕。衙門全名原稱「翰林院四譯館」，除太常寺少卿爲提督外，額設堂屬各官共五十六員。順治二年（1645）置典務廳關防一顆，官無專設，聽堂官遴選才能官員爲諸館總理。順治十八年（1661）以翰林院裁併內三院，本館止稱四譯館，不冠翰林院名色。至聖祖康熙九年（1670）復諭准四譯館仍隸翰林院〔註 60〕。康熙十年（1671）正月命提督四譯館太常寺少卿關防內，添鑄翰林院字樣〔註 61〕，亦規定如遇提督少卿陞任，須將本館關防呈送翰林院收貯，俟新任官呈請頒發。〔註 62〕

　　高宗乾隆十三年（1748），軍機處議奏翰林院四譯館實係閒曹，允宜裁汰，定議將四譯館歸併禮部會同館，因會同館早有譯習外國文字，應將四譯館併入，存其名而備體制。於是改名「會同四譯館」，隸禮部，以禮部郎中兼鴻臚寺少卿銜一員兼攝，並裁省八館爲西域、百夷二館〔註 63〕。此後四譯館

〔註 57〕孫承澤《天府廣記》，卷二十七，四譯館，頁 361。
〔註 58〕趙爾巽等撰《清史稿》冊十二，卷一一四，志八十九，職官一，禮部，會同四譯館，頁 3283～3284。
〔註 59〕伊桑阿等纂修《大清會典（康熙朝）》，卷一五五，翰林院附四譯館，頁 15a。
〔註 60〕允祿等監修《大清會典（雍正朝）》（台北：文海出版社據清刻本影印，1994～1995 年），卷二三四，四譯館，頁 34a～34b。
〔註 61〕《清實錄》冊四，《聖祖實錄》，卷三十五，康熙十年正月辛未，頁 472。
〔註 62〕伊桑阿等纂修《大清會典（康熙朝）》，卷一五五，翰林院附四譯館，頁 15b。
〔註 63〕《清實錄》冊十三，《高宗實錄》，卷三一五，乾隆十三年五月戊申，頁 178。「諭曰……提督四譯館，以今視之，實爲廢冗閒曹，無所事事，尚不如裁之爲便。……尋議，四譯館不過傳習各國譯字，現在入貢各國，朝鮮、琉球、安南表章，本用漢文，無須翻譯……再，會同館大使一人、朝鮮通官十四人、書吏八名、皂隸六名、館夫十八名，照舊存留，其四譯館原設之卿一人、典務一人并裁……今設會同四譯館衙門，即以四譯館充設，毋庸更建，從之」。梁章鉅《南省公餘錄》（台北：廣文書局影印本，1968 年），卷一，會同四譯館，頁 5b。
托津等奉敕纂《欽定大清會典事例（嘉慶朝）》，卷七八四，翰林院，官制，提督四譯館兼銜，頁 10a。
會同四譯館最後於德宗光緒二十九年（1903）廢置。見趙爾巽等撰《清史稿》冊十二，卷一一四，志八十九，職官一，禮部，會同四譯館，頁 3284。

不復隸於翰林院。

二、詹事府

　　詹事府爲管理東宮（太子）事務機關，《禮記》〈燕義〉載「周天子之官，有庶子官」，《周禮》〈夏官〉有「諸子（即庶子官）掌國子之倅，掌其戒令，與其教治，辨其等，正其位」之語。秦代置中庶子、庶子員，漢魏以降皆有其官。〔註64〕

　　明初設東宮官屬，有同知詹事院事、副詹事、左右詹事、詹事丞……等，皆以勳舊大臣兼領，並不別置。太祖洪武十年（1377）以後陸續置通政司、左右春坊、司經局等署。二十二年（1389）以各衙門無所統屬，始置詹事院。二十五年（1392）改院爲府，將左右春坊、司經局皆列署府中。英宗正統七年（1442）十一月建詹事府署於玉河東堤，西向，左右春坊及司經局仍列署府中〔註65〕。至清代仍沿用明代舊署，門內南偏爲土神祠，大堂南廳事乃左右春坊官居之，北廳事乃司經局官居之。堂後爲穿堂，又後爲退堂。穿堂之南有廳事，爲府中官僚視事之所，退堂之後爲先師祠，旁爲齋房〔註66〕。聖祖康熙年間重加修葺，有聖祖御書額「德業仁義」。〔註67〕

　　清沿明制，世祖順治元年（1644）置詹事府，其僚屬職在侍從，並司講讀牋奏之事，與翰林官互兼職掌，設漢少詹事一員署府事；未逾年，於十一月詔裁府署，職掌統於內三院〔註68〕。二年（1645）二月，從九卿科道議覆給事中朱徽疏奏，復設詹事府，定正詹事一員，少詹事二員，左右春坊庶子、諭德、中允各一員〔註69〕。九年（1652）四月，裁定詹事府官員數，設詹事一員，少詹事二員，有左右春坊庶子各一員、諭德左右各一員、中允左右各二員、贊善左右各二員、司經局洗馬一員、正字二員、詹事府主簿一員、錄事二員、通事舍人二員等，各給印信，列署府中，俱令內三院官兼領。詹事以下，正字以上，由內院題補，主簿以下由吏部題補。五月更定各官品級：

〔註64〕吳鼎雯《國朝翰詹源流編年》，卷一，頁7a～8b。
〔註65〕于敏中《日下舊聞考》冊四，卷六十四，官署，頁1069。
〔註66〕張廷玉等纂《詞林典故》，卷六下，廨署，詹事府，頁22b～23b。
〔註67〕吳長元《宸垣識略》，卷五，內城一，詹事府，頁9b～10a。
〔註68〕伊桑阿等纂修《大清會典（康熙朝）》，卷一五五，詹事府，頁16b～17a。
　　　　張廷玉等纂《詞林典故》，卷二，官制，詹事府，頁58a～59a。
〔註69〕《清實錄》冊三，《世祖實錄》，卷十四，順治二年二月丁巳，頁125。

詹事正三品，少詹事從三品。

左右春坊庶子從四品，諭德及司經局洗馬從五品。

中允正六品，贊善從六品。

正字正七品，主簿從七品。

錄事、通事舍人從九品。〔註70〕

九年六月，以初設詹事府，首次自翰林官調補任命詹事府官：

詹事：太僕寺卿管順天府府丞事薛所蘊。

少詹事：兼內翰林秘書院侍讀學士內翰林弘文院侍講學士高珩、內翰林國史院侍講學士李呈祥。

左春坊左庶子：內翰林秘書院侍讀傅以漸。

右春坊右庶子：內翰林弘文院侍講呂纘祖。

左春坊左諭德：內翰林秘書院修撰張爾素。

右春坊右諭德：內翰林弘文院修撰楊思聖。

司經局洗馬：內翰林國史院修撰夏敷九。

左春坊左中允：內翰林秘書院編修王一驥、內翰林弘文院修撰傅維鱗。

右春坊右中允：內翰林秘書院編修王紫綬、內翰林國史院編修王舜年。

左春坊左贊善：內翰林秘書院檢討艾元徵、內翰林弘文院檢討喬映伍。

右春坊右贊善：內翰林秘書院檢討李培眞、內翰林國史院檢討藍滋。〔註71〕

其職掌與翰林官互兼，惟驗看月選官及每歲朝審，則詹事、少詹事與九卿科道入班。詹事班次於大理寺卿，少詹事班次於大理寺少卿。會議大政事，若遇奉旨下九卿詹事科道者，亦入班會議。另左右春坊掌講讀箋奏之事，司經局掌收貯書籍，正字掌繕寫講章及裝潢之事〔註72〕。此時之詹事府官皆以內三院漢缺翰林官兼攝，滿官則止詹事一員〔註73〕。至順治十五年（1658）再

〔註70〕《清實錄》冊三，《世祖實錄》，卷六十四，順治九年四月壬子，頁500；卷六十五，順治九年五月乙亥，頁507。

〔註71〕《清實錄》冊三，《世祖實錄》，卷六十五，順治九年六月丙寅，頁512。

〔註72〕吳鼎雯《國朝翰詹源流編年》，卷一，順治九年，頁12a～13a。

〔註73〕王士禎《池北偶談》，卷三，談故三，詹事府，頁58。

度裁去詹事府。

聖祖康熙十四年（1675）十二月冊立皇太子，復置詹事府衙門，設官職如下：

正　官

滿漢詹事各一員，正三品，漢詹事兼翰林院侍讀學士銜。

滿漢少詹事各二員，正四品，漢少詹事兼翰林院侍講學士銜。

首領官

滿漢主簿各一員，從七品。

滿漢錄事各二員。

舊有屬官漢通事舍人二員於順治十五年裁。

左春坊

滿漢左庶子各一員，正五品，漢左庶子兼翰林院侍讀銜。

滿漢左諭德各一員，從五品，漢左諭德兼翰林院修撰銜。

滿漢左中允各二員，正六品，漢左中允兼翰林院編修銜。

滿漢左贊善各二員，從六品，漢左贊善兼翰林院檢討銜。

右春坊

滿漢右庶子各一員，正五品，漢右庶子兼翰林院侍講銜。

滿漢右諭德各一員，從五品，漢右諭德兼翰林院修撰銜。

滿漢右中允各二員，正六品，漢右中允兼翰林院編修銜。

滿漢右贊善各二員，從六品，漢右贊善兼翰林院檢討銜。

司經局

滿漢洗馬各一員，從五品，漢洗馬兼翰林院修撰銜。

滿漢正字各二員，從九品，漢官以應授內閣中書舍人改管。

府、坊、局滿筆帖式共十員，內滿文五員，滿漢文五員。〔註74〕

此下詹事府不復裁撤，為常設機關。又，詹事府、左右春坊、司經局皆為東宮從官，雖居同署，但各有印信，並不相統攝，聖祖時文移章奏往往有稱「詹事府春坊」之謬者，王士禎《香祖筆記》即對此大不以為然。〔註75〕

〔註74〕陳夢雷《古今圖書集成》（台北：鼎文書局據清雍正四年御製序本影印，全一○一冊，1976年），原冊二七九，明倫彙編，官常典，卷二八四，宮僚部，彙考二，頁29b。

伊桑阿等纂修《大清會典（康熙朝）》，卷三，吏部，頁27b～28b。

王士禎《池北偶談》，卷三，談故三，詹事府，頁58。

〔註75〕王士禎《香祖筆記》，卷四，頁3a。王士禎認為此種錯誤正如連稱「都察院監

　　康熙三十六年（1697）十月，以禮部侍郎韓菼兼掌翰林院事，以少詹事顧祖榮陞爲詹事。詹事一職原於康熙三十一年（1692）十月命禮部尚書湯斌兼掌以後，向由尚書、侍郎兼任。至顧祖榮陞詹事，始復設專官。〔註76〕

　　高宗乾隆晚年，和珅當權，任大學士、尚書兼翰林院掌院學士，於仁宗嘉慶二年（1797）恃太上皇之寵，將詹事府衙門事務均歸翰林院掌院管理。嘉慶五年（1800），時高宗已崩，和珅亦已伏誅，仁宗以詹事府事務歸入翰林院兼管，究非體制，故命嗣後詹事府京察及一切應辦事宜不必由翰林院掌院兼管。〔註77〕

　　詹事府、左右春坊及司經局各官與翰林院互兼，故職掌亦互有重疊。聖祖時纂修《大清會典》首揭詹事府各官「職在侍從，并司講讀牋奏之事，與翰林院互兼職掌」〔註78〕。是故詹事等官自始便有兼銜，世祖順治九年（1652）定詹事兼內院侍讀學士銜，少詹事兼內院侍講學士銜，諭德、洗馬兼內院修撰銜，中允兼內院編修銜，贊善兼內院檢討銜、正字以內院中書舍人兼攝。又定滿詹事兼銜與漢官同。聖祖康熙九年（1670）初置起居注館，起居注官均兼日講官，命詹事以下、坊局以上皆得開列請簡，以原官兼充。十四年（1675）再定詹事府以下漢官仍照例兼翰林院官銜，又奏准經筵講官缺出，詹事、少詹事由翰林院開列具題兼充。高宗乾隆四十一年（1776）准文淵閣直閣事缺出，滿漢詹事、少詹事均由翰林院開列請簡；文淵閣校理缺出，庶子以下洗馬、中允、贊善均由翰林院題請以原銜兼充〔註79〕。至乾隆五十四年（1789）十二月，洗馬周瓊呈請代奏謝恩摺內有「補授司經局洗馬兼翰林院修撰」字樣，高宗因思修撰係一甲一名進士專銜，何必假借兼攝，無乃名不正也。而詹事府衙門自詹事、庶子、中允、贊善等官俱兼翰林官銜，實係相沿前明舊例，既已各有本職專銜，乃詔嗣後免兼翰林院虛銜，以昭覈實〔註80〕。兼銜

察御史」相同，因十三道監察御史例不冠以都察院之名。

〔註76〕吳鼎雯《國朝翰詹源流編年》，卷一，康熙三十一年十月，頁40a；康熙三十六年十月，頁41b～42a。

〔註77〕托津等奉敕纂《欽定大清會典事例（嘉慶朝）》，卷七九三，詹事府，建置，設官，頁2b。

〔註78〕伊桑阿等纂修《大清會典（康熙朝）》，卷一五五，詹事府，頁16b。

〔註79〕托津等奉敕纂《欽定大清會典事例（嘉慶朝）》，卷七九三，詹事府，兼銜，頁3a～4a。

〔註80〕《清實錄》冊二十五，《高宗實錄》，卷一三四五，乾隆五十四年十二月庚午，頁1234。

雖免，其職掌則始終無甚改變。

詹事府各官地位，可於高宗乾隆十八年（1753）十一月上諭中知其梗概：

> 詹事府乃東宮僚佐，儲貳未建，其官原可不設。第以翰林敘進之階，姑留以備詞臣遷轉地耳。〔註81〕

詹事府原爲東宮僚屬，但自聖祖晚年廢儲，清廷再無太子，使其成爲翰林官升轉遷補衙門。因翰林院編修、檢討與侍讀、侍講隔品，不便直接升轉，故留詹事府做爲編修、檢討升轉階梯，此稱「開坊」，坊即春坊。又職掌與翰林院互兼，故二者常合稱「翰詹」。

每遇陞殿，滿漢詹事、少詹事皆在殿上，序於翰林院掌院學士之次；庶子以下各照次序列於丹墀東；常朝坐班，庶子以下等官皆坐四品班；充日講起居注官者，坐三品班。遇皇帝御經筵，則滿漢詹事、少詹事俱於文華殿侍班〔註82〕。職掌可歸列爲以下數項：〔註83〕

> 一、撰文。皇太子千秋節，在內王公百官，在外文武督撫以下、臬司以上，武官提鎮以下、副將以上，均應具箋稱賀，其箋文定式，由詹事府撰文進呈，頒發中外。〔註84〕
>
> 一、編纂書史。凡纂修實錄、聖訓，滿漢詹事例得請派充副總裁官；少詹事、坊局官例得請派充纂修官。各館纂修一應書史，少詹事、坊局官皆預派充，亦得充總裁官。
>
> 一、集議。詹事府職掌，均與翰林院同。惟驗看月選、每歲朝審，

〔註81〕《清實錄》冊十四，《高宗實錄》，卷四五〇，乾隆十八年十一月壬子，頁858。

〔註82〕托津等奉敕纂《欽定大清會典事例（嘉慶朝）》，卷七九三，詹事府，職事，朝會侍班，頁5a。

〔註83〕詹事等官職掌乃綜合以下載記而得：
伊桑阿纂修《大清會典（康熙朝）》，卷一五五，詹事府，頁17b～22a。
允祿等監修《大清會典（雍正朝）》，卷二三五，詹事府，頁1a～8b。
《詹事府則例》（北京：清高宗乾隆朝內府抄本，藏北京圖書館，文件號03578），頁2a～3b。
朱珪等纂《皇朝詞林典故》，卷二十四，職掌，詹事府，頁29b～31a。
托津等奉敕纂《欽定大清會典事例（嘉慶朝）》，卷七九三，詹事府，職事，頁5a～5b。

〔註84〕自聖祖停立東宮後，此項撰擬慶賀表箋之職即已停止。見朱珪等纂《皇朝詞林典故》，卷二十四，詹事府，頁29b～30a。

詹事、少詹事皆入班。詹事坐於大理寺卿之次，少詹事坐於右通政、大理寺少卿之次。九卿會議大政，有奉旨九卿科道詹事議者，班次與前同。

一、看詳誥敕。世祖順治九年（1652）內院題請專官管理，詹事府、春坊四品以上皆預，後停止。

一、殿試讀卷。凡文武殿試，滿漢詹事、少詹事充讀卷官。庶子、諭德、洗馬、中允、贊善充受卷、彌封、掌卷官。其主簿、錄事、正字等官亦預由禮部、兵部題請。凡遇廷試願就教舉人及歲貢生，漢坊局官皆預閱卷。

一、典試。凡各直省典試及順天武鄉試主考、會試同考，由禮部、兵部開列具題，漢坊局官皆預。正字由進士出身者，鄉試主考及順天同考亦得開列。凡武會試主考，詹事、少詹事亦預開列。凡滿洲蒙古翻譯鄉、會試主考官，開列滿洲詹事、少詹事。同考官開列滿庶子，諭德、洗馬、中允、贊善。

一、提督學政。經世祖至高宗歷朝沿革，自少詹事以下，庶子、諭德、洗馬、中允、贊善均得差遣各直省學政。

一、祭告。凡祭告五嶽、四瀆、長白山、歷代帝王陵、先師闕里，滿漢詹事、少詹事皆預開列。聖祖康熙五十七年（1718）定庶子、諭德、洗馬、中允、贊善皆預開列。

一、審事差遣。聖祖康熙三十六年（1697）諭詹事府衙門無事，嗣後凡審事審差之處，詹事府內滿洲官員亦著派出。

一、教習庶吉士。世祖順治十五年（1658）定詹事府亦預開列，後停止。聖祖康熙五十一年（1712）議准諭德、洗馬以下各官皆預開列。

各官之陞除亦迭有沿革。世祖順治九年（1652）題準詹事以下、正字以上，由內院題補。主事以下，由吏部題補。十一年（1654）題準詹事府坊局等官均移咨吏部題補。聖祖康熙十四年（1675）復議準滿漢詹事由吏部開列題補，滿少詹事、坊局等官由吏部以應陞官擬正陪題補；漢少詹事、坊局等官由府會同翰林院將應陞官擬出，咨送吏部題補。康熙四十八年（1709）議準凡本府官一應陞轉，均以從前編檢任內歷俸通論。世宗雍正二年（1724）再定凡遇陞轉，由府會同翰林院以應陞官及其次應陞官職名一併移送吏部題請

簡用。〔註85〕

三、起居注館

　　起居注爲古代官方載籍之一種，逐日記載帝王起居言動，故名「起居注」。其起源甚早，至遲於西漢武帝已有《禁中起居注》，東漢明帝有《明帝起居注》。兩晉之後更設起居令、起居郎、起居舍人等官專司其職。隋、唐有《大業起居注》、《大唐創業起居注》〔註86〕，其後歷代均有起居注。元順帝至正二十四年（1364），朱元璋稱吳王，設起居注，秩正四品，以宋濂、魏觀任其職。明神宗萬曆初年，張居正定議以修撰、編修、檢討及史官之充日講者，日輪一員記注神宗起居，兼錄聖諭詔冊。〔註87〕

　　清人於關外時期已有記注政事之制，太宗天聰三年（1629）四月，命儒臣分直「繙譯漢字書籍」與「記注本朝政事，以昭信史」〔註88〕。天聰九年（1635）十二月，太宗曾諭令記注儒臣「凡外國文移及管蒙古各旗諸貝勒往來迎送，酬獻贈答，俱宜詳愼記載」。〔註89〕

　　儘管吳振棫《養吉齋叢錄》直指「翻譯漢字書籍，此即日講之義……記注本朝政事，此即起居注官之義」〔註90〕，然細繹關外時期滿文檔冊，雖亦按年月日順序記載，但內容龐雜，包括君主言行、戰事過程、族人紛擾、經濟活動、民情風俗、對外交涉、臣僚事蹟等無一不舉，實與眞實起居注形式大相逕庭。且《實錄》所載天聰十年（1636）改文館爲內三院，其中內國史院職掌首開「記注皇上起居詔令，收藏御製文字」〔註91〕，實係後日修飾之辭；據《滿文老檔》所載，應爲紀錄滿洲汗詔令、政務、用兵、行事之「史的檔子」，仍爲前述以滿文按日記載之檔冊。〔註92〕

〔註85〕伊桑阿等纂修《大清會典（康熙朝）》，卷一五五，詹事府，頁 19b。
　　　　允祿等監修《大清會典（雍正朝）》，卷二三五，詹事府，頁 3b。
〔註86〕馮爾康《清史史料學》（台北：台灣商務印書館，1993 年），頁 34。
〔註87〕王士禎《池北偶談》，卷一，談故一，頁 17。
〔註88〕《清實錄》冊二，《太宗實錄》，卷五，天聰三年四月丙戌，頁 70。
〔註89〕《清實錄》冊二，《太宗實錄》，卷二十六，天聰九年十二月甲辰，頁 341。
〔註90〕吳振棫《養吉齋叢錄》（北京：北京古籍出版社點校本，1983 年），卷二，頁 15。
〔註91〕《清實錄》冊二，《太宗實錄》，卷二十八，天聰十年三月辛亥，頁 356。
〔註92〕《滿文老檔》（日本東洋文庫本），太宗崇德朝第五冊，天聰十年三月初四日。轉引自喬治忠《清朝官方史學研究》（台北：文津出版社，1994 年），頁 159。

　　記注之制在世祖時仍存在，順治二年（1645）閏六月有御史吳贊元疏言
請每日應令翰林、六科及中書等官各輪一員隨奏事官同進記注。得旨已有滿
洲記注，漢官記注且不必添。〔註93〕

　　清代起居注制度之建立在聖祖康熙十年（1671），但早在世祖順治元年
（1644）多爾袞輔政之時，曾令史官按日記注而有《皇父攝政王起居注》一
冊，黃綾裝禎，背鈐弘文院印，一九三五年北平故宮博物院改題《多爾袞攝
政日記》刊印發行，有謂此爲清代起居注之最早者。〔註94〕

　　世祖親政後，屢有臣僚請設起居注，均未獲准。順治八年（1651）九月，
刑科給事中魏象樞請擇滿漢詞臣文學雅重者數人，「備顧問，記起居」，報
聞。十年（1653）正月，工科都給事中劉顯績請仿前代設立記注官，「凡有詔
諭及諸臣啓奏，皇上一言一動，隨事直書，存貯內院，以爲聖子神孫萬世法
則」，仍報聞。十二年（1655）正月，詹事府詹事梁清寬亦有相同之奏，僅下
所司知之〔註95〕。至十二年二月，權重一時之和碩鄭親王濟爾哈朗亦以此
請：

> 抑臣更有請者，垂休典謨，光昭令德，莫要於設立史官。皇上統一
> 中原，以堯舜爲法，但起居注官尚未設立，古之聖帝明王，進君子，
> 退小人，順天心，合民志，措天下於太平，垂鴻名於萬世，良於史
> 臣有賴。今宜倣古制，特設記注官置諸左右。凡皇上嘉言善行，一
> 一記載，於以垂憲萬世，傳之無窮，亦治道之一助也。

然世祖僅「嘉其言」而別無他語〔註96〕。十七年（1660）六月，翰林院掌院

〔註93〕《清實錄》冊三，《世祖實錄》，卷十八，順治二年閏六月癸卯，頁164。
〔註94〕馮爾康《清史史料學》，頁34～35。
　　　　《多爾袞攝政日記》刊行時有單士元所作〈小序〉述其來歷：「多爾袞攝政日
　　　　記，爲清內閣大庫舊物，宣統間清理庫檔流落於外，後歸寶應劉氏食舊德
　　　　齋，原冊起五月二十九日，迄七月初九日而不紀年。茲因中有閏六月，檢勘
　　　　歷書及實錄，知爲順治二年事。原書初無名稱，每日記事後均書記者銜名，
　　　　與清代起居注體例略同，故劉氏於其所錄副冊，題曰攝政王多爾袞起居注。
　　　　考清代起居注康熙間始置館，當時尚無其制，今劉氏囑由本院刊行，爰改題
　　　　曰多爾袞攝政日記」。轉引自單士元〈清代起居注〉，收入故宮博物院明清檔
　　　　案部編《清代檔案史料叢編》四輯（北京：中華書局，1979年），頁259～
　　　　282。
〔註95〕《清實錄》冊三，《世祖實錄》，卷六十，順治八年九月庚寅，頁476；卷七十
　　　　一，順治十年正月庚辰，頁564；卷八十八，順治十二年正月甲寅，頁699～
　　　　700。
〔註96〕《清實錄》冊三，《世祖實錄》，卷八十九，順治十二年二月壬戌，頁702。

學士折庫訥條奏八事：召對之典宜行，起居注宜設，封駁之典宜行，會議之實宜核，奢侈宜禁，窮丁宜恤，逃人刺面之法宜更，國學宜興。得旨「此奏內召對、設史官二款知道了，餘著該部議奏」〔註97〕，實無正面回應。顯見世祖朝滿漢官員均有一定共識，認爲起居注官之設立乃爲必需，然以世祖態度冷淡而無所成。

聖祖即位之初由鰲拜輔政，政制保守，內閣、翰林院均遭廢置，恢復關外時期之三院，起居注官更無設立之可能。康熙七年（1668）九月，內秘書院侍讀學士熊賜履疏請「遴選儒臣，簪筆左右，一言一動，書之簡冊，以垂永久」，得旨「知道了」〔註98〕。待八年（1669）五月翦除鰲拜勢力，聖祖親政，先於九年（1670）恢復內閣、翰林院等衙門，康熙十年（1671）三月，禮科給事中吳國龍疏請復設起居注，得旨報可〔註99〕。同年八月正式設立起居注，置滿記注官四員，漢記注官八員，俱以日講官兼攝，另有滿主事一員，漢軍主事一員，漢主事二員，設起居注館於太和門外西廊，在雍和門南側。〔註100〕

起居注官與日講官在清代往往結銜連稱爲「日講起居注官」，終世祖朝雖無起居注官之設，然順治十二年（1655）三月諭經筵必舉，而日講不宜刻緩，命內院即選滿漢詞臣學問淹博者八員以原銜充講官，侍於左右以備諮詢〔註101〕。聖祖設起居注官俱以日講官兼充，故連稱「日講起居注官」，然二者實爲分職，此以熊賜履〈自陳疏〉有「康熙十年二月充經筵講官，三月充日講官，五月充起居注」〔註102〕之語，故知。康熙二十五年（1686）閏四月停

〔註97〕《清實錄》冊三，《世祖實錄》，卷一三六，順治十七年六月丁亥，頁 1049～1050。

〔註98〕《清實錄》冊四，《聖祖實錄》，卷二十七，康熙七年九月壬子，頁 372。

〔註99〕王士禎《池北偶談》，卷一，談故一，起居注，頁 4。

〔註100〕《清實錄》冊四，《聖祖實錄》，卷三十六，康熙十年八月甲午，頁 489。
朱珪等纂《皇朝詞林典故》，卷十七，官制，日講起居注官，康熙十年，頁 11a。
起居注官設置之後，人數員額迭有增減，詳見允祿等監修《大清會典（雍正朝）》，卷二三四，起居注館。
又，王士禎於康熙十年設起居注有詳細記載，可以對照：「康熙十年復設起居注館，在午門內之西，與實錄館相對。其官則自掌院學士、詹事以下，史官以上，皆得充之。初止八人，後增至十六人。今桐城張公英以禮書兼掌院事，亦爲起居注官，吏侍常書公兼掌院事亦然」。見《池北偶談》，卷二，談故二，頁 31。

〔註101〕張廷玉等纂《詞林典故》，卷二，官制，講官，頁 33b～34a。

〔註102〕吳振棫《養吉齋叢錄》，卷二，頁 15。

日講，而起居注官仍繫日講二字於銜上。〔註103〕

康熙五十七年（1718）三月，聖祖停罷起居注。先是，諭大學士等：

> 歷觀從來帝王，設立起居注，多有更張，亦間有裁革者。朕在位日
> 久，設立多年，近見記注官內，年少之員甚多，皆非經歷事體之
> 人，伊等且自顧不暇，又豈能詳記朕之諭旨耶。且官職卑小，不識
> 事之輕重，或有事關重大者，不能記憶，致將朕之諭旨，頗多遺
> 漏，不行備錄。甚至如趙熊詔曾私抄諭旨，攜出示人。記注之事，
> 關係甚鉅，朕設立起居注，甚為久遠，在位五十七年，一切政事，
> 現在各衙門檔案，何必另行記載，其作何裁革之處，爾等會同九卿
> 議奏。

未逾月，大學士九卿等遵旨議奏：

> 皇上手書諭旨及理事時所降之旨，并轉傳之旨，各處俱有記載檔案，
> 又如本章所批諭旨，六科衙門既經記載發抄，各部院又存檔案，歷
> 可稽查。且記注官多年少微員，或有事關重大者，不能全記，以致
> 將諭旨舛錯遺漏，又妄行抄寫與人，倘伊所記之旨，少有互異，關
> 係甚鉅，應將起居注衙門裁去。〔註104〕

因此停罷起居注，終聖祖朝皆未恢復，惟令每遇奏事，將翰林派出五員侍
班。〔註105〕

世宗即位，隨即恢復起居注之制。此後歷朝一直奉行不輟。雍正元年
（1723）四月諭翰林院：

> 自古帝王臨朝施政，右史記言，左史記動，蓋欲使一舉動、一出言
> 之微，無不可著為法則，垂範百世也……茲朕纘承大統，夙夜兢業，
> 日昃不遑，所以上繼皇考功德之隆，下致四海晏安之治。顧惟涼德，
> 深懼負荷之難。今御門聽政之初，益當寅畏小心，綜理庶事，咸期
> 舉措允宜，簪筆侍臣，何可闕歟。當酌復舊章，於朕視朝臨御，祭
> 祀壇廟之時，令滿漢講官各二人侍班，不獨記載諭旨政務，或朕有

〔註103〕吳振棫《養吉齋叢錄》，卷二，頁 15。

〔註104〕《清實錄》冊六，《聖祖實錄》，卷二七八，康熙五十七年三月壬子，頁 721
～722；三月戊辰，頁 726。

〔註105〕托津等奉敕纂《欽定大清會典事例（嘉慶朝）》，卷七九二，起居注，建置，
記注設官，頁 4a。「定每侍班，於翰林院讀講學士、侍讀、侍講與詹事府坊
局等官一員領班，次滿洲編檢一員，漢編檢三員」。

一言之過，一事之失，皆必據實書諸簡冊……其仍復日講起居注官
如康熙五十六年以前故事，爾衙門即遵旨行。〔註106〕

即於太和門西廊復設起居注館，除滿漢日講起居注官員額仍照康熙三十一年
（1692）例設滿官六員、漢官十二員，並有滿洲主事二員，清文筆帖式八員，
清漢文筆帖式八員。雍正十二年（1734）增漢主事一員。高宗乾隆元年（1736）
再增滿洲記注官二員。〔註107〕

　　以下請論其職掌。清代起居注館事務歸翰林院掌院學士兼管。掌院學士
例得坐充日講起居注官，滿漢各有一缺。其餘日講起居注官則以詹事，讀、
講學士而下，至坊、局、編、檢等官開列充補〔註108〕。起居注官之職掌，依
聖祖朝所修《會典》可分爲「侍班扈從」與「記注」二種。先言侍班扈從：

　　　凡記注官侍班，遇皇上御乾清門聽政，各衙門官員奏事時，記注官
　　　立於西階上廊柱旁。康熙十八年（1679）諭，內閣啓奏折本時，記
　　　注官亦令侍班。……凡有事壇廟、謁陵、耕耤、視學、大閱、校射、
　　　迎勞凱旋及駐蹕南苑，巡幸蒐狩，記注官皆扈從。皇上御保和殿視
　　　祝版，記注官侍班。……經筵、文武殿試讀卷皆侍班。

記注則有：

　　　凡外藩王、台吉等，及直省督撫提鎮等朝見、陛辭、賜宴賜食，該
　　　衙門知會記注館，該直官侍班記注。凡各衙門官員奉特召面諭，本
　　　官錄諭旨，及奏對之辭，送記注館進呈御覽後記注。凡滿漢大臣亡
　　　故，遣官奠茶酒，該管官員知會該直官記注。

記注完畢之冊籍收貯亦有規定：

　　　凡記注冊籍，書明日月及該直官姓名，每月滿漢文各一冊，歲終彙
　　　封，用翰林院印，貯大櫃，題明，送內閣公驗封鎖，會同內閣學士
　　　送入內閣大庫收藏。〔註109〕

其實起居注官侍班扈從，所見所聞亦必退而記注，是故侍班扈從與記注實爲
一而二、二而一之事。

〔註106〕《清實錄》冊七，《世宗實錄》，卷六，雍正元年四月乙丑，頁131～132。
〔註107〕托津等奉敕纂《欽定大清會典事例（嘉慶朝）》，卷七九二，起居注，建置，
　　　　記注設官，頁5b～6a。
〔註108〕朱珪等纂《皇朝詞林典故》，卷十七，官制，日講起居注官，頁14b～15a。
〔註109〕伊桑阿等纂修《大清會典（康熙朝）》，卷一五五，翰林院，附起居注館，頁
　　　　12b～14b。

　　世宗朝重修《會典》所記與聖祖朝相同，唯另清晰明訂各衙門奉有訓勵獎勸等緊要諭旨，每月月底將情事緣由月日等，一併詳錄移送記注館，由該館直官補入記注冊內。〔註110〕

　　高宗朝所修《起居注館則例》則明確將起居注官職掌分爲侍直、扈從、記注三項，以下歸納說明之：〔註111〕

（一）侍　直

　　御門聽政，大學士、學士敷奏折本時，記注官近前恭聽皇帝玉音，以備記載。御殿日，記注官昧爽至太和殿內侍直。頒詔、冊封、文武傳臚殿試諸典禮，侍立同御殿日。元旦、冬至、皇太后聖壽、萬壽聖節，侍班如常儀。殿試讀卷，在乾清門與便殿侍班、賜座、賜茶。太和殿閱祝版香帛，中和殿閱祝版香帛，均侍立。祭壇、廟，視學釋奠，均侍班。文華殿經筵，侍班於九卿之次。躬耕耤田，於耕次綵棚外隨行。大閱，侍立晾鷹臺上。上元、歲除、宴外蒙古，俱與宴，序於右翼豹尾班之次。出師命將，於太和殿內侍班。凱旋迎勞，侍立於黃幄外。勾決日，同大學士、內閣學士、刑部尚書侍郎候召侍班。

（二）扈　從

　　謁陵、狩獵暨駐蹕南苑、巡狩方岳，皆扈從，均序於右翼豹尾班之次。

（三）記　注

　　每月記注清漢文各二冊，具書年月日及該直官姓名。凡記注官侍班所記，一一備載卷末，彙爲總跋。冊中每葉鈐以翰林院印，貯之鐵匭，局鐍封識，歲終題明，送內閣，會同內閣學士監視，藏之內閣大庫。各省題奏本章，均增揭帖一通送館記注後，移交內閣收貯。

　　後來仁宗朝重修《會典》即總結歷來職掌沿革爲：

> 凡朝會則侍直，以記言記動。御經筵、臨雍亦如之。耕耤亦如之。祭祀，皇帝親詣亦如之。謁陵亦如之。凡侍直，既退則載筆。必具年月日，書其當直官之名，乃匭而藏焉。歲終以送於內閣而貯諸庫。〔註112〕

〔註110〕允祿等監修《大清會典（雍正朝）》，卷二三四，起居注館，頁31a～33b。

〔註111〕以下歸納均採自《起居注館則例》（清高宗朝內府抄本，藏北京圖書館，文件號03576），頁3a～7b。

〔註112〕托津等奉敕纂《欽定大清會典（嘉慶朝）》（台北：文海出版社據清刻本影印，

第二節　陞轉京察

詞臣陞轉分爲內陞、外轉二途。內陞指翰詹衙門內部與京中各部院衙門間之陞遷，外轉即外放地方任使。以下請論詞臣陞轉，先言內陞。

一、內　陞

世祖順治九年（1652）六月，大學士范文程等疏奏翰林詹事等官陞補畫一之法：

> 修撰、編修、檢討，按科分先後資序陞轉，凡奉差及終養、丁憂治喪依限到京者，仍照科分資序，違限者計所違月日，序於後。給假告病者，概序於後。降補別衙門復回者，俱照現補官品爲序。三品官服闋病痊者，由撫按具奏臣衙門題補。四品以下官親身赴京，亦臣衙門題補。

得旨允行，並命永著爲例〔註113〕。當月即以新定陞轉例擢陞詞林各員，計：

> 補原任吏部右侍郎學士成克鞏爲內翰林弘文院學士。
> 陞侍讀學士劉正宗爲內翰林秘書院學士。
> 陞侍讀學士魏天賞爲內翰林國史院學士。
> 降補學士胡統虞爲內翰林秘書院侍讀學士。
> 陞國子監祭酒王崇簡爲內翰林弘文院侍讀學士。
> 陞侍讀喬庭桂爲內翰林國史院侍讀學士。
> 陞侍讀岳映斗爲內翰林秘書院侍講學士。
> 陞光祿寺少卿羅憲汶爲內翰林弘文院侍講學士。

1991 年），卷五十五，起居注，頁 9a～12a。
又，起居注記載內容次序爲：上諭（以本日事務大小輕重爲序，若事關壇廟陵寢俱首載），部本（依序爲內閣、宗人府、翰林院、六部、都察院、理藩院。遇禮部慶賀及太常寺祭祀俱列於內閣之前），通本（首總督、次巡撫。督撫先後以省分爲序），旗摺，京外各官摺（先公後私），各部院衙門引見，八旗引見（吏部引見次序：京官首月選、次翰林、次京堂、次科道、次部屬官、次小京官。外官以大小爲序，依次爲卓異官、原任、開復、降調、革職、病痊、起復、六法官、筆帖式、廕生。兵部引見次序：京官、外官、降革、開復。八旗引見旗分次序：鑲黃、正黃、正白、正紅、鑲白、鑲紅、正藍、鑲藍。各旗皆以滿洲爲首，餘依序爲蒙古、漢軍、護軍）。參見同上，頁 11b～12a。
〔註113〕《清實錄》冊三，《世祖實錄》，卷六十五，順治九年六月辛酉，頁 512。
清高宗敕撰《清朝文獻通考》，卷五十五，選舉九，順治九年，頁 5366。

陞編修梁清標爲內翰林國史院侍講學士。

陞編修陳熿爲內翰林秘書院侍讀。

陞編修王炳昆爲內翰林弘文院侍讀。

陞編修黃志遴爲內翰林國史院侍讀。

陞編修法若眞爲內翰林秘書院侍講。

陞編修胡兆龍爲內翰林弘文院侍講。

陞編修韋成賢爲內翰林國史院侍講。

加修撰呂宮右春坊右中允，仍管內翰林秘書院修撰事。

陞編修程芳朝爲內翰林國史院修撰。

陞編修蔣超爲內翰林弘文院修撰。

陞檢討李霨、沙澄、傅作霖爲內翰林秘書院編修。

陞檢討宋杞、劉澤芳、石申爲內翰林弘文院編修。〔註114〕

順治十年（1653）五月，世祖親見前加右春坊右中允而仍管內翰林秘書院修撰事的呂宮文章簡明、氣度嫻雅，乃思翰林官陞轉舊例乃論資俸且兼論才品，然果有才品特出者又何必拘於舊例，故諭吏部遇學士員缺即將呂宮予以推補，以示破格用人之意〔註115〕。十一年（1654）三月，又從大學士范文程等之請，命將翰詹等官陞補，俱歸吏部〔註116〕，凡翰苑漢官員缺，除學士由吏部開列題補外，侍讀學士、侍講學士、侍讀、侍講及國子監祭酒、司業，俱由翰林院會同詹事府，以應陞官職名咨送吏部題補〔註117〕。及至十六年（1659）二月，吏部題補吏部右侍郎缺，得旨以內閣既不設學士，致翰林官無缺可陞，令嗣後吏部侍郎缺出，著照禮部侍郎之例，亦用翰林官補授，此員缺即命會推具奏；三月，即以侍讀學士石申爲吏部右侍郎，仍兼原官〔註118〕。另，順治十二年（1655）十一月，世祖曾以日講官侍從禁庭，朝夕

〔註114〕《清實錄》冊三，《世祖實錄》，卷六十五，順治九年六月丙寅，頁512～513。
　　　　 按，一甲一名進士授修撰，二名三名授編修，二甲三甲選庶吉士。俟散館時，
　　　　 二甲授編修，三甲授檢討。本年以編修擢修撰，以檢討擢編修，是爲特例，
　　　　 後不復見。見朱珪等纂《皇朝詞林典故》，卷十八，官制，內擢，頁 1a。及
　　　　 吳鼎雯《國朝翰詹源流編年》，卷一，順治九年六月，頁15a。
〔註115〕《清實錄》冊三，《世祖實錄》，卷七十五，順治十年五月丙寅，頁588。
〔註116〕《清實錄》冊三，《世祖實錄》，卷八十二，順治十一年三月乙巳，頁645。
〔註117〕伊桑阿等纂修《大清會典（康熙朝）》，卷一五五，翰林院，頁10a。
〔註118〕《清實錄》冊三，《世祖實錄》，卷一二四，順治十六年二月壬午，頁 956；
　　　　 卷一二四，順治十六年三月庚子，頁958。

進講，而國子監衙門路程較遠，職任難兼，故諭吏部如遇祭酒、司業員缺，不必以日講官推補。〔註119〕

由於滿洲庶吉士、編修、檢討人數較少，往往翰詹缺出，不敷陞補則以各部院衙門科甲出身之司員簡選陞用，下文「文義優通」者即為此選，是為「外班翰林」〔註120〕。康熙十一年（1672）閏七月，從內閣、翰林院題，嗣後滿侍讀學士以下各員缺，應照品級考開載應陞官員內，擇文義優通者，擬正陪咨送吏部題補。如此做法乃因翰林職掌專事纂修，與部院衙門不同，若非文義優通則難以辦理之故。〔註121〕

聖祖初年，詹事府坊局等衙門既裁，內三院修撰、編修、檢討必須經歷國子監司業，然後得陞侍讀（其時侍講亦裁去），故編檢無不為司業者，率不數月即遷去。康熙十四年（1675）復設詹事府坊局等衙門，於是修撰、編修、檢討多陞中允、贊善。而國子監司業轉與詞林較俸，欲陞侍讀、侍講、諭德、洗馬，則非三年餘不得遷〔註122〕。康熙二十四年（1685）二月，吏部題侍講學士邵遠平遷葬缺出，擬以庶子儲振陞補，然聖祖不顧定例，以侍讀韓菼陞補侍講學士。原例為侍講學士員缺以庶子陞，庶子無人則以侍讀、侍講陞。〔註123〕

聖祖康熙六年（1667）八月，陞內國史院侍讀學士楊永寧為光祿寺卿，此是翰林官改補京堂之始〔註124〕。康熙三十三年（1694）閏五月，以先時慮翰林官陞轉壅滯，故用數人於部院衙門，所用數人學問皆優，諭如有翰林缺出，仍將此數人開列陞補〔註125〕。此因康熙三十年（1691）十月，京堂員缺

按例，吏部左右侍郎，一兼學士銜，一不兼學士銜。故事不兼學士銜者，翰林官不得推補，至是始並予列名。見張廷玉等纂《詞林典故》，卷二，官制，翰林官內擢，頁 38b～39a。

〔註119〕《清實錄》冊三，《世祖實錄》，卷九十五，順治十二年十一月丁亥，頁 746。

〔註120〕托津等奉敕纂《欽定大清會典事例（嘉慶朝）》，卷七八三，翰林院，官制，陞除，頁 4a。

〔註121〕《清實錄》冊四，《聖祖實錄》，卷三十九，康熙十一年閏七月甲午，頁 527。

〔註122〕王士禎《池北偶談》，卷一，談故，司業題名，頁 14～15。

〔註123〕〈聖祖仁皇帝起居注殘稿〉康熙二十四年二月十二日。見羅振玉《羅雪堂先生全集》（台北：大通書局，1973 年），五編，冊五，頁 2170～2171。

〔註124〕《清實錄》冊四，《聖祖實錄》，卷二十三，康熙六年八月辛卯，頁 325。
吳鼎雯《國朝翰詹源流編年》，卷一，康熙六年八月，頁 28a。

〔註125〕《清實錄》冊五，《聖祖實錄》，卷一六三，康熙三十三年閏五月戊辰，頁 784。

多額，吏部疏請簡用，乃特命以詞臣少詹事徐潮等十人爲通政使司等各衙門京堂，至是而有此諭〔註126〕。其時翰詹改補京堂之例，滿漢官不同：

滿　洲

　　通政使、大理寺卿缺出，以詹事開列。

　　太常寺卿、奉天府尹、光祿寺卿、太僕寺卿缺出，以少詹事、侍讀學士、侍講學士、祭酒、庶子開列。

　　以上俱在正本，並無夾單。

漢　員

　　太常寺卿、光祿寺卿、太僕寺卿缺出，以少詹事、侍讀學士、侍講學士、祭酒開列。

　　順天府尹、通政司副使、大理寺少卿缺出，以侍讀學士、侍講學士、庶子開列。

　　太常寺少卿、鴻臚寺卿、太僕寺少卿、順天府丞缺出，以侍讀、侍講、洗馬、中允、司業、贊善開列。

　　以上俱在正本之外，另爲夾單。

另京堂由翰詹改補者，如遇翰詹應陞之內閣學士缺出，則以太常寺卿、順天府尹、光祿寺卿、太僕寺卿、通政司副使、大理寺少卿開列。如遇詹事缺出，則以光祿寺卿、太僕寺卿、通政司副使、大理寺少卿開列，均入夾單之內。〔註127〕

　　康熙三十七年（1698）十二月，都察院左副都御史吳涵疏言，編修檢討等員陞轉壅滯，請酌復變通，將編修檢討照李濤、汪楫之例，外補一二人；

　　　其時吏部並定議：太常寺卿、順天府尹、光祿寺卿、太僕寺卿、左右通政、大理寺少卿俱陞內閣學士。太常寺少卿、太僕寺少卿、督捕理事官、順天府丞俱陞少詹事。通政使司參議、光祿寺少卿陞講讀學士。鴻臚寺少卿陞庶子。見吳鼎雯《國朝翰詹源流編年》，卷一，康熙三十三年閏五月，頁40b～41a。

〔註126〕朱珪等纂《皇朝詞林典故》，卷十八，官制，內擢，頁4a。

　　　改補翰詹十人爲京堂，分別是：少詹事徐潮爲通政使，左庶子李應薦爲太常寺少卿，侍講顧藻爲兵部督捕右理事官，司業吳涵、編修王九齡爲通政使司左參議，右庶子高裔、司經局洗馬周清原爲通政使司右參議，侍講熊賜瓚爲大理寺寺丞，侍講勵杜訥爲光祿寺少卿，侍讀胡會恩爲鴻臚寺少卿。見吳鼎雯《國朝翰詹源流編年》，卷一，康熙三十年冬十月，頁39b。

〔註127〕托津等奉敕纂《欽定大清會典事例（嘉慶朝）》，卷七八三，翰林院，官制，陞除，頁4b～5a。

少詹事、侍讀學士、侍講學士等官照王士正（禎）、徐潮、顧藻、王九齡等之例，以京堂各衙門調補一二人。聖祖覽奏認爲極是，因爲翰苑詞臣係進士內選拔者，經三年教習，復行考試以定去留，擇其善者始留翰林院衙門，然以應陞缺少，以致壅滯。且不單漢官如此，即滿洲、漢軍翰林亦皆壅滯；而該衙門應陞缺出，俱與筆帖式較俸陞補，是以陞轉甚遲。但聖祖僅表示翰林壅滯之狀已深知之，吳涵之奏不必令部議〔註128〕。唯次年九月復諭吏部，以比年內陞官員額少，而京堂懸缺者多，又翰林官員甚眾且陞遷壅滯，命將現出京堂之缺及翰林官職名一併開列挑補〔註129〕。故事，一甲進士改部，大都奏請留館，亦有改官員外郎之例。高宗乾隆五十二年（1787）一甲二名進士孫星衍，授職編修，充《三通》館校理，至五十四年（1789）散館試〈屬志賦〉，用《史記》「蜫蜫如畏」語，大學士和珅閱卷疑爲別字，置於二等，引見奉旨以部員用。和珅知其文名，欲孫星衍屈節一見，但星衍以「吾甯得上所改官，不受人惠也」，終不往見而就刑部主事職。有人仍力勸星衍或一往見，當可援例授爲員外郎，星衍則堅持「主事終擢員外，何汲汲求人爲」。自是編修改部授主事，遂爲成例。〔註130〕

康熙四十八年（1709）定制，翰林院暨詹事府各官，凡有陞轉，均以前任編、檢時歷俸通論〔註131〕。按清制翰詹論俸之例，凡職銜相同之員，不以到任先後爲序，而以從前歷任之俸爲序；惟庶子、中允、贊善仍以現任左右爲序，此一例外專指漢員，滿員則惟論現任俸陞轉〔註132〕。康熙五十七年（1718）八月，都察院左都御史蔡升元條奏五款，其中有「六部侍郎開列之例，有應畫一者」，吏部等衙門議覆現在吏部侍郎有一兼學士銜者，缺出開列禮部左右侍郎、內閣學士、翰林院掌院學士、講讀學士、正少詹事、祭酒共十七員；有一不兼學士銜者，缺出開列戶兵刑工四部侍郎、副都御史，共十員。又禮部左右侍郎缺出，開列內閣學士、翰林院掌院學士、講讀學士、正少詹事、祭酒；戶兵刑工四部侍郎缺出，開列副都御史、宗人府府丞、通政

〔註128〕《清實錄》冊五，《聖祖實錄》，卷一九一，康熙三十七年十二月己未，頁1028。

〔註129〕《清實錄》冊五，《聖祖實錄》，卷一九五，康熙三十八年九月戊申，頁1058。

〔註130〕錢儀吉《碑傳集》（北京：中華書局標點本，全十二冊，1993年），冊七，卷八十七，嘉慶朝監司，阮元〈山東糧道孫君星衍傳〉，頁2514。

〔註131〕托津等奉敕纂《欽定大清會典事例（嘉慶朝）》，卷七八三，翰林院，官制，陞除，頁5a。

〔註132〕朱珪等纂《皇朝詞林典故》，卷十八，官制，內擢，頁6a～6b。

使、大理寺卿。是以由翰林院出身者，以十五員而陞兩缺，由京堂出身者，以五員而陞八缺，不無稍偏，故奏准嗣後凡遇六部侍郎缺出，不論翰林京堂，均將應陞官員通行開列〔註133〕。至此，翰詹陞補壅滯之狀，始行稍疏。

世宗雍正元年（1723）正月，以八旗滿洲翰林向無陞轉之途，甚為可憫，從吏部議嗣後翰林院滿洲侍讀、侍講、諭德、洗馬及國子監司業缺出，將各部俸滿應陞之人補授一員，亦將翰林院編修、檢討補授一員，分缺補用〔註134〕。既廣外班翰林員額，又稍通滿翰林陞遷之途，其詳細定議為翰林院侍讀、侍講、諭德、洗馬、國子監司業缺出，將由庶吉士授職編檢之翰林論俸推陞一員，次由進士舉人出身之中允等陞補一員；另講讀學士、少詹事、庶子缺出，將現任之侍講、侍讀、諭德、洗馬、司業推陞一員，之後再將進士舉人出身之科道等官陞補一員〔註135〕。世宗此例未及中允、贊善，其因滿洲編修、檢討例不陞中允、贊善，中允、贊善缺出則以科甲出身之主事、中書、小京官、筆帖式陞補，故中允、贊善與司員皆是外班；抑且有試俸之例，中允一年、贊善二年，期滿後始得陞遷，待高宗乾隆五十六年（1791）始依吏部議，停其試俸〔註136〕。至雍正四年（1726）又將元年定議陞授侍讀、侍講、諭德、洗馬、司業等官，及由主事等官陞授之詹事府中允、由小京官陞授之贊善，均命兼理部務，兩處行走。〔註137〕

庶常散館本有改用各部主事之例，翰詹大考間亦改用郎中以下等官，而雍正元年（1723）三月從吏部奏請揀選引見翰林院庶吉士補用吏部員外郎缺員，開庶吉士不由散館、詞臣不由大考而改用部曹之濫觴〔註138〕。十月開癸

〔註133〕《清實錄》冊六，《聖祖實錄》，卷二八〇，康熙五十七年八月乙未，頁742。
〔註134〕《清實錄》冊七，《世宗實錄》，卷三，雍正元年正月丙申，頁85。
〔註135〕清高宗敕撰《清朝通典》，卷二十，選舉三，雍正元年正月，頁2141。清高宗敕撰《清朝文獻通考》，卷五十六，選舉十，雍正元年，頁5377。
　　　　清高宗敕撰《清朝通志》，卷七十三，選舉略二，選舉制，舉官，頁7184。蕭奭《永憲錄》（北京：中華書局點校本，1959年），卷二上，頁107。記述其制「凡滿州翰林院侍讀、侍講、諭德、洗馬、國子監司業缺出，將應陞之人補授一員，編檢補授一員。庶子、侍讀侍講學士缺出，從前俱係年久郎中等照例論俸陞補，將侍讀、侍講、諭德、洗馬合例者開列二名具奏。其庶吉士散館不留館者以通政司知事用，散館進士以通政司知事、大理寺評事、太常寺博士、通政司經歷、太常寺典簿及各部司務用。」
〔註136〕朱珪等纂《皇朝詞林典故》，卷十八，官制，內擢，頁7b～8a。
〔註137〕托津等奉敕纂《欽定大清會典事例（嘉慶朝）》，卷四十，吏部，滿洲開列，翰詹官員陞轉，頁17a～17b。
〔註138〕朱珪等纂《皇朝詞林典故》，卷二十，官制，改用部曹，頁6b。

卯登極恩科，世宗重視未來中式者之任使，尤重視翰林之選，乃於親點殿試讀卷官之際，表露對未來詞臣授職陞轉之想：

> 國家建官分職，於翰林之選，尤爲愼重，必人品端方，學問醇粹，始爲無忝厥職，所以培館閣之材，儲公輔之器也。從前聖祖加意育才，循循訓導，又纂修各種書籍，需員甚多，故翰林院編檢幾至二百人，庶吉士亦五六十人。朕臨御之初，未有編纂諸事……誠恐人才置之閒散，特多方錄用，內而科道吏部，外而道府州縣，俱各隨器使，務令疏通。今編檢尚有百餘人，庶吉士尚有數十人……其學問優長，字畫端楷，或精於繙譯國書者，留本衙門辦事及派各館纂修。其或才具練達，可當科道吏部之選；或長於吏治，編檢可爲道府，庶吉士可爲州縣者，一一分別具奏；至或老病衰廢，願自解退者，聽其以原官休致；其有行止不端，事蹟確實者，奏聞革退。〔註139〕

次年（雍正二年，1724）十二月便以刑名案件爲刑部最緊要之事，諸大臣所賴以辦事者，爲各司之盡職，是以每司必得一二實心辦事、才能之員，方有裨益；而翰林院滿漢編修、檢討、庶吉士俱係進士出身，此輩雖未必素諳律例，但應不難於練習，即諭刑部於滿漢編檢庶常內揀選，或有情願在刑部學習辦事者，或有諸臣等所共知者，揀選二三十員帶領引見，並分在各司學習辦事；如有辦事明白，實心效力者，即命酌量題補〔註140〕。十年（1732）十月，諭以翰林官題請陞轉派差之時，將從前曾經降旨記名褒獎議敘及申飭訓誨處分之處繕寫一單，將單隨本進呈以備查閱。〔註141〕

雍正二年（1724），定制翰林凡遇陞轉，均由翰林院會同詹事府以應陞官及其次應陞官各員職名咨送吏部題請簡用；又定漢官奉差，如遇陞轉，將現出學差人員一併開列，此乃緣以提督學政例須俟差滿日始得陞轉，影響已被簡爲學政人員補差之期之故；另又定革職降調者，若復擢爲翰林，則不得通論前俸，此爲「斷俸」之始〔註142〕。至雍正十二年（1734）復定翰詹衙門凡

〔註139〕《清實錄》冊七，《世宗實錄》，卷十二，雍正元年十月乙丑，頁223。
蕭奭《永憲錄》，卷二下，頁155～156。
〔註140〕《清實錄》冊七，《世宗實錄》，卷二十七，雍正二年十二月甲戌，頁413。
〔註141〕《清實錄》冊八，《世宗實錄》，卷一二四，雍正二年十月乙亥，頁637。
〔註142〕托津等奉敕纂《欽定大清會典事例（嘉慶朝）》，卷七八三，翰林院，官制，陞除，頁5b。
朱珪等纂《皇朝詞林典故》，卷十八，官制，內擢，頁8a～8b。

陞轉官員，皆依編檢之俸共算，若有告假、丁憂，則扣除其日數，較俸陞轉，俸同者仍行論資。〔註143〕

故事，翰林不在考選軍機章京之列，然世宗雍正十一年（1733）五月命編修張若靄及庶吉士鄂容安、鄂倫在辦理軍處行走〔註144〕，此為特詔推恩。其後由章京而入翰林，間有仍留樞直者，如大庾戴衢亨於高宗乾隆四十一年（1776）以召試而授內閣中書，充軍機章京；四十三年（1778）成一甲一名進士，授翰林院修撰，仍直軍機〔註145〕。前此之軍機章京得中甲魁，皆及第後離直，如武進莊培因，乾隆十五年（1750）一甲一名進士；鎮洋畢沅，乾隆二十五年（1760）一甲一名進士；歙縣金榜，乾隆三十七年（1772）一甲一名進士。皆先入軍機，而後中式離去〔註146〕，是知戴衢亨恩遇之僅見。

高宗乾隆元年（1736）曾將前朝滿翰林之兼管部務稍行調整：翰林院侍讀學士、侍講學士、詹事府少詹事、庶子等員缺，由科道、郎中等官陞補者，均不令兼管部院事務，其員缺別行銓選。由員外郎等官陞補翰林院侍讀、侍講及詹事府洗馬者，由主事等官陞補詹事府中允者，由小京官陞補贊善者，以上如係熟練部務之人，准各該堂官奏留辦事，兼兩處行走；若該堂官不行奏留者，則照例開缺〔註147〕。至四十五年（1780）再行調整，緣向來各部院司員陞調別處者，有准留原衙門行走之例，固為熟練事務起見。但部院人材原本不乏，斷無少此一二人即不能辦事之理；況年來司員之中簡用外任者，又未見該堂官等奏留，可見此事原可不必，乃諭現在各部院奏留人員俱不必仍兼行走。至於刑部以刑名總匯，必得熟悉律例之員方可；另理藩院有外藩

〔註143〕托津等奉敕纂《欽定大清會典事例（嘉慶朝）》，卷四十一，吏部，漢員開列，翰詹衙門陞轉，頁14b。

〔註144〕《清實錄》冊八，《世宗實錄》，卷一三一，雍正十一年五月甲申，頁699。

〔註145〕趙爾巽等撰《清史稿》冊三十七，卷三四一，列傳一二八，戴衢亨，頁11098。

姚元之《竹葉亭雜記》（北京：中華書局點校本，1982年），卷一，頁19。「翰林無充軍機章京者，若由舉人中書充章京，一改庶常，便出軍機。戴文端（衢亨）由中書充章京，改修撰，奉高廟特旨仍留章京。至侍講學士時，始特賞三品卿，在軍機大臣上行走。翰林之充軍機章京，惟戴文端一人而已」。

〔註146〕趙爾巽等撰《清史稿》冊三十五，卷三〇五，列傳九十二，莊存與附弟培因，頁10523；冊三十六，卷三三二，列傳一一九，畢沅，頁10976；冊四十三，卷四八一，列傳二六八，儒林一，金榜，頁13200。

〔註147〕托津等奉敕纂《欽定大清會典事例（嘉慶朝）》，卷四十，吏部，滿州開列，翰詹兼理部務，頁24a。

事件，必須蒙古旗員能習蒙古文語者，上屬二者之奏留尚爲可行，然亦必帶領引見，候欽定方准仍兼行走。〔註148〕

　　乾隆二年（1737）十一月，高宗諭翰林開坊缺出，著將俸深人員開列二十員由吏部帶領引見；又翰詹開坊等官，係特簡之員，京察雖列一等，仍無庸優敘加級〔註149〕。按例，翰詹漢員陞轉，惟修撰、編修、檢討開列；司業、贊善例由引見，贊善以上則以應陞及其次應陞人員具本題請。祭酒缺出，則不分應陞與其次應陞，一律通行引見〔註150〕。至三十三年（1768）又議准滿洲開坊員缺，將應陞之翰詹官員與科甲出身之部屬應陞官員分缺間用，翰詹各官論俸，部屬各官由大學士九卿揀選擬定正陪引見補放〔註151〕。乾隆三十四年（1769）正月，有漢中允缺出，其次應陞之修撰、編修、檢討不敷二十員數，翰林院乃依開列試差暨日講官例，以丙戌科（乾隆三十一年，1766）之一甲進士授職編修姚頤、劉躍雲咨送，經部議二人尚未散館，不應開列而奏明更正。此係修撰、編修、檢討例應開坊之二十員內，如有事故不克引見，則應聽其闕如，雖此外之編檢尚多，亦不得充數列名。又，編檢二十員內，如奉差外省，遇有坊缺係例應題請者，仍得照例開列；如係例應引見者，則於奏摺中聲明，且不入綠頭籤。〔註152〕

　　翰林陞轉各部院人員，遇應陞之內閣學士及翰林院掌院學士缺出，其陞補資格於乾隆七年（1742）有所改變：將翰林轉補部院之太常寺卿以下、大四品京堂以上一併開列。惟正三品之左副都御史、通政使、大理寺卿、宗人府丞，以與學士陞轉相同，不予開列；另正四品之太常寺少卿、太僕寺少

〔註148〕托津等奉敕纂《欽定大清會典事例（嘉慶朝）》，卷四十，吏部，滿員開列，翰詹兼理部務，頁24b～25a。
〔註149〕托津等奉敕纂《欽定大清會典事例（嘉慶朝）》，卷七八三，翰林院，官制，陞除，頁6a。
〔註150〕朱珪等纂《皇朝詞林典故》，卷十八，官制，內擢，頁9b。
〔註151〕托津等奉敕纂《欽定大清會典事例（嘉慶朝）》，卷七八三，翰林院，官制，陞除，頁6a～6b。
〔註152〕朱珪等纂《皇朝詞林典故》，卷十八，官制，內擢，頁10a～10b。
　　　同年即奏准，重申詹事府贊善、國子監司業缺出，除未經散館之修撰、編修不准論俸開列外，應由翰林院將俸深修撰、編修、檢討開列二十員咨送吏部，覈其俸次，帶領引見補授。
　　　另又奏准國子監滿洲祭酒員缺，照漢祭酒之例帶領引見補授。參見托津等奉敕纂《欽定大清會典事例（嘉慶朝）》，卷七八三，翰林院，官制，陞除，頁6b。

卿、鴻臚寺卿、順天府丞、奉天府丞暨小四品京官，均不開列。又，若詹事
缺出，將由翰林院轉補部院之從三品及大四品京堂一併開列，均列名於翰林
官之後。〔註153〕

　向來翰苑侍讀學士、侍講學士及侍讀、侍講、中允、贊善等官有需次候
補者，例俱坐原官，不得通融借用。此等詞曹清秩，額缺有數，一經回籍，
來京應補時，經常格於成例而守候多時。高宗因思讀之與講，繫銜雖殊，但
品秩相等，而漢缺中允、贊善，亦非若滿員之銓用殊途、分別五六品頂帶者
可比，是以從前坐補之例，未免過於拘泥。乃於乾隆三十六年（1771）十月
諭令即使稍為變通，於體制亦無妨礙，嗣後此等候缺人員，讀講中贊，均准
其各自通融補用，並著為令〔註154〕。至四十年（1775）復更定詹事府中允、
贊善陞轉之例：其時吏部查奏詹事府中允、贊善例由修撰、編修、檢討陞
任，向無分別；現在正五品之庶子例由從五品之讀講等官具題，滿洲中允亦
例由贊善陞用。請仿照滿中允之例，由右轉左，並將左右贊善按次陞轉開列
具題。〔註155〕

　按清初定制，滿洲詹事缺出，以少詹事、讀講學士、祭酒、庶子及科甲
出身之正四品京堂為應陞，以科甲出身之從四品以下京堂及科道為其次應
陞，具本題補。庶子缺出，以侍讀、侍講、洗馬、司業為內班，正五品以下
京堂、科道、中允、郎中、員外郎等官為外班。侍讀、侍講、洗馬、司業缺
出，以編修、檢討為內班，中允、贊善、員外郎、主事等官為外班，間缺題
補。內班論俸，外班初由保送，後改揀選，俱擬正陪引見；如內班止餘一人，
則以外班擬陪，內班無人，則以外班抵補。至乾隆五十六年（1791）五月議
定外班還缺之例，即內班應陞有人時，計缺依數歸還外班〔註156〕。同時更定
滿洲翰詹官陞轉例：滿洲少詹事缺出，改專以內班讀講學士論俸擬正陪；讀
講學士缺出，改專以內班庶子、侍讀、侍講、洗馬、司業論俸擬正陪。又中
允、贊善二缺，向例定為外班，均須試俸，現改為比照庶子、侍讀、侍講等
官之例，不再試俸。〔註157〕

〔註153〕托津等奉敕纂《欽定大清會典事例（嘉慶朝）》，卷四十一，吏部，漢員開列，
　　　　翰詹衙門陞轉，頁15a～15b。
〔註154〕《清實錄》冊十九，《高宗實錄》，卷八九五，乾隆三十六年十月乙酉，頁
　　　　1023。
〔註155〕清高宗敕撰《清朝文獻通考》，卷五十八，選舉十二，頁5395。
〔註156〕朱珪等纂《皇朝詞林典故》，卷十八，官制，內擢，頁11b～12b。
〔註157〕《清實錄》冊十八，《高宗實錄》，卷一三七八，乾隆五十六年五月甲申，頁

二、外　轉

　　世祖順治十二年（1655）九月，諭吏部以翰林官簡擢中秘，習知法度，而今用人孔亟之際，必得文行兼優者，以學問爲經濟，庶能飭法惠民，助登上理。乃親行裁定沈荃、湯斌等十八員，皆品行清端，才猷贍裕，信任既久，圖報必殷，令俱照外轉應得職銜，陞一級用，遇缺即補。越日，吏部奏准翰林官外陞職銜，正詹以布政使用，支正二品俸，少詹以布政使用，侍讀學士以按察使用，侍讀、中允以參政用，編修、檢討以副使用〔註158〕。十八員之中，即墨藍潤，本名滋，順治三年（1646）丙戌科進士，由庶吉士官侍讀。故事，直隸、江南皆以臺員視學，世祖特簡藍潤爲安徽（上江）提學使，在任盡剔積弊，極獲世祖青睞，嘗語廷臣曰「居官如藍潤可法也」；其時適會直省監司多不稱職，遂命回任內弘文院侍讀之藍潤出爲福建參政督糧道，尋再遷布政使，此爲詞臣出任監司之始〔註159〕。與藍潤同時外轉者尚有內弘文院侍讀學士王無咎爲浙江按察司按察使；內國史院侍讀學士楊思聖爲山西按察司按察使；右中允王舜年爲山西布政使司參政分守冀寧道；內國史院編修范周爲山東按察使司副使霸州兵備道。〔註160〕

　　順治十六年（1659）九月，諭今後翰林官除照常陞轉外，令與科道一體按年外轉。吏部據以覆奏酌改翰林官外轉例，除侍讀學士、侍講學士以上照常陞轉外，侍讀以下應照科道之例，每年外轉二員（春秋季各一員），侍讀、侍講以參政用，修撰以副使用，編修、檢討以參議用。得旨從之〔註161〕。十七年（1660）二月，翰林院以春季例應外轉，開列侍讀以下官奏請引見。但得旨以翰林各官習學滿書，需益加勉勵，令今年暫停外轉〔註162〕。至十八年（1661）九月，時聖祖業已繼位，吏部奏以今翰林已歸併內三院，請將本年

　　　　503。及朱珪等纂《皇朝詞林典故》，卷十八，官制，內擢，頁 11a。
〔註158〕《清實錄》冊三，《世祖實錄》，卷九十三，順治十二年九月己亥，頁 734；九月戊申，頁 735。
〔註159〕李調元《淡墨錄》（台北：廣文書局據清乾隆六十年刻本影印，1969 年），卷一，頁 8a。
　　　　徐錫麟、錢泳《熙朝新語》（台北：文海出版社據清道光四年刻本影印，1985年），卷一，頁 12a～12b。
〔註160〕《清實錄》冊三，《世祖實錄》，卷九十四，順治十二年十月甲子，頁 739。
〔註161〕《清實錄》冊三，《世祖實錄》，卷一二八，順治十六年九月乙亥，頁 994；九月乙酉，頁 977。
〔註162〕《清實錄》冊三，《世祖實錄》，卷一三二，順治十七年二月庚子，頁 1020。

秋季例應外轉侍讀以下官開列職名引見。然得旨以翰林官員現在無多,且皆經酌量選用,令以後不必外轉。〔註163〕

　　詞臣外轉中斷甚久,至聖祖康熙中葉始見復行。康熙二十五年(1686)七月吏部題請翰林官照例外轉,聖祖以現在翰林官內,藝業不精者有之,甚且專事飲宴博戲,伊等自登第之後,未經歷練,若照往例外轉,驟任監司,則無才之人,反爲僥倖。尋議准停止翰林院侍讀及詹事府庶子以下各官外轉道員例,改以同知、運判、提舉等缺補用。〔註164〕

　　康熙二十七年(1688)二月,以山東布政使黃元驤不職革任,破格優陞原任檢討衛既齊爲山東布政使〔註165〕。若照順治十六年(1659)例,檢討外轉以參議用,聖祖用衛既齊爲布政使,實爲特恩,並非復開詞臣外轉常例。二十八年(1689),特命編修李濤、汪楫、丁廷楗分別爲臨江府知府、河南府知府、鳳陽府知府,此爲編檢用爲知府之始。至三十七年(1698)二月左都御史吳涵疏請酌變陞轉之制,以疏通翰苑壅滯之時即以此爲例,聖祖雖諭其奏不必令部議,唯仍改檢討劉涵爲揚州府知府。〔註166〕

　　世宗雍正元年(1723)二月諭令大學士張鵬翮,尙書田從典、徐元夢,左都御史朱軾,侍郎張伯行、李紱會同滿漢掌院學士,將翰詹衙門內不安本分、有玷官箴者舉出,勒令解退回籍,不得徇情。此因世宗初即位,亟欲肅清官常,又風聞翰詹衙門僥倖之徒,平日結黨營私,至科場年分乃互相援引,轉爲請託;遇謹守之人畏干法紀,不肯通同作弊者,反群相排詆,飛語誣陷,故令甄別以示勸懲〔註167〕。此舉實際已是復開詞臣外轉先聲,經甄別後方知各人才幹學問如何,十月乃有「內而科道吏部,外而道府州縣……其或才具練達,可當科道吏部之選;或長於吏治,編檢可爲道府,庶吉士可爲州縣者,一一分別具奏」之諭。至十三年(1735)二月,有改庶吉士徐景曾爲勛陽知府之事,與元年之例不符,是爲特恩。〔註168〕

　　以編檢改知府,至高宗時已經成爲常例,乾隆八年(1743)四月即諭編

〔註163〕《清實錄》冊四,《聖祖實錄》,卷四,順治十八年九月乙巳,頁89。
〔註164〕《清實錄》冊五,《聖祖實錄》,卷一二七,康熙二十五年七月庚戌,頁355。
〔註165〕《清實錄》冊五,《聖祖實錄》,卷一三三,康熙二十七年二月壬子,頁442。
〔註166〕吳鼎雯《國朝翰詹源流編年》,卷一,康熙二十八年,頁39a。
　　　　張廷玉等纂《詞林典故》,卷二,官制,翰林官外調,頁41a。
〔註167〕《清實錄》冊七,《世宗實錄》,卷四,雍正元年二月乙卯,頁96。
〔註168〕吳鼎雯《國朝翰詹源流編年》,卷二,雍正十三年二月,頁9a～9b。

修、檢討內，有能勝知府之任者，令大學士等揀選數員，交與吏部帶領引見〔註169〕。十四年（1749）九月再諭大學士會同翰林院掌院學士將可勝任道府之編修、檢討揀選引見〔註170〕。十九年（1754）三月，復敕令於翰林、科道、部屬內揀選堪勝道府人員；二十八年（1763）再敕選翰林講讀等官堪勝道府者，以備簡用〔註171〕。至二十九年（1764）二月，以翰林人員向有外用道府之例，仍命大學士會同掌院學士揀選才堪勝任道府者帶領引見。〔註172〕

另，清沿明舊，凡一甲一名進士，例無外用者，待高宗朝而有會稽梁國治，乾隆十三年（1748）戊辰科一甲一名進士，授修撰，遷國子監司業。充廣東鄉試正考官，覆命奏對稱旨，命以道員發廣東待缺，旋除惠嘉潮道，移署糧驛道。此是甲魁外放之始，其後始相繼有外用者。〔註173〕

三、京察（附給假）

清代官員考核之法，京官曰京察，外官曰大計。詞臣在京任職，屬京察。京察有三種：列題、引見、會覈。

列題指三品以上按人自陳，尚書、侍郎、左都御史、副都御史、內閣學士兼禮部侍郎銜為一本，總督、巡撫為一本，由吏部繕履歷清單具題，候旨定奪。

引見指三品以下京堂及內閣侍讀學士、翰林院侍讀學士、侍講學士及左右春坊庶子，由吏部繕履歷清單引見。

會覈指翰、詹、科、道及司官、小京官、中書、筆帖式，皆由本衙門註考，由吏部會同大學士、都察院、吏科京畿道定稿，並繕等第黃冊具題。註考乃係京察時，堂官察其僚屬之職，下考語而記註之，翰林院自侍讀以下之侍講、修撰、編修、檢討、主事、典簿、孔目、待詔、筆帖式均屬之；詹事府自洗馬以下之中允、贊善、主簿、筆帖式均屬之。起居注主事、筆帖式由

〔註169〕《清實錄》冊十一，《高宗實錄》，卷一八九，乾隆八年四月己亥，頁429。
〔註170〕朱珪等纂《皇朝詞林典故》，卷十八，官制，外調，頁24a。
〔註171〕清高宗敕撰《清朝文獻通考》，卷五十七，選舉十一，頁5390。
　　　　清高宗敕撰《清朝通典》，卷二十，選舉三，頁2143。
〔註172〕《清實錄》冊十七，《高宗實錄》，卷七○五，乾隆二十九年二月己酉，頁875。
〔註173〕趙爾巽等撰《清史稿》冊三十六，卷三二○，列傳一○七，梁國治，頁10767。
　　　　周壽昌《思益堂日札》（北京：中華書局點校本，1987年），五卷本，卷一，修撰外放，頁221。

翰林院掌院學士註考；翰林院、詹事府滿洲官兼刑部、理藩院行走者，由行走衙門堂官註考。

京察每三年舉行一次，遇子、卯、午、酉歲行。定以四格而判其等第，四格乃指守、才、政、年：守有清、謹、平之別，才有長、平之別，政有勤、平之別，年有青、壯、健之別。循格判等，一等稱職，二等勤職，三等供職。考核下等，入於六法者則劾。六法指不謹、罷軟無爲、浮躁、才力不及、年老、有疾。凡京察及大計，皆按其實而劾之，不謹、罷軟無爲者革職，浮躁者降三級調用，才力不及者降二級調用，年老、有疾者休致。入六法者，皆稱六法官。另，核其官貪、酷者，皆特參，並不入於六法。列題、引見者，有旨議敘則議；會覈者，一等則加一級，若爲記名，則令堂官加考引見以備外用〔註174〕。另，翰詹大考，分別詞臣優劣，陞調降革各有差，此爲特別考績之法，不屬察典。

世祖順治八年（1651），京察始著爲令，以六年爲期。十三年（1656），吏部奏定則例，三品以上自陳，四品等官由吏部、都察院議奏；尋復考滿議敘之例，三年考滿與六年察典並行〔註175〕。同年又題准內閣、翰林院、詹事府各官，少詹事、講讀學士、左右庶子俱令自陳，其餘各官令部院會同大學士、學士、詹事府堂官一體考察。〔註176〕

考核官員原分考滿、考察二種。每年一考，三年考滿，據以陞降去留。考察即京察及大計。聖祖康熙元年（1662）六月，以內外大小官員歷俸三年考滿，視其稱職與否，即可分別去留，以示勸懲；此外又有京察大計之例，實屬故套。且考察之時，多有營求庇徇，被處之官縱有屈抑，不准申辯，致無罪被誣者甚多。因思澄肅官方，祇在實行勸懲，不在蹈襲繁文、多立名色。爾後有官員貪酷昭著，及不能稱職者，在外督撫不時參劾，在內由各衙門堂官及科道糾察。令停止京察大計，內外大小官員俱專用三年考滿例，三品以上仍自陳，餘官分五等，一等稱職者紀錄，二等稱職者賞賚，平常者留任，不及者降調，不稱職者革職〔註177〕。至康熙四年（1665）正月，山西道御史

〔註174〕崑岡等纂《欽定大清會典（光緒朝）》（北京：中華書局據清光緒二十五年石印本影印，1991年），卷十一，吏部，考功清吏司，頁95～98。

〔註175〕趙爾巽等撰《清史稿》冊十二，卷一一一，志八十六，選舉六，考績，頁3221～3232。

〔註176〕托津等奉敕纂《欽定大清會典事例（嘉慶朝）》，卷七六六，都察院，各道，京察，頁2a。

〔註177〕《清實錄》冊四，《聖祖實錄》，卷六，康熙元年六月庚申，頁115。

季振宜條奏請停考滿三疏，極言徇情鑽營，章奏繁擾，無裨勸懲。乃停考滿自陳例，並復舉京察，諭自康熙四年起，每六年將內外官員考察一次〔註178〕。康熙二十四年（1685）又停京察，至世宗雍正元年（1723）二月，命在京部院衙門復行三年考察之例，自是爲定制不改。〔註179〕

清初沿明制，以吏科都給事中、給事中與河南道監察御史掌計典。其後命各部院堂上官各察其屬之優劣而等第之，彙送吏部。吏部定期按冊點驗，謂之過堂。其薦舉者，引見後候旨錄用。又京察各官於吏部過堂時，惟翰詹衙門不唱名，但稱某官幾員，則管部事大學士以下，皆起立云請回，俗謂之過半堂〔註180〕。清代翰詹京察在吏部過堂，其例凡數變：世祖時，讀、講、諭、洗、中、贊、司業以上皆後堂相見，具迎送之禮。聖祖康熙十二年（1673），始在前堂，過半堂呼官稱及姓氏，不呼名；至康熙十八年（1679）則自少詹事、讀講學士皆直呼名姓，另京堂官自僉都御史、大理少卿、左右通政亦皆呼名。論者謂體統凌替，已非古制。〔註181〕

清姚元之《竹葉亭雜記》有高宗乾隆九年（1744）通政使司通政使張若靄自陳本，題爲「遵例不職懇賜罷斥以肅察典」，本內首開本人現年、起家，次敍歷官遷轉本兼各職，末舉他官某以自代〔註182〕，頗具故實價值。

高宗乾隆二十九年（1764）四月，以滿洲外班翰林例得奏留原衙門行走，准翰林院掌院學士劉統勳之奏，滿洲讀講學士、庶子及侍讀、侍講、洗馬等官奏留兼部行走人員，遇京察考覈，令該部堂官分別等第，出具考語，封送翰林院辦理〔註183〕。三十二年（1767）吏部議准御史王懿榮奏，翰林院讀講學士及詹事府庶子等官，職品與小京堂相等，向遇京察均未同四五品衙門堂官一體辦理，體制未能畫一，嗣後均一體歸王大臣驗看，列爲等次引見。〔註184〕

〔註178〕《清實錄》冊四，《聖祖實錄》，卷十四，康熙四年正月丁酉，頁 208；正月甲辰，頁 209；正月辛亥，頁 210。
〔註179〕《清實錄》冊七，《世宗實錄》，卷四，雍正元年二月壬申，頁 109。
〔註180〕吳振棫《養吉齋叢錄》，卷三，頁 34～35。
〔註181〕王士禎《池北偶談》，卷二，談故二，考察，頁 34。
〔註182〕姚元之《竹葉亭雜記》，卷六，頁 129～132。另，台北中央研究院歷史語言研究所藏清代內閣大庫檔案亦有多量自陳題本。
〔註183〕《清實錄》冊十七，《高宗實錄》，卷七〇九，乾隆二十九年四月癸卯，頁 920。
〔註184〕《清實錄》冊十八，《高宗實錄》，卷七九八，乾隆三十二年十一月乙巳，頁 774。

　　乾隆三十六年（1771）四月，吏部引見京察人員，高宗比較單內所列，翰詹衙門保送一等者已較上屆爲多；其外又有兼部行走之員，均由部註考，仍附本衙門引見，但以此等外班職繫翰林，並不占部中司員之數，而翰詹衙門又以由部保薦，乃聽其溢於舊額，似此兩相影射，浮濫潛滋，殊非愼重考績之道。故諭所有此次兼部翰林之保列一等者俱著撤出，不准帶領引見。另又申諭翰林既兼部務，掌院等即不復過問其人之勤惰優劣，惟賴各部堂官體察而甄敘之，而此等外班翰林留部辦事，京察時既與司員一例殿最，又何必因其籍在詞垣，強爲分別而不偕曹司引對，故令嗣後翰詹各員有兼部行走列在一等者，即入於各該部保送員數內，一體比較，不必回歸本衙門另班聲敘〔註185〕。越數日，再諭引見京察各員內，翰林院庶吉士亦有列入一等者，以該員等尚未散館授職，不應遽膺薦剡，應即撤去，嗣後庶吉士保列一等之例俱著停止〔註186〕；自是，每遇京察，庶吉士不列一等，仍概以二等註考，至乾隆五十六年（1791）十一月，大學士和珅奏准停庶吉士京察。〔註187〕

　　乾隆五十六年（1791）十一月，御史五泰奏准嗣後京察時，詹事府洗馬、中允、贊善各員俱照翰林院讀講編檢例，統由翰林院掌院學士主考，其詹事府主事等官仍由詹事考核。至仁宗嘉慶五年（1800）十一月復將詹事府各官仍歸詹事辦理，翰林院掌院學士不再兼管。〔註188〕

　　以下附論翰林各官給假之制。世祖順治十六年（1659）四月，准翰林院掌院學士折庫訥、王熙奏，翰林官自侍讀學士至檢討，與掌院俱爲同官，原無統屬，凡給假省親、終養、遷葬、告病等項，均令自行陳奏〔註189〕。逮聖祖康熙十四年（1675）復定制翰林請假，惟掌院學士自行陳奏，其餘均送吏部具題。〔註190〕

　　康熙五十三年（1714）二月，以其時翰林官告假者甚多，三分已去其二，

〔註185〕《清實錄》冊十九，《高宗實錄》，卷八八二，乾隆三十六年四月辛巳，頁819。

〔註186〕《清實錄》冊十九，《高宗實錄》，卷八八三，乾隆三十六年四月丁亥，頁827。

〔註187〕朱珪等纂《皇朝詞林典故》，卷十八，官制，京察，頁26a。

〔註188〕《清實錄》冊二十六，《高宗實錄》，卷一三九〇，乾隆五十六年十一月丙戌，頁683。
　　　　朱珪等纂《皇朝詞林典故》，卷十八，官制，京察，頁27a～27b。

〔註189〕《清實錄》冊三，《世祖實錄》，卷一二五，順治十六年四月辛卯，頁969。

〔註190〕朱珪等纂《皇朝詞林典故》，卷二十，官制，請假，頁1b。

又，庶吉士正當學習之時，亦有告假遽回本籍者，至三年散館考試將近，乃銷假應試，似此任意告假，焉得學習之理。因諭此後除丁憂、終養之外，凡翰林官、庶吉士告假者，應照致仕知縣之例，不准補用，即令大學士、掌院學士會同九卿議奏。尋即奏准將翰林院修撰、編修、檢討、庶吉士等有告病回籍者，悉令休致〔註191〕。此項休致人員，直至世宗雍正四年（1726）九月始恩詔開復起用，並准俟後凡有患病告假者，仍得起用〔註192〕。原來聖祖朝時，翰林丁憂者，多令在南書房供奉，但不食俸〔註193〕，其後告假回籍者漸多，使聖祖不得不斷然處之。康雍時人金埴記前明大學士李東陽教習庶吉士時，常詣院閱會簿，悉注云病假不至，乃賦一詩：

> 迴廊寂寂鎖齋居，白日都銷病曆餘，窮食大官無寸補，綠陰亭上堪醫書。〔註194〕

似此隨意告假，玩愒弛廢之甚，至清初猶然，無怪聖祖怒而斥之，甚而諭令休致。

按例，翰林官與在館庶常俱可依實際需要告假回籍，或告病，或省親，或終養，或遷葬，並無特殊限制；惟依國家定例，四、五品以下京官告假，因各項事故及途程遠近，分別定有限期，此例各部院衙門人員均同〔註195〕。高宗乾隆三十四年（1769）四月，御史孟邵條奏數事，其中針對詞臣告假一事，有「編檢聽其去來，不足以昭愼重」之語，高宗乃明白揭示無需計較之意，認爲翰林官遇有告假等事，資俸例應扣除，並不越次遷轉，倘其間有以領俸前後巧爲趨避者，自有定例限制，本難趨避；即令有一二見小不惜顏面之徒，亦將爲士林所恥，國家又何必屑屑爲之防禁〔註196〕。是以寬容態度面對，總望翰詹庶常各員自發內省，勤愼以供厥職，切勿徒以清華上選而有負

〔註191〕《清實錄》冊六，《聖祖實錄》，卷二五八，康熙五十三年二月乙酉，頁549。蕭奭《永憲錄》，卷四，頁318。「康熙五十三年，因編修周金簡等告假太多，九卿議定，俟後翰林科道除終養外，未滿五年告假回籍者，俱以原官休致」。又，聖祖令告假翰林休制，有云另具原因者，見陳康祺《郎潛紀聞初筆二筆三筆》，三筆，卷三，聖祖休致乞假詞臣用意，頁687。「時聖祖聞翰林不共官次，干謁滋擾者甚多，故有此嚴譴也」。

〔註192〕《清實錄》冊七，《世宗實錄》，卷四十八，雍正四年九月壬子，頁729。

〔註193〕周壽昌《思益堂日札》，十卷本，卷四，朝官終喪，頁58。

〔註194〕金埴《不下帶編》（北京：中華書局點校本，1982年），卷三，頁61。

〔註195〕朱珪等纂《皇朝詞林典故》，卷二十，官制，請假，頁3a。

〔註196〕《清實錄》冊十九，《高宗實錄》，卷八三三，乾隆三十四年四月戊辰，頁102～103。

國家重望。

　　按定例，在京大小各官告假，歷俸十年以上者准給假省墓，歷俸六年以上者准給假省親，歷俸五年以上者准給假遷葬；其送親及畢姻者，不論歷俸，及各部院衙門額外人員有告病、省親、接眷、修墓、葬親等事，或因在京資斧不繼呈請回籍措費者，均不必定以年限。此外庶吉士若欲告假，以其離家未久，未便遽以省親修墓爲詞具呈請假，故多託辭以告病請假。仁宗嘉慶十五年（1810）六月，吏部彙題官員告假事故本內，以庶吉士患病呈請回籍調理者多至十二名，降旨查明其實；乃據教習庶吉士秀寧覆奏，各該庶吉士有實因患病回籍者，亦有甫得一官，家有親老不能迎養，又未符省親例限，故偶有微疾便以患病請假者。仁宗以舉子中式留京，急思歸省，原係人子至情，其或留京資斧不繼，欲回籍設措，亦屬事所恆有，儘可據實呈明，又何必託辭患病，乃命吏部改擬條例：庶吉士向不計俸，又無報滿日期，其告假之久暫亦漫無定限，殊非勵品覈實之道，俟後庶吉士呈請給假，除實係患病終養之外，其省親、修墓請假者，不必論歷俸年分，俱令據實呈明，仍各按省分遠近，除去往返程途，定限在家居住四個月，期滿即應起咨銷假，如違限不到京者，查係無故逗留，則奏明嚴懲〔註197〕。直至清末，此制均沿用不改。

第三節　保送改授

一、保送御史

　　都察院有十五道監察御史與六科給事中，分掌彈舉官邪，敷陳治道，各覈本省刑名以及掌言職，傳達綸旨，勘鞫官府公事，以註銷文卷，有封駁即聞〔註198〕，當代統稱御史。

　　清初詞臣不與御史之考選，世祖順治元年（1644）定考選給事中、監察御史，以大理寺評事、太常寺博士、中書科中書、行人司行人，歷俸二年者，

〔註197〕托津等奉敕纂《欽定大清會典事例（嘉慶朝）》，卷七八四，翰林院，官制，給假，頁 19b～22a。
　　　　俞正燮《癸巳類稿》（台北：台灣商務印書館排印本，1968 年），卷九，館閣病假，頁 251～252。
〔註198〕趙爾巽等撰《清史稿》冊十二，卷一一五，志九十，職官二，都察院，頁 3301～3307。

及在外俸深有薦之推官知縣考取；若遇缺急補，間用部屬改授。次年又議定由各部郎中、員外郎、主事、大理寺評事、太常寺博士、中書科中書、行人司行人、內院中書、國子監博士、京府推官考選〔註199〕。至順治十三年（1656）三月，以前科（順治十二年乙未科）庶吉士教習已歷一年，才學俱堪任用，而今科道缺員甚多，乃將庶吉士周季琬等十三人改爲御史、給事中，世祖並諭「果有忠言讜論，斯不負所學」〔註200〕。由庶吉士改授御史，雖非功令所載，但以屢見於世祖朝而成故實〔註201〕，如：

順治四年（1947）

李若琛，順治三年進士，由庶吉士改福建道御史，巡按河南。

王士驥，順治三年進士，由庶吉士改江南道御史，巡按山東，兩淮巡鹽。

石維嵆，順治三年進士，由庶吉士改陝西道御史，巡按甘肅。

順治六年（1649）

馮右京，順治四年進士，由庶吉士改福建道御史，巡視漕務。

杜果，順治四年進士，由庶吉士改江南道御史，巡按浙江。

順治七年（1650）

張嘉，順治三年進士，由庶吉士改江南道御史，巡按江西。

順治八年（1651）

姜圖南，順治六年進士，由庶吉士改河南道御史，巡陝西茶馬。

焦毓瑞，順治六年進士，由庶吉士改廣東道御史，巡按宣大。

朱紱，順治六年進士，由庶吉士改浙江道御史，巡視漕務。

楊旬瑛，順治六年進士，由庶吉士改湖廣道御史，巡按廣東。

劉嗣美，順治六年進士，由庶吉士改山東道御史，巡按山西。

順治十一年（1654）

楊士斌，順治九年進士，由庶吉士改江南道御史。

呂祖望，順治九年進士，由庶吉士改陝西道御史。

〔註199〕托津等奉敕纂《欽定大清會典事例（嘉慶朝）》，卷七七二，都察院，各道，考選御史，頁 1a。

〔註200〕《清實錄》冊三，《世祖實錄》，卷九十九，順治十三年三月庚子，頁 771。陳康祺《郎潛紀聞初筆二筆三筆》，初筆，卷七，庶吉士教習一年授爲科道，頁 147。

〔註201〕黃玉圃編輯《國朝御史題名》（台北：文海出版社據清京畿道藏板影印），順治朝，頁 1a～12b。

　　熊儕鶴，順治九年進士，由庶吉士改湖廣道御史。

順治十二年（1655）

　　俞鐸，順治九年進士，由庶吉士改江南道御史，巡按宣大轉口北
　　道。

據清人輯錄《御史題名》所見，自聖祖康熙元年（1662）至三十八年（1699）
間，授御史者共一百八十四人，其中詞苑出身改授者三十三人，且全為庶吉
士改授〔註202〕，此當是循依世祖舊例。康熙三十九年（1700），聖祖諭翰林官
內有堪補科道者，著翰林院學士等選擇保奏；四月，大學士等便以漢科道員
缺，揀選翰林內編修、檢討等官開列職名具奏，聖祖覽單後命「此內查嗣韓、
查昇俱善書，不可使離翰林院；凌紹雯、姚士藟、汪倓、陳夢球亦著仍留衙
門。馮雲驌、湯右曾、劉灝、宋朝南、彭始搏、張瑗著改科道」〔註203〕，此
是編檢改授科道之始。

　　按聖祖時例，陞補改授御史，需試俸一年，始得實授。至康熙四十四年
（1705）四月，始以翰林班在科道之上，定編檢改御史者，無庸試俸〔註204〕。
同年六月，吏部議定考選科道時，將翰林院編修、檢討及正途出身之六部郎
中、員外郎、主事、中書、行人、評事、博士等一同開列候簡〔註205〕。至此
開始以考試方式選授御史，考試之前仍需經開列覈准，始得與試。定例保送
御史之考試，以策論試之，亦有免考試即引見取旨者〔註206〕。另，按例滿洲、
蒙古編檢均不考選御史，唯漢翰林得保送。〔註207〕

　　世宗認為應開列科道人員，俱係科甲出身，再考文字亦屬無益，故於雍
正三年（1725）三月諭大學士等於翰林院等各部院衙門應行開列人員內，令

〔註202〕黃玉圃編輯《國朝御史題名》，康熙朝，頁 1a～15b。

〔註203〕托津等奉敕纂《欽定大清會典事例（嘉慶朝）》，卷七七二，都察院，各道，
　　　　考選御史，頁 3b。
　　　　《清實錄》冊六，《聖祖實錄》，卷一九八，康熙三十九年四月戊寅，頁 16～
　　　　17。
　　　　張廷玉等纂《詞林典故》，卷二，官制，翰林官外調，頁 41a～41b。

〔註204〕朱珪等纂《皇朝詞林典故》，卷十九，官制，保送御史，頁 1b。

〔註205〕《清實錄》冊六，《聖祖實錄》，卷二二一，康熙四十四年六月甲午，頁 228。

〔註206〕吳振棫《養吉齋叢錄》，卷一，頁 13～14。
　　　　另，仁宗嘉慶四年（1799）定保送人員以六十五歲為率，過此不准。同見《養
　　　　吉齋叢錄》，卷一，頁 14。

〔註207〕托津等奉敕纂《欽定大清會典事例（嘉慶朝）》，卷七八三，翰林院，官制，
　　　　保送御史，頁 11b。

各堂官薦舉。世宗進而闡述前欲以有才幹之外省道員選爲科道,現外省道員將次用足,故令各部院薦舉;然科道職司言路,務擇忠誠爲國,直言無隱者,方爲稱職;又舉不職御史數例,如錢廷獻徒務虛名,劉燦挾讎爲己,崔致遠抗違狂妄等,此數人皆但知有身而不顧朝廷,如此存私之人,斷不宜於言責,因而嚴令此次薦舉人員內,若有此等行爲,必將原保舉之人一併究問。〔註208〕

　　高宗對科道之考選稍做變通,乾隆三年（1738）三月,命例應考選科道之部院等官概行引見。高宗認爲科道乃朝廷耳目之司,關係綦重,向來俱係各部院堂官將合例司員揀選保送,翰林院編修、檢討亦在列中,由吏部帶領引見候簡,此爲定例。但各部院司員及翰林院編檢人數甚多,各堂官保送者,皆就伊等所見舉出,統計一衙門官員不過十之一二,其餘眾員未經遍覽,此中或有可任科道而不在保送之列亦未可定,因此欲將例應考選之翰林部屬等官一概通行引見。其中司員每日在本衙門辦事,其才品之長短賢否,均爲該堂官所熟悉,即令逐名出具考語;有由州縣行取補用者,亦一併註明,由該堂官帶領引見。至於編檢官員,以職司文墨,其辦事之能否,未經試驗,故無庸出具考語,令由掌院學士帶領引見,高宗自有鑑別。又令現在御史員缺,應行考選且記名之人,即可備將來考選之用;至於考選人員,著各衙門於圓明園該班奏事之日帶領引見,翰林院編檢人多,分爲三班,部院酌量人數分班,每班以二三十人爲率。記名之後,陸續交與吏部,俟有御史缺出,按其品級俸次開列引見,候旨補授。〔註209〕

　　乾隆三十八年（1773）閏三月,吏部議准御史唐淮奏,編修、檢討須俟歷俸已滿三年之後,始得保送御史。此乃慮及御史由編修及各部郎中、員外郎保送,郎中、員外郎自額外主事洊陞,歷俸已久;惟編檢等官一經授職,定例即准保送,未免俸淺資輕,故而改俟散館後,俸滿三年方准與保送,以抑躁進之端。〔註210〕

　　據《御史題名》,聖祖康熙三十九年（1700）至六十一年（1722）,共考選御史一百四十人,詞臣出身者九人,其中編修考選者六人,檢討考選者三人。世宗朝共考選御史一百八十四人,詞臣出身者七十二人,其中編修考選

〔註208〕《清實錄》冊七,《世宗實錄》,卷三十,雍正三年三月甲寅,頁457。
〔註209〕《清實錄》冊十,《高宗實錄》,卷六十五,乾隆三年三月庚辰,頁59～60。
〔註210〕《清實錄》冊二十,《高宗實錄》,卷九三〇,乾隆三十八年閏三月辛未,頁515。

者四十六人，檢討考選者二十五人，庶吉士考選者一人。高宗朝共考選御史四百一十六人，詞臣出身者一百六十六人，其中編修考選者一百二十八人，檢討考選者三十八人〔註211〕。已可概見詞臣出身改選御史者，至世宗、高宗兩朝已成高度穩定之制，均佔考選御史總數之三成九有餘。

二、改授館職

　　館職原統稱唐、宋於昭文館（唐時又稱弘文館）、史館、集賢院等處任修撰、編校等職者。宋人宋敏求《春明退朝錄》記云：

> 唐制，宰相四人，首相爲太清宮使，次三相皆帶館職，洪文館大學
> 士、監修國史、集賢殿大學士，以此爲次序。〔註212〕

宋人洪邁《容齋隨筆》則記：

> 國朝館閣之選，皆天下英俊，然必試而後命。一經此職，遂爲名流。
> 其高者，曰集賢殿修撰、史館修撰、直龍圖閣、直昭文館、史館、
> 集賢院、秘閣；次曰集賢、秘閣校理。官卑者，曰館閣校勘，史館
> 檢討。均謂之館職。〔註213〕

　　館閣之名，起於宋初。宋承唐制，於立國之始即設昭文館、史館、集賢院三館以典司圖籍，後於太宗太平興國年間，建崇文院以寓三館。及至端拱年間，又設秘閣於崇文院以儲三館眞本、帝王手蹟及歷代名賢圖畫墨蹟。所謂館閣，即由三館與秘閣合稱而來。〔註214〕

　　有清一代崇尚文治，館制修明，禮闈取中進士外，復選庶常，又徵試詞科，其文風教化之盛，得人之繁，與其崇文尚禮實有深切關繫。詞臣官居文學侍從之職，恩禮優渥，體制尊崇，故士人爭以身到玉堂爲榮遇。除依常制入得詞林之外，間有未經館選而特授清班者，大都博工文藝或皓首窮經之士，尤爲時論所豔羨。

　　由他官改授館職乃特授，並非常例〔註215〕。滿蒙部屬入詞苑爲「外班」，

〔註211〕據黃玉圃編輯《國朝御史題名》。康熙朝、雍正朝、乾隆朝統計。
〔註212〕宋敏求《春明退朝錄》（北京：中華書局據百川學海本點校，1980年），卷上，頁12。
〔註213〕洪邁《容齋隨筆》（上海：上海古籍出版社據清洪氏刊本點校，1978年），卷十六，館職名存，頁206。
〔註214〕陳騤等撰《南宋館閣錄續錄》（北京：中華書局據《景印清文淵閣四庫全書》本點校，1998年），前言，頁1～2。
〔註215〕自世祖朝至高宗朝特授改補館職者共六十七人，題名見沈廷芳原輯，陸費墀

此是常例，不屬改授館職之列。世祖順治之初另有將官學生授爲編修之例，如王繼文授弘文院編修、張長庚授秘書院編修。其餘改館職者如順治二年（1645）授貢生周有德爲弘文院編修、授筆帖式尼滿爲秘書院編修，同年亦授前明進士王崇簡、杜芳、周爰訪、張玕基、喬庭桂、岳映斗爲庶吉士。七年（1650）授官學生劉兆麒爲秘書院編修。九年（1652）授官學生靳輔爲國史院編修，又將戶部郎中張允欽與國子監司業較俸陞入內院編修。〔註216〕

聖祖康熙九年（1670）改授刑部主事纂修實錄杜鎭爲翰林院編修〔註217〕。十四年（1675）有滿洲鑲黃旗顧八代，前以軍功授戶部筆帖式，擢吏部文選司郎中，至是聖祖御試旗員，擢爲第一，特遷爲翰林院侍講學士，其後於二十三年（1684）特旨入內廷侍諸皇子讀書，時世宗尚在潛邸，對顧八代尤禮敬之〔註218〕。康熙十七年（1678）正月，聖祖御懋勤殿，召戶部郎中王士禛賦詩賜讌，特授爲翰林院侍講，入直南書房。王士禛原以詩文盛名，海內推服，自部郎入官禁從，嗣是改授之典隨時舉行，文學之臣比肩接踵，莫不膺異數而叨殊恩〔註219〕。十九年（1680）又以內閣中書高士奇學問淹通，居職勤愼且供奉有年，從優敍改翰林院侍講；同時亦改州同勵杜訥爲編修。其他於聖祖朝改授館職者，茲再舉數例：三十二年（1693）授二等侍衛揆敍爲侍讀，三十八年（1699）授戶科給事中王原祁爲右中允，四十二年（1703）授內閣中書魏學誠爲編修，四十四年（1705）授廣西遷江縣知縣趙申季爲編修，五十二年（1713）授纂修算法內閣中書陳厚耀爲編修。〔註220〕

世宗雍正元年（1723）癸卯登極恩科，除一甲三名及選入庶常者之外，其餘新進士引見名單內有尖圈記名者十七員，年力尚壯，令傳問有願在各館效力及在內官學教習者各自陳明，若行走勤謹、學問好者，仍將撰拔爲翰林

重訂《國朝館選錄》（清乾隆十一年原刻本），特授改補館職。

〔註216〕托津等奉敕纂《欽定大清會典事例（嘉慶朝）》，卷七八五，翰林院，官制，改授館職，頁9b～10a。
　　　　王士禛《池北偶談》，卷一，談故一，部曹入詞林，頁1～2。

〔註217〕托津等奉敕纂《欽定大清會典事例（嘉慶朝）》，卷七八五，翰林院，官制，改授館職，頁10a。

〔註218〕李調元《淡墨錄》，卷三，由部員改翰林自顧八代始，頁15b。

〔註219〕清高宗敕撰《清朝通典》，卷二十，選舉三，康熙十七年，頁2140。
　　　　陳康祺《郎潛紀聞初筆二筆三筆》，初筆，卷三，諭中外臣僚各舉所知，頁53。

〔註220〕托津等奉敕纂《欽定大清會典事例（嘉慶朝）》，卷七八五，翰林院，官制，改授館職，頁10a～10b。

〔註221〕。此等記名進士至雍正三年（1725）四月即有景山教習四人改授館職：夏之芳、姜穎新改授編修，黃岳牧、陸宗楷改授檢討〔註222〕。其餘於世宗朝改授館職者如雍正二年（1724）授左通政錢以塈爲詹事府少詹事，三年（1725）授給事中康五瑞爲侍讀學士，八年（1730）授湖南按察使趙殿最爲少詹事，九年（1731）授會試中式舉人（即貢士）方苞爲左中允。〔註223〕

　　高宗乾隆七年（1742）三月，革職侍郎方苞原奉旨在三禮館效力贖罪，現分纂《周禮》竣事，年老患病，經大學士等奏請，得旨賞給翰林院侍講品級頂帶，並准其回籍調治〔註224〕。乾隆三十八年（1773）八月，以辦理四庫全書將永樂大典內檢出各書陸續進呈，高宗見考訂分排具有條理，而撰述提要亦粲然可觀，均成於紀昀、陸錫熊之手。二人學問本優，校書亦極勤勉，紀昀曾任學士，陸錫熊現任郎中，俱加恩授爲翰林院侍讀，遇缺即補，以示獎勵〔註225〕。同年七月曾將校勘四庫全書之進士邵晉涵、周永年、余集授爲庶吉士〔註226〕。四十年（1775）五月亦有將四庫館纂校人員改授庶吉士之例：緣有江蘇楊昌霖因在四庫全書館纂校書籍，是以欽賜進士，准其一體殿試，而當年乙未科進士引見時，以昌霖甲第在後，且江蘇省館選者已多，是以未經錄用庶常；然高宗披覽四庫館所進由散篇裒輯書內，有《春秋經解》一種，編校頗見實心，即係楊昌霖所辦，是其學問尚優，故加恩授爲庶吉士。〔註227〕

　　高宗朝之改授館職者，幾全與纂修校勘四庫全書有關。乾隆四十二年（1777）授校勘四庫全書吏部主事程晉芳爲編修，四十四年（1779）授總校四庫全書進士朱鈐爲庶吉士，四十五年（1780）授總校四庫全書國子監監丞侍朝及進士張能照、胡榮、吳紹燦爲庶吉士，四十八年（1783）授總校四庫

〔註221〕《清實錄》冊七，《世宗實錄》，卷十四，雍正元年十二月己未，頁249～250。

〔註222〕吳鼎雯《國朝翰詹源流編年》，卷二，雍正三年四月，頁5b。

〔註223〕托津等奉敕纂《欽定大清會典事例（嘉慶朝）》，卷七八五，翰林院，官制，改授館職，頁10b～11a。

〔註224〕《清實錄》冊十一，《高宗實錄》，卷一六三，乾隆七年三月庚辰，頁49。

〔註225〕《清實錄》冊二十，《高宗實錄》，卷九四一，乾隆三十八年八月甲辰，頁713。

〔註226〕《清實錄》冊二十，《高宗實錄》，卷九三八，乾隆三十八年七月戊辰，頁654。

〔註227〕《清實錄》冊二十一，《高宗實錄》，卷九八三，乾隆四十年五月庚午，頁125～126。

全書進士程嘉謨為庶吉士〔註228〕。另有孫士毅一例較為特殊，士毅原為雲南巡撫，總督李侍堯以贓敗，孫士毅坐不先舉劾，革職遣戍伊犁；待籍錄其家之時，不名一錢，高宗嘉其廉，以其罪與本身獲譴者究屬有間，且其學問亦優，乃恩免發往伊犁，令在四庫全書處自備資斧效力贖罪，與紀昀、陸錫熊同辦總纂事務以贖前愆，乾隆四十五年（1780）加恩賞給編修，令所有四庫全書處進呈書籍俱著與紀昀、陸錫熊、陸費墀等一同列名。〔註229〕

　　翰林夙稱清華之秩，庶吉士一旦散館改用他官，即不得復入翰苑。惟聖祖時大學士張玉書之子張逸少以庶常散館改知縣，遷秦州知州，後張玉書奏乞將其子調內用，乃復得授編修，此為特例。另，翰苑滿員之中，內班較少，故不免借才於外班，然亦不得改部後復為編檢，惟達椿以庶常改部，旋從外班補侍講，又以大考降為檢討，轉預內班之選。故而改授館職尤以編檢為榮。〔註230〕

〔註228〕托津等奉敕纂《欽定大清會典事例（嘉慶朝）》，卷七八五，翰林院，官制，改授館職，頁11b～12b。

〔註229〕托津等奉敕纂《欽定大清會典事例（嘉慶朝）》，卷七八五，翰林院，官制，改授館職，頁12a。
　　　　趙爾巽等撰《清史稿》冊三十六，卷三三〇，列傳一一七，孫士毅，頁10924～10927。

〔註230〕朱珪等纂《皇朝詞林典故》，卷二十，官制，改授館職，頁10a～10b。

第二章　職　掌

清初屢將內三院與內閣、翰林院更迭錯易，凡三院時期，均將翰林院職掌併入。世祖順治十五年（1658）七月，改內翰林三院為內閣、翰林院，為便各有專掌，內閣於次年三月奏准明訂各該職權範圍：

內閣職掌：

一、具題纂修實錄等項書籍各官職名。

一、辦理記載詔書上傳敕諭冊文寶文表文御屏，收藏六科錄疏並各項書籍各處祭文等項。

一、撰擬文武各官世襲封贈誥命敕命及敕書並用寶。

一、精微批掛號。

一、經筵日講翰林官撰完講章看詳進呈。

一、繙譯本章。

一、撰寫壇廟各陵祝文及神牌扁額。

一、登記世官檔子。

一、收揭帖紅本票簽檔子。

一、撰擬碑文祭文諡號。

翰林院職掌：

一、經筵日講撰擬講章。

一、外國奏書令四譯館官繙譯。

一、考選庶吉士。

一、開列教習庶吉士職名送內閣具題。

一、纂修繙譯各項書史。

一、開列纂修職名送內閣具題。

一、凡會試鄉試及武會試主考，開列職名送該部具題。

一、撰擬封贈誥敕，開列翰林官職名送內閣具題。

一、題補翰林官員及差遣俸滿丁憂給假等項行文各部。

一、侍直。

一、侍班。

一、扈從。

一、貼黃。

一、修玉牒。

一、捧敕書。

一、教內書堂。

一、上陵。

一、分獻。

一、冊封。

一、齋詔。應歸各該衙門職掌。

一、會試。

一、殿試。

一、廷試舉貢。

一、冊封事宜。以上四項俱應歸禮部。

一、撰擬印信關防字樣，文官應歸吏部，武官應歸兵部。〔註1〕

至聖祖、世宗兩次纂修《會典》，將翰林院職掌均簡略概括為「翰林官員職在侍從禁庭、進直講筵、記注起居、撰擬誥冊等文、纂修國史諸書」〔註2〕。高宗朝則訂定《翰林院則例》，明確規定翰林院設官規制及職權內容〔註3〕。本文即依翰林院規制、職掌及其他相關問題分別論述。

第一節　侍直扈從

一、入直侍班

文學之臣入直禁中，侍從以備顧問，起於太宗天聰三年（1629）四月，

〔註1〕《清實錄》冊三，《世祖實錄》，卷一二四，順治十六年三月己未，頁962。

〔註2〕伊桑阿等纂修《大清會典（康熙朝）》，卷一五五，翰林院，頁1a。

允祿等監修《大清會典（雍正朝）》，卷二三四，翰林院，頁1a。

〔註3〕《翰林院則例》（清高宗朝內務府抄本，現藏北京圖書館，文件號03579）。

命儒臣分直文館，一「繙譯漢字書籍」，一「記注本朝政事」〔註4〕。世祖時，
內翰林三院有輪直翰林，順治十年（1653）五月，世祖駕幸內院，以翰林官
下直過早，嘗諭：

> 承藉天休，猥圖安樂，人情盡然。但欲希晏安，必先習勤勞，俾國
> 家大定，其樂方永。朕與諸臣，果能共勤政務，禪益生民，天必眷
> 之。自今以往，始自朕躬，有過即改，卿等各宜黽勉，勤為啟沃，
> 朕將殫力修省焉。〔註5〕

溫語訓誡，不著痕跡，可見世祖對於諸臣寄望之深。是年十月令內院大學
士、學士於太和門內更番入直〔註6〕。十七年（1660）六月，時已復設翰林
院，世祖諭以翰林各官原係文學侍從之臣，分班直宿以備顧問，往代原有成
例，現欲於景運門內建造直房，令翰林官直宿，不時召見顧問，以觀其學術
才品〔註7〕。尋依掌院學士折庫訥、王熙所請，將翰林官分為三班直宿景運門，
每班用讀、講學士二員，讀、講二員，編、檢二員，依次入直，周而復始，
另折庫訥、王熙亦一體分日直宿。〔註8〕

　　聖祖亦選文學儒臣入直，地點在南書房。南書房侍直本非翰林官專掌，
入直人員皆聖祖特諭親選。至康熙三十三年（1694）五月，除平日直員之
外，始另以翰林院、詹事府、國子監官員每日四員輪流入直南書房。其間自
五月初九日至閏五月初三日止，輪直南書房者，皆試以五七言律，悉加品
藻，並頒賚御書文字，一時儒臣誇為榮遇，入直人數亦不止四人，有多至八
九人者〔註9〕。至四十七年（1708）停止。〔註10〕

〔註4〕　《清實錄》冊二，《太宗實錄》，卷五，天聰三年四月丙戌，頁70。
〔註5〕　張廷玉等纂《詞林典故》，卷三，職掌，入直侍班，頁32b～33a。
〔註6〕　張廷玉等纂《詞林典故》，卷三，職掌，入直侍班，頁33b。
　　　　談遷《北游錄》（北京：中華書局點校本，1960年），紀聞下，學士內直，頁
　　　　371。「癸巳（順治十年）冬，命國史、弘文、秘書三院學士各一人內直。先
　　　　是，大學士分入大內票擬，賜內膳。滿人疑權重，故分之。學士預閱章奏呈
　　　　旨，仍下內院，書紅學士代」。又，紀聞下，朝饗，有「詞臣入直，非召見不
　　　　出」之語，頁349。
〔註7〕　《清實錄》冊三，《世祖實錄》，卷一三六，順治十七年六月乙酉，頁1047。
〔註8〕　《清實錄》冊三，《世祖實錄》，卷一三六，順治十七年六月壬辰，頁1052。
〔註9〕　吳振棫《養吉齋叢錄》，卷四，頁47。
　　　　翰苑諸臣番上應制之詩賦論題與獲賜御書文字，詳見王士正（禎）《居易錄談》
　　　　（台北：新興書局筆記小說大觀六編據清刻本影印，1989年），卷下，頁1b
　　　　～3a。及陳康祺《郎潛紀聞初筆二筆三筆》，初筆，卷十二，召翰苑諸臣番上
　　　　應制，頁251～252。

另，康熙十六年（1677）十月，聖祖以不時觀書寫字，近侍內並無博學善書者，以致講論不能應對，乃欲於翰林內選擇二員常侍左右、講究文義，但此等人員各供厥職，且居住外城，若不時宣召，實難以即至，故令於內城撥給閒房，並停其陞轉，待數年之後酌量優用。再如高士奇等能書之人，亦令選擇一二人共同入直〔註11〕。次月，大學士等遵旨選擇內廷侍直翰林，以侍講學士張英加食正四品俸供奉內廷；至書寫之事，一人已足，止令高士奇加內閣中書銜，食正六品俸在內供奉。二人城內居住房屋，均交內務府撥給。〔註12〕

康熙五十三年（1714）以現在翰林官員多不認識，其學問高下亦不能悉知，令嗣後駐蹕暢春園時，四員一班，與南書房翰林一處行走，五日一更代。其班次為翰林院讀講學士以下、編檢以上，與詹事府少詹事以下、中贊以上，論俸派出，至六十一年（1722）聖祖駕崩為止〔註13〕。康熙五十七年（1718）裁起居注，以其事歸諸內閣，令翰林官每遇奏事，派出五員侍班，由讀講學士、侍讀、侍講與詹事府少詹事、坊局等官內一員領班，其次滿編檢一員，漢編檢三員。亦至六十一年停止。〔註14〕

世宗雍正三年（1725）六月諭每逢聽政，翰林院滿漢編檢內按俸派用四員侍班，班次在科道之上〔註15〕。歷經沿革，御門聽政編檢侍班之制，已於乾、嘉時固定，循行清末不改。凡遇御門日期，編修檢討四人於乾清門右階下侍班。如遇駐蹕圓明園御門，於勤政殿右階下侍班，班在科道之上。〔註16〕

高宗乾隆二年（1737）十一月，以御門聽政時，翰林院編修檢討與科道一同侍班，翰林班次在科道之上，科道懸帶數珠而翰林卻未有定制，同為侍從之臣，理應畫一，故諭嗣後編修檢討著一體懸帶數珠，以肅朝儀〔註17〕。五年（1740）二月，從內閣學士張照所請，以武英殿翰林俱兼別館辦事，殿

〔註10〕《清實錄》冊五，《聖祖實錄》，卷一六三，康熙三十三年五月甲辰，頁782。
　　　允祿等監修《大清會典（雍正朝）》，卷二三四，翰林院，入直侍從，頁6b。
〔註11〕《清實錄》冊四，《聖祖實錄》，卷六十九，康熙十六年十月癸亥，頁891。
〔註12〕《清實錄》冊四，《聖祖實錄》，卷七十，康熙十六年十一月辛卯，頁896。
〔註13〕允祿等監修《大清會典（雍正朝）》，卷二三四，翰林院，入直侍從，頁6b。
〔註14〕允祿等監修《大清會典（雍正朝）》，卷二三四，翰林院，入直侍從，頁6b。
〔註15〕《清實錄》冊七，《世宗實錄》，卷三十三，雍正三年六月乙酉，頁507。
〔註16〕托津等奉敕纂《欽定大清會典（嘉慶朝）》，卷五十五，翰林院，頁7b。
　　　崑岡等纂《欽定大清會典（光緒朝）》，卷七十，翰林院，頁644。
〔註17〕《清實錄》冊九，《高宗實錄》，卷五十七，乾隆二年十一月癸未，頁934。

直既非奉旨，自必轉以餘力及之，難免日漸廢弛，故以後武英殿行走人員均請旨開列補用〔註18〕。同年七月，高宗以編檢人員多未識認，令於翰林院該班之日每次帶領二十員引見。十月復諭改每次帶領十員引見〔註19〕。至乾隆四十三年（1778）二月以此項備甄識之引見已有數年未行，命於下月謁西陵、泰陵、泰東陵回鑾之後，仍照舊例將現在編檢按班通行輪帶引見，並諭嗣後每五年即請旨辦理一次〔註20〕。編檢之輪班引見，曾於乾隆二十一年（1756）有間一班之奏，二十三年（1758）有間兩班之旨，三十八年（1773）之後未經舉行，四十八年（1783）及五十五年（1790）曾舉行兩次，五十八年（1793）屆五年之期卻未經奏辦。至仁宗嘉慶五年（1800）二月始復乾隆五年之例，令翰林院編檢輪班引見，於每年開印後舉行一次。〔註21〕

二、扈 從

遇皇帝謁陵、巡狩，均有翰林官扈從。世祖順治九年（1652），內院大學士希福等以駕出京城，臨幸別所，詞臣照常扈從，但駕幸城內各處是否扈從，請旨定奪。得旨，除出城扈從外，其在城內，或幸王府及其他處所亦令扈從，若往南臺景山則不必隨行〔註22〕。聖祖康熙十二年（1673）七月，因或出郊外，或幸南苑，均未嘗中輟日講，是以翰林官員每次隨從，但該員等俱遠離家鄉，在京毫無貲產，在外扈從不免艱苦，故令嗣後扈從講官所用帳房及一切應用物件，均酌定數目，由內府給與。〔註23〕

康熙五十年（1711），以翰林院之滿洲、漢軍翰林甚多，嗣後每遇行圍，著派二人學習行走。此項滿洲、漢軍扈從，滿語名「依都圍」，由翰林院奏派〔註24〕。滿翰林學習上圍，後來於仁宗嘉慶十三年（1808）停止，此因每遇

〔註18〕《清實錄》冊十，《高宗實錄》，卷一一○，乾隆五年二月戊寅，頁633～634。

〔註19〕朱珪等纂《皇朝詞林典故》，卷二十二，職掌，入直侍班，頁6a。
《清實錄》冊十，《高宗實錄》，卷一二八，乾隆五年十月辛亥，頁877～878。

〔註20〕《清實錄》。冊二十二，《高宗實錄》，卷一○五一，乾隆四十三年二月己未，頁53。

〔註21〕朱珪等纂《皇朝詞林典故》，卷二十二，職掌，入直侍班，頁6b～7b。

〔註22〕托津等奉敕纂《欽定大清會典事例（嘉慶朝）》，卷七八七，翰林院，職掌，扈從，頁4a。

〔註23〕《清實錄》冊四，《聖祖實錄》，卷四十二，康熙十二年七月戊寅，頁566。

〔註24〕朱珪等纂《皇朝詞林典故》，卷二十二，職掌，扈從，頁10a～10b。
吳鼎雯《國朝翰詹源流編年》，卷一，康熙五十年，頁44b。

巡幸、舉行典禮，俱有講官隨往，而滿洲翰林得充講官即可輪班隨扈，學習騎射，此外行在翰林院別無應辦之事，因停滿員輪班扈從之例〔註 25〕。嗣後詞臣扈從之例至清末不改，每歲木蘭秋獮及皇帝巡幸各處，均有侍讀學士、侍講學士、侍讀、侍講由吏部開列，欽派隨往。〔註 26〕

第二節　纂撰翻譯

一、纂修書史（附國史館）

　　纂修書史乃詞臣首要職責之一，舉凡《實錄》、《玉牒》、《聖訓》、《方略》、政典、講章、國史、經義、字書及其他一應書史，均有詞臣參與其中。

　　凡纂修《實錄》、《聖訓》，以掌院學士充副總裁官，侍讀學士、侍講學士、侍讀、侍講、修撰、編修、檢討充纂修官，典簿、待詔、孔目充收掌官，筆帖式充謄錄官。凡纂修《玉牒》，於修撰、編修、檢討內擬開，移送宗人府充纂修官。其他纂修一切書史，掌院學士充正副總裁官，侍讀學士以下、檢討以上充纂修官，典簿、待詔、孔目充收掌官，筆帖式充謄錄官〔註 27〕。高宗朝則明訂纂修《玉牒》以滿洲、蒙古、漢籍之修撰、編修、檢討職名移送宗人府，充纂修官，間亦以庶吉士移送；另，各館纂修書史，詞臣除擔任纂修官之外，亦充提調官，而庶吉士亦間充纂修官。〔註 28〕

　　編纂諸書，於刊刻告竣之時，皆得奏請頒賜；凡與纂諸臣於告竣時已出館局者，仍許列銜〔註 29〕。纂輯諸書史之中，奉旨特開之館，其應用纂修額缺俱須酌定奏請，其中常開之內廷三館：武英殿修書處、國史館、方略館各有定額，亦隨時增補。餘若《玉牒》每閱十年一修，新帝即位修前朝《實錄》、

〔註 25〕托津等奉敕纂《欽定大清會典事例（嘉慶朝）》，卷七八七，翰林院，職掌，扈從，頁 4b。
〔註 26〕托津等奉敕纂《欽定大清會典（嘉慶朝）》，卷五十五，翰林院，頁 8a。
〔註 27〕伊桑阿等纂修《大清會典（康熙朝）》，卷一五五，翰林院，頁 4a～4b。
　　　　筆帖式亦間充《實錄》、《聖訓》及其他一切書史收掌官，見允祿等監修《大清會典（雍正朝）》，卷二三四，翰林院，纂修書史，頁 8a。
〔註 28〕朱珪等纂《皇朝詞林典故》，卷二十二，職掌，纂修書史，頁 11a～11b。
〔註 29〕托津等奉敕纂《欽定大清會典事例（嘉慶朝）》，卷七八八，翰林院，職掌，纂修書史一，頁 1b。
　　　　聖祖康熙四十九年（1710）定，凡纂修諸書，刊刻告成，分纂諸臣無論革職、已故，與監造人員一併開列銜名。見允祿等監修《大清會典（雍正朝）》，卷二三四，翰林院，纂修書史，頁 8a～8b。

《聖訓》；另《會典》、《方略》、《昭忠列傳》等，皆隨時增輯；其因事立名者，如《三禮》、《三通》等館，書竣則停館，例皆以翰林官充提調、總纂、纂修、協修等官。〔註30〕

　　自世祖至高宗四朝，命纂諸書實不可勝紀，此處專錄翰詹各官立館承修者，其餘特命一、二詞臣及部院諸臣編纂之書，以非翰苑主纂，概予從略。〔註31〕

　　　順治二年（1645）初命館臣纂修《明史》。

　　　　十三年（1656）敕輯《通鑑全書》《易經通註》。

　　　　十五年（1658）敕纂《通政全書》。

　　　康熙六年（1667）命纂世祖《實錄》。

　　　　十六年（1677）敕編《日講四書解義》。

　　　　十八年（1679）敕纂續修《明史》。

　　　　十九年（1680）敕編《日講書經解義》。

　　　　二十一年（1682）敕撰《孝經衍義》。

　　　　二十二年（1683）命重修太祖《實錄》、《聖訓》，並纂太宗、世　　　　　祖《聖訓》，敕編《日講易經解義》。

　　　　三十八年（1699）敕撰《春秋傳說彙纂》。

　　　　四十三年（1704）敕撰《佩文韻府》。

　　　　四十九年（1710）敕撰《淵鑑類函》、《康熙字典》。

　　　　五十一年（1712）敕撰《歷代紀事年表》。

　　　　五十四年（1715）敕纂《周易折中》、《音韻闡微》、《欽定詞譜》。

　　　　五十六年（1717）敕撰《性理精義》。

　　　　五十八年（1719）敕撰《駢字類編》。

　　　　五十九年（1720）敕撰《韻府拾遺》。

　　　　六十年（1721）敕撰《書經傳說彙纂》、《詩經傳說彙纂》、《子　　　　　史精華》、《分類字錦》。

　　　雍正元年（1723）命纂聖祖《實錄》、《聖訓》，編次《古今圖書集　　　　　成》。

〔註30〕托津等奉敕纂《欽定大清會典事例（嘉慶朝）》，卷七八八，翰林院，職掌，
　　　　纂修書史一，頁 1b～2a。
　　　　朱珪等纂《皇朝詞林典故》，卷二十二，職掌，纂修書史，頁 11b～12a。
〔註31〕朱珪等纂《皇朝詞林典故》，卷二十二，職掌，纂修書史，頁 13a～37b。

二年（1723）命館臣續修《明史》。

六年（1728）敕撰《執中成憲》。

乾隆元年（1736）命纂世宗《實錄》、《聖訓》，編次《日講禮記解義》。

七年（1742）敕撰《國朝宮史》。

九年（1744）敕撰《詞林典故》。

十二年（1747）敕撰《續文獻通考》、《皇朝文獻通考》。

十三年（1748）敕撰《儀禮義疏》、《禮記義疏》、《周禮義疏》。

十五年（1750）敕撰《協韻彙輯》。

二十年（1755）敕撰《周易述義》。

二十三年（1758）敕撰《御纂春秋直解》。

二十四年（1759）敕撰《皇朝禮器圖式》。

三十二年（1767）敕撰《續通典》、《續通志》、《皇朝通典》、《皇朝通志》、《御批通鑑輯覽》。

三十六年（1771）敕撰《遼金元三史國語解》。

三十八年（1773）命編輯《四庫全書》。

四十年（1775）敕撰《通鑑綱目三編》。

四十二年（1777）敕撰《日下舊聞考》。

五十六年（1791）敕校刊《石刻十三經》。

以上為翰林院專辦之書，其餘非翰苑專辦，但有詞臣參與者仍多〔註32〕，要之，詞臣以纂修書史為其主要職責，益以清帝之注重文化傳承，馴至蔚成有清前葉學術昌盛之隆文郅治。

纂修國史之事，本掌於翰林院，國史館提調、總纂、纂修等職亦多有翰林官兼任，仁宗時重修《會典》復將國史館列於翰林院之下，故有論者謂國史館應是翰林院之附屬機構。〔註33〕

國史館專負纂修國史之責，有總裁、副總裁，掌修國史，均為特簡，並無定員。一般由大學士、尚書兼任總裁，副總裁大約均由尚書、侍郎兼任。有提調，滿漢各二人，滿提調由內閣侍讀學士、內閣侍讀派充，漢提調以翰

〔註32〕 自世祖至高祖，凡詞館專辦及詞臣參與纂修書史，俱見托津等奉敕撰《欽定大清會典（嘉慶朝）》，卷五十五，翰林院，頁 4b～6b。

〔註33〕 張德澤《清代國家機關考略》（北京：中國人民大學出版社，1981 年），頁 163。

林院侍讀以下官派充，掌章奏文移並管理吏員。有總纂，滿洲四人，漢六人；有纂修，滿洲十二人，漢二十二人。均掌分司編纂之事。滿洲總纂、纂修以內閣侍讀學士、侍讀、中書及部屬科道等官派充，漢總纂、纂修以翰林院侍讀學士以下等官派充。有校對，滿漢各八人，以內閣中書派充，掌分司校勘之事。有收掌四人，兼用滿漢，三名向內閣咨取，一名由翰林院派充，掌保管、收發館中所用書籍、檔冊。至仁宗朝始有清文總校一人，由滿洲侍郎內特簡；亦始有翻譯、謄錄之員，翻譯八人，滿漢謄錄各十人，實際另有大量額外人員。〔註 34〕

　　總裁、副總裁實爲榮銜，並不直接管理館內事務，實際負責館內事務者應爲「提調」。高宗朝邵晉涵在館最久，編纂最多，個人著述亦豐，卒後，墓誌銘有云：

> 國家最重史職，於翰詹諸臣中品詣學問最著者充之，而以提調爲其
> 長。每作傳，必據實錄、起居注及內閣紅本、皇史宬副本，合采事實，
> 敬謹載筆。其稗篇叢說，不得雜而入之，庸以昭信于後世。〔註 35〕

是知「提調」確爲館內諸職之長，抑且可知纂修國史之資料來源有一定規矩，不能但憑好惡而無徵其實。

　　纂修國史亦詞臣職掌，惟清代開國伊始，並無國史館衙門之設置。入關前有內三院，其中內國史院有「編纂史書」職能〔註 36〕；入關後於世祖時有內翰林國史院，聖祖初年亦曾一度有內國史院，但無論內翰林國史院或內國史院，皆與後來設置之國史館無涉，已有論者詳析其間緣由：（一）內〔翰林〕國史院非祇修史機構，亦另具備撰擬某些特定官文書職責，並與內〔翰林〕秘書院、內〔翰林〕弘文院，密切結合，爲處理國家政務之中樞，實與國史館之專以修史爲務不同；（二）內〔翰林〕國史院兼重保存與匯編檔案史料、記注史事及編修實錄，並不包括纂修紀傳體國史，與國史館之職能完全不同；三、內三院與內閣、翰林院屢次更易錯置，而與後來所置之國史館毫無因革關係。〔註 37〕

〔註 34〕托津等奉敕纂《欽定大清會典（嘉慶朝）》，卷五十五，國史館，頁 14a～14b。喬治忠《清朝官方史學研究》（台北：文津出版社，1994 年），頁 33～41。
〔註 35〕錢儀吉《碑傳集》冊四，卷五十，翰詹下之中，王昶〈翰林院侍講學士充國史館提調官邵君晉涵墓表〉，頁 1413。
〔註 36〕《清實錄》冊二，《太宗實錄》，卷二十八，天聰十年三月辛亥，頁 356。
〔註 37〕喬治忠《清朝官方史學研究》，頁 27。

　　其實清代國史館之設置並非一蹴而就，乃是屢開屢停，至高宗朝始正式確立。首先聖祖康熙二十九年（1690）三月，禮部議覆山東道御史徐樹穀請修太祖、太宗、世祖三朝國史之奏，得旨依議即行編纂，而其中應行事宜則令內閣、翰林院會同詳議〔註38〕，乃於四月開「三朝國史館」，監修總裁官為大學士王熙，總裁官為大學士伊桑阿、阿蘭泰、梁清標、徐元文，另有尚書、左都御史、侍郎、內閣學士、副都御史、詹事等官十三人為副總裁官〔註39〕；其他尚有滿漢纂修官各十二人，分由內閣、翰林院、詹事府等衙門派充；又設提調官二名、收掌官六名，謄錄、翻譯等二十四名，供事、伙房、門官共十八人，紙匠九人〔註40〕。四十五年（1706）六月諭修國史諸臣：

> 開國功臣作傳，當因其事蹟先後，以定次第……俟作傳畢，可錄出分給其子孫各一通，令藏於家。〔註41〕

據昭槤《嘯亭續錄》云：

> 康熙中，仁皇帝欽定功臣傳一百六十餘人，名曰《三朝功臣傳》，藏於內府。〔註42〕

是知聖祖所開國史館主要乃為功臣作傳，藏於內府，惟是否曾經錄副各傳頒與各功臣子孫則不得而知。

　　此項《功臣傳》並非在聖祖時即已修竣藏事，因世宗雍正元年（1723）九月諭「皇考聖祖仁皇帝特敕內閣、翰林院諸臣纂修三朝國史……迄今尚未編輯」，故命將清初以來文武諸臣內，立功行間、誠敬任事、卓越之才有應傳述者，行文八旗，將諸王、貝勒、貝子、公，以及文武大臣之冊文、誥敕、碑記、功牌、家傳等詳加查核，其他有顯績可紀者，亦令詳察，逐一按次彙成文冊，悉付史館，刪去無稽浮夸之詞，務採確切事蹟，編成列傳〔註43〕。同年十一月，大學士等遵旨議奏應將太祖、太宗、世祖、聖祖四朝任事有功之臣，博採見聞，查核一切檔冊，陸續作傳，並請旨指派滿漢監修副總裁等官。得旨此項傳記即由現修《聖祖仁皇帝實錄》之大臣兼修，翰林纂修官則

〔註38〕《清實錄》冊五，《聖祖實錄》，卷一四五，康熙二十九年三月乙未，頁 594
　　　　～595。
〔註39〕《清實錄》冊五，《聖祖實錄》，卷一四五，康熙二十九年四月乙丑，頁 599。
〔註40〕〈清三朝國史館題稿檔〉載《文獻叢編》1937 年第二輯。轉引自喬治忠《清
　　　　朝官方史學研究》，頁 28。
〔註41〕《清實錄》冊六，《聖祖實錄》，卷二二五，康熙四十五年六月丁亥，頁 264。
〔註42〕昭槤《嘯亭雜錄》，續錄，卷一，國史館，頁 399～400。
〔註43〕《清實錄》冊七，《世宗實錄》，卷十二，雍正元年九月丙午，頁 214。

另派〔註44〕。由此推敲，聖祖時所修《三朝功臣傳》可能僅爲粗略稿本，是以世宗認爲必須重新徵集各種材料，再行撰定，並加入聖祖朝功臣。

聖祖與世宗開館修史，俱爲功臣作傳，與傳統史館職能相較，仍稍嫌狹隘。抑且世宗所開之館，乃以實錄館人員兼任，並未賦予修史專責，可見此項修史，實未如傳統史館修史之有其應得重視及地位。

高宗乾隆元年（1736）三月，准總理事務王大臣議覆禮部左侍郎徐元夢奏請續修國史，此是清代第三次開設國史館。修史內容爲將世宗雍正朝十三年之間，諸王與文武群臣之譜牒、行述、家乘、碑誌、奏疏、文集等，及在京文臣五品以上、武臣三品以上，外官司道總兵以上，身後具述歷官治行事蹟，敕由八旗、直省查明申送史館，以備採錄傳述；另，清初以來諸臣勳績有遺漏者，亦應薈萃成書。又令嗣後諸臣章奏有奉旨及部院議准者，亦應錄送以爲志傳副本。此項國史纂修等官不敷之員，即於翰林內選擇充補〔註45〕。此次開館修史已非祇爲功臣作傳，而是較爲全面之文武列傳形式，惟仍僅限於世宗雍正一朝人物。至十四年（1749）十二月，以各列傳之修纂已告一段落，且太祖至世宗之五朝《本紀》亦已完成，乃停史館。〔註46〕

乾隆三十年（1765）六月，重開國史館，緣高宗閱世祖《實錄》，內載甯完我劾奏陳名夏之疏，中有與魏象樞結爲姻黨一款，因取前開國史館所撰列傳，祇稱魏象樞以事降調而不詳其參劾本末，致後人不知所由，亦無法據以論定，乃諭：

> 向來國史館所輯列傳，原係擇滿漢大臣中功業政績素著者，列於史冊，以彰懿嫩。其無所表見及獲罪罷斥者，概屏弗與。第國史所以傳信，公是公非，所關原不容毫釐假借，而瑕瑜並列並足昭衡品之公。所爲據事直書而其人之賢否自見，若徒事鋪張誇美，甚或略其所短，暴其所長，則是有褒而無貶，又豈春秋華袞斧鉞之義乎……前命廷臣編纂《宗室王公功績表傳》現已告成，事實鑿然可考，因思大臣之賢否均不可隱而弗彰，果其事功學行卓卓可紀，自應據實立傳，俾無溢美。若獲罪廢棄之人，其情罪允協者固當直筆特書，垂爲炯戒，即當日彈章過於詆毀，吏議或未盡持平，亦不妨因事並

〔註44〕《清實錄》冊七，《世宗實錄》，卷十三，雍正元年十一月戊子，頁235。
〔註45〕《清實錄》冊九，《高宗實錄》，卷十五，乾隆元年三月癸丑，頁411。
〔註46〕張德澤《清代國家機關考略》，頁163。

存，毋庸曲爲隱諱。從前國史編纂時，原係彙總進呈，未及詳加確

覈，其間秉筆之人，或不無徇一時意見之私，抑揚出入難爲定評。

今已停辦年久，自應開館重事輯修。

令將國初以來所有滿漢大臣已有列傳者通行檢閱，覈實增刪考證；其餘未經列入之文武大臣，內而卿貳以上，外而將軍、督、撫、提督以上，亦綜其生平實蹟，各爲列傳。並指示參照《實錄》所載，及內閣紅本所藏，據事排纂，庶幾淑慝昭然，傳示來茲，可存法戒〔註47〕。九月，以國史館總裁進呈修史體例未爲詳備，因諭以「列傳體例，以人不以官」之原則：

大臣中如有事功學術足紀，及過蹟罪狀之確可指據者，自當直書其事，以協公是公非。若內而部旗大員循分供職，外而都統督撫之歷任未久，事實無所表見者，其人本無足輕重，復何必濫登簡策。使僅以爵秩崇卑爲斷，則京堂科道中之或有封章建白，實裨國計民生者，轉置而不錄，豈非缺典。且如儒林亦史傳之所必及，果其經明學粹，雖韋布之士不遺，又豈可拘於品位，使近日如顧棟高輩終於淹沒無聞耶？舉一以例其餘，雖列女中之節烈，卓然可稱者，亦當覈實兼收，另爲列傳。諸臣其悉心參考，稽之諸史體例，折衷斟酌，定爲凡例，按次編纂，以備一代信史。〔註48〕

此論確立國史列傳之修纂準則，並賦予國史館應有地位，自此國史館乃爲常設機構，直至清亡，爲日後之清史研究累積大量資材。

二、撰　文

詞臣屬文學侍從之臣，備諮詢顧問，纂撰奏進亦其職掌，此處請論撰文。

清代朝廷諭旨誥命文字，據清人周壽昌《思益堂日札》歸納，其別有四：凡批內外臣工題本常事謂之旨頒。將軍、督撫、學政、提督、總兵官、榷稅使謂之敕。上二者皆由內閣撰擬以進。此外，凡南北郊時享祝版及祭告山川、予大臣死事者、祭葬之文，與夫后妃宮室王公封冊，皆由翰林院撰擬以進。惟上諭則由軍機處擬，最爲緊要。上諭亦有二，巡幸上陵、經筵、蠲賑及內臣自侍郎以上、外臣自總兵知府以上黜陟調補暨曉諭中外，謂明發上諭。另，

〔註47〕《清實錄》冊十八，《高宗實錄》，卷七三九，乾隆三十年六月丁卯，頁 138 ～140。

〔註48〕《清實錄》冊十八，《高宗實錄》，卷七四四，乾隆三十年九月戊子，頁 192。

誥誡臣工、指授兵略、查核政事、責問刑罰之不當者，謂之寄信上諭，亦謂之廷寄。明發交內閣，以次交於部科；廷寄則係密封，軍機大臣面承諭旨後，撰擬進呈，發出即封入紙函，用辦理軍機處銀印鈐之，交兵部加封，發驛馳遞。〔註49〕

　　關外時期已有儒臣撰文之事，如太宗崇德二年（1637）五月，內院諸臣撰擬宣諭朝鮮敕書進呈，太宗覽畢諭撰文毋得過為誇大，當順理措辭，嗣後撰擬切宜詳慎，毋得草率〔註50〕。入關後，凡祭天地、太廟、社稷、奉先殿及五嶽、四瀆、長白山、歷代帝王陵等祝文，皆由翰林院官撰擬翻譯〔註51〕。世祖順治十六年（1659）定尊崇冊立暨冊封妃嬪各冊寶印文，恭上、恭加尊諡，升祔冊諡各冊寶文，均由翰林院撰擬進呈，並酌委翰林官會同內閣官監視鐫刻。冊封公主、王、貝勒、貝子、公、將軍、福晉、夫人冊誥文，由翰林院題定文式，填名咨送中書科。祭告祝文及諭祭內外文武官祭文、碑文，由翰林院遵照禮部來文撰擬繙譯進呈欽定後，仍交禮部轉行。封贈內外文武各官誥敕文，由翰林官開列撰擬官職名，送內閣具題〔註52〕。按例，各官封贈誥敕文，世祖初年為內院開具翰林銜名奏請撰擬，至聖祖康熙七年（1668）准吏部奏，停其撰擬按品刊刻文式〔註53〕。二十四年（1685）復議准誥敕文各照官職撰定文式頒給〔註54〕。四十三年（1704）又准凡入八分公以下，奉恩將軍以上，兼大臣侍衛等官，閑散宗室補授大臣侍衛等官，其封贈誥敕文，亦各照官職，撰定文式頒給。〔註55〕

　　康熙三十四年（1695）二月，大學士等以翰林院撰原任福建巡海道殉難追贈工部右侍郎陳啓泰碑文呈覽，聖祖以碑文詞意尚未詳盡，命查明另撰。緣其殉節與他人不同，其闔家親眷逐一自盡畢，陳啓泰始自縊而死，待海賊進城見其家棺櫬如許，亦為垂淚，其子陳汝器被賊拏獲，後始得出，而翰林

〔註49〕周壽昌《思益堂日札》，五卷本，卷五，諭旨誥命文字，頁251～252。
〔註50〕朱珪等纂《皇朝詞林典故》，卷二十三，職掌，撰文，頁3b～4a。
〔註51〕允祿等監修《大清會典（雍正朝）》，卷二三四，翰林院，撰文，頁10a～10b。
〔註52〕托津等奉敕纂《欽定大清會典事例（嘉慶朝）》，卷七八七，翰林院，職掌，撰文繙譯，頁5a～6a。
〔註53〕伊桑阿等纂修《大清會典（康熙朝）》，卷一五五，翰林院，頁6b。
　　　　張廷玉等纂《詞林典故》，卷三，職掌，纂撰進奏，頁38a～38b。
〔註54〕托津等奉敕纂《欽定大清會典事例（嘉慶朝）》，卷七八七，翰林院，職掌，撰文繙譯，頁6a～6b。
〔註55〕允祿等監修《大清會典（雍正朝）》，卷二三四，翰林院，撰文，頁11b。

院所擬碑文簡略，故令重新撰擬〔註56〕。次月便因此而再諭翰林官撰擬文章是其專任，善與不善皆應有鼓勵懲戒之處，命自是以後，凡碑文祭文，其撰擬人姓名及所撰之文，或經俞允或被申飭，均需一一記明，有三次善、三次不善者，俱行奏聞，各有獎懲。〔註57〕

內閣、翰林院撰文內容有所分別，內閣撰擬文字多主於慶，如恩詔、誥命、敕命之類，翰林院撰擬文字多主於弔，如諭祭文之類，唯南書房應制之作則不在此例〔註58〕。康熙五十三年（1714）十月諭南書房翰林，向來陞殿所奏中和樂章，皆仍明朝所撰，句有長短，體製類詞，後因文理不雅而命大學士陳廷敬等改撰，其章法皆以四字為句，然樂工未易聲調，仍以長短句法湊合歌之，是雖文法易而聲調未易也。乃今考察舊調，已得其宮商，甚為和平，必得歌章字句亦隨詞調，則章法明而宮調諧。聖祖以此事所關最為緊要，命南書房翰林同大學士等詳考定議，務使章法與聲奏協和，方為允當〔註59〕。太廟玉冊亦由南書房翰林撰文之後，恭楷書玉上鐫成，傅以漆金。據清末羅惇曧所見，玉冊六十餘分，分各百餘塊，塊高五六寸、寬七八寸、厚半寸許。庚子聯軍來京，美國兵護守太廟，英兵欲取玉冊，美兵舉槍向之乃止，美兵退後，英兵恣所取，及交還太廟，檢其數，計失去二百餘塊。〔註60〕

國之大禮鉅典，例由翰林編檢以上撰文，然自康熙六十一年（1722）始有以庶吉士撰文。是年十一月聖祖龍馭賓天，世宗繼位在即，例需撰文，時掌院學士勵杜訥詢於編修吳襄曰「記新庶常有一善四六文者」，吳應之曰「華亭黃之雋乎」，乃立召黃之雋授數題令作，奏上多稱旨。雍正元年（1723）七月，黃之雋又奏呈中元祭聖祖文，極稱旨，召見於養心殿，時之雋仍在庶常，特蒙賜貂，授職編修。他日，世宗命查檢檔案，凡撰文稱「很好」、稱「好」者列名給賞，編修陳萬策、修撰鄧鍾岳、庶常陸奎勳及錢陳群皆賜內府緞一匹，獨黃之雋得緞二匹。〔註61〕

〔註56〕《清實錄》冊五，《聖祖實錄》，卷一六六，康熙三十四年二月甲辰，頁 806～807。

〔註57〕《清實錄》冊五，《聖祖實錄》，卷一六六，康熙三十四年三月癸亥，頁 808。

〔註58〕況周頤《眉廬叢話》（太原：山西古籍出版社標點本，1995 年），內閣翰林院南書房撰文有別，頁 100。

〔註59〕《清實錄》冊六，《聖祖實錄》，康熙五十三年十月己丑，頁 567～568。

〔註60〕羅惇曧《賓退隨筆》（台北：文海出版社，1987 年），太廟玉冊，頁 253。

〔註61〕李調元《淡墨錄》，卷八，庶吉士撰文，頁 17b～18b。

世宗雍正元年（1723）諭：

> 聖祖仁皇帝上諭十六條，乃係綱領，今欲詮解發揮，暢明義旨，以曉兵民。著修撰、編修、檢討、庶吉士等將每條作訓誡文一篇，名曰上諭十六條廣訓。文體散行，字數在五百以外，六百以內，需明白條暢，勿太深奧，勿涉鄙俚，兵民並加訓飭。翰林八九人分與一條，各人封進。

旋又有旨，文章要六百以外，六百五十以內字〔註62〕。此「聖祖上諭十六條」實即康熙九年（1670）所頒聖諭十六條，通行全國，使庶民日常誦記，士子考試時並須默寫。世宗令翰林廣加詮解，共得萬言，並於雍正二年（1724）二月親題曰《聖諭廣訓》，並製序文，刊刻成編，頒行天下，「成為清代民間銷行最廣之書，下至知書之士，上自地方高官，均須親身倡率宣講。直至清末，二百年間，一直定為平民日常讀物」〔註63〕，傳衍影響至廣。

　　據高宗朝所修《會典》，其時對翰林官之撰擬職掌規定更為明確，依〈內閣〉門所見有：

　　一、凡朝廷德音下逮，宣示百官曰制，布告天下曰詔，昭垂訓行曰誥，申明職守曰敕。中外封章，上達慶賀皇帝、皇太后曰表，皇后曰箋，陳事曰疏。內閣檢校出納，惟允皇帝登極，諸王貝勒文武各官賀表內閣撰擬，其餘慶賀表箋翰林院撰擬。均由大學士奏定頒中外遵行。

　　一、凡壇廟陵寢神牌，由工部送內閣中書敬書清文，翰林官敬書漢文，命大學士行禮。

　　一、凡尊謚、冊謚，大學士承旨恭擬奏請欽定，敕下禮部奏行。冊文寶篆由翰林院撰擬，大學士恭閱進呈。

　　一、凡陵山封號、大學士承旨恭擬，封各山川神祇亦如之。

　　一、凡祭告祝文由翰林院撰擬，大學士恭閱進呈。

　　　　徐錫麟、錢泳《熙朝新語》，卷三，頁 1a；卷九，頁 11a～11b。

〔註62〕朱珪等纂《皇朝詞林典故》，卷二十三，職掌，撰文，頁 6a～6b。

〔註63〕《聖諭廣訓》御製序文，見《清實錄》冊七，《世宗實錄》，卷十六，雍正二年二月丙午，頁 265～267。

　　　　業師王爾敏先生有〈清廷《聖諭廣訓》之頒行及民間之宣講拾遺〉詳論《聖諭廣訓》之來歷、傳衍及其意義，文載《中央研究院近代史研究所集刊》第二十二期下冊，頁 257～276。

一、凡賜祭、賜葬，由翰林院撰擬祭文、碑文，大學士閱定進呈。
〔註64〕

〈禮部〉門所見者有：

一、凡大婚之禮，由部行欽天監諏吉，翰林院恭擬冊文，敕所司製冊寶，備儀物，豫期行納采禮。〔註65〕

〈翰林院〉門所見者有：

一、凡撰文祭告郊廟、陵寢、社稷、嶽鎮海瀆暨帝王陵寢、先師闕里各祝文，由院撰擬奏請欽定。

一、恭上皇太后徽號，尊封太妃，冊立皇后，冊封妃、嬪、王、貝勒、貝子、公、將軍及外藩屬國各冊文、寶文、印文由院撰擬奏請欽定。

一、恭加、上尊諡，升祔冊諡各冊文、寶文，內外文武官奉旨予諡者各碑文、祭文，均由院撰擬奏請欽定。〔註66〕

高宗乾隆元年（1736）二月曾命翰林官擬進上諭以觀其學，高宗認為翰林以讀書為職業，然讀書將以致用，非徒誦習其文辭，而古來制誥多出詞臣之手，必學問淹雅，識見明通，始稱華國之選且有裨於政事；今翰詹官甚多，於詩賦外亦當留心詔敕，故諭掌院學士以下、編檢以上，可以己意擬寫上諭一道陸續封呈奏覽，既可以覘其文藝淺深，並可以觀其胸中蘊蓄，倘有切於吏治民生者，亦即頒發見諸施行，是則詞章非徒章句之虛文，而國家亦收其實用〔註67〕。此舉實足以培植儒臣，俾各儲經邦濟世之略，設果永永遵行，則西清東觀，必無復有空疏不學，謬玷華資者矣。

乾隆元年（1736）又有改撰擬冊文用字之例。緣翰林院撰擬王、貝勒、貝子冊文，如遇高宗叔父、兄長等皆呼為「爾等」，高宗自思未符敬長之意，於心有所不安，故令凡遇叔、兄等皆稱「叔」、稱「兄」，自弟、姪以下則用「爾等」，永著為例。八年（1743）以前往奉天謁祖陵，屬重大典禮，所有

〔註64〕允裪等纂《欽定大清會典（乾隆朝）》（上海：圖書集成印書局，清光緒十九年刊本），卷二，內閣，頁 5a～7b。

〔註65〕允裪等纂《欽定大清會典（乾隆朝）》，卷二十九，禮部，頁 53a。

〔註66〕允裪等纂《欽定大清會典（乾隆朝）》，卷八十四，翰林院，頁 56b。

〔註67〕《清實錄》冊九，《高宗實錄》，卷十三，乾隆元年二月辛巳，頁 377～378。陳康祺《郎潛紀聞初筆二筆三筆》，二筆，卷十四，翰林須留心詔敕，頁 585～586。

祭文俱應盡心撰擬，但見今滿漢文俱甚平常，語意亦多重覆，乃將撰擬之于振及繙譯之文保、德通各罰俸三月，以示懲儆。三十七年（1772）奏准嗣後遇有親王、郡王、貝勒等封爵，初次受封及軍功昭著應行載入冊內者，給與冊文，與翰林院撰擬具奏；至世及襲封，則只添寫世次緣由及襲封年月，由翰林院擬具字樣，移交中書科繕寫〔註68〕。四十九年（1784）又諭翰林院撰擬祭文，向例俱兼清漢，如壇廟群祀載在禮官祀典者，自應並用清書，若滿洲大臣亦當用清文諭祭；至漢大臣本不諳清語，諭祭時原可專用漢文，實不必重加繙譯，致滋煩瑣，故令嗣後翰林院撰擬漢大臣祭文，俱不必兼繙清字。〔註69〕

三、翻　譯

　　清廷為滿人所建，自有其語言，初無文字，太祖努爾哈齊先於明神宗萬曆二十七年（1599）命巴克什額爾德尼、札爾固齊噶蓋將蒙古文字合滿語語音，聯綴成句，使之因文見義，自此滿文開始傳布〔註70〕。至太宗皇太極時，復命巴克什達海將滿文十二字頭酌加圈點，使其音義明曉；又將滿文與漢字對音未全者，於十二字頭外，增添外字，若仍有不能盡協之處，則以兩字連寫切成，使滿文之演進與使用更為精當。〔註71〕

　　關外時期，清人與明廷交接，首重語言文字之溝通無礙，故極重視漢文之繙譯。入關後以滿族統治漢家天下，除更加積極學習漢人文字、語言、文化之外，亦時刻不忘保存本族語言文字，故翻譯之事從未中斷。太宗天聰七年（1633）七月參將甯完我奏請譯書，認為如欲知正心脩身、齊家治國之理，則有《孝經》、《學》、《庸》、《論》、《孟》等書；如欲益聰明智識、選練戰攻機權者，有《三略》、《六韜》、孫吳《素書》等；如欲知古來興廢事跡，則有《通鑑》，此等書實最緊要而大有益者〔註72〕。天聰八年（1634）三月有俘臣

〔註68〕以上俱見托津等奉敕纂《欽定大清會典事例（嘉慶朝）》，卷七八七，翰林院，職掌，撰文繙譯，頁8a～9a。
〔註69〕《清實錄》冊二十四，《高宗實錄》，卷一二一五，乾隆四十九年九月辛巳，頁298。
〔註70〕《清實錄》冊一，《太祖實錄》，卷三，己亥歲二月辛亥，頁43～44。
〔註71〕《清實錄》冊二，《太宗實錄》，卷十一，天聰六年三月戊戌，頁156。
　　　　朱珪等纂《皇朝詞林典故》，卷二十三，職掌，繙譯，頁13a～13b。
〔註72〕羅振玉校錄《天聰朝臣工奏議》（台北：文海出版社史料叢刊初編，1964年），奏中，甯完我請譯四書武經通鑑奏，天聰七年七月初一日，頁25a～25b。

原任明都督僉事庚戌科進士仇震條奏五事，首開翻譯書史，請汗宜選漢人通經史者二三人、清人知字法者三四人，將各經史通鑑擇其精要、有俾君道者集爲一部，使一覽便知道理如在目前〔註73〕。同年四月命禮部考取通滿洲、蒙古、漢書文義者爲舉人，共取中滿洲習滿書者二人，滿洲習漢書者二人，漢人習滿書者一人，漢人習漢書者八人，蒙古習蒙古書者三人，俱賜爲舉人〔註74〕，培養正式翻譯人才。天聰九年（1635）五月，太宗召集文館諸臣，諭將遼、宋、金、元四史內，擇其勤於求治而國祚昌隆，或所行悖道而統緒廢墜與夫用兵行師之方略，以及佐理之忠良、亂國之姦佞，凡有關政要者，彙纂繙譯成書，用觀備覽〔註75〕。至崇德元年（1636）十一月，太宗御盛京翔鳳樓，集諸親王、郡王、貝勒、固山額眞、都察院官等，命內弘文院大臣讀《大金世宗本紀》，此應即是繙就滿文《金史》之一部份，欲諸臣記取歷史教訓，勿酖酒色，莫忘祖制〔註76〕。其時太宗患國人不識漢字，罔知治體，曾命達海繙譯《國語》、《四書》及《三國志》，頒賜耆舊，以爲臨政規範〔註77〕。崇德三年（1638）八月令內國史院大學士剛林撰滿文、學士羅繡錦譯漢文，內弘文院大學士希福譯蒙古文、道木藏古式譯圖白忒文。〔註78〕

聖祖康熙十二年（1673）四月，以滿漢文義照字繙譯，可通用者甚多，使後生子弟漸致差謬，乃諭令翰林院掌院學士傅達禮將滿語照漢文字彙發明，某字應如何用，某字當某處用，集成一書使有益於後學。並諭此書不必太急，宜詳愼爲之，務期永遠可傳〔註79〕，實直似一部滿語字彙。

除每科館選庶吉士令分習清漢書外，聖祖亦仍重視翻譯人才之選拔。康

〔註73〕 羅振玉校錄《天聰朝臣工奏議》奏下，仇震條陳五事奏，天聰八年三月二十一日，頁24a～26b。
〔註74〕 《清實錄》冊二，《太宗實錄》，卷十八，天聰八年四月辛巳，頁239。
此次考試爲清廷首次舉人考試，其後於崇德三年（1638）、崇德六年（1641）亦有取中舉人之試，特所試並非後來之制。見吳振棫《養吉齋叢錄》，卷九，頁90。
〔註75〕 《清實錄》冊二，《太宗實錄》，卷二十三，天聰九年五月己巳，頁303。
〔註76〕 《清實錄》冊二，《太宗實錄》，卷三十二，崇德元年十一月癸丑，頁404。
所譯之遼、金、元三史於崇德四年（1639）六月竣事，並於世祖順治元年（1644）三月繕就成書，見《清實錄》冊三，《世祖實錄》，卷三，順治元年三月甲寅，頁48～49。
〔註77〕 昭槤《嘯亭雜錄》，續錄，卷一，翻書房，頁396。
〔註78〕 朱珪等纂《皇朝詞林典故》，卷二十三，職掌，繙譯，頁14a。
〔註79〕 《清實錄》冊四，《聖祖實錄》，卷四十二，康熙十二年四月辛亥，頁556。

熙二十四年（1685）三月諭以內閣及翰林院須用通曉漢文並善翻譯者，令自卿員以下，部院無品級筆帖式以上及滿洲蒙古漢軍廢官與隨旗行走暨閒散人等曉習漢文而能譯滿文者，皆聚而精加考試，記其文學優長者用之。〔註80〕

按例，翰林院改正翻譯皆以滿員中熟通清文者為之，至高宗乾隆二十三年（1758）准掌院學士介福之奏，將「繙譯清文由滿學士繙就草底，交〔內〕繙書房改正，始行進呈」，內翻書房中有兼任行走之翰林院編修、檢討漢員之肄習國書出身者任此改正之職〔註81〕。翰苑翻譯職守綦重，任此者概有庶吉士分習清書者，另滿洲外班人員亦然，而大考亦兼試繙譯，是其責實未嘗稍減，並傳習不輟。

第三節 出使奉差

一、出使外國

清初藩服有二類，分隸理藩院、禮部主客清吏司。隸院者包括蒙古喀爾喀、西藏、青海、廓爾喀；隸司者包括朝鮮、安南、南掌、緬甸、蘇祿、荷蘭、暹羅、琉球〔註82〕。但清廷派遣使節前往的國家只有朝鮮、安南及琉球。

凡出使外國，世祖初年曾明定朝鮮用滿官，安南及琉球用漢官。聖祖康熙二十二年（1683）又定安南兼差滿漢官，由翰林院開列應遣各官職名移送禮部題請欽點〔註83〕。至高宗時，凡出使外國，滿漢翰林官皆列名請簡。其中朝鮮用滿州掌院學士一員，安南、琉球兼差滿漢翰林官〔註84〕。以下首論安南。

世祖初年，安南由黎氏把持政權，但曾與黎氏爭奪王權之莫氏仍未徹底失敗，並占據高平一帶地方〔註85〕。由於莫氏力量較弱，期望得到清廷同情

〔註80〕《清實錄》冊五，《聖祖實錄》，卷一二○，康熙二十四年三月癸亥，頁257。
〔註81〕朱珪等纂《皇朝詞林典故》，卷二十三，職掌，繙譯，頁19b～20a。
〔註82〕趙爾巽等撰《清史稿》冊十二，卷九十一，志六十六，禮十，賓禮，序，頁2673。
〔註83〕伊桑阿等纂《大清會典（康熙朝）》，卷一五五，翰林院，頁11a。
〔註84〕張廷玉等纂《詞林典故》，卷三，職掌，奉使，頁49a。
　　　朱珪等纂《皇朝詞林典故》，卷二十四，職掌，奉使，頁21b～22a。
〔註85〕此處所述清初安南形勢，均參見趙爾巽等撰《清史稿》冊四十八，卷五二七，列傳三一四，屬國二，越南，頁14627～14659。王戎笙主編《清代全史》第

與支持，乃於順治十六年（1659）九月遣人至廣西南寧投書表示臣服，後莫敬耀卒，清廷授其子莫元清爲都統使。黎維祺得知莫氏先已向清臣服，亦於順治十七年（1660）九月奉表進貢，企圖爭取清廷認可。聖祖康熙二年（1663），黎氏再度遣使進貢。同年，國王黎維祺去世，清廷於康熙三年（1664）遣內秘書院編修吳光爲正使、禮部司務朱志遠爲副使前往諭祭〔註86〕。後經清廷多次催討，安南終於繳出前南明永曆帝所賜敕印一道及金印一顆，清廷乃於康熙五年（1666）派內國史院侍讀學士程朝芳爲冊封正使、禮部郎中張易賁爲副使，前往安南冊封黎維禧爲安南國王〔註87〕。其後黎維禧發兵奪莫元清高平之地，清廷於康熙七年（1668）遣內秘書院侍讀李仙根及兵部職方司主事楊兆傑往諭黎氏歸還莫氏土地，「以副朕綏乂生民之心，盡爾奉藩之義，庶永承寵眷之祉矣」〔註88〕。三藩亂起，安南停止進貢，至康熙十八年（1679）始恢復兩年一貢。

康熙二十二年（1683）正月，命翰林院侍讀明圖、編修孫卓分別爲正副使往封新王黎維正爲安南國王，並賜御筆「忠孝守邦」扁額；復另遣翰林院侍讀鄔赫爲正使、禮部郎中周燦爲副使前往安南諭祭已故兩王黎維禧、黎維禎。〔註89〕

清廷與安南關係大致良好，康、雍、乾三朝仍多次遣使冊封安南國王：

康熙五十八年（1719）二月

內閣中書鄧廷喆爲正使，翰林院編修成文爲副使。〔註90〕

雍正十二年（1734）二月

翰林院侍讀春山、兵科給事中李學裕。〔註91〕

乾隆二年（1737）

二卷，頁 392～393 及王士禎《池北偶談》，卷三，談故三，安南始末，頁 70～71。

〔註86〕《清實錄》冊四，《聖祖實錄》，卷十一，康熙三年四月丙午，頁 178。
吳鼎雯《國朝翰詹源流編年》，卷一，康熙三年四月，頁 27a～27b。

〔註87〕《清實錄》冊四，《聖祖實錄》，卷十九，康熙五年五月壬寅，頁 271。

〔註88〕《清實錄》冊四，《聖祖實錄》，卷二十五，康熙七年四月庚寅，頁 355～356。

〔註89〕《清實錄》冊五，《聖祖實錄》，卷一〇七，康熙二十二年正月戊辰、己巳，頁 87～88。
王士禎《池北偶談》，卷三，談故三，安南始末，頁 70～71。

〔註90〕《清實錄》冊六，《聖祖實錄》，卷二八三，康熙五十八年二月壬子，頁 764。

〔註91〕《清實錄》冊八，《世宗實錄》，卷一四〇，雍正十二年二月乙丑，頁 772。

翰林院侍讀嵩壽、修撰陳俟。〔註92〕

乾隆二十六年（1761）五月

翰林院侍讀德保、大理寺少卿顧汝修。〔註93〕

此下請論琉球。明末，琉球國王曾經遣使登陸福建，欲往北京請求受封，但因中原鼎革，四方紛擾，不得已滯留閩中〔註94〕。清世祖順治四年（1647）二月，平定閩浙，隨諭如遇琉球、安南、暹羅、日本等國來貢，地方官員應立即奏報〔註95〕。乃將滯閩琉球使節立即送京，但以琉球並未繳出前明所給敕印，未便受封，僅賜其使衣帽布帛而返。順治十一年（1654）三月琉球使臣帶來前明所給敕印請封，世祖命派兵科副理事官張學禮、行人司行人王垓爲正、副使，齎誥敕往封世子尚質爲琉球國中山王〔註96〕。當時閩海仍有鄭成功抗清勢力，不便下海航行，故張學禮等居閩數年，不得要領而罷歸北京。至聖祖康熙元年（1662）再度派張學禮、王垓出使琉球，終於成禮而還。〔註97〕

原琉球凡國王嗣位，均先向中國祇請朝命，待中國派使奉敕往封，賜以駝鈕鍍金銀印，乃稱王。未封以前均稱世子，權掌國事〔註98〕。康熙二十一年（1682）四月，命翰林院檢討汪楫爲正使，內閣中書舍人林麟焻爲副使往封琉球國世子尚貞爲琉球國中山王〔註99〕。汪楫，江都人，由江西榆縣訓導

〔註92〕吳鼎雯《國朝翰詹源流編年》，卷二，乾隆二年，頁 11b。
〔註93〕吳鼎雯《國朝翰詹源流編年》，卷二，乾隆二十六年五月，頁 21a～21b。
〔註94〕趙爾巽等撰《清史稿》冊四十八，卷五二六，列傳三一三，屬國一，琉球，頁 14616。
〔註95〕《清實錄》冊三，《世祖實錄》，卷三十，順治四年二月癸未，頁 249～251。浙東福建平定，頒詔天下「……東南海外琉球、安南、暹羅、日本諸國，附近浙閩，有慕義投誠，納款來朝者，地方官即爲奏達，與朝鮮等國一體優待，用普懷柔」。
〔註96〕《清實錄》冊三，《世祖實錄》，卷八十二，順治十一年三月丁酉，頁 644；卷八十五，七月戊子，頁 667。
〔註97〕趙爾巽等撰《清史稿》冊四十八，卷五二六，列傳三一三，屬國一，琉球，頁 14617。張學禮與王垓再度領命出使琉球時，已分別改官御史、戶部郎中。見王士禎《池北偶談》，卷一，談故一，外國封使，頁 23～24。張學禮著有《使琉球記》、《中山紀略》。
〔註98〕趙爾巽等撰《清史稿》冊四十八，卷五二六，列傳三一三，屬國一，琉球，頁 14618。
〔註99〕《清實錄》冊五，《聖祖實錄》，卷一〇二，康熙二十一年四月辛卯，頁 25。

薦舉博學鴻詞，授檢討。聖祖重視使臣人選，特命廷臣會推可使者以聞，入朝眾官多俛首畏縮不願膺命，獨汪楫鶴立班中，眾大臣遂以汪楫奏對。即充正使，賜一品服，至琉球冊封畢事，與中山王對談琴理，復縱筆為書，琉球朝野驚以為神〔註100〕。二十三年（1684）二人返國覆命，並代中山王奏請准該國隨行生徒四人在京受業，事下禮部，部覆：

> 琉球自明初始內附，《會典》載大琉球國朝貢不時，王子及陪臣之子皆入太學讀書，禮待甚厚。又載洪武、永樂、宣德、成化間，琉球官生俱入監讀書。今該國王尚貞，以本國遠被皇仁，傾心嚮學，懇祈使臣汪楫等轉奏，願令陪臣子弟四人赴京受業，應准所請，聽其遣陪臣子弟入監讀書。

聖祖覽奏從之。康熙二十七年（1688）又依中山王之請，准子弟四人同貢使赴京，入監讀書。〔註101〕

康熙四十八年（1709）琉球中山王尚貞薨，以世子尚純先卒，乃以尚純之子尚益嗣立，未及請封，尚益於五十一年（1712）卒，再以尚益之子尚敬嗣，稱「世曾孫」。五十七年（1718）命翰林院檢討海寶、編修徐葆光充正副使，前往琉球諭祭故王尚貞、尚益，並冊封世曾孫尚敬為新王。〔註102〕

尚敬於高宗乾隆十六年（1751）薨，至十九年（1754）世子尚穆遣使入貢，兼請襲封。高宗於乾隆二十年（1755）五月遣翰林院侍講全魁、編修周煌為正、副使往封新王〔註103〕。尚穆於乾隆五十九年（1794）薨，世子尚哲先卒，世孫尚溫權署國事，仁宗嘉慶四年（1799）應尚溫之請，以翰林院修撰趙文楷、編修李鼎元充正、副使，往封世孫尚溫為王，並賜御書「海表恭藩」額。嘉慶十二年（1807）尚溫薨，世子尚成署國事，未及請封而卒，清

〔註100〕趙爾巽等撰《清史稿》冊四十四，卷四八四，列傳二七一，文苑一，汪楫，頁13351。
　　　　徐錫麟、錢泳《熙朝新語》，卷三，頁7a～7b。
　　　　冊封琉球、安南正副使出都，例准用八人肩輿，以賜用一品麒麟服之故。見吳振棫《養吉齋叢錄》，卷二十二，頁238。
〔註101〕《清實錄》冊五，《聖祖實錄》，卷一一五，康熙二十三年六月丁未，頁201；卷一三三，康熙二十七年二月己酉，頁440。
　　　　王士禎《池北偶談》，卷二，談故二，琉球入學，頁39～40。
　　　　王士禎另撰有《琉球入太學始末》詳紀其事。
〔註102〕《清實錄》冊六，《聖祖實錄》，卷二七九，康熙五十七年六月庚辰，頁734。
〔註103〕《清實錄》冊十五，《高宗實錄》，卷四八八，乾隆二十年五月庚辰，頁120。
　　　　徐錫麟、錢泳《熙朝新語》，卷十，頁10a～11a。

廷於該年七月命翰林院編修齊鯤、工科給事中費賜章往封世孫尚灝爲王。宣宗道光十七年（1837）尚灝薨，遣使往封世子尚育爲新王。穆宗同治五年（1866）遣使齎敕印往封世子尚泰爲琉球國王。至德宗光緒五年（1879）日本興兵滅琉球爲止，歷代琉球王均爲清廷冊封，琉球對清亦恭愼唯謹，時遣子弟請求入學，遣使入貢不輟，漢化極深，雙方關係極爲密切。〔註104〕

　　末論朝鮮。清人入關之前，已於太宗崇德二年（1637，明思宗崇禎十年）征服朝鮮，該年十月首先冊封李倧爲朝鮮國王〔註105〕，從此朝鮮事清甚爲恭謹。由於朝鮮地處滿洲後背，清廷對其極度重視，朝鮮國王薨逝，必遣專使諭祭，同時另派使節齎誥敕往封新王；又朝鮮王妃、世子（太子之意）均由清廷遣使前往冊立。凡是遇到清帝即位、萬壽聖節、冬至及其餘國之大典與每歲常貢，朝鮮國王亦必敬謹如儀派使朝賀。自李倧開始臣服清廷，至德宗光緒二十一年（1895）馬關條約使朝鮮脫離中國藩屬地位前之國王李熙，共十一王，歷二百五十八年，莫不由清廷冊封，雙方關係可謂緊密無間〔註106〕。據《清實錄》，自世祖順治朝至高宗乾隆朝，清廷遣使往封朝鮮國簡列如下：〔註107〕

　　　　世祖順治六年（1649）八月丁未，遣禮部啓心郎渥赫等往祭故王李
　　　　倧，賜謚莊穆。又遣戶部啓心郎布丹、侍衛撒爾岱充正副使，齎誥
　　　　命并敕諭、詔書，往封世子李淏爲新王，世子妻張氏爲王妃。

　　　　順治十六年（1659）年九月戊寅，遣工部尚書管侍郎事郭科、禮部
　　　　侍郎祁徹白致祭故王李淏，賜謚忠宣。十月戊寅，遣大學士蔣赫
　　　　德、吏部侍郎覺羅碩博會，往封世子李棩爲新王，世子妃金氏爲王
　　　　妃。

　　　　聖祖康熙十四年（1675）正月乙亥，遣內大臣壽西特、侍衛桑厄、
　　　　恩克，諭祭故王李棩，賜謚莊恪。兼封嗣子李焞爲新王，妻金氏爲
　　　　王妃。

〔註104〕參見趙爾巽等撰《清史稿》冊四十八，卷五二六，列傳三一三，屬國一，琉球，頁14616～14625。

〔註105〕《清實錄》冊二，《太宗實錄》，卷三十九，崇德二年十月庚申，頁510。遣使爲俄爾岱、馬福塔、達雲。

〔註106〕清廷與朝鮮關係，參見趙爾巽等撰《清史稿》冊四十八，卷五二六，列傳三一三，屬國一，朝鮮，頁14576～14616。

〔註107〕以下各次派往朝鮮使節，均參見《清實錄》各日期條下，不另加註。

康熙五十九年（1720）十一月辛未，遣散秩大臣渣克亶、禮部右侍郎羅瞻致祭故王李焞，賜諡僖順。兼冊封世子李昀爲新王。

世宗雍正二年（1724）十二月戊子，遣散秩大臣覺羅舒魯、翰林院學士阿克敦賜祭故王李昀，諡恪恭。兼封世弟李昑爲新王。

高宗乾隆四十一年（1776）七月癸未，遣散秩大臣覺羅萬福、內閣學士嵩貴諭祭故王李昑，諡莊順。並追賜故世子李緯爵，諡恪愍。兼封世孫李祘（算）爲新王。

仁宗嘉慶五年（1800）九月辛丑，賜故王李祘諡恭宣，以其世子李玜爲新王。命署散秩大臣明俊爲正使，內閣學士納清保爲副使往封。

其餘派往朝鮮使節情形如下：

世祖順治二年（1645）五月戊申，遣工部尚書星訥等，往祭故世子李㴐。

順治二年十一月己未，遣內翰林弘文院大學士祁充格爲正使，禮部郎中朱世起、戶部主事顧爾馬渾爲副使，齎誥敕往封李淏爲世子

順治四年（1647）正月戊午，遣戶部啓心郎布丹往諭朝鮮國王李倧，以其來使多疏玩也。

順治五年（1648）正月戊申，遣學士額色黑等往諭國王李倧，今後奉使官員只對坐舉杯竟席而止。

順治七年（1650）正月壬午，遣大學士祁充格等齎敕責問國王李淏倭情。

順治十四年（1657）二月辛卯，特遣內大臣阿魯哈、少傅兼太子太傅內翰林國史院大學士額色黑、太子少保都察院左副都御史能圖、吏部左侍郎禪代，同朝鮮國王察審私買硝藥情弊。

聖祖康熙四十二年（1703）二月丙申，遣翰林院掌院揆敘、一等侍衛噶爾途往封朝鮮國王李焞繼娶金氏爲王妃。

康熙五十六年（1717）九月己巳，遣翰林院侍讀學士阿克敦、鑾儀衛治儀正張廷枚往賜空青予國王李焞，以治眼疾。

康熙六十一年（1722）四月甲子，命內閣學士阿克敦爲正使、二等侍衛佛掄爲副使，往封朝鮮國王李昀弟李昑爲世弟。

高宗乾隆三年（1738）正月丁丑，命散秩大臣裹泰爲正使，內閣學士岱奇爲副使，冊封朝鮮國李昑子李愃爲世子，賜賚如例。

乾隆二十二年（1757）六月庚寅，派散秩大臣祥泰，頭等侍衛長齡，往祭朝鮮國王李昑之母及其妻。

乾隆二十五年（1760）三月乙卯，以署散秩大夫柏成爲正使，內閣學士世貴爲副使，冊封朝鮮國王李昑繼妃金氏。

乾隆二十八年（1763）五月甲子，遺散秩大臣弘映充正使，頭等侍衛廣亮充副使，往冊李祘爲朝鮮世孫。

乾隆四十九年（1784）九月庚辰，朝鮮國王請封世子，正使派內大臣西明，副使派翰林院侍讀學士阿肅。

以上爲據《清實錄》所錄清廷遣使朝鮮之已知名姓者，皆爲滿人，符合世祖定例，唯翰林出使則甚爲少見。

二、試差提學

　　清代翰林放差，概有三種。一爲「學差」，即欽點各省學政，取進省內州縣秀才，並考核其在學成績。一爲「考差」，或云「試差」，即每科鄉試派爲正副主考，差畢回京。一爲「房差」，會試之年派爲閱卷房官，或鄉試之年爲順天鄉試同考。〔註108〕

　　首論學政。清代各直省設提督學政（省稱學政）一員，以侍郎、京堂、翰、詹、科、道、部屬等由進士出身人員內簡用，三年一任，各帶原銜品級，《清史稿》論其職掌云：

> 掌學校政令，歲科兩試。巡歷所至，察師儒優劣，生員勤惰，升其賢者能者，斥其不帥教者。凡有興革，會督、撫行之。〔註109〕

知其掌一省文教學校之政，品級雖低，卻與督、撫自有相垺之處。

　　清初甫入中原，各省學政沿明制，皆設提學道副使僉事（或省稱學道）；

〔註108〕莊練《清代史事與人事》（台北：台灣商務印書館，1993年），頁271～272。
〔註109〕趙爾巽等撰《清史稿》冊十二，卷一一六，志九十一，職官三，外官，學政，頁3345。

順天（北直隸）、江南二處稱學院，以御史充任〔註110〕。提學道（或曰學道）、學院為正式官稱，學政為俗省通稱，後來始成為正式官銜。順治四年（1647），學道專用部屬考選，由內閣與吏、禮二部會考〔註111〕。世祖順治十年（1653）六月准內院題請，以翰林五品以下官提督直隸、江南、江北學政，學習清書者可免差往〔註112〕，至是始以翰林視學。十一年（1654）將江南、江北提督學院改為提學道〔註113〕，順天學政仍差翰林官一員，自侍讀以下，與坊局官論資歷預擬正陪送吏部具題〔註114〕。至聖祖康熙十八年（1679）復議准於侍讀、侍講、諭德、洗馬等官之內論俸擬正陪送吏部具題。〔註115〕

　　康熙二十三年（1684）十二月，山西道御史張集疏言學道一官為國家文教所繫，應令九卿會同保舉，擇其清廉素著、夙有文望者列名上請簡用，毋得但循資俸掣簽，庶衡文者能得其人〔註116〕。疏下九卿、詹事、科道會同具奏，乃定簡拔翰林提督學政例：

> 學政關係文教，造就人才，嗣後停其論俸補授。順天學政缺，應將
> 侍讀、侍講、諭德、洗馬概行開列，恭請簡用。江南、浙江學道缺，
> 停其補用郎中、道、府，應將侍讀、侍講、諭德、洗馬、中允、贊
> 善亦概行開列，恭請簡用。其餘各省學道缺，將應陞進士出身之五
> 部郎中，及參議、道、知府等官選擇開列，恭請簡用。〔註117〕

簡派之例既定，除順天學政已先期簡放翰林院侍講王頊齡之外，隨即發布其餘各省學政派令：

> 翰林院侍講李振裕提督江南學政。
> 右春坊右贊善兼翰林院檢討王掞提督浙江學政。

〔註110〕朱珪等纂《皇朝詞林典故》，卷二十四，職掌，文衡，頁 13a。

〔註111〕吳振棫《養吉齋叢錄》，卷十，頁 114。

〔註112〕《清實錄》冊三，《世祖實錄》，卷七十六，順治十年六月辛酉，頁 600。
先是，世祖已於前月從都察院左都御史金之俊之奏，直隸、江南、江北提學員缺宜以詞林簡用。見《清實錄》冊三，《世祖實錄》，卷七十五，順治十年五月丁丑，頁 593。

〔註113〕《清實錄》冊三，《世祖實錄》，卷八十六，順治十一年九月庚戌，頁 678。

〔註114〕伊桑阿等纂修《大清會典（康熙朝）》，卷一五五，翰林院，頁 10b。

〔註115〕伊桑阿等纂修《大清會典（康熙朝）》，卷一五五，翰林院，頁 10b。

〔註116〕《清實錄》冊五，《聖祖實錄》，卷一一八，康熙二十三年十二月己亥，頁 237。

〔註117〕《清實錄》冊五，《聖祖實錄》，卷一一八，康熙二十三年十二月丁未，頁 240 ～241。

湖廣驛鹽道宮夢仁爲山東按察使司副使提調學政。

江南鎮江府知府高龍光爲山西按察使司副使提調學政。

廣東糧道蔣伊爲河南按察使司副使提調學政。

禮部郎中何橒爲江西按察使司僉事提調學政。

禮部郎中趙隨爲福建按察使司僉事提調學政。

工部郎中裴憲度爲廣東按察使司僉事提調學政。

廣西柳州府知府江皋爲四川按察使司副使提調學政。

戶部郎中毛漪秀爲雲南按察使司僉事提調學政。〔註118〕

除順天、江南、浙江三處學政用翰林外，餘者仍用部曹、道員、知府。至康熙三十九年（1700）七月，內閣奉上諭「各省學道，原不差遣翰林官員，嗣後各省學道，宜將翰林官員一併差遣。爾等與翰林院會議具奏」〔註119〕。乃遵旨議定此後各省學道缺出，翰林官自侍讀、侍講以下開列職名候派，並定除告假在籍日期不論外，均較俸派出〔註120〕，是後各省學政均有翰林簡派。四十二年（1703）以分遣廷臣視學，爲重其選，首次召翰詹詞臣考試甄別，同時亦飭大臣保舉，非聞望素優、學行兼至者，不得與選〔註121〕。又定由京堂、翰、詹、科、道任者爲提督學院，由部郎任者仍爲提學道。〔註122〕

世宗雍正三年（1725）正月，吏部奏請差湖南、山東學政，世宗以前學政、鄉試主考皆就其爲人謹慎者派往，並未試其文藝，間有不能衡文者，此皆中式之後年久荒疏之故。乃令將應差之翰林及進士出身之各部院官員查奏，試以文藝差委。此次考試，主要爲考選鄉試考官，因三月考試之前，已於二月簡放翰林院編修王希曾提督山東學政、侍講學士黃鴻中提督湖南學政。〔註123〕

雍正四年（1726）十一月，世宗命大學士籌議畫一學政職銜，以重任守。依成例，直隸（順天）、江南、浙江三省提督學政者稱學院，與督撫平行；餘

〔註118〕《清實錄》冊五，《聖祖實錄》，卷一一八，康熙二十三年十二月庚子，頁237；十二月庚戌，頁241。

〔註119〕陳康祺《郎潛紀聞初筆二筆三筆》，初筆，卷三，國初學政不差翰林，頁62。

〔註120〕《清實錄》冊六，《聖祖實錄》，卷二○○，康熙三十九年七月乙巳，頁35。

〔註121〕朱珪等纂《皇朝詞林典故》，卷二十四，職掌，文衡，頁13b。

〔註122〕吳振棫《養吉齋叢錄》，卷十，頁114。

〔註123〕《清實錄》冊七，《世宗實錄》，卷二十八，雍正三年正月甲子，頁426；卷二十九，二月乙亥，頁431。

省稱學道，唯如由翰林科道點者亦稱學院，而由部屬簡任者爲按察司僉事，由參議、知府陞補者爲按察司副使，皆提調學政。不論其現任職掌，只論其前任官職，實未允當。嗣是定議凡部屬等官膺學政之任，二甲進士出身者俱加編修、三甲同進士出身者俱加檢討之銜，一體稱爲學院，使名實相符，任滿仍回原衙門補用〔註124〕，自此清代提學永無道銜。五年（1727）十二月又定各直省學政六年選拔一次之制，記名簡放。〔註125〕

　　順天、江南等大省學政，應差開列人員雖有定例，但高宗朝多特簡二、三品大臣爲之，惟乾隆二十四年（1759）劉墉以編修任江蘇學政，視爲異數〔註126〕。各省學政之選拔資格，高宗仍以翰林爲主要焦點，如乾隆十二年（1747）廣東肇（慶）高（要）學政缺出，令大學士於翰林內揀選爲人老成、能衡文者十員帶領引見。又如十三年（1748）十月吏部請點各省學政，高宗以學政非才守兼優、素有學問者不克勝任，令大學士、尚書、侍郎於翰林、科道、部屬內各據所知保送二三員，開列送部彙奏請旨〔註127〕。榜下授職，但未散館之一甲進士，向無簡放學政之例，但乾隆五十五年（1790）庚戌萬壽恩科一甲一名石韞玉、一甲二名洪亮吉卻於同年分別放爲湖南及貴州學政。〔註128〕

　　截至仁宗嘉慶朝時，翰林、部屬及各衙門進士出身之七品以上官，皆得參與學政考選，而銜命奉使者又大率以詞臣爲多；又，世宗雍正四年（1726）起，由部員出使者皆按甲第加翰林院編、檢銜，是各省學政幾爲翰林專差〔註129〕。傳衍至清季，每屆更替學政之期，偶有一二其他衙門之員奉差，皆被翰林視爲非分〔註130〕，其風氣之變遷概如此。唯可確定者，奉使視學與出典鄉試，俱被視爲文臣稽古之榮。

〔註124〕《清實錄》冊七，《世宗實錄》，卷五十，雍正四年十一月辛卯，頁 750；卷五十一，十二月乙亥，頁770。
　　　　蕭奭《永憲錄》，卷四，頁316～317。
　　　　雍正四年各省學政一體改稱學院之前，其分併、更改情狀，見吳振棫《養吉齋叢錄》，卷十，頁114。
〔註125〕清高宗敕撰《清朝通典》，卷十八，選舉一，雍正五年十二月，頁2132。
〔註126〕朱珪等纂《皇朝詞林典故》，卷二十四，職掌，文衡，頁15b～16a。
〔註127〕朱珪等纂《皇朝詞林典故》，卷二十四，職掌，文衡，頁16a～16b。
〔註128〕吳振棫《養吉齋叢錄》，卷十，頁115。
〔註129〕朱珪等纂《皇朝詞林典故》，卷二十四，職掌，文衡，頁18b～19a。
〔註130〕陳康祺《郎潛紀聞初筆二筆三筆》，初筆，卷三，國初學政不差翰林，頁62。

　　次論鄉試考官，順天府主考官雖別有資格，然以同屬鄉試，故一併論列。清代鄉試考官，初時概由吏部、禮部公同考選，或由禮部開單題請。世宗朝始有應差考試，高宗乾隆三十三年（1768）以前，保舉與考試並行；自乾隆三十五年（1770）直至清末廢科舉為止，概以考試方式選拔鄉試考官。

　　世祖順治二年（1645）首定鄉試主考之例：順天鄉試由順天府尹先期題請指派主考，其餘各直省主考則由各省巡按御史先期題請。禮部得旨，將可應差人員列名先後，開單上請〔註131〕。又定今後鄉試主考，除翰林、六科給事中皆照例以次差遣、臨期倍取正陪題請欽點之外，其餘各衙門咨送人員則務遴才品，不得但取資次，亦不得浮獵聲華〔註132〕。至五年（1648）題准各直省鄉試正副主考官，令內院、吏部、禮部公同考選差往；同考官則令各該省巡按、提學公同考選派用〔註133〕。此處所謂「考選」，識者已論證應為考核選舉之意，並非考試〔註134〕。順治八年（1651）更明確規定順天府及各直省鄉試正副主考員額：

　　　順天、江南正副考官，浙江、江西、福建、湖廣正考官，共差翰林官八員。

　　　浙江、江西、福建、湖廣副考官，山東正考官，共差給事中五員。

　　　山東副考官，山西正副考官，河南、陝西正考官，差光祿寺少卿一員，吏部、禮部司官各二員。

　　　河南、陝西副考官，四川、廣東正副考官，廣西、雲南正考官，差戶、兵、刑、工四部司官各二員。

　　　廣西、雲南副考官，貴州正副考官，差行人二員，中書、評事各一員。如光祿寺官或缺，以戶、兵、刑、工四部司官充山西副考官。中書、行人、評事充廣東副考官。

　　　凡應差八員，總送十六員；應差五員，總送十員。禮部會同內院、

〔註131〕托津等奉敕纂《欽定大清會典事例（嘉慶朝）》，卷二六七，禮部，貢舉，鄉會考官，頁1a。

〔註132〕清高宗敕撰《清朝文獻通考》，卷四十七，選舉一，順治二年，頁5300。

〔註133〕托津等奉敕纂《欽定大清會典事例（嘉慶朝）》，卷二六七，禮部，貢舉，鄉會考官，頁2b～3a；卷二六八，禮部，貢舉，鄉會同考官，頁2a。

〔註134〕魏秀梅〈清代之鄉試考官〉（收入台北：中央研究院近代史研究所《中央研究院近代史研究所集刊》第二十四期上冊，1995年），頁173。

吏部擬定正陪，疏請簡命。〔註135〕

自順治十五年（1658）起，順天鄉試頭場《四書》三題由主考出題，改為皇帝欽命密封，送內簾官刊印頒發貢院諸生〔註136〕。可見順天鄉試意義之與他省不同者，殆因畿輔重地，特由皇帝命題以爲重視之意，而考取順天舉人諸生則未嘗不可與會試進士等同視爲「天子門生」〔註137〕。順天鄉試與外省不同之處，亦在考官員數時有參差，如順治十一年（1654）考官爲內翰林弘文院學士白色純、禮部右侍郎烏黑、內翰林國史院編修范周、吳正治等四人。前二者乃以滿洲、蒙古籍出典順天鄉試，亦代表順天府地位之與眾不同〔註138〕。至聖祖朝，定直隸武鄉試，由漢侍讀以下，檢討以上，用二員充主考官。〔註139〕

聖祖康熙三年（1664）打破以往慣例，各省鄉試正副主考令無須拘泥舊規，各衙門應差官員概行開列，不拘省分，通行差遣〔註140〕。其時，考官不限出身，至康熙十年（1671）十一月，從雲南道御史何元英之請，各省鄉試正副主考專用進士出身之人開列候點，其分房各官或以進士官缺員，方將舉人出身者開送。〔註141〕

舊例，一甲一名及第者止充會試同考官，並不出典各省鄉試，然自康熙八年（1669）己酉科以現任侍讀徐元文（順治十六年己亥科狀元）典試陝西，現任修撰嚴我斯（康熙三年甲辰科狀元）典試山東，始變常例。其後於康熙十一年（1672）壬子科用九年（1670）庚戌科狀元蔡啓僔典試順天，十四年（1675）乙卯科用十二年（1673）癸丑科狀元韓菼典試順天，十六年（1677）

〔註135〕《清實錄》冊三，《世祖實錄》，卷五十六，順治八年四月壬子，頁445。
托津等奉敕纂《欽定大清會典事例（嘉慶朝）》，卷二六七，禮部，貢舉，鄉會考官，頁3a～3b。
〔註136〕陳康祺《郎潛紀聞初筆二筆三筆》，初筆，卷六，會試及順天鄉試欽命題目之始，頁133。
〔註137〕業師中央研究院近代史研究所王爾敏先生即曾有此語。
吳振棫《養吉齋叢錄》，卷九，頁95。「欽命會試第一場題，順治十五年從御史趙祥星請也。欽定順天鄉試第一場四書題目，康熙二十四年從給事中張爾淑請也。嗣後避暑、出哨，巡幸他省，試題皆由驛封遞至京」。
〔註138〕談遷《北游錄》，紀聞下，鑤試，頁374。
〔註139〕伊桑阿等纂修《大清會典（康熙朝）》，卷一五五，翰林院，頁7b。
〔註140〕伊桑阿等纂修《大清會典（康熙朝）》，卷一五五，翰林院，頁7b。
托津等奉敕纂《欽定大清會典事例（嘉慶朝）》，卷二六七，禮部，貢舉，鄉會考官，頁4a～4b。
〔註141〕《清實錄》冊四，《聖祖實錄》，卷三十七，康熙十年十一月辛未，頁498。

丁巳科用十五年（1676）丙辰科狀元彭定求典試順天，二十年（1681）辛酉科用十八年（1679）己未科狀元歸允肅典試順天，二十六年（1687）丁卯科用二十四年（1685）乙丑科狀元陸肯堂典試江西，遂沿為例，狀元亦可出典鄉試。〔註142〕

又，若翰林、給事中同為主考，則翰林為正，給事中為副。吏部與五部同為主考，則吏部為正，五部為副。如三藩亂平，各省次第補行鄉試，故福建有康熙十九年（1680）庚申科，正副主考為戶部郎中劉元勳、大理寺評事白夢鼐；廣西、貴州皆補行於康熙二十一年（1682）壬戌科，廣西正副主考為翰林院編修喬萊、刑部員外郎楊佐國，貴州正副主考為翰林院編修沈旭初、戶部主事陸鍾呂；雲南、四川皆補行於康熙二十二年（1683）癸亥科，雲南正副主考為翰林院編修米漢雯、戶部主事高珩，四川正副主考為翰林院編修方象瑛、吏部文選司員外郎王材任〔註143〕。唯有極少數例外者，康熙十一年（1672）壬子科，戶部郎中郭昌、吏部主事彭襄同主廣東試，以郭為正、彭為副。此是以郎中、主事為序，不論衙門。康熙二十年（1681）辛酉科，工科給事中許承宣、翰林院編修汪霦同主陝西試，以許為正、汪為副。康熙三十五年（1696）丙子科福建鄉試，以給事中黨聲振為正、檢討王者臣為副。凡此皆出偶然，並非故實。〔註144〕

故事，試差覆命不得超過半年。編修米漢雯於康熙二十二年（1683）典試雲南，於該年六月朔起程，其性放浪不羈，事竣浪跡江楚不歸，遷延至十二月猶未返京，妻舅遣人敦迫就道，始施施然歸。及至京城，自言「我為相公押解來京」，都中人士咸訕笑之。〔註145〕

前述狀元出典順天鄉試各例，多為前一科一甲一名充任今科主考，同、房各官則用部曹、行人、中書等，直隸實缺知縣及候選進士亦皆參用，此係前明舊例，聖祖初年幾成定例。康熙二十年（1681）辛酉科用十八年（1679）己未科狀元歸允肅典試順天。前此士子競趨聲氣，場屋之中多倖進者，允肅入闈，撰文自誓一秉至公，不通關節。榜發，下第者譁然肆詆，冀舉大獄。其時蔚州魏象樞為都御史，以朝端重望，步行至允肅居邸門下行四拜禮，曰「我為國家慶得人」，又賦詩紀事，遍示朝列，外議始息。然自後順天鄉試不

〔註142〕王士禎《池北偶談》，卷三，談故三，狀元出典鄉試，頁53。

〔註143〕王士禎《池北偶談》，卷一，談故一，補鄉試，頁15。

〔註144〕王士禎《池北偶談》，卷三，談故三，正副考試官，頁52。

〔註145〕徐錫麟、錢泳《熙朝新語》，卷六，頁4b～5a。

復令前科狀元持衡典試，遂改前明以來三百年舊慣。〔註146〕

聖祖時鄉試考官由各衙門開送請簡，究其實際亦有廷推之制。康熙三十九年（1700）庚辰科進士查嗣瑮，官至侍講，曾奉使典試廣東，午門宣旨之日自紀詩云「敢謂九重親試用，尚煩諸老更廷推」，自注「是日命下，復令九卿公核賢否」。〔註147〕

另，滿洲官員出典鄉試始於康熙三十八年（1699），是年以翰林院編修阿金為福建正考官，滿保為浙江副考官，喀爾喀為河南副考官，法保為陝西副考官〔註148〕。康熙三十九年（1700）五月，定各省正副主考，除應行開列者外，並將侍郎、學士、京堂、翰林、科道、部屬等官之由進士舉人出身者，無論已未典試，一概通行開列〔註149〕。於是緊接之下科四十一年（1702）壬午鄉試，開始有大量御史及翰林出典鄉試。是年以副都御史張睿主考陝西，御史吳甫生副之；吏部文選郎中陳汝弼主考江南，工科給事中黃鼎楫副之；御史劉子章主考江西；御史傅作楫（舉人出身）主考浙江，翰林滿洲阿爾賽副之；湖廣著巴海（大理寺評事）去，山東著滿保去，河南著傅森去，後二者皆是滿洲翰林；山西主考孫致彌，原為二十七年（1688）戊辰科會試庶吉士。〔註150〕

鄉試考官之選派，至世宗雍正三年（1725）始有以考試方式行之。是年正月世宗諭從前各省正副主考，皆視其人謹慎者派往，並未試其文藝，間

〔註146〕陸以湉《冷廬雜識》（北京：中華書局點校本，1984年），卷七，歸宮詹，頁361。

陳康祺《郎潛紀聞初筆二筆三筆》，初筆，卷三，順天鄉試正考官以前科狀元充當，頁42～43。

歸允肅入闈自誓詞：「絕夤緣奔競之階，務求實學；杜浮薄誇張之習，不採虛聲。對閱公堂，退無私語。期諸同事，各矢此心。倘或為利營私，徇情欺主，明正國法，幽伏冥誅。甘受妻孥戮辱之慘，必膺子孫絕滅之報。潔誠具告，神其鑒之」。見陸以湉《冷廬雜識》，卷七，歸宮詹，頁361。

〔註147〕陳康祺《郎潛紀聞初筆二筆三筆》，二筆，卷九，康熙朝廷推之制，頁496。

〔註148〕福格《聽雨叢談》，卷三，滿洲典試差始，頁52。

〔註149〕清高宗敕撰《清朝通典》，卷十八，選舉一，康熙三十九年五月，頁2131。

〔註150〕王士禛《香祖筆記》，卷一，頁3a。

李調元《淡墨錄》，卷三，庶吉士舉人典試之始，頁19a～19b。

孫致彌於康熙二十七年（1688）成進士，選庶吉士，但因邑民漕摺事牽連去官，久之乃得昭雪，以原庶吉士用。四十一年（1702）乃以庶吉士出典山西鄉試，庶常典試始於此。見王鍾翰點校《清史列傳》冊十八，卷七十一，孫致彌，頁5843。

有不能衡文者，皆中式之後荒疏年久之故。乃令將應差之翰林及進士出身之各部院官員查奏，試以文藝差委〔註151〕。三月，將各應差人等集於太和殿，試以四書題文二篇，世宗親定甲乙等第，封貯內閣，以備鄉試差遣。次年將御試取定人員書名牙籤，盛以金筒，每屆按省分差之期，設黃案於午門外，命大學士同禮部官掣籤唱名，上請欽定正副主考。後雍正七年（1729）、九年（1731）、十三年（1735）仍行此法，御試之後分別記名，以備差遣。〔註152〕

　　雍正十三年（1735）十月，時高宗初即位，詔順天武鄉試考官，通列開坊翰林。原先順天武鄉試正副主考止列編、檢上請，至是始通行開列。〔註153〕

　　高宗乾隆元年（1736）三月，以八月將舉恩科鄉試，而派往各省正副主考之底蘊不能深知，命大學士等大臣於翰林、科道、部屬內，各據所知，多舉數人，於五日內交送內閣彙奏，候考簡用〔註154〕。世宗朝以應行差遣人員通列考試，高宗朝則是先保舉而後考試。乾隆三年（1738）詔保舉候考人數甚多，而未與保舉之人亦准一體考試，若有不願出差者則聽其自便〔註155〕，已逐漸走向自由報考方式。九年（1731）甲子科鄉試，令大學士、尚書、侍郎等官於翰詹科道部屬等應差主考人員內，擇其人品端方、學問醇正，堪膺鑒衡之寄者，各舉所知交送內閣彙奏候簡，而非科甲出身及無真知灼見者，無需強舉。後御史李清芳奏保薦者皆平日往來相知之人，而所舉之人又大抵饒於財而憑於勢，至其守正不阿者，不肯伺候公卿之門，而邊隅之士，又聲氣不通，交遊不廣，是以無人肯為薦舉，請將所有合例人員通行考試，庶使得者不由奔競，而邊省亦無偏枯。高宗覽奏，雖斥為「借觸大臣進直言以為忠者」，目無大臣，若真如所奏，豈非「朕所用之大臣等，皆不可信矣。大臣不可信，將孰信之」。但其後仍將現有保舉各員考試分等，列一二等可派差者

〔註151〕《清實錄》冊七，《世宗實錄》，卷二十八，雍正三年正月甲子，頁426。
〔註152〕清高宗敕撰《清朝文獻通考》，卷四十九，選舉三，雍正三年，頁5315。
　　　　清高宗敕撰《清朝通典》，卷十八，選舉一，雍正三年二月，頁2132。
　　　　托津等奉敕纂《欽定大清會典事例（嘉慶朝）》，卷二六七，禮部，貢舉，鄉會考官，頁5a～6b。
　　　　前列各書均將此次考試繫於二月，《實錄》則繫於三月，見《清實錄》冊七，《世宗實錄》，卷三十，雍正三年三月庚子，頁446。今從《實錄》。
〔註153〕吳鼎雯《國朝翰詹源流編年》，卷二，雍正十三年十月，頁9b。
〔註154〕《清實錄》冊九，《高宗實錄》，卷十四，乾隆元年三月乙巳，頁404。
〔註155〕托津等奉敕纂《欽定大清會典事例（嘉慶朝）》，卷二六七，禮部，貢舉，鄉會考官，頁7a。

僅二十一員。〔註 156〕

　　乾隆十二年（1747）考選試差，改爲所有應行開列人員通行考試，有不願應考者仍聽之。高宗自承向來各省鄉試正副主考，有通行考試者，有令大臣保舉者，各科往往不同，如此考試與保舉並用，內有保舉而考列優等者固可簡任衡文，即便未經保舉而文藝入選者亦可一併簡用，庶使衡文重任不致失人〔註 157〕。十八年（1753）復行所有開列人員通行考試備簡。至乾隆三十三年（1768）再改爲各衙門開列試差之進士出身人員，由吏部傳齊帶領引見，概停考試。但因發生贊善路斯道以年逾七旬，久經衰邁，仍列開送引見，顯係詹事府堂官瞻徇情面，致有弊端，因此三十五年（1770）萬壽恩科鄉試需用考官仍照往例開列考試。其試卷不分等第，止將擬取之卷進呈，而入選各員則依衙門次序帶領引見陸續點用〔註 158〕。此後清代鄉試考官均依此辦理考用，不再復行保舉，直至清末。另，順天鄉試考官亦於乾隆三十五年（1770）重定協辦大學士、尚書以下，副都御史以上官開列題請〔註 159〕，翰林不復與焉。

　　末論房差。世祖順治三年（1646）定會試及順天鄉試之同考官皆二十員，內用翰林十二員，六科四員，吏禮兵部司官各一員，戶刑工部司官每科輪用一員〔註 160〕。請先言順天同考。

　　其初，鄉試與會試同將同考官分爲易經五房，詩經五房，書經五房，春秋、禮記各二房，此稱十八房。每房有同考官一員，有時不止一員，如聖祖康熙五十二年（1713）以順天、江南、浙江鄉試人數倍於他省，故比照會試例，各用房考十八人。五十四年（1715）又改令每房二員，使令同閱而防情弊〔註 161〕。至世宗雍正元年（1723）復改回每房一員，於是十八房考之例循行至清末不改。〔註 162〕

〔註 156〕托津等奉敕纂《欽定大清會典事例（嘉慶朝）》，卷二六七，禮部，貢舉，鄉會考官，頁 8a～9a。

〔註 157〕托津等奉敕纂《欽定大清會典事例（嘉慶朝）》，卷二六七，禮部，貢舉，鄉會考官，頁 9b。

〔註 158〕托津等奉敕纂《欽定大清會典事例（嘉慶朝）》，卷二六七，禮部，貢舉，鄉會考官，頁 10b～12a。

〔註 159〕托津等奉敕纂《欽定大清會典事例（嘉慶朝）》，卷二六七，禮部，貢舉，鄉會考官，頁 12a。

〔註 160〕吳振棫《養吉齋叢錄》，卷十，頁 112。

〔註 161〕托津等奉敕纂《欽定大清會典事例（嘉慶朝）》，卷二六八，禮部，貢舉，鄉會同考官，頁 3a～3b。

〔註 162〕吳振棫《養吉齋叢錄》，卷十，頁 112。

順治八年（1651）曾經題准順天房考由禮部會同吏部選用〔註163〕。原本順天鄉試向例皆用京官為同考，至聖祖康熙十六年（1677）丁巳科參用知縣王錫輔等六人，二十九年（1690）庚午科用知縣何訥等十五人，四十七年（1708）戊子科用知縣梁通洛等五人，世宗雍正朝始均不再用知縣等外官任房考〔註164〕。高宗乾隆三十五年（1770）議准順天鄉試同考官，將翰林讀講學士以下，部屬評博以上，取文字入選者悉行夾單開列，分南五省人員為一單，滿洲、漢軍及北五省、邊省人員為一單，一併進呈，於兩單內簡派〔註165〕。至乾隆三十九年（1774）甲午科順天鄉試同考十八房，即依三十五年議簡用：

　　宗人府丞竇光鼐、太常寺卿吳玉綸、光祿寺卿吳綬紹、大理寺少卿
　　周於禮、太僕寺少卿曹學閔、通政使司參議趙佑，以上皆九卿。
　　中允童鳳三、編修管幹禎，皆翰詹。
　　司業朱棻元，隸國子監。
　　御史戈源，屬都察院。
　　戶部許寶善、善聰，禮部施學濂、鄭源燾，皆部屬。

另有例不預開列而破格點用者四人：助教吳省蘭、學正徐綱、汪如藻，此皆舉人；大理寺丞朱衣點，為貢生〔註166〕。亦有十八房皆用編修之例，乾隆四十八年（1783）癸卯科即是〔註167〕。五十一年（1786）以順天鄉試之南北中皿字號貢監數千人，皆屬在京肄業，平日亦由國子監官員訓課，為避嫌疑起見，國子監官員實未便再豫科場校閱之事，乃將之扣除於順天同考之外〔註168〕。是後順天鄉試同考例用十八員，開列由進士出身之翰林院侍讀侍講學士、詹事府庶子以下，科道、郎中、員外郎、主事、中書、評事、博士以

〔註163〕奎潤等纂《欽定科場條例》（台北：文海出版社據清光緒十三年奏進本影印，1989 年），卷十，鄉試考官，順天鄉試同考官，附載舊例，順治八年，頁 7a。
〔註164〕吳振棫《養吉齋叢錄》，卷十，頁 112。
〔註165〕托津等奉敕纂《欽定大清會典事例（嘉慶朝）》，卷二六八，禮部，貢舉，鄉會同考官，頁 13b。
〔註166〕陳康祺《郎潛紀聞初筆二筆三筆》，三筆，卷十一，國初鄉會試同考官無定額，頁 836。
〔註167〕梁章鉅《南省公餘錄》，卷四，順天同考官，頁 7a。
〔註168〕崑岡等纂《欽定大清會典事例（光緒朝）》（北京：中華書局據清光緒二十五年石印本影印，1991 年），冊四，卷三三四，禮部四十五，貢舉，鄉會同考官，頁 955。

上官候選簡用。〔註169〕

庶吉士同考順天爲向來所無，唯世宗雍正二年（1724）癸卯科有庶吉士同考十六人，高宗乾隆九年（1744）甲子科有庶吉士同考十人，此亦絕後之例。〔註170〕

有關會試同考，凡會試，翰林院侍讀學士以下、檢討以上官可充同考官〔註171〕。前已論及，世祖順治三年（1646）定會試同考二十員，內有翰林十二員。此爲清廷甫入中原所開首科，同考房官多至二十員乃因首次開科，人文宜廣，故有後不爲例之旨〔註172〕。十五年（1658）重定會試同考十八人，內易經、詩經各五房，書經四房，春秋、禮記各二房〔註173〕。是以同考亦稱「房官」、「房考」，而中式舉子亦稱同考爲「房師」。清初會試同考已用庶吉士，最早即在世祖順治四年（1647）〔註174〕。另如順治十六年（1659）己亥科，有庶吉士同考九人，皆爲十五年（1658）戊戌科進士。十八年（1661）辛丑科會試，庶吉士同考十六人，內十五年戊戌科進士五人，十六年己亥科進士十一人〔註175〕。至康熙三年（1664）甲辰科會試以後，皆固定房考十八員〔註176〕。王士禎《居易錄談》有康熙三十年（1691）欽點會試考官經過：

> （二月）初六日晨，內閣九卿啓奏乾清門，辰刻，奉旨以戶部尚書文華殿大學士張玉書，經筵講官工部尚書陳廷敬，兵部右侍郎李光地，經筵講官兵部督部（捕）右侍郎王士正爲會試主考官。禮部左侍郎王鴻昌爲知貢舉官。同考十八人，翰林院編修許丞家等七人，

〔註169〕奎潤等纂《欽定科場條例》，卷十，鄉試考官，順天鄉試同考官，現行事例，頁1a。

〔註170〕陳康祺《郎潛紀聞初筆二筆三筆》，三筆，卷十一，國初鄉會試同考官無定額，頁836。

〔註171〕伊桑阿等纂修《大清會典（康熙朝）》，卷一五五，翰林院，頁7b～8a。
朱珪等纂《皇朝詞林典故》，卷二十四，職掌，文衡，頁11a。

〔註172〕托津等奉敕纂《欽定大清會典事例（嘉慶朝）》，卷二六八，禮部，貢舉，鄉會同考官，頁1b。

〔註173〕托津等奉敕纂《欽定大清會典事例（嘉慶朝）》，卷二六八，禮部，貢舉，鄉會同考官，頁2b。

〔註174〕伊桑阿等纂修《大清會典（康熙朝）》，卷一五五，翰林院，頁8a。

〔註175〕陳康祺《郎潛紀聞初筆二筆三筆》，三筆，卷十一，國初鄉會試同考官無定額，頁836。

〔註176〕吳振棫《養吉齋叢錄》，卷十，頁112。

兵科掌印給事中卞三畏等四人，吏部郎中鍾儀傑等七人。宴于禮部，
賜金花綵緞表裏各有差。宴畢，入鎖院。〔註177〕

　　聖祖康熙五十四年（1715）打破慣例，將房考十八員增爲三十六員，即
每房二員，令每房試卷皆由不同省籍房官二員同閱，如一人有情弊發覺，則
二人並坐，俾各知畏懼，互相覺察〔註178〕。該年同考三十六人之中，翰林官
二十一人。其後五十七年（1718）戊戌科、六十年（1721）辛丑科會試同考
皆三十六人。〔註179〕

　　世宗則認爲一房兩考官，設有一狡黠者參雜其中，即爲賢者之累；況兩
人或皆不肖，則朋比作姦，爲害豈不更甚。故於雍正元年（1723）諭仍照舊
慣定科場條例，各房止用一人校閱，使專其責，而功罪亦難推諉〔註180〕。復
定滿洲蒙古翻譯會試，俱以翰林院滿洲掌院學士充主考官，同考則由滿侍讀
學士以下、檢討以上官充任之〔註181〕。同年又以翰林院庶吉士及小京官同列
會試外簾官，至高宗乾隆元年（1736）始奏停庶吉士入外簾。〔註182〕

第四節　其他職掌

　　翰苑詞臣尚有其他相關職掌，亦均重要，於此分別論列。

一、南書房翰林

　　南書房位於大內乾清宮斜對面，偏西向北，爲聖祖讀書之處。王士禎《分
甘餘話》云在乾清門下西廊下〔註183〕，昭槤《嘯亭續錄》云在乾清門右階下

〔註177〕王士正（王士禎）《居易錄談》（台北：新興書局筆記小說大觀六編據清刻本
　　　　影印）卷上，頁10a～10b。
　　　　另參見《清實錄》冊五，《聖祖實錄》，卷一五○，康熙三十年二月壬戌，頁
　　　　662。
〔註178〕托津等奉敕纂《欽定大清會典事例（嘉慶朝）》，卷二六八，禮部，貢舉，鄉
　　　　會同考官，頁3b。
〔註179〕陳康祺《郎潛紀聞初筆二筆三筆》，三筆，卷十一，國初鄉會試同考官無定
　　　　額，頁836。
〔註180〕《清實錄》冊七，《世宗實錄》，卷四，雍正元年二月丙寅，頁102。
〔註181〕允祿等監修《大清會典（雍正朝）》，卷二三四，翰林院，校閱試事，頁12b
　　　　～13a。
〔註182〕允祿等監修《大清會典（雍正朝）》，卷二三四，翰林院，校閱試事，頁12b。
　　　　梁章鉅《南省公餘錄》，卷四，外簾官，頁7b。
〔註183〕王士禎《分甘餘話》（北京：中華書局點校本，1989年），卷一，南書房，頁

〔註 184〕。具體言之,乾清宮西廡東向者爲懋勤殿,殿南爲批本處,「又西南出者爲月華門,門之南爲奏事房,轉南向北者爲南書房」〔註 185〕。翰林直廬則位於禁園東如意門外,仁宗之初,復於勤政殿東垣賜屋三楹,地逾清切,而舊直廬亦不廢。〔註 186〕

聖祖選文學儒臣入直南書房之起始時間並不明確,梁希哲、孟昭信以沈荃、勵杜訥、熊賜履等人傳記,參以聖祖《庭訓格言》、《實錄》及《南書房記注》檔案等推論南書房始於康熙十年(1671),至早亦不過於九年(1670)冬季〔註 187〕。其說與聖祖於康熙九年十一月二十一日開始日講頗有暗合之處,南書房翰林與日講官雖未必爲同一人,但一爲入直備諮詢顧問,一爲緝熙聖學之講讀,其性質實隱然有所類同,梁、孟二人推論未必非爲近是。

南書房之重要性,可於吳振棫《養吉齋叢錄》見出:

> 康熙八年,從李文襄之芳請,仍復舊制(按,大學士票擬)。其後章疏票擬,主之內閣。軍國機要,主之議政處。若特頒詔旨,由南書房翰林視草。〔註 188〕

其職能可於蕭奭《永憲錄》略窺一斑:

> 南書房在乾清宮之西南,密邇宸宸,不僅如前代秘書閣、集賢殿入直者止供文翰而已,凡詔旨密勿,時備顧問,非崇班貴儎、上所親信者不得入。〔註 189〕

趙翼《簷曝雜記》則云:

> 國初承前明舊制,機務出納悉關內閣,其軍事付議政王大臣議奏。康熙中,諭旨或有令南書房翰林撰擬,是時南書房最爲親切地,如唐翰林學士掌內制也。〔註 190〕

震鈞《天咫偶聞》記云:

5～6。

〔註 184〕昭槤《嘯亭雜錄》,續錄,卷一,南書房,頁 398。

〔註 185〕吳長元《宸垣識略》,卷二,大內,頁 16a。

〔註 186〕陳康祺《郎潛紀聞初筆二筆三筆》,二筆,卷三,南書房舊直廬,頁 375。

〔註 187〕梁希哲、孟昭信《明清政治制度述論》,頁 439。

孟昭信〈關於南書房的始設時間問題〉(長春:《史學集刊》1988 年三期,1988 年),頁 33～35。

〔註 188〕吳振棫《養吉齋叢錄》,卷四,頁 41。

〔註 189〕蕭奭《永憲錄》,卷一,頁 65。

〔註 190〕趙翼《簷曝雜記》(北京:中華書局點校本,1982 年),卷一,軍機處,頁 1～3。

南書房則在乾清宮南廊下之西，最爲清要之地。或代擬諭旨，或咨
詢庶政，或訪問民隱，或講求學業。〔註191〕

南書房翰林之主要職掌及活動，已經有梁希哲、孟昭信歸納，分析爲五項：
〔註192〕

一、講解經史。

一、反映下情，諮詢時政。

一、抄寫撰擬特頒諭旨，或口傳上諭。

一、編纂書籍。

一、陪同皇帝吟詩作畫、臨摹書法、參觀古跡、察訪民情。

內直南書房者，出入皆奉旨由某門侍衛某人導引伴送，康熙二十一年
（1682）後乃特旨許內直官於禁中乘馬至所出入之門〔註193〕。凡入直，不論
官職崇卑，統稱南書房翰林，亦唯南書房翰林可稱之爲「內廷供奉」〔註194〕。
亦有特爲聖祖喚爲「內翰林」者，如高郵賈國維即是〔註195〕。考聖祖一朝入
直南書房四十九人，唯高士奇、勵杜訥、王士禎、錢名世、查愼行、汪灝、
何焯、方苞等八人非詞臣出身，以庶吉士入直者有法海、勵廷儀二人，其餘
均以詞臣身分入直〔註196〕。高士奇，浙江錢塘人，工書法，康熙十六年（1677）
以明珠之薦而入內廷供奉，授詹事府錄事，遷內閣中書，十七年（1678）以
士奇書寫密諭及纂輯講章詩文，供奉有年，特賜表裏、銀錠，十九年（1680）
復諭吏部優敘，授爲額外翰林院侍講，尋補侍讀，充日講起居注官，遷右庶
子，累擢詹事府少詹事〔註197〕。勵杜訥，直隸靜海人，康熙十六年（1677）
以福建福寧州同知命留直南書房，十九年（1680）授編修，充日講起居注官，
累遷贊善、侍講〔註198〕。王士禎，山東新城人，世祖順治十二年（1655）進
士，聖祖時入對懋勤殿，賦詩稱旨，改翰林院侍講，遷侍讀，入直南書房，
爲漢臣自部曹改詞臣之始〔註199〕。錢名世，江南武進人，康熙四十一年

〔註191〕震鈞《天咫偶聞》（北京：北京古籍出版社點校本，1982年），卷一，頁4～5。

〔註192〕梁希哲、孟昭信《明清政治制度述論》，頁448～454。

〔註193〕王士禎《分甘餘話》，卷一，南書房，頁5～6。

〔註194〕況周頤《眉廬叢話》，南書房翰林，頁332。

〔註195〕李調元《淡墨錄》，卷七，頁16b。

〔註196〕朱珪等纂《皇朝詞林典故》，卷六十三，題名，南書房入直，頁1a～6a。

〔註197〕趙爾巽等撰《清史稿》冊三十三，卷二七一，列傳五十八，高士奇，頁10014。

〔註198〕趙爾巽等撰《清史稿》冊三十三，卷二六六，列傳五十三，勵杜訥，頁9946。

〔註199〕趙爾巽等撰《清史稿》冊三十三，卷二六六，列傳五十三，王士禎，頁9952。

（1702）以舉人入直南書房，次年中一甲進士，選庶吉士，授編修〔註200〕。
查慎行，浙江海寧人，康熙三十二年（1693）舉人，聖祖南巡時以大學士陳
廷敬薦，詔詣行在賦詩，又詔隨入都，於康熙四十一年入直南書房，尋特賜
進士出身，選庶吉士，授編修〔註201〕。汪灝，江南休寧人，康熙四十一年
（1702）以舉人入直，旋賜進士出身，選庶吉士，授編修〔註202〕。何焯，江
南長洲人，康熙四十一年（1702）直隸巡撫李光地以草澤遺才薦，召入南書
房。翌年賜舉人，試禮部下第，復賜進士，改庶吉士，仍入直南書房〔註203〕。
方苞，江南桐城人，康熙三十八年（1699）舉人，四十五年（1706）會試中
式，戴名世案中免罪入旗，康熙五十一年（1712）以大學士李光地之薦，入
直南書房，世宗時特授左中允，三遷內閣學士。〔註204〕

　　由以上各人簡歷，知入直南書房者若非詞林出身，亦可因入直而改授詞
臣，是故後之論者言「定例，南書房非翰林不能行走」。〔註205〕

　　入直固是榮遇，然亦是苦差，庶子王圖炳於康熙五十六年（1717）入直
南書房，嘗奉命抄繕全部《華嚴經》，抄畢，出語人曰「伺候時立得手痛，抄
錄時寫得腳痛，此苦豈外廷所知聞」〔註206〕，實因入直時，天顏咫尺，垂手
伺立，久之氣血下注，十指欲腫；若派寫進呈書籍，則終日伏案而坐，雙足
不得屈伸，是以痛楚難當。

　　世宗雍正元年（1723）十一月，以登極恩科，特恩命一甲一名于振（即
授修撰）、二名戴瀚（即授編修）、三名楊炳（即授編修）、二甲一名張廷珩（即
授檢討）俱在南書房行走〔註207〕。高宗乾隆元年（1736）丙辰常科一甲三人
修撰金德瑛、編修黃孫懋、編修秦蕙田亦於榜下令在南書房行走〔註208〕。此

〔註200〕趙爾巽等撰《清史稿》冊四十四，卷四八四，列傳二七一，文苑一，錢名世，
　　　　頁13347。
〔註201〕趙爾巽等撰《清史稿》冊四十四，卷四八四，列傳二七一，文苑一，查慎行，
　　　　頁13366。
〔註202〕朱珪等纂《皇朝詞林典故》，卷六十三，題名，南書房入直，頁4a。
〔註203〕趙爾巽等撰《清史稿》冊四十四，卷四八四，列傳二七一，文苑一，何焯，
　　　　頁13368。
〔註204〕趙爾巽等撰《清史稿》冊三十四，卷二九〇，列傳七十七，方苞，頁10270。
〔註205〕姚元之《竹葉亭雜記》，卷五，頁108。
〔註206〕況周頤《餐櫻廡隨筆》（太原：山西古籍出版社標點本，1995年），服伺內廷
　　　　之苦，頁154。
〔註207〕《清實錄》冊七，《世宗實錄》，卷十三，雍正元年十一月戊戌，頁238～239。
〔註208〕《清實錄》冊九，《高宗實錄》，卷十八，乾隆元年五月甲辰，頁464。

皆特例，並非常格。

　　聖祖時期，南書房翰林甚受倚重，單就撰擬詔諭而言，便知其職責之重。至世宗設軍機處後，機務重地不再爲南書房，自後南書房翰林只任書畫詩詞之責，果眞「供奉」，再無權勢。

二、尚書房講讀

　　儲君備位，當然應施以教育。世祖、聖祖二朝原有東宮太子之制，凡皇太子出閣講學，定制有詹事府坊局官及翰林院官充補之講官爲之課讀，例用滿講官二員、漢講官四員。每日清晨，有滿講官一員及漢講官二員進至內左門外，坐候內使引至毓慶宮惇本殿，行一跪三叩首禮，進至講案前，由皇太子先講本日書畢，後由講官進講。如遇皇帝駐蹕瀛臺，則將皇太子講幄設於勤政殿之西，俟皇帝御殿聽政畢而後講官進講。皇太子日講之期乃於新歲開印後，請旨開講，若遇寒暑齋戒俱不停講，惟遇忌辰、皇帝親臨祭典與大慶賀日始停講。年尾封印後仍照常進講，至歲暮祫祭齋戒日始停，待來年開印後又請旨復講。日講講章即用皇帝平時之日講講章，其正本先期送進供皇太子閱覽，副本則由司經局正字繕寫謄錄，講官每日捧進直講。〔註209〕

　　聖祖康熙二十五年（1686）曾命詹事湯斌、少詹事耿介爲皇太子講官，其實仍爲宮僚舊制〔註210〕，至康熙三十二年（1693）命侍講徐元夢入直尚書房，尚書房之名始見於此。徐元夢之入直尚書房，其任務爲「授諸皇子讀」〔註211〕，聖祖於康熙四十七年（1708）首次廢儲，是知前此東宮講讀與尚書房諸皇子講讀實同時存在。而聖祖於康熙五十一年（1712）再次廢儲後，清廷再無皇太子與東宮講讀，但尚書房諸皇子講讀則繼續維持，直迄清末。宣宗道光年間又將尚書房改稱爲「上書房」。〔註212〕

　　康熙三十二年（1693）以前，並無「尚書房」之名，諸皇子課讀之地或在南薰殿、西長房、兆祥所、咸福宮，而直至世宗之初，有時仍將入直者稱爲「教書」、「課讀」〔註213〕。實則聖祖時，諸皇子讀書處爲「東書房」，據平

〔註209〕伊桑阿等纂修《大清會典（康熙朝）》，卷一五五，詹事府，頁 18a～19a。
　　　　　允祿等監修《大清會典（雍正朝）》，卷二三五，詹事府，頁 1b～3a。
〔註210〕吳振棫《養吉齋叢錄》，卷四，頁 49。
〔註211〕趙爾巽等撰《清史稿》冊三十四，卷二八九，列傳七十六，徐元夢，頁 10248。「是時（湯）斌被命輔導皇太子，尋亦命徐元夢授諸皇子讀」。
〔註212〕福格《聽雨叢談》，卷十一，尚書房，頁 218～219。
〔註213〕朱珪等纂《皇朝詞林典故》，卷二十二，職掌，尚書房侍直，頁 8b～9a。

步青《霞外攟屑》引《人海記》云乾清門內為乾清宮，其東為昭仁殿，其西為弘德殿。東宮及諸皇子讀書之所，一在乾清門東，曰東書房，一在乾清門西，曰西書房。皆北向。與西書房繚隔一牆者為南書房，循西廊稍北，於月華門之南有繙書房。至清季，依平步青所見，東書房已改稱「上（尚）書房」，西書房則併入南書房〔註214〕。世宗始專設尚書房，在乾清宮東南廡北向〔註215〕，證諸高宗朝吳長元所刻《宸垣識略》所載：

> 弘德殿東廡為御茶房內直廬，稍南為端凝殿，殿南為舊設自鳴鐘處，又南東出者為日精門，門之南為御藥房……又南轉向北者為尚書房，皇子肄業處。〔註216〕

又據仁宗朝成書之欽定續修《國朝宮史》載：

> 乾清宮之西為弘德殿，南嚮……宮之東廡，內臣直廬三楹，聖祖仁皇帝御筆匾曰「御茶房」。稍南三楹，為端凝殿，西嚮……再南三楹，為舊設自鳴鐘處……其南，東出者為日精門。門之南為御藥房……再南一室……轉而南，嚮北者為尚書房，皇子、皇孫肄業處也。〔註217〕

是知世宗所置尚書房而為日後所沿用者，即是聖祖時之內廷東書房。

世宗始置尚書房，專為諸皇子讀書處。有總師傅，大學士、尚書等皆得為之，一般仍以翰林院掌院學士任總師傅為多。另有師傅，翰詹、京堂咸得簡充，亦仍以翰詹為多，初由翰林院掌院學士保奏年紀老成、學問優長者充任，至高宗乾隆五十五年（1790）始令大學士等公同揀選，擬定正陪引見候簡，其後亦有由總師傅保薦或皇帝欽命特簡者〔註218〕。掌院學士保薦尚書房師傅，以品學兼至之翰林官若干員引見，次日召對便殿，察其器識端謹者，

〔註214〕平步青《霞外攟屑》（上海：上海古籍出版社標點本，1982年），卷一，上書房，頁2～4。

〔註215〕福格《聽雨叢談》，卷十一，尚書房，頁218～219。

〔註216〕吳長元《宸垣識略》，卷二，大內，頁15b。

〔註217〕慶桂等編纂《國朝宮史續編》（北京：北京古籍出版社點校本，1994年），卷五十四，宮殿四，內廷一，頁436～437。
清代稱尚書房曰「三天」，因其地為殿三層，皆有世宗御書匾額，前曰「前垂天貺」，謂之前天；中曰「中天景物」，謂之中天；後曰「後天不老」，謂之後天，統謂之三天。見陳康祺《郎潛紀聞初筆二筆三筆》，初筆，卷一，上書房，頁17。

〔註218〕朱珪等纂《皇朝詞林典故》，卷二十二，職掌，尚書房侍直，頁8a～8b。
吳振棫《養吉齋叢錄》，卷四，頁49。

欽點某某爲某皇子授讀師傅。又派一二員副之，謂之「尙書房行走」。皇子甚多，故師傅亦多，且每一皇子均有不止一名師傅爲之課讀，而清代自聖祖晚年廢儲之後，每一皇子均有可能於日後繼登大寶，是以得預尙書房師傅者，當代輒以咸具公輔之望視之。〔註219〕

按清代家法，皇子皇孫六歲就外傅。雍正元年（1723）諸皇子入學之日，曾命諸皇子應向講讀師傅行禮，並諭內侍：

> 與師傅備杌子四張，高桌四張，將書籍筆硯表裏安設桌上。皇子行禮時，爾等力勸其（按，講讀師傅）受禮。如不肯受，皇子向座一揖，以師儒之禮，相敬如此。則皇子知隆重師傅，師傅等得盡心教導。此古禮也。至桌張飯菜，爾等照例用心預備。〔註220〕

其初，尙書房講讀日課規程定爲：

> 寅刻至書房，先習滿洲、蒙古文畢，然後習漢書。師傅入直，率以卯刻。幼稚課簡，午前即退直。退遲者，至未正二刻，或至申刻。
> 惟元旦免入直，除夕及前一日，巳刻準散直。〔註221〕

其授課方式，皇子沖齡入學，與師傅共席向座，師傅讀一句，皇子照讀一句，反復上口之後，再讀百遍，又與前四日生書共讀百遍。凡在六日以前者，謂之熟書。約隔五日一復，週而復始，不使間斷。至清季，輟講之日放寬爲元旦、端陽、中秋、皇上萬壽、皇子自壽等五日，餘同舊例，雖遇除夕，仍須上學〔註222〕。由上所引，實可見清代皇子皇孫受教之勤，終年無輟，而課讀師傅則以身負重任而備受尊重與信賴，亦見清代內廷教育之精嚴，實歷代之冠。

三、文淵閣兼銜

高宗乾隆三十八年（1773）開四庫全書館，以翰林院爲辦理處，武英殿爲繕寫處〔註223〕。書成，命貯文淵閣並另抄繕六部分藏其他六處。禁中文淵閣設官管理，令翰林兼職，故翰林有文淵閣兼職。

先是，乾隆三十七年（1772）正月諭各直省督撫會同學政等通飭所屬加

〔註219〕福格《聽雨叢談》，卷十一，尙書房，頁218～219。
〔註220〕吳振棫《養吉齋叢錄》，卷四，頁50。
〔註221〕吳振棫《養吉齋叢錄》，卷四，頁49。
〔註222〕福格《聽雨叢談》，卷十一，尙書房，頁218。
〔註223〕徐錫麟、錢泳《熙朝新語》，卷十三，頁3b。

意蒐集訪購民間書籍，高宗指示蒐書範圍及方式：

> 除坊肆所售舉業時文及民間無用之族譜尺牘屏幛壽言等類，又其人
> 本無實學，不過嫁名馳鶩，編刻酬唱詩文，瑣屑無當者，均無庸採
> 取外，其歷代流傳舊書，內有闡明性學治法，關繫世道人心者，自
> 當首先購覓；至若發揮傳注，考覈典章，旁暨九流百家之言，有裨
> 實用者，亦應備為甄擇；又如歷代名人洎本朝士林宿望，向有詩文
> 專集，及近時沉潛經史，原本風雅，如顧棟高、陳祖范、任啟運、
> 沈德潛輩，亦各著成編，並非勦說卮言可比，均應概行查明。在坊
> 肆者或量為給價，家藏者或官為裝印，其有未經鐫刊祇係鈔本存留
> 者，不妨繕錄副本，仍將原書給還，並嚴飭所屬一切善為經理，毋
> 使吏胥藉端滋擾。〔註224〕

次年二月正式諭令將來辦理成編，命名為「四庫全書」〔註225〕，於翰林院特
開「四庫全書館」，選擇翰林諸臣及部員中多識能文者充纂修各員。八月刑部
郎中陸錫熊以總纂官改授翰林院侍讀，三十九年（1774）充任分校之進士邵
晉涵、周永年、余集等俱授翰林院庶吉士，舉人戴震、楊昌霖賞給進士，與
乙未科（乾隆四十年，1775）一體殿試並選庶吉士〔註226〕。邵晉涵、周永年
為大學士劉統勳所保用，余集、戴震為尚書裘日修所保用，楊昌霖為尚書王
際華所保用，此五人時稱「五徵君」〔註227〕。四庫館既開，即於翰林院署分
別三處貯書：凡內府秘書發出到院為一處；院中舊藏《永樂大典》內有摘抄
成卷、彙編成部之書為一處；各省采進民間藏書為一處。分員校勘，每日清
晨諸臣入院，設大廚供給茶飯。午後歸寓，各以所校閱某書應考某典，詳列
書目，至琉璃廠肆訪查之〔註228〕。全書陸續採輯繕寫之際，乾隆四十一年
（1776）六月，四庫館進呈裒集《永樂大典》散篇，內有宋待制程俱所撰《麟
臺故事》一編，詳紀宋代館閣之制，高宗因思仿效宋制，於文華殿後建文淵
閣以貯未來編成之書，並設官經理典掌，乃置文淵閣官制：

〔註224〕陳垣《辦理四庫全書檔案》，收入楊家駱編《四庫全書概述》（台北：中國辭
　　　　典館復館籌備處，1971年），乾隆三十七年正月初四日奉上諭，頁707。
〔註225〕《清實錄》冊二十，《高宗實錄》，卷九二六，乾隆三十八年二月庚午，頁452
　　　　～453。
〔註226〕清高宗敕撰《清朝通典》，卷二十，選舉三，乾隆三十八年二月，頁2143。
〔註227〕陳康祺《郎潛紀聞初筆二筆三筆》，初筆，卷六，五徵君，頁130。
〔註228〕陳康祺《郎潛紀聞初筆二筆三筆》，初筆，卷三，京師書肆，頁50。

文淵閣領閣事二員，以大學士、翰林院掌院學士兼充。總司典掌，管領秘籍，如翰林及大臣官員內欲觀中秘書者，別藏副本於翰林署，告領閣事請閱。願就抄錄及須行參校者，領閣事酌派校理等員就閣中檢對。

文淵閣直閣事六員，以由科甲出身之內閣學士，由內班出身之滿詹事、少詹事、侍讀侍講學士，漢詹事、少詹事、侍讀侍講學士等官兼充。同司典守釐輯，曝書之期會同繙晾。

文淵閣校理十六員，以由內班出身之滿庶子、侍讀、侍講、洗馬、中允、贊善、編修、檢討，漢庶子、侍讀、侍講、洗馬、中允、贊善、修撰、編修、檢討，及由科甲出身之內閣侍讀等官兼充。分司註冊點驗，值曝書之期一同按籍校閱。

文淵閣提舉閣事一員，以內務府大臣兼充。司管鑰啟閉，提舉閣事，總理大綱，逢曝書之期，則會同領閣事奏請繙晾秘籍。

文淵閣檢閱八員，以由科甲出身之內閣中書兼充。掌排次清釐，值曝書之期一同按籍校閱。〔註229〕

正式以翰詹兼領文淵閣職，「雖兼銜貼職，實爲翰詹諸臣清要之任」。〔註230〕

　　乾隆四十二年（1777）十一月，以纂修官吏部主事程晉芳學問素優，在館五年纂校甚多，且協同總纂辦理總目事宜，改授翰林院編修。四十五年（1780）雲南巡撫孫士毅罷任來京，特授翰林院編修在四庫全書處行走，與總纂紀昀、陸錫熊一同列名。〔註231〕

　　乾隆四十七年（1782）正月，四庫全書告成，共存書三千四百六十種，計

〔註229〕《清實錄》冊二十一，《高宗實錄》，卷一〇一〇，乾隆四十一年六月庚子，頁555～557。
　　　　清高宗敕撰《清朝文獻通考》，卷八十，職官四，頁5595。
　　　　又，文淵閣四庫全書管理規定，見朱珪等纂《皇朝詞林典故》，卷二十三，職掌，文淵閣兼掌，頁21b～22b。「每歲三六九月，提舉閣事率同閣職各官，並內府司員，將插架各書按部取出，交校理各官登記檔冊，檢閱各官挨本繙晾。又於傳心殿後撥給直房，每日令校理二員輪直。辰入申出，遇有查取書籍，即令當直校對，經管登記。其四庫全書副本均藏翰林院署，有欲窺秘籍者，赴署請閱，其願就署鈔錄者亦聽」。
〔註230〕陳康祺《郎潛紀聞初筆二筆三筆》，二筆，卷一，文淵閣典守官，頁329。
〔註231〕清高宗敕撰《清朝通典》，卷二十，選舉三，乾隆三十八年二月按語，頁2143。

七萬五千八百五十四卷，除宮中文淵閣之外，另抄繕六部，分藏盛京文溯閣、圓明園文源閣、熱河避暑山莊文津閣、揚州文匯閣、鎮江文宗閣、杭州文瀾閣，又全書底本仍存翰林院〔註232〕。因修纂四庫歷有年所，採用人員甚多，俱群集於翰林院，五十年（1785）以當初修書所需，從權優用人材，而告成之後理應循名責實，以清翰苑，乃於乾清宮舉行考試，按文字優劣分為四等，前列者命留館讀書，其餘分別陞降留任、改補部屬知縣及休致革職有差。〔註233〕

　　乾隆五十五年（1790）五月，許江南士子如有願讀中秘書者，可至江浙兩省之文匯、文宗、文瀾三閣鈔閱，但不得任意攜歸，免有遺失。至於北方文淵等閣，因禁地森嚴，士子人等固不便進內鈔閱，但翰林院現存底本則許就近檢錄，並令掌院等官不得勒阻留難，以廣傳播。〔註234〕

四、內翻書房與方略館行走

　　詞臣職任之中，有派往軍機處兼管之內翻書房與方略館行走當差者。

　　內翻書房，位太和門西廊下，掌諭旨、書文之翻清譯漢事務，有管理大臣，以滿洲軍機大臣兼管。翻譯職掌內容為：

> 凡諭旨，清字則譯漢，漢字則繙清。各衙門抄出於內閣者，皆錄送以繙譯。起居注應繙應譯者亦如之。皇帝御經筵，則繙御論與其講章。若冊文，若敕文，若祝文，若祭文，若碑文，皆繙焉。凡經史有旨繙清者，則纂輯以候欽定。御製詩文之敕繙者亦如之。〔註235〕

　　何時設立內翻書房已不可考，按清代繙譯事務，初由內閣與翰林院分任，高宗乾隆二十三年（1758）准掌院學士介福奏請「繙譯清文由滿學士繙就草底，交繙書房改正，始行進呈」〔註236〕，論者謂此是有關內翻書房之最早記載，並推論內翻書房成立於軍機處設置之後或高宗初年。〔註237〕

〔註232〕平步青《霞外攟屑》，卷一，七閣，頁1～2。
〔註233〕清高宗敕撰《清朝文獻通考》，卷六十二，選舉十六，乾隆五十年，頁5433。考列一等陸伯焜等二員，二等蔡廷衡等三十五員，二等彭冠等五十員，四等羅修源等三十二員，不入等饒慶捷等四員。
〔註234〕《清實錄》冊二十六，《高宗實錄》，卷一三五五，乾隆五十五年五月癸卯，頁152。
〔註235〕托津等奉敕纂《欽定大清會典（嘉慶朝）》，卷三，辦理軍機處，內繙書房，頁12b～13b。
　　　　昭槤《嘯亭雜錄》，續錄，卷一，翻書房，頁396。
〔註236〕朱珪等纂《皇朝詞林典故》，卷二十三，職掌，繙譯，頁19b～20a。
〔註237〕張德澤《清代國家機關考略》，頁29。

　　其職官，管理大臣以滿洲軍機大臣兼領，下有提調官二人、協辦提調官二人、收掌官四人、掌檔官四人，皆由管理大臣於翻書房行走官內酌委，掌文移檔案之事。派至內翻書房行走者，有翰林院官二人，及內閣中書、各部院司員、筆帖式，無定額，各以通於繙譯者兼充。另有掌翻譯之翻譯官四十人〔註238〕。簡派至此行走之翰林院官，皆爲肄習清書出身之編修、檢討漢員。〔註239〕

　　方略館在隆宗門外，咸安宮之左，位在於三通館東，武英殿後，南向〔註240〕。其初並非常開，高宗乾隆十四年（1749）二月征服金川之後，大學士張廷玉等請纂修《平定金川方略》，諭准即設館修書，自此爲常設〔註241〕。有總裁，無定員，係由軍機大臣兼充，掌修方略，每次軍功告藏，及遇有政事之大者，奉旨纂輯成書，紀其始末，或曰《方略》，或曰《紀略》。凡書有旨交輯者，各編錄以候欽定〔註242〕。梁章鉅《樞垣記略》並云凡軍機處檔案皆藏方略館庫中。〔註243〕

　　方略館總裁之下有提調、收掌，俱滿漢各二人，於滿漢軍機章京內由軍機大臣派充，掌章奏文移，治其吏役。役吏之中有供事，無定額，由內閣、翰林院、詹事府等衙門傳取。館中有纂修，滿洲三人、漢六人，掌分司編輯之事，漢纂修缺內，由翰林院咨送充補一人，其餘滿洲纂修及漢纂修皆於軍機章京內由軍機大臣派充。〔註244〕

　　　又張德澤論載籍中翻書房多未冠「內」字，「因爲並未設有『外翻書房』，其冠『內』字者，大概是別於在外朝的內閣，因內閣的漢本房、蒙古房，都有翻譯事務。其曰『內』，是靠近皇帝，也靠近軍機處。其由軍機大臣兼管，大概也是這『內』的關係」，見同書頁29。

〔註238〕托津等奉敕纂《欽定大清會典（嘉慶朝）》，卷三，辦理軍機處，內繙書房，頁14a。
　　　　　吳振棫《養吉齋叢錄》，卷四，頁44。

〔註239〕朱珪等纂《皇朝詞林典故》，卷二十三，職掌，繙譯，頁20a。

〔註240〕梁章鉅《樞垣記略》（北京：中華書局點校本，1984年），卷十四，規制二，頁155。
　　　　　吳長元《宸垣識略》，卷二，大內，頁11b。

〔註241〕張德澤《清代國家機關考略》，頁28。

〔註242〕托津等奉敕纂《欽定大清會典（嘉慶朝）》，卷三，辦理軍機處，方略館，頁12a。

〔註243〕梁章鉅《樞垣記略》，卷十四，規制二，頁155。
　　　　　張德澤並云「現在軍機處檔案中之錄副奏折，絕大部分是方略館供事抄錄的（有少數是軍機章京抄的）」。見《清代國家機關考略》，頁28～29。

〔註244〕托津等奉敕纂《欽定大清會典（嘉慶朝）》，卷三，辦理軍機處，方略館，頁12b。

五、稽查官學功課

清代學校制度，在京師者爲國學，在直省者爲府、州、縣學。國學即國子監，下又有算學、八旗官學分隸之，均各有其制。另有與國學地位相埒之官學，專授滿洲子弟，翰林之稽查官學功課，即指此而言。

官學分兩大系統，屬宗人府者爲左右翼宗學、八旗覺羅學；屬內務府者爲咸安宮官學、景山官學，以下分述其設置緣由。

世祖順治十年（1653），八旗各設宗學，選滿洲生員爲師，凡未封宗室子弟，十歲以上，俱入學習清書。至世宗雍正二年（1724）乃定制左、右兩翼設滿學、漢學各一，王、公、將軍及閒散宗室子弟十八歲以下，入學分習清、漢書，兼騎射。

覺羅學始設於雍正七年（1729），詔八旗於衙署旁設滿學、漢學各一，覺羅子弟八歲至十八歲入學讀書習射，規制略同宗學。

景山官學始於聖祖康熙二十四年（1685），令於北上門兩旁官房設官學，選內府三旗佐領、管領下幼童三百六十名。清書三房，各設教習三人，漢書三房，各設教習四人。

咸安宮官學設於世宗雍正六年（1728），詔選內府三旗佐領、管領下幼童及八旗俊秀者九十名，以翰林官居住咸安宮教之。漢書十二房，清書三房，各設教習一人，另教射、教清語各三人。〔註245〕

依功令，翰林院掌院學士及侍讀、侍講學士俱得列名請簡稽查宗學、覺羅學功課〔註246〕。世宗雍正十一年（1733）曾命派翰林院編修、檢討各二員教習左右兩翼宗學，分日講授經義、文法〔註247〕，此例後於高宗朝停止。至仁宗嘉慶四年（1799）再設宗學之漢教習，唯只用進士、舉人而不再用翰苑編檢。〔註248〕

雍正七年（1729）六月，大學士兼管翰林院掌院事張廷玉奏請揀選翰林官以教習咸安宮官學生。得旨將應派舉貢人員內派出九人，令其專司教習之事；並命翰林官內揀選滿漢各二人，與現在咸安宮官學行走之甘汝來一同總

〔註245〕各官學規制沿革，詳見趙爾巽等撰《清史稿》冊十二，卷一〇六，志八十一，選舉一，學校一，頁3111～3114。及《清會典（光緒朝）》，卷一，宗人府，頁8～9；卷九十八，內務府，頁894～895。

〔註246〕朱珪等纂《皇朝詞林典故》，卷二十四，職掌，稽察宗學覺羅學，頁26b。

〔註247〕吳鼎雯《國朝翰詹源流編年》，卷二，雍正十一年八月，頁9a。

〔註248〕朱珪等纂《皇朝詞林典故》，卷二十四，職掌，宗學教習，頁27a。

理，稽察教習功課，且不必常住書館之內〔註249〕。按咸安宮官學設管理事務大臣一人，於內務府大臣內特簡；協理事務大臣一人，於六部滿洲堂官內特簡。其下爲總裁六人，滿二漢四〔註250〕。世宗之命選滿漢詞臣各二人總理咸安宮官學教習，即爲總裁之始設。當時所揀派者爲庶子僧格勒、侍讀春山、候補諭德謝履忠、編修蔣振鷺，其後此項總理之職皆由掌院學士揀選派充，滿官二員，漢官四員。〔註251〕

六、稽查史書錄書

清代本章，凡鈔本皆副以史書、錄書。紅本發鈔後，由都察院六科別錄二通，供史官記注者稱史書，儲於六科以備編纂者稱錄書。皆需校對鈐印，史書送內閣，錄書存科〔註252〕，乃是有關清代國家庶政檔案。世宗雍正八年（1730）三月，諭內閣、六科史書錄書令每年派出滿漢翰林各二員，悉心稽查，專司其事，倘有玩忽潦草之處，該翰林應據實奏聞，如有徇隱不奏，後經察出，將該翰林官一併議處。〔註253〕

七、稽查理藩院檔案

世宗雍正四年（1726）理藩院奏以該院漢檔甚多，係撫綏蒙古等事，關繫緊要，請派員修理。奉旨交大學士於內閣、翰林院將繙譯通順之侍讀、侍講點派二員前往稽查，以二年爲期，屆時另行出派更換，乃以內閣及翰林院每次各派查檔滿官一員前去。〔註254〕

〔註249〕托津等奉敕纂《欽定大清會典事例（嘉慶朝）》，卷七九○，翰林院，職掌，稽察官學功課，頁7a～7b。
〔註250〕崑岡等纂《欽定大清會典（光緒朝）》，卷九十八，內務府，咸安宮官學，頁894。
〔註251〕朱珪等纂《皇朝詞林典故》，卷二十四，職掌，咸安宮官學稽查功課，頁28a。
〔註252〕托津等奉敕纂《欽定大清會典事例（嘉慶朝）》，卷七六○，都察院，六科，史書錄書，頁3b～4a。
　　　　另，參見莊吉發《故宮檔案述要》（台北：國立故宮博物院故宮叢刊編輯委員會，1983年），頁313～316。
〔註253〕《清實錄》冊八，《世宗實錄》，卷九十二，雍正八年三月乙亥，頁232。《翰林院則例》，頁16b～17a。
〔註254〕托津等奉敕纂《欽定大清會典事例（嘉慶朝）》，卷七九○，翰林院，職掌，稽查理藩院檔案，頁7b～8a。
　　　　又，滿洲翰林官向有派往口外護印辦事等差，屆期更換，後於高宗乾隆五十年（1785）正月將軍奎林奏准停止。見朱珪等纂《皇朝詞林典故》，卷二十四，職掌，稽查理藩院檔案，頁29a。

八、奉使冊封

清代奉使冊封的規定甚為固定，無甚改變，其與詞臣奉使有關者：凡冊封親王、世子、郡王及內外固倫公主、和碩公主、親王世子嫡妃、郡王嫡妃，以翰林院掌院學士充副使。

冊封長子、貝勒、貝子、及長子妃、貝勒夫人、貝子夫人、內外郡主、縣主、郡君，以侍讀學士、侍講學士、侍讀、侍講充正副使，有品級筆帖式宣讀。

冊封外藩蒙古親王嫡妃、蒙古郡王嫡妃，以侍讀學士、侍講學士、侍讀、侍講充正副使，皆用滿員，有品級筆帖式宣讀。

冊封外藩蒙古貝勒以下，公等以上夫人，以侍讀、侍講充正副使，皆用滿員，有品級筆帖式宣讀。〔註255〕

九、丁祭分獻

每年陰曆二、八兩月第一個丁日祭祀孔子，是為丁祭，此為中國古代文化傳統之一。清人於太宗崇德元年（1636）已在盛京建廟祭孔，入關後以京師國子監為太學，立文廟。世祖順治二年（1645）定稱孔子為「大成至聖文宣先師孔子」，春秋上丁，遣大學士一人行祭，翰林官二人分獻；順治十四年（1657）復從給事中張文光之言，改稱孔子為「至聖先師」。〔註256〕

聖祖時定每年春秋祭祀文廟，於修撰、編修、檢討內，論資用二員分獻十二哲〔註257〕。如遇皇帝躬祭，則另點學士二人分獻十二哲，此例後來停止〔註

〔註255〕伊桑阿等纂修《大清會典（康熙朝）》，卷一五五，翰林院，頁 6b～7a。
允祿等監修《大清會典（雍正朝）》，卷二三四，翰林院，出差事宜，頁 24a。
張廷玉等纂《詞林典故》，卷三，職掌，奉使，頁 48b～49a。
朱珪等纂《皇朝詞林典故》，卷二十四，職掌，奉使，頁 21a～21b。
冊封諸王與公主儀節，見趙爾巽等撰《清史稿》冊十，卷八十八，志六十三，禮七，嘉禮一，冊諸王儀，冊公主附，頁 2634～2635。
〔註256〕趙爾巽等撰《清史稿》冊十，卷八十四，志五十九，禮三，吉禮三，先師孔子，頁 2532～2534。
有關祭孔意義的討論，參見黃進興《優入聖域：權力、信仰與正當性》（台北：允晨文化實業股份有限公司，1994 年）。
王士禎《古夫于亭雜錄》（北京：中華書局點校本，1988 年），卷三，太學祭禮，頁 78。「太學春秋祭，例遣大學士一人主之，翰林官二員分獻，公宴惟祭酒與大學士南北相向，司業則側坐」。
〔註257〕伊桑阿等纂修《大清會典（康熙朝）》，卷一五五，翰林院，頁 7b。
王士禎《古夫于亭雜錄》，卷三，太學祭禮，頁 78。
〔註258〕《翰林院則例》，頁 16a。

258〕。至高宗朝，翰林院五品以上官皆與陪祀，每歲春秋上丁釋奠，以修撰、編修、檢討資深者二人分獻十二哲；遇皇帝躬祭，則以修撰、編修、檢討四人分獻崇聖祠四配兩廡。另翰林院先聖祠以本院官資深者一人主祭，餘俱助祭。〔註259〕

十、教習進士

聖祖康熙五十一年（1712）壬辰科會試取中進士一百六十一人，除揀選庶常六十餘人，餘皆挨次選授知縣。聖祖以縣令與民切近，有刑名錢穀之責，未登仕以前如不知事宜典禮，則登仕之後於民生事務無有裨益，乃令所有進士勿使回籍，俱交禮部選翰林內學優品端者數人，派令教習文藝、從事典禮，如有纂修書史之處，亦率同修書。受教習各進士，每人月給銀三兩，有患病、告假、丁憂、終養等項，仍照例給假。其才力不及者，由教習官題參行革；才力優長者，則不拘科分名次，即行陞補；才力平常者，於教習三年滿日註冊，俱令歸籍候缺補用〔註260〕。教習官乃於翰林院侍讀、侍講以下，及詹事府諭德、洗馬以下揀選，由翰林院開列職名咨送禮部題請欽點〔註261〕。同時覆准頒發《御製詩集》、《御批通鑑》、《古文》等書供教習之用；又撥給內務府所存房舍開館，由禮部、翰林院分派人役四名看守。每遇大朝之日，令諸進士隨現任官員班末行禮，以觀大典。〔註262〕

此項教習後於世宗雍正即位之初有所改變，世宗以為諸進士留京教習三年，若果用心學習猶可，如不用心學習則留京何益，故諭總理事務王大臣嗣後只將進士中揀選學問好者令為教習，年滿照例錄用，其餘俱令回籍，候缺補用。〔註263〕

〔註259〕張廷玉等纂《詞林典故》，卷三，職掌，陪祀，頁49b。

朱珪等纂《皇朝詞林典故》，卷二十四，職掌，陪祀，頁23b～24a。

托津等奉敕纂《欽定大清會典（嘉慶朝）》，卷五十五，翰林院，頁4a。

《翰林院則例》，頁16a。

〔註260〕《清實錄》冊六，《聖祖實錄》，卷二四九，康熙五十一年三月乙巳，頁471。

奎潤等纂《欽定科場條例》，卷五十七，朝考，題名，附載進士留京教習舊案，頁3a。

〔註261〕允祿等監修《大清會典（雍正朝）》，卷二三四，翰林院，職掌事宜，頁26a。

〔註262〕托津等奉敕纂《欽定大清會典事例（嘉慶朝）》，卷二九○，禮部，貢舉，進士留京教習，頁21b。

〔註263〕《清實錄》冊七，《世宗實錄》，卷二，康熙六十一年十二月丙寅，頁58～59。

十一、專員理事

　　清初翰林院衙門日常事務分工，乃由滿漢典簿、孔目掌承行衙門一應事務，收發書籍，往來文移；滿待詔掌校對翻譯奏章，一應文史；漢待詔掌校對繕寫一應文史；筆帖式掌翻譯繕寫章奏，一應文史〔註264〕。世宗以各部院衙門均有司官專管定稿說堂，有筆帖式專管翻譯，有廳官專管收發文書，獨翰林院僅有筆帖式、典簿職司該院錢糧出納、升遷議敘及與各衙門文移往來，事務頗為繁瑣，關係匪淺，實不能保毫無弊端。雍正元年（1727）五月令於俸淺編修、檢討內擇才守優長者滿漢各二員，充作翰林院司官，專主定稿、說堂，庶使小吏不得作弊，而衙門亦藉以清肅〔註265〕。此項辦事司官，滿員部分兼派庶吉士。另，滿漢四缺之外又有協辦官，並無額缺，如有奏辦司官缺出，即以協辦官充補〔註266〕。此即清秘堂辦事翰林之始，如有積勞，當得京察一等，例可外補，故院署中人多競趨之。〔註267〕

　　高宗乾隆四十一年（1776）大學士會同吏部、翰林院奏准文淵閣所貯四庫全書，應將副本藏於翰林院署，並派辦事翰林誠幹之員數人，各司其籍。有翰林及大臣官員欲觀中秘者，准其告之領閣事，赴署請閱，司籍之員隨時登記檔冊，點明卷數，並不許私帶出院，以免遺失〔註268〕。此項辦事翰林官例派滿漢二人，亦兼充庶常館提調。〔註269〕

十二、祭　告

　　凡祭告五嶽（東嶽泰山、南嶽衡山、中嶽嵩山、西嶽華山、北嶽恆山）、四瀆（黃河、長江、淮河、濟水）、長白山及歷代帝王陵、孔子闕里，均由翰林院開列滿漢掌院學士、侍讀學士、侍講學士職名，送禮部題請欽點〔註270〕。

　　　　蕭奭《永憲錄》，卷一，頁 69～70。
〔註264〕伊桑阿等纂修《大清會典（康熙朝）》，卷一五五，翰林院，頁 11b。
〔註265〕《清實錄》冊七，《世宗實錄》，卷七，雍正元年五月戊子，頁 143～144。
　　　　《翰林院則例》，頁 17a。
〔註266〕朱珪等纂《皇朝詞林典故》，卷二十四，職掌，專員辦事，頁 25a。
〔註267〕吳振棫《養吉齋叢錄》，卷一，頁 20。「清秘堂本名東齋房。高宗幸翰林院，賜集賢清秘額，御製有清秘堂偶題一詩，遂更今名。堂後為成樂軒，石刻董其昌成樂軒記，堂前亭曰瀛洲亭，池曰鳳凰池」。
〔註268〕托津等奉敕纂《欽定大清會典事例（嘉慶朝）》，卷七九○，翰林院，職掌，專員辦事，頁 6b。
〔註269〕朱珪等纂《皇朝詞林典故》，卷二十四，職掌，專員辦事，頁 25b。
〔註270〕伊桑阿等纂修《大清會典（康熙朝）》，卷一五五，翰林院，頁 7b。

聖祖康熙三十六年（1697）定侍讀、侍講亦行開送，康熙五十七年（1718）則併將檢討以上官通行開送。〔註271〕

十三、暫攝批本

清代爲防明季秉筆太監專擅弄權之弊，特簡滿翰林官一員、滿內閣侍讀一員、滿中書舍人六員，額屬內閣批本處，專在內廷行走，專司批發之責。凡有本章，大學士票擬以上，經上批覽畢，即交該處用清字批示，然後交付內閣學士恭錄聖旨發鈔。機宜愼密，從無敢遲滯刪改者，俗謂之「紅本」。〔註272〕

內閣學士職司批票本章，或遇奉使、告病、請假之時，則需人代理其職。世宗雍正八年（1730）八月，內閣學士吳襄以病給假，內閣開列翰林院讀講等官及京堂之由翰林出身者上請簡用，經硃筆圈出翰林院侍讀蔣溥與鴻臚寺少卿顧祖鎭二人〔註273〕。此項暫行兼攝職務，此後便以翰林詹事坊局官，及翰林出身之三、四品京堂內請簡，俟原任學士回任受代而還；高宗乾隆九年（1744）七月，十一年（1746）九月均有相同情形，閣臣循例請行，相沿無改。〔註274〕

〔註271〕允祿等監修《大清會典（雍正朝）》，卷二三四，翰林院，出差事宜，頁 24b～25a。

〔註272〕昭槤《嘯亭雜錄》，續錄，卷一，批本處，頁396。

〔註273〕吳鼎雯《國朝翰詹源流編年》，卷二，雍正八年八月，頁 7a。

〔註274〕張廷玉等纂《詞林典故》，卷三，職掌，暫攝批本，頁 44a～44b。

朱珪等纂《皇朝詞林典故》，卷二十四，職掌，暫攝批本，頁 10a～10b。

第三章　考　試

第一節　館　選

　　清代新進士授職，一甲一名除翰林院修撰，一甲二名、三名除編修，其餘二甲、三甲進士則須參加庶吉士選拔〔註1〕。凡成為庶吉士者，謂之「館選」，入翰林院庶常館讀書三年，按期考課，期滿授職，謂之「散館」。〔註2〕

　　庶吉士之選拔，始於明太祖洪武十八年（1385），按《明太祖實錄》記載：

　　　　……其諸進士，上以其未更事，欲優待之，俾之觀政於諸司，給以
　　　　所出身祿米，俟其諳練政體，然後擢任之。其在翰林院承敕監等近
　　　　侍衙門者，采《書經》庶常吉士之義，俱稱為庶吉士；其在六部及
　　　　諸司者，仍稱進士。〔註3〕

〔註1〕　崑岡等纂《欽定大清會典事例（光緒朝）》冊一，卷七十二，吏部，除授，進
　　　　士授職，頁925。
〔註2〕　趙爾巽等撰《清史稿》冊十二，卷一○八，志八十三，選舉三，頁3165。
　　　　又，袁枚《隨園隨筆》，卷上記云「（明）弘治四年給事中余旦以累科不選庶
　　　　吉士，請復祖制。大學士徐溥請新進士錄平日所作文十五篇，呈之禮部，送
　　　　翰林考訂，而按號行取之，再糊名試之。中者謂庶吉士，謂之館選。以翰詹
　　　　資格深者課之，謂之教習。三年學成者，授編檢，次者為給事御史，謂之散
　　　　館」。見台北：鼎文書局排印本，1978年，頁122。
　　　　托津等奉敕纂《欽定大清會典（嘉慶朝）》，卷五十五，翰林院，頁1b。「庶吉
　　　　士教習三年期滿，由教習庶吉士奏請御試，曰散館」。
〔註3〕　《明實錄》（台北：中央研究院歷史語言研究院影印，1966年），《太祖實錄》，
　　　　卷一七二，頁3。轉引自張治安《明代政治制度研究》，頁108。

此時庶吉士並非專屬翰林，六科及承敕監皆有庶吉士。至明成祖永樂二年（1404）廷試之後，「仍命於第二甲擇文學優等楊相等五十人及善書湯流等十人，俱爲翰林院庶吉士」〔註4〕，自是庶吉士乃專屬翰林院。

一、簡　選

　　清初，進士中第後，准各大臣指薦知名之士，以備詞館之選。其時閱卷大臣品評等第，有「人入選」、「文入選」、「人文並入選」之例，故所得人才，一時爲盛。〔註5〕

　　清代館選始於世祖順治三年（1646）四月，是年丙戌科授一甲一名傅以漸內翰林弘文院修撰，二名呂纘祖內翰林秘書院編修，三名李奭棠內翰林國史院編修〔註6〕。復定殿試畢即簡授庶吉士，先由吏部移咨內院題請日期，至期，皇帝駕御便殿，內院學士豫以新科進士名單進呈，次第引見恭候欽選分讀清漢書。乃選授多象謙、梁清寬、胡兆龍等四十六名爲庶吉士，與鼎甲三人一同俱送院讀書〔註7〕。爾後專設翰林院，其選拔方式改由禮部移送新進士名單到翰林院，掌院學士開列進呈引見恭候欽定。以他途用者移送吏部，館選者由學士一員著朝服至翰林院署宣旨。〔註8〕

　　清廷爲滿人政權，雖入主中原，並未放棄舊有文化習俗。不僅皇帝、宗室、滿大臣率皆嫻熟滿語，即八旗子弟亦令其勿忘根本。國家檔卷疏奏等載記亦多有滿文，皇帝更時以滿文御批奏疏。庶吉士入館讀書，例分清漢二書教習，便是爲日後授職繙譯、保存檔冊之用。

　　庶常之選，每科擇年貌合式者分習清書，其因「蓋欲學清書，則必先善清語，苟非英俊少年，未免舌本問強，雖欲學之，吾知其不能曲折如意也」〔註9〕。聖祖時例，庶常年四十五歲以下者讀清書。高宗乾隆十六年（1751）

〔註4〕　《明實錄·太宗實錄》，卷二十九，頁2。轉引自張治安《明代政治制度研究》，頁109。
〔註5〕　福格《聽雨叢談》，卷七，相人，頁163。
〔註6〕　《清實錄》冊三，《世祖實錄》，卷二十五，順治三年四月甲申，頁214。
〔註7〕　托津等奉敕纂《欽定大清會典事例（嘉慶朝）》，卷七八四，翰林院，官制，考選庶吉士，頁10a～11a。
　　　　《清實錄》冊三，《世祖實錄》，卷二十五，順治三年四月甲申，頁214。
〔註8〕　朱珪等纂《皇朝詞林典故》，卷十九，官制，館選，順治三年，頁14a～14b。
〔註9〕　張潮〈御試恭紀題辭〉。載狄億《暢春苑御試恭紀》（上海：上海書店，叢書集成續編據昭代叢書刊本影印，1994年），卷首。見叢書集成續編，冊四十一，史部，政書類，職官之屬，頁935。

以後率以三十歲以下選取〔註 10〕。世祖順治三年丙戌科庶常已分讀清漢書，
四年（1647）丁亥科乃定新選庶吉士分書教習之制。其時內院大學士范文程
等奏言新選庶吉士周啓寓等二十員，應同前科庶吉士分讀清漢書，世祖命學
士查布海、蔣赫德等一併教習〔註 11〕。教習之制，例分清漢二種，庶吉士須
與鼎甲三人一體入館教習。定例習清書者陞內閣學士，習漢書者陞京堂官，
或徑陞侍郎。初年內三院與翰林院屢次錯易，凡三院時期，庶吉士專隸弘文
院，至後設內閣、罷三院，始回歸翰林院。〔註 12〕

　　順治四年丁亥科清書庶吉士王熙即以精熟清書清語而邀帝眷寵，累遷閣
學。王熙，宛平人，年甫二十改庶吉士習清書，世祖嘗召見於弘文院，命以
滿語奏對，大加褒賞，尋陞國子監司業。又諭閣臣「王熙既為司業，恐其荒
於滿書，可傳諭祭酒姑爾馬吽同署問答，皆以滿語，勿令間斷」。順治十一年
（1654）命譯《書經》兼為滿學士講解本章。旋召入南苑譯勸善書及《大學
衍義》，又令長直南苑，復試滿書第一，陞庶子，後官至大學士。與同榜馮溥、
杜立德並稱一時賢相。〔註 13〕

　　順治六年（1649）四月，禮科右給事中姚文然奏前此兩科館選雖有清
書，但選員無多，故未有改授別衙門者，請於新進士內廣選庶吉士，察其品
行端方，年力強壯者，俾肄習清書精熟，授以科道等官，內而召對可省轉譯
之煩，即出而巡方亦便與滿洲鎮撫諸臣言語相通，可收同寅協恭之效。疏下
所司〔註 14〕。九年（1652）七月，世祖准給事中高辛允（或作高辛胤）所
奏，為愼選庶常，宜擇年貌合格，文字雅醇者充其選，照順治六年（1649）
己丑科之例，取漢進士四十名，查照各直省大小及近日人材多寡，直隸、江
南、浙江各取五名，江西、福建、湖廣、山東、河南各取四名，山西、陝西
各取二名，廣東取一名。內拔其年青貌秀、聲音明爽者二十名習學清書，餘

　　　　托津等奉敕纂《欽定大清會典（嘉慶朝）》，卷五十五，翰林院，頁 1b。「每科
　　　　庶吉士由掌院學士酌派年三十以下者十人內外習清書」。
〔註 10〕吳振棫《養吉齋叢錄》，卷二，頁 22。
〔註 11〕清高宗敕撰《清朝通典》，卷十八，選舉一，順治四年二月，頁 2130。
　　　　清高宗敕撰《清朝文獻通考》，卷四十七，選舉一，順治四年，頁 5303。
　　　　《清實錄》冊三，《世祖實錄》，卷三十一，順治四年四月甲申，頁 259。
〔註 12〕王士禎《香祖筆記》，卷七，頁 6b～7a。
　　　　吳振棫《養吉齋叢錄》，卷二，頁 21。
〔註 13〕李調元《淡墨錄》，卷一，漢翰林習滿語，頁 9b～10a。
〔註 14〕《清實錄》冊三，《世祖實錄》，卷四十四，順治六年四月丁未，頁 348。

二十名習學漢書。另取滿洲進士四名，蒙古進士二名，漢軍進士四名，俱選年貌聲音合式者同漢進士一體入館讀書〔註15〕。從此選取各員，因地因才，遞有增減，歷科沿之。該年（順治九年）壬辰科授滿洲榜一甲進士麻勒吉爲修撰，折庫納、巴海爲編修，並選滿洲、蒙古、漢軍二甲三甲進士爲庶吉士。此爲滿洲、蒙古、漢軍殿試館選之始。〔註16〕

順治十二年（1655）四月，以漢軍進士久在旗下，已經學習滿洲規矩，不必與選，乃停選漢軍庶吉士〔註17〕。十四年（1657）八月，再諭照常錄用滿洲、蒙古庶吉士〔註18〕。十五年（1658）復停滿洲、蒙古、漢軍考試之例。聖祖康熙九年（1670）庚戌科再度開科館選。康熙十八年（1679）又停考試之例。至康熙三十年（1691）辛未科復開科館選。自後歷科，滿洲、蒙古、漢軍皆得與選。〔註19〕

聖祖時考選庶吉士，吏部移咨翰林院題請日期，屆期用黃摺書明諸進士

〔註15〕《清實錄》冊三，《世祖實錄》，卷六十六，順治九年七月己丑，頁 518。
清高宗敕撰，《清朝文獻通考》，卷四十七，選舉一，順治九年，頁 5303。
吏科給事中高辛允於順治九年四月癸卯奏「庶吉士一官，原儲侍從講讀，著述纂修之用，且見在則爲清華近侍之臣，積久則司公輔啓沃之任，所關匪小。夫侍從左右，不可不觀年貌，著述記載，不可不考文章，培養公輔之器，不可不訪品行。歷稽舊例，詳愼選擇，有由然也。我朝定鼎以來，求治甚殷，需人甚急，或以年貌取，或以資序取，然此在開創之初，一時之權可耳。今聖政維新，百事咸舉，即在外有司，尚必考其才學，訪其品行，豈在內清華近侍之臣，可不愼歟？至選學清書庶吉士，所以明滿漢之義，達上下知情，尤必得端方正直，博古通今之士，方有實用。即論年貌，亦宜於選擇年貌之中，再加考試，以明朝廷愼重名器之義」，見張偉仁主編《中央研究院歷史語言研究所現存清代內閣大庫原藏明清檔案》冊十四，吏科給事中高辛胤題請酌行館選舊例，順治九年四月二日，頁 B7693、A14～64。
〔註16〕朱珪等纂《皇朝詞林典故》，卷十九，官制，館選，順治九年，頁 15a～15b。
所選之滿洲、蒙古、漢軍庶吉士爲，滿洲：賽沖阿、吳爾祜、戚洛洪、宋祖保。蒙古：巴達禮、塔筆圖。漢軍：遲煌、范承謨、丁思孔、陳永命。見《清實錄，第三冊，世祖實錄》，卷六十八，順治九年九月丁丑，頁 531。
順治九年壬辰科進士分滿漢二榜，蒙古入滿洲榜，漢軍入漢人榜，所賜及第出身均與漢榜相同，亦分榜館選。順治十二年乙未科亦同爲分榜館選。至聖祖康熙九年庚戌科之後，則滿漢同爲一榜。見吳鼎雯《國朝翰詹源流編年》，卷一，順治九年九月，頁 15a～16b。
〔註17〕《清實錄》冊三，《世祖實錄》，卷九十一，順治十二年四月丁巳，頁 713；卷九十三，順治十二年八月壬申，頁 731。
〔註18〕《清實錄》冊三，《世祖實錄》，卷一一一，順治十四年八月甲申，頁 869。
〔註19〕朱珪等纂《皇朝詞林典故》，卷十九，官制，館選，頁 15b。

年齒籍貫，鈐翰林院印進呈引見。引見時滿漢掌院學士分列御座兩旁，滿洲侍讀侍講學士引諸進士以次入見，選中者立御座右側，次引見一甲進士三人。次日翰林院將選中諸進士及一甲進士籍貫，並鄉試會試殿試名次與所習本經，開明進呈。得旨後交內閣遵上諭分令習讀滿漢書〔註20〕。康熙三年（1664）、六年（1667）、九年（1670）甲辰、丁未、庚戌三科庶吉士皆習清書。十二年（1673）癸丑科始分習清漢書。〔註21〕

　　聖祖十分重視庶吉士人材之培養，康熙二十四年（1685）乙丑科選庶常三十五名，諭曰：

> 士子讀書稽古，原期窮理致用，平居砥礪廉隅，敬修品行，皆爲異日服官蒞政之本。迨一登仕路，志在功名，未免奮志求進，干營奔競，喪其懷來，往往有之。爾多士從田間來，甫通仕籍，務宜率其素履，不改初心，凡授內外職任，其各加黽勉，清操自矢，恬靜營寡，循分盡職，潔己愛民，以副朕造就人才至意。〔註22〕

　　館選亦偶有特殊情形與特出之士，如康熙二十七年（1688）戊辰科會試，仁和凌紹雯對策用清漢兩體並書，違式，例不得與上第，讀卷官奏請上裁，乃改置二甲之末，改庶吉士〔註23〕。同科館選之南海梁佩蘭，年已六十，有詩名，與屈大均、陳恭號「嶺南三家」。散館日不赴吏部，京中宗室官員無論識與不識，皆尊而求詩，迎迓無虛日〔註24〕。三十三年（1694）甲戌科進士漢軍正白旗陳夢球未與館選，聖祖特召試「聖人之本論」一篇，稱旨而補選庶吉士，亦爲異數〔註25〕。五十一年（1712）壬辰科選庶常六十六名，其中有三人特立獨行：長洲顧嗣立，散館即告歸，閉門著書。無錫杜詔以養親告歸，與道士榮連、僧天鈞共結「三逸社」。江都程夢星散館未就職而歸，在家

〔註20〕伊桑阿等纂修《大清會典（康熙朝）》，卷一五五，翰林院，頁8a～9a。
〔註21〕吳振棫《養吉齋叢錄》，卷二，頁22。
　　　聖祖曾令頒給習滿書之庶吉士遼金元史、《洪武寶訓》、《大學衍義》、《日講四書解義》等書每人一部，唯非常例，旋即停止。見吳振棫《養吉齋叢錄》，卷二，頁23。
〔註22〕托津等奉敕纂《欽定大清會典事例（嘉慶朝）》，卷七八四，翰林院，官制，考選庶吉士，康熙二十四年，頁11a～11b。
〔註23〕徐錫麟、錢泳《熙朝新語》，卷四，頁14a。
　　　陳康祺《郎潛紀聞初筆二筆三筆》，三筆，卷四，清漢合璧之殿試策，頁717。
〔註24〕李調元《淡墨錄》，卷六，六十館選，頁7a～7b。
〔註25〕徐錫麟、錢泳《熙朝新語》，卷七，頁1a。

注李義山詩。有謂此三人「不慕爵祿，超然榮利之外矣」〔註 26〕。康熙六十年（1721）辛丑科庶吉士有稱其爲得人最盛者，如嘉興錢陳群後官尙書，靜海勵宗萬、鄞縣邵基均官至侍郎，平越王士俊官總督。歷官巡撫者，如新喻晏斯盛、滋陽喬世臣、安居王恕，另孝感夏力恕、會稽朱曾煜、宜興儲大文、歸安陸奎勳、金谿馮詠、閩縣謝道承均爲當代名儒。〔註 27〕

二、朝　考

世宗選拔庶常別有識見，一則認爲編檢庶常乃清要之選，必須學問優長、人品端方始爲稱職；若品行有虧，雖文藝可觀，亦無足可取〔註 28〕。又認爲向來庶吉士學習清書，散館之後每至荒廢，殊爲可惜，因此爾後新科進士選拔庶常之學習清書者應少派數人，令其盡力學習，務期通曉，散館之後亦不可荒廢。而新科滿漢進士於引見之前，欲先行考試，知其學問再行引見選拔，庶人才不致遺漏。即於雍正元年（1723）十一月令當年癸卯科新進士仍照殿試例預備考試，由世宗親就詩文四六各體出題，「視其所能，或一篇，或二三篇，或各體俱作，悉聽其便」〔註 29〕。此一引見之前的考試，自此時始，歷科沿行，至清末不改，號曰「朝考」〔註 30〕。朝考第一名者，俗稱「朝元」。〔註 31〕

原本於世祖順治三年（1646）四月丙戌科親選庶吉士，據被選爲庶吉士之魏象樞於其自訂年譜中所述，實已有類似朝考之舉，唯並未爲定制。魏象樞《寒松堂年譜》順治三年記云：

> 榜發中三百七十五名，大座師剛公諱林，祁公諱崇格、范公諱文程
> 號現斗、馮公諱銓號琢菴，房師魏申之先生諱天賞、岳明海先生諱

〔註 26〕徐錫麟、錢泳《熙朝新語》，卷五，頁 13a～13b。
〔註 27〕徐錫麟、錢泳《熙朝新語》，卷六，頁 7a～7b。
〔註 28〕《清實錄》冊七，《世宗實錄》，卷十三，雍正元年十一月戊戌，頁 238。
〔註 29〕《清實錄》冊七，《世宗實錄》，卷十三，雍正元年十一月乙巳，頁 243。
〔註 30〕清高宗敕撰《清朝通志》（上海：商務印書館萬有文庫本，1935 年），卷七十三，選舉略二，選舉制，舉官，雍正元年十一月，頁 7184。
　　　　張廷玉等纂《詞林典故》，卷二，官制，庶吉士館選，頁 46a。「先是，進士殿試畢，即待選庶吉士。自順治丙戌（三年）迄康熙辛丑（六十年）皆然。雍正元年癸卯進士對策後，復引試於保和殿，並令九卿各舉所知，至是遂爲定制，時稱朝考焉」。
〔註 31〕劉聲木《萇楚齋隨筆續筆三筆四筆五筆》（北京：中華書局點校本，1998 年），續筆，卷七，科舉時各元名，頁 395～396。

映斗。是科殿試後，選擇年貌一百餘人，內院復行考試，亦殿試例
題目，奏疏律詩各一篇，俱出欽定。余得與選，授內翰林國史院庶
吉士。教習師則蔡先生諱不害，蔣先生諱元恒、胡菊潭先生諱世安、
陳生洲先生諱具慶。余習漢書，改讀書經，再讀易經。館師以「初
入翰林言志」題命賦詩，余有「上溯羲與軒，而及濂洛澤，慷慨天
人間，區區匪所畫」之句，館師許之，著有《瀛洲草》。〔註32〕

具體可見世祖初年館選入館讀書情形。又，聖祖康熙九年（1670）庚戌科亦
命內院會同吏禮二部，選新進士六十人試以文字，分擬上中下三等，聖祖
親定李光地等二十七人為庶吉士〔註33〕。兩次考試俱為世宗朝考定制之先
聲。

原清初館選，固以文字入選，唯引見之前可由九卿保舉。有知其居家孝
友，人品端方者，各就所知舉出，即便親戚相識亦不必迴避，無保舉者則仍
照殿試甲第引見〔註34〕。雍正元年（1723）癸卯科新進士選庶吉士，雖已開
始改以考試行之，唯仍參用舊例，必由大臣面薦，非是不得充館選〔註35〕。
待二年（1724）甲辰科始完全屏絕保薦，一以考試為斷，憑文取錄。該科
殿試後，所有新進士在保和殿試四書文一篇、詩一首，命大將軍年羹堯閱
卷，又命九卿保舉，嗣後止憑文錄用，不由保舉。此科館選四十人，餘派各
部主事三十八人，知縣十七人，清書派習六人〔註36〕。會試、殿試皆禮部所
掌，而朝考則由翰林院掌理〔註37〕。考試時，試卷鈐翰林院印，由該院預備
〔註38〕，三鼎甲姓名則例不入榜。〔註39〕

清初原有分省館選之事，即各省皆有入選者。迨為甫行定鼎，欲收攬人
心而示之以公平大方。世祖順治十二年（1655）乙未科首破分省館選故例

〔註32〕魏象樞《寒松堂集》（太原：山西人民出版社點校本，1992年），頁910。
〔註33〕趙爾巽等撰《清史稿》冊三十三，卷二六二，列傳四十九，魏裔介，頁9890。
〔註34〕朱珪等纂《皇朝詞林典故》，卷十九，官制，館選，頁18a～18b。
〔註35〕錢儀吉《碑傳集》冊八，卷一○二，雍正朝守令下，朱筠〈吏部驗封司郎中武
　　　君紹周神道碑〉，頁2883。
〔註36〕阮葵生《茶餘客話》（上海：商務印書館叢書集成初編據藝海珠塵本排印，
　　　1936年），卷二，頁16。
〔註37〕帥方蔚《詞垣日記》（台北：文海出版社據光緒十年綠窗重刊本影印，1970
　　　年），頁14b。
〔註38〕允祿等監修《大清會典（雍正朝）》，卷二三四，翰林院，館選授職，雍正元
　　　年，頁18a。
〔註39〕帥方蔚《詞垣日記》，頁15a。

〔註40〕，一以人才優劣爲憑。歷聖祖朝，雖非各省每科皆有館選者，唯國家取才，賢相名臣比比皆是。至世宗朝乃又出現請分省館選之議，雍正三年（1725）四月，太常寺少卿李鍾峩奏稱翰林爲儲材重地，自康熙四十五年（1706）至六十年（1721）共歷七科，每省俱有庶吉士入選，而雍正元年（1723）癸卯科漢軍及河南、四川進士無館選者，雍正二年（1724）甲辰科蒙古及山西、河南、陝西、四川、廣東、湖南、廣西、雲南、貴州進士俱無館選，請分省館選，以廣儲才之路。世宗覽奏後詳述各省進士館選不均之因，並著大學士會同九卿議奏。世宗諭曰：

> 隆科多曾奏稱聖祖時館選，每省俱有庶吉士，所以朕於雍正元年癸卯科館選時，試其文義，觀其人品，於僻遠省分之人亦酌量選取。又每諭教習之臣盡心訓迪，迨後歷經揀擇及考試文章，其中惟江浙人文義實較各省爲優，因將各省人員分用於內外各衙門，而江浙人留館獨多。雍正二年甲辰科館選，亦詳加考試，朕因以文義優者選爲庶吉士，於是山西、河南等省進士遂多不得與選。蓋翰林職司文章，若以文義不及者處之，則用違其才；而其人或有他長，反無以自見矣。朕凡於用人行政，無不審慎籌畫，務求當理。而選擇翰林，更爲留意，實欲使人人勿枉其才，各效所長，庶國家得收使之效，豈計及於各省翰林之多寡有無也。

尋大學士等議奏歷科館選之法盡善盡美，更無遺逸之才，李鍾峩條奏「應無庸議」，世宗從之〔註41〕。故此分省館選之議遂不復見，否則齊頭式假平等絕對破壞朝考館選用人以備將來之用意。

雍正五年（1727）五月，丁未科庶常考選，定仍照雍正元、二年癸卯、甲辰二科例，除令內閣九卿確行保舉之外，並在保和殿考試，試以論、詔、奏議、詩四題，或作一、二篇，或諸體全搆，聽各進士展其所長，屆期欽點大臣閱卷進呈。諸新進士內有彼此熟悉，素爲眾所推服者，亦令公同舉出候選〔註42〕。

〔註40〕 王士禎《漁洋山人文略》（台北：新文豐出版公司叢書集成三編，冊五十四，據康熙三十四年序本影印，1997 年），卷八，誥授資政大夫巡撫雲南兼建昌畢節等處地方贊理軍務兼督川貴兵餉都察院右副都御史翁菴伊公墓誌銘，頁4a。

〔註41〕 張廷玉等纂《詞林典故》，卷二，官制，庶吉士館選，世宗雍正三年四月，頁43b～46a。

蕭奭《永憲錄》，卷三，頁 181。

〔註42〕《清實錄》冊七，《世宗實錄》，卷五十七，雍正五年五月辛酉，頁 868。

是科共選錢本誠等三十七員改庶吉士，仍與一甲三人同分清漢書教習〔註43〕。其中嘉定張鵬翀（號南華山人）曾於某次館課賦「雁字詩」，日未晡而成七律三十章，眾皆歎服。其後高宗乾隆二年（1737）御試眾詞臣，有日未過午而交卷者，眾皆曰「必南華也」，果然受知高宗，擢高等，官詹事。〔註44〕

　　高宗時朝考程序改變不大，每科於殿試傳臚後，禮部以進士名冊送翰林院，掌院學士奏請御試於保和殿。此項考試載於功令，曰「朝考」。欽命題論一、詔一、疏一、五言八韻詩一。考後，無論取不取皆由大學士、掌院學士帶領引見，其錄取者皆以綠頭籤及排單內註明。得旨，乃送庶吉士至庶常館，皆分習清漢書。〔註45〕

　　高宗首科館選得人頗盛。乾隆元年（1736）丙辰科館選六十七人，膺選者頗多日後名臣，如大學士蔡新，尚書秦蕙田、曹秀先，副都御史金德瑛、仲永檀，總督鶴年、鍾音〔註46〕。二年（1737）正月，御史程盛修奏言翰林地居清切，所以備顧問、司紀載，膺任綦重。欲得通才，務端始進，然自保舉之例行，而呈身識面，廣開請託之門，額手彈冠，最便空疏之輩，應令停止。吏部議覆新進士於放榜後，先令九卿保舉，然後帶領引見，選用庶常，原為慎重之意；但新科進士俱係未經出仕，九卿等原不能深知其人，不過就其有志讀書，堪以造就者即行舉出。行之既久，其中或有冒濫亦未可知，故亦奏請停止保舉。高宗覽奏從之〔註47〕。從此選拔庶常專以朝考詞章等第為斷，再無保舉之事。

　　既已停止保舉，同年四月高宗諭本年丁巳恩科新進士著總理事務王大臣驗看，分別三等具奏，候帝親加簡選〔註48〕。五月復諭停滿洲庶吉士習清書之例。此因滿洲進士選授庶常，向例學習漢書，乾隆元年曾准徐元夢之請復令滿庶吉士分習清書，然滿語係滿洲自幼所習，只須漢文通順，使人人皆能繙譯，且授職之後，自可令辦繙譯之事，清文亦不致荒廢，實不必於館選之時專令學習，故停止滿洲庶吉士習清書之例〔註49〕。乾隆十六年（1751）閏

　　　　清高宗敕撰《清朝文獻通考》，卷四十九，選舉三，雍正五年，頁5316。
〔註43〕《清實錄》冊七，《世宗實錄》，卷五十八，雍正五年六月辛卯，頁881～882。
〔註44〕徐錫麟、錢泳《熙朝新語》，卷十，頁5a。
〔註45〕托津等奉敕纂《欽定大清會典（嘉慶朝）》，卷五十五，翰林院，頁1a～1b。
〔註46〕李調元《淡墨錄》，卷十二，選庶吉士之多，頁5a。
〔註47〕清高宗敕撰《清朝文獻通考》，卷五十，選舉四，乾隆二年，頁5323。
〔註48〕朱珪等纂《皇朝詞林典故》，卷十九，官制，館選，頁22b～23a。
〔註49〕《清實錄》冊七，《高宗實錄》，卷四十三，乾隆二年五月庚戌，頁762。

五月爲考慮實際情形，停邊省庶吉士分習清書。緣庶吉士分習清書，例由翰林院掌院學士分派，惟量其年力，並不拘省分之別。舊時習清漢書人數各半，自世宗雍正朝以來，分習清書者漸少，每科尚有十四、五員，十七、八員不等。高宗認爲邊省之人，得入館選者本爲少數，聲律亦素所未嫻，既然學習清書，自必專意殫精，惟清文是務，非天分優而學業勤者不能兼顧漢文。益致日就荒落，迨散館時，或以清書優等授職，而留館後偶遇通行考試，往往絀於詩賦，列入下等，改令別用。究其所肄清文，自散館一試外，別無職分應用之處。類此情形，不獨偏遠邊省，即北五省庶吉士亦皆類然。翰苑之中江浙人員較多，而遠省或竟致無一人者，實非所以均教育而廣儲才。乃令：

> 嗣後雲南、貴州、四川、廣東、廣西等省庶吉士不必令習清書。直
> 隸、山東、河南、山西、陝西等省亦視其人數，若在三四員以上，
> 酌派年力少壯者一二人；其江浙等省人數在五六員以上者，酌派二
> 三人。率以三十歲以下者充之，每科通計在十人內外，寧缺無濫，
> 循舉舊章，備國朝典制足矣。〔註50〕

乾隆二十五年（1760）奏准新科進士朝考在保和殿舉行，閱卷大臣在文華殿兩廊住宿，派御史四人於監試後即令監看閱卷，並令閱卷官於一二日內竣事。乾隆三十四年（1769）命新進士朝考文字入選者，止於排單及綠頭籤內註明，仍按各省甲第名次帶領引見。乾隆三十六年（1771）又定朝考詩題須遵照定式祇賦一首，毋許多作，此外如庶常散館、翰林大考以及考試試差均不得違例多作，以符定制。乾隆五十四年（1789）諭新進士保和殿朝考，所有豫備茶水等事不必護軍校尉人等伺候，即照圓明園正大光明殿大考之例，令太監等經管，光祿寺亦毋庸豫備飯食〔註51〕。至仁宗嘉慶二十年（1815）以新進士朝考向以論、詔、疏、詩四種命題，其中詔題多係擬古，不過臨時強記，敷衍成篇，況可擬作之古詔本屬無多，而歷科命題幾已殆遍，乃諭裁去詔題，嗣後朝考祇以論、疏、詩命題，並著爲令。宣宗道光二十四年（1844）奏定朝考時，所有護軍統領稽查之處，統由翰林院咨取堂銜奏派。〔註52〕

乾隆四年（1739）己未科新進士朝考，詩題「賦得因風想玉珂」，與試新

〔註50〕《清實錄》冊十四，《高宗實錄》，卷三九○，乾隆十六年閏五月甲戌，頁125。
〔註51〕托津等奉敕纂《欽定大清會典事例（嘉慶朝）》，卷七八四，翰林院，官制，考選庶吉士，頁15a～16a。
〔註52〕崑岡等纂《欽定大清會典事例（光緒朝）》冊十一，卷一○四五，翰林院，官制二，考選庶吉士，頁472～473。

進士袁枚有句云「聲疑來禁苑，人似隔天河」，諸總裁以其語涉不莊，欲擯之下等，獨尚書尹繼善力爭曰「此人肯用心思，少年必有才者，特未解應制體裁耳，此庶吉士之所以必需教習也。倘進呈時上有駁問，我當獨奏」，於是群議始息，而袁枚亦以此而得選庶常〔註53〕。江蘇南匯吳省欽於乾隆二十八年（1763）中進士，改庶吉士，時年二十，有自注館選詩，頗可窺見當時規制，錄以觀之：〔註54〕

舳艫端聳五雲間，隔晝傳呼法駕還，〔駕在西苑，引見者俱須祗詣。惟新進士引見，駕特先日還宮，以恤寒峻食宿之費。〕

年貫並繙蝌斗字，趨蹌分領橐駝班；名超甲第先排等，〔自戊辰至是科，除一甲外，皆先命王大臣驗，列一等數人，二等者三四倍之，欽在二甲三十名，時列一等之第三。〕喜送丁奴各候關，〔從人止中左門外。〕通籍七年官數月，宮扉初次聽金環。堯廷列愍姓名通，詔傍階墀覽下風，〔引見官愍處，距階例二丈許。是日，命移至近階下。〕譽忝朝元珠錯落，〔新進士試保和殿，第一者謂之朝元，時欽忝此選。〕蹟聯館少玉玲瓏；〔館選齒最少者，謂之館少。欽與海寧祝德麟、壽光李鐸同列一等，其年皆祗二十。〕丹毫結體天旋左，〔名摺既下，單圈者庶吉士，尖者分部額外主事，連點者知縣候選。御筆圈處，皆由左而右，丹蹟宛然。〕黃閶凝暉日正中，好與元和徵故事，喜歡三十二人同，〔陳標句，按元和十三年放進士三十二人，今科一甲三人授館職，庶吉士選二十九人。〕引對頻煩翰院司，〔引見新進士，由翰林院司之。〕傳宣頃出鳳凰池，瀛洲雖到官稱士，郊殿初旋帝命師；〔庶吉士例以掌院學士及內閣學士列本候簡，俾教習焉。協辦大學士劉綸、侍郎德保，未待題本，先膺是命，距北郊後祗三四日云。〕掌院分書長論齒，〔雲貴川廣人免習國書，其餘三十歲以下者，多令派習。掌院學士於館選者數日，以齒分清書、漢書，謂之分書。〕到門換帖緩需期，〔後筆謁前筆，初次俱用晚生白帖，例以科分最先之前筆，擇期於庶常館謁報，謂之換帖。〕山林臺閣懸霄壤，勉習唐賢二應詩。〔唐人以應制、應教詩作，爲二應體。〕麟角牛毛命不居，下江祗選四中書，〔江蘇庶吉士四人，俱中書改授，其不由此者，惟修撰秦大成而已。〕乍支雙俸分幫俸，〔各關額解庶常館共銀三千餘兩，謂之幫俸。〕未引單車列後車；〔庶吉士車入院門，與編修學士無異，惟少單引，而停車亦稍後云。〕教養恩兼三殿上，哀榮感及九泉餘，卷堂叩假臣何敢，忠

〔註53〕徐錫麟、錢泳《熙朝新語》，卷十一，頁5a～5b。袁枚館選後乞假歸娶，朝士贈詩甚多，程景伊即以前由而戲爲一絕「金燈花下沸笙歌，寶帳流香散綺羅，此日黃姑逢織女，漫言人似隔天河」。

另，高宗初年尚書史貽直爲庶常館大教習，某次館課出詩題「春日即事」一道，在館庶吉士管一清應制句中有一聯云「兩三點雨逢寒食，二十四番風到杏花」，貽直閱後歡賞，拔爲第一，時人有呼管一清爲管杏花者。見徐錫麟、錢泳《熙朝新語》，卷十一，頁6b～7a。

〔註54〕陳康祺《郎潛紀聞初筆二筆三筆》，三筆，卷三，吳省欽選館授職擢侍讀諸詩，頁693～695。

信齋心奉玉除。^{館選乞假者，祇准註病，或}

（館選乞假者，祇准註病，或卷堂而散。闓將嚴是令焉。）

考吳省欽館選詩自注之語，頗可窺見當時規制，歸納如下：

（一）新進士朝考例於保和殿舉行，朝考第一者號爲「朝元」。吳省欽以二甲三十名進士高中該科朝考一等第一，即是朝元。每科館選年齒最少者，謂之「館少」，與吳省欽同爲雙十少年獲館選者，尚有海寧祝德麟及壽光李鐸，亦均爲朝考一等。

（二）新進士引見，例由翰林院主司其事。其時高宗原在西苑，獲引見之官員均須親詣見駕，但爲體恤新進士遠來京師，或有家本寒傖之士，高宗乃於先日還宮，以減省諸進士在京食宿之費。

（三）引見官員例於階前二丈許處跪拜，而新進士引見則令於階前跪拜，應爲示以優遇之意。

（四）引見後，將新進士名摺發下，上有御筆硃記，凡姓名上有圈者即選爲庶吉士，名上有尖者乃改爲六部額外主事用，有連點者改以知縣候銓。

（五）庶吉士入館讀書，有師傅爲之教習，原以翰林院掌院學士與內閣學士等題列本內候簡，該年則未待題本便已先命協辦大學士劉綸與侍郎德保充任教習。

（六）庶吉士例分清、漢書教習，雲、貴、川、廣等邊省之人俱免習清書，其餘各省年在三十以下者，則多派習清書。清、漢書之派習乃由翰林院掌院學士決定，於引見館選後數日內派定，謂之「分書」。

（七）新庶常到館，須以後輩之姿拜謁翰林諸前輩，初次拜謁皆用晚生白帖。又請科分最先之前輩擇期於庶常館通謁拜達，謂之「換帖」。

（八）庶常入館讀書，有各關額解之銀三千餘兩，謂之「幫俸」，用爲庶吉士日常膏火之資。

（九）得邀館選而欲乞假回籍、不克到館讀書者，則只准註病，別無其他理由。

乾隆二十八年（1763）癸未科朝考有夾帶一案發生，據與試親見之李調元《淡墨錄》所述，殿試二甲十二名之錢塘吳霽於朝考時，爲監試之內大臣額駙福隆安揀出預擬詔條，潛行夾帶，奏聞照鄉會試夾帶例斥革，交與巡城

御史枷號一月〔註55〕，處分甚重。乾隆三十四年（1769）己丑科朝考又發生疑似卷內文字暗語關節一案。該科朝考諸卷經閱卷大臣豫擬可取各卷進呈，高宗親拆彌封第一之嚴本卷內有「人心本渾然也，而要必嚴辨于動靜之殊」兩句，姓名顯然併見。又拆閱第二王世維卷有「維皇降衷」，藏名於文中。再閱擬取第三鮑之鍾卷用「包舍上下」句，「包」爲「鮑」之半。第五卷程沇有「成之者性也」，成、程同音。高宗閱後大詫，指示諸閱卷大臣云「此非關節而何，實堪詫異。雖各卷文義原可取，而字跡可疑，且不止一卷，豈得謂偶然適合，似此隱藏字樣謂非關節，不解何等字樣爲關節」？其時參與閱卷之劉綸對奏只論去取，不論關節，高宗不以爲然而云：

> 此小省人少者則然，若江浙中式進士較多，設朝考入選而名次在後，恐已難望館選，是前列實爲勢所必爭。即不能保無播弄筆墨，希圖巧作夤緣之計？……朕從不肯逆詐億不信，亦斷不能漠然無先覺，爲此等伎倆所蒙。諸臣皆朕所信任派出，不值因此遽興大獄，姑從寬免究。但如此擬取不足以服人心，令軍機大臣同原官將各卷通行覆閱據奏。

即將原擬前四名抑置所取各卷之末，並將各卷酌改前後次序進呈〔註56〕。姑不論高宗閱卷眼光，然益見朝考之受重視程度。

乾隆五十四年（1789）己酉科分習清書庶吉士八員，翰林院奏請酌減，乃將阮元、顧德慶二人歸入漢書教習。此舉亦有前例可循。清書庶吉士，初選時年齒合例，及散館時，或因告假丁憂，年齒已長者例准改習漢書，聖祖朝改習漢書者有庶吉士孫致彌、孫時宜、李應綬；世宗朝改習者編修程元章、庶吉士康忱、李士杞、唐紹祖、鄭爲龍、孫詔。至仁宗嘉慶五年（1800）有庶吉士王鼎、毛式郇；嘉慶九年（1804）有庶吉士潘恭辰，俱奏請改習。〔註57〕

三、教習庶吉士

庶吉士入館讀書，有教習學士爲之課讀。清初多以內院學士爲之，侍讀等亦間有與者〔註58〕。世祖順治三年（1646）已命內弘文院學士查布海、蔣

〔註55〕李調元《淡墨錄》，卷十五，癸未朝考夾帶，頁 13b～14b。
〔註56〕李調元《淡墨錄》，卷十五，己丑朝考關節，頁 16a～17b。
〔註57〕朱珪等纂《皇朝詞林典故》，卷三十四，職掌，教習庶吉士，頁 7a～8a。
〔註58〕張廷玉等纂《詞林典故》，卷三，職掌，教習庶吉士，頁 41a。

赫德與侍讀陳具慶教習庶吉士，均由內三院奏派〔註59〕。蔣赫德歷任順治三年（1646）丙戌、四年（1647）丁亥、六年（1649）己丑三科教習，受教者後日累官大學士者九人，其中呂宮、傅以漸、李霨三人同時任大學士，有清一代引為玉堂盛事〔註60〕。迨後掌院亦兼其職，如順治十八年（1661）折庫納、王熙皆以掌院兼教習〔註61〕。自聖祖康熙九年（1670）專設翰林院，歷科均以掌院學士領其事〔註62〕，內閣學士亦時而參用。至康熙六十一年（1722）辛丑科始以工部尚書陳元龍領教習事，厥後尚書、侍郎、內閣學士並得掌教習事。均由翰林院開列各官職名奏請欽定，滿漢各一人，亦謂之「大教習」〔註63〕。凡教習學士到館，舊例工部給公座桌椅、錫硯、筆架、銅炙硯、掛牌、冬夏門簾、公會桌椅、鎖鑰火盆等項。每月給判筆二枝、香墨二笏。戶部給心紅（按，純紅硃砂，印肉之用）一兩。至康熙四十五年（1706）停給。〔註64〕

聖祖康熙三十三年（1694）諭教習學士於侍讀、侍講、修撰、編修、檢討各員內，擇學問優長者派為小教習，教習滿洲、漢軍庶吉士詩文四六〔註65〕；又奏准選講讀以下官資深學優者數人，分司訓課漢庶吉士詩文四六，名曰「小教習」，共選侍讀張榕端等八人為小教習。小教習之制，自康熙三十三年甲戌科以下均仍其制，至世宗雍正八年（1730）庚戌科始停其選派。〔註66〕

〔註59〕吳鼎雯《國朝翰詹源流編年》，卷一，順治三年，頁10a。

〔註60〕王正功纂輯、趙輯寧校補《中書典故彙紀》（台北：文海出版社據吳興劉氏嘉業堂刊本影印，1978年），卷八，頁72a。

〔註61〕吳振棫《養吉齋叢錄》，卷二，頁18。

〔註62〕伊桑阿等纂修《大清會典（康熙朝）》，卷一五五，翰林院，頁9a。「凡教習庶吉士，本衙門以滿漢掌院學士職名移送吏部，具題欽點」。

〔註63〕張廷玉等纂《詞林典故》，卷三，職掌，教習庶吉士，頁41a～41b。
托津等奉敕纂《欽定大清會典事例（嘉慶朝）》，卷七九○，翰林院，職掌，教習庶吉士，頁1a～1b。又，頁3a：「（康熙）六十一年，定大學士、尚書、侍郎之不兼掌院事者，並得掌教習事」。
吳振棫《養吉齋叢錄》，卷二，頁18。

〔註64〕允祿等監修《大清會典（雍正朝）》，卷二三四，翰林院，頁21b～22a。

〔註65〕允祿等監修《大清會典（雍正朝）》，卷二三四，翰林院，頁19a。

〔註66〕允祿等監修《大清會典（雍正朝）》，卷二三四，翰林院，頁19a～19b。
托津等奉敕纂《欽定大清會典事例（嘉慶朝）》，卷七九○，翰林院，職掌，教習庶吉士，頁3a。另，張廷玉等纂《詞林典故》，卷三，職掌，教習庶吉士，康熙三十三年，頁41b～42a。

　　高宗乾隆十年（1745）乙丑科命復選小教習，分司訓課，悉遵雍正八年庚戌科以前之例，隨即選定小教習六員〔註67〕，此後庶常館大、小教習之制，均相沿未改。

四、館舍廩餼

　　舊例，庶吉士到館讀書，由工部修理房屋，每員每月由工部供給純毫水筆五枝、香墨一笏。每日，戶部給呈文紙二張、食米三合五勺，工部給木炭二觔、酒三鍾、肉一觔、鹽五錢。至聖祖康熙十四年（1675），裁呈文紙一張、木炭一觔、筆二枝，酒停給。十七年（1678）肉鹽俱停給〔註68〕。康熙三十九年（1700），聖祖觀翰林官及庶吉士內有極貧者，衣服乘騎皆不能備，乃諭大學士等確查其情，命同翰林院議奏，以便施恩，使之有益供職。即定翰林官內貧者月給銀三兩〔註69〕。至康熙四十二年（1703），又諭出稅、關差人員酌量資助庶吉士讀書，議准兩淮、兩浙、長蘆、廣東、河東、福建等處鹽差，各派銀八十兩；滸墅、蕪湖、崇文門等處稅差，各派銀八十兩；湖口、淮安等處稅差，派銀七十兩；北新、鳳陽、閩海、太平橋、龍江關等處稅差，銀各五十兩；揚州、贛州、天津、粵海、浙海、臨清關等處稅差，銀各四十兩；山海關、江海、南新等處稅差，銀各三十兩，共計一千四百四十兩，由戶部照數每年於出差官員名下徵收，本年現給銀兩，俱於上年出差官員名下徵收，送翰林院分給庶吉士。庶吉士若有告病、丁憂、給假回籍者，須將應得之分交回戶部。庶吉士讀書三年，御試散館授職即停其給發〔註70〕。至此，庶常讀書始有正規廩餼。康熙四十六年（1707），令原給庶吉士之筆、墨、木炭等物，俱停供。〔註71〕

　　世宗於雍正十一年（1733）五月有加與庶常廩給之旨，諭翰林院：

　　　　教習庶吉士，所以造就人材，使之沉潛經籍，涵泳藝林，可以典制誥之文，鳴國家之盛也。從前庶吉士皆就翰林院讀書，教習大臣不時策勵，是以身心約束，學殖易增，館閣之間，蔚然稱盛。朕意今

〔註67〕《翰林院則例》，頁13a。
〔註68〕允祿等監修《大清會典（雍正朝）》，卷二三四，翰林院，頁22a。
〔註69〕托津等奉敕纂《欽定大清會典事例（嘉慶朝）》，卷七八四，翰林院，官制，館舍廩餼，頁17b。
〔註70〕允祿等監修《大清會典（雍正朝）》，卷二三四，翰林院，頁22a～23a。
　　　　《翰林院則例》，頁14b～15a。
〔註71〕允祿等監修《大清會典（雍正朝）》，卷二三四，翰林院，頁23a。

科選拔庶常，仍令在衙門讀書，俾教習諸臣得以朝夕訓課，兼厚給
廩餼，資其膏火，庶幾枕經葄史，文藻可觀，克稱詞臣珥筆之職。

其應查照前例及如何加與廩給之處，著酌議奏聞。〔註72〕

議準庶吉士廩餼每人月給銀四兩五錢，器用什物由工部支取，並撥給官房
一所爲教習所，令庶吉士肄業其中，頒給經史詩文各種存貯館內，以資課習
〔註73〕。此教習所即是庶常館，在南玉河橋西，正陽門內迤東，當翰林院西
南隅，面城南向。往時庶吉士教習並無專館，皆就院中閒曠屋宇及大堂廊廡
居之，以爲肄業之處，此後庶吉士正式擁有讀書專門所在，與翰林院相去不
足一里，牓曰「恩賜教習庶常館」。外門三楹，二門內左右爲廂房各三楹，中
後堂爲教習庶吉士大臣講課之所，餘東西從房皆庶吉士所居之處〔註74〕。後
於高宗乾隆三十三年（1768）重修，御題「芸館培英」匾額，館後有樓以貯
賜書〔註75〕。按清制，各直省儒學廩膳生員歲支廩餼，而翰林院庶常館月之
所支亦曰廩餼，此因庶常未經散館，官未眞除，其隸翰林院亦猶如肄業生，
故曰廩餼。〔註76〕

聖祖以各關解銀做爲庶常幫俸之例，爾後仍持續進行。如高宗乾隆七年
（1742）十二月及十九年（1754）十二月，分別有大學士管戶部事徐本、傅
恆奏報各鹽差關有尚未解交應幫庶吉士之銀兩，應令作速解部〔註77〕。三十
二年（1767）正月，教習庶吉士鍾音等奏，庶吉士幫俸向例交二甲一名之庶
吉士管理，收明均分。但二甲一名庶吉士同係新進肄業之人，未便獨司收發
之事。得旨此項銀兩嗣後交庶常館提調管理，按銀數人數均派，具稿送教習

〔註72〕《清實錄》冊八，《世宗實錄》，卷一三一，雍正十一年五月癸未，頁 666。

〔註73〕《翰林院則例》，頁 15a～15b。

〔註74〕張廷玉等纂《詞林典故》，卷六下，廨署，頁 24a～25a。

〔註75〕吳振棫《養吉齋叢錄》，卷二，頁 21。

吳長元《宸垣識略》，卷五，內城一，庶常館，頁 9a。

托津等奉敕纂《欽定大清會典事例（嘉慶朝）》，卷七八四，翰林院，官制，
館舍廩餼，頁 18a～18b。

吳鼎雯《國朝翰詹源流編年》，卷二，雍正十一年，頁 8b。

〔註76〕況周頤《眉廬叢話》，廩餼之稱，頁 333。

〔註77〕張偉仁主編《中央研究院歷史語言研究所現存清代內閣大庫原藏明清檔案》
冊一一七，大學士管戶部徐本奏報各鹽差關未交應幫庶吉士銀兩應令作速解
部，乾隆七年十二月二十二日，頁 B65989、A117～7；冊一八八，大學士管
戶部傅恆奏報粵海關等應幫庶吉士銀兩應令儘速解部，乾隆十九年十二月二
十日，頁 B105263、A188～142。

覈定分發，不得以別項藉端開銷〔註78〕。乾隆三十四年（1769）議定庶常館分給幫俸章程：

　　一、銀項到館，提調當堂收兌，如有低色短平之處，行文查辦。

　　一、核定銀數，每庶常一員，應分銀若干，記明存簿。

　　一、每次分給幫俸，以部咨到日，現在肄業之庶常爲準。如已告假及未銷假者，雖先後一日，不得分給。

　　一、新舊兩科交換之際，以散館之日爲限。在前解到者，屬舊科庶常。在後解到者，屬新科庶常，詳細登明總簿。

　　一、署後市廛七間，每月收租，爲本館修理之需。

並且將此章程刊刻木榜，懸之館內，俾人共知曉，免滋爭議。〔註79〕

第二節　散　館

　　「散館者，甄別庶常也」〔註80〕。庶吉士入館讀書，三年期滿考試散館。原則上前科庶吉士於下科殿試前，再經廷試一次，課以詩賦，仍以殿試卷書之。優者留館，二甲出身者授編修，三甲出身者授檢討。次者改給事中、御史、主事、中書、推官、知縣、教職。其例先後不一，間有未散館而授職編、檢者，或供奉內廷，或宣諭外省，或校書議敘，或召試詞科，皆得免其考試。「凡留館者，遷調異他官。有清一代宰輔多由此選，其餘列卿尹膺疆寄者，不可勝數」〔註81〕。原同入館讀書之鼎甲三人，因前已榜下授職，故散館時直接留翰林院供職，不另授職他用。

〔註78〕 朱珪等纂《皇朝詞林典故》，卷二十四，職掌，教習庶吉士，頁8a～8b。崑岡等纂《欽定大清會典事例（光緒朝）》冊十一，卷一〇四五，翰林院，官制，館舍廩餼，頁474。

〔註79〕 朱珪等纂《皇朝詞林典故》，卷二十四，職掌，教習庶吉士，頁8b～9a。

〔註80〕 崇彝《道咸以來朝野雜記》（台北：新興書局，筆記小說大觀三十三編，1983年），頁107。

〔註81〕 趙爾巽等撰《清史稿》冊十二，卷一〇八，志八十三，選舉三，頁3165。允祹等纂《欽定大清會典（乾隆朝）》，卷五，吏部，頁19a。又，散館試次者，「以知縣即用者，不論雙單月即用。以知縣歸班用者，仍歸進士原班候選」。見崑岡等纂《欽定大清會典事例（光緒朝）》冊一，卷七十二，吏部，除授，庶吉士散館，頁926～927。又，清初舊例，庶吉士散館用知縣，五缺用一，至仁宗嘉慶中吏部奏改到班即補。見陶福履《常談》（上海：商務印書館據豫章叢書本影印，1936年），頁53。

　　庶吉士入館教習，本應三年有成，量材授職，唯若遇恩科，則不待三年即行授職，此因另有新科庶吉士入館之故。〔註82〕

　　據聖祖朝所纂《大清會典》載：

　　　凡庶吉士讀書二年，滿漢教習學士題請考試散館。〔註83〕

非三年而散館，迨因清初定鼎未久，屢開文科，並未固定三年一試，庶常選拔及散館亦隨而緊湊，如世祖朝會試有順治三年（1646）丙戌科、四年（1647）丁亥科、六年（1649）己丑科、九年（1652）壬辰科、十二年（1655）乙未科、十五年（1658）戊戌科、十六年（1659）己亥科、十八年（1661）辛丑科。至聖祖康熙三年（1664）甲辰科始固定三年一科。庶吉士在館教習期滿，由滿漢教習學士（通常爲掌院學士）題請考試散館，內閣題請試題。其應用試卷則行文禮部移取，用翰林院衙門印彌封。至期，滿漢教習學士開列庶吉士名單分班引見，引見畢同赴體仁閣候考。鴻臚寺官引庶吉士等行三跪九叩首禮，吏部官散卷，內閣滿漢學士捧題分授滿漢教習學士，隨即分授庶吉士等。試畢，吏部官收卷，教習學士本日轉奏，俟欽定名次，分別除授。三鼎甲雖前已授職，亦一同引見考試。〔註84〕

　　順治四年（1647）散館試，除授職編、檢之外，另改庶吉士董篤行、杭齊蘇、魏象樞、魏裔介爲給事中，李若琛、王士驥爲監察御史，此爲散館改用爲科道之始〔註85〕。順治十一年（1654）七月，值九年壬辰科庶吉士散館，有烏眞超哈（漢軍）鑲黃旗瀋陽范承謨、正白旗廣寧遲煌、鑲黃旗廣寧丁思孔三人，俱定爲上卷，習滿漢書仁和錢開宗等二十二人亦上卷，另南昌饒宇栻等十人俱中卷。其時由內院擬定等第，久之始得除授〔註86〕。順治十六年（1659）十月散館試，授職熊賜履等十人，餘王遵訓等十七人留館再予教習，另陳敬、殷觀光二人以清書荒疏革退。此科散館開始有再留教習及革退者〔註87〕。十八年（1661）五月試十五年（1658）戊戌、十六年（1659）

〔註82〕福格《聽雨叢談》，卷六，庶吉士散館，頁134。

〔註83〕伊桑阿等纂修《大清會典（康熙朝）》，卷一五五，翰林院，頁9a。

〔註84〕伊桑阿等纂修《大清會典（康熙朝）》，卷一五五，翰林院，頁9a～9b。
　　　　允祿等監修《大清會典（雍正朝）》，卷二三四，翰林院，頁20a～20b。
　　　　《翰林院則例》，頁14a～14b。

〔註85〕托津等奉敕纂《欽定大清會典事例（嘉慶朝）》，卷七九一，順治四年，頁1b。

〔註86〕談遷《北游錄》，紀聞下，散館，頁372。

〔註87〕吳鼎雯《國朝翰詹源流編年》，卷一，順治十六年十月，頁24b。

己亥兩科庶吉士，有王吉人等十九人留館授職，各爲編修、檢討。彭之鳳等八人用爲給事中，王遵訓等六人以監察御史用，郭諫等十四人以部屬用，顧高嘉等三人照甲第外用。散館改部用乃始於此。〔註88〕

　　庶常散館改科道，歷科皆有。至聖祖康熙三十三年（1694），停止補授科道，是年散館除授編、檢外，再留館教習者一員，以知縣用者八員，革職者一員〔註89〕。三十六年（1697）散館，除編、檢外，令隨旗上行走者一員，以科道用者二員，以部屬用者二員，以知縣用者六員。此中授科道二人爲吳甫生、江球，爲庶吉士改授科道之最末者，此下即無此例。此是因爲清初科道爲七品，故庶吉士改官初任可以轉調，至是科道升爲五品，乃爲編、檢之歷階，已非庶吉士之授職〔註90〕。三十九年（1700）四月，再留館教習者六員〔註91〕。四十二年（1703）四月，學習不及、歸進士班用者三十人；未散館之庶吉士沈宗敬、勵廷儀均著授編修〔註92〕。四十五年（1706），停止引見，再留館教習者二十人，革職者三人。並以散館試卷內所見，分習滿漢書各員俱未精通，掌院學士揆敘等以督課不嚴，交都察院議處〔註93〕。四十八年（1709）四月，因滿漢文俱劣而革職者十人〔註94〕。五十二年（1713）十月，

劉聲木《萇楚齋隨筆續筆三筆四筆五筆》，五筆，卷八，翰林院散館除名，頁1049～1050。「國朝翰林院衙門定例：凡翰林留館者，衙門中開列其名，必至死後始去之。凡衙中有宴會等事，以中堂爲最尊，餘則以科名爲先後，不問官職之大小有無。若散館，即除其名」。

〔註88〕《清實錄》冊四，《聖祖實錄》，卷二，順治十八年五月丁巳，頁64。
　　　　吳鼎雯《國朝翰詹源流編年》，卷一，順治十八年四月，頁25b～26a。
　　　　散館改用他官，即不得復入翰林。但有極少數特例，見吳振棫《養吉齋叢錄》，卷二，頁21。「散館改用他官，即不復入翰林。惟張逸少由庶常散館改知縣，遷秦州牧。以父大學士張玉書奏乞內用，改授編修。又翰林已改御史而復入詞館者，如康熙間彭始搏，以會試分房持正，仍授檢討。出爲外任而復入詞館者，乾隆間山西布政使朱珪，特授講學。嘉慶間，廣東按察使邱庭瀍請終養，特授讀學。皆殊數。至翰林已任大僚，緣事罷官，復賞給編、檢者，則又棄瑕錄用之意也」。
〔註89〕允祿等監修《大清會典（雍正朝）》，卷二三四，翰林院，頁20b。
〔註90〕《清實錄》冊五，《聖祖實錄》，卷一八四，康熙三十六年七月癸卯，頁972。
　　　　福格《聽雨叢談》，卷六，庶吉士散館，頁134。
　　　　張廷玉等纂《詞林典故》，卷二，官制，庶吉士散館，頁42a～42b。
〔註91〕《清實錄》冊六，《聖祖實錄》，卷一九八，康熙三十九年四月丙子，頁16。
〔註92〕《清實錄》冊六，《聖祖實錄》，卷二一二，康熙四十二年四月乙未，頁149。
〔註93〕《清實錄》冊六，《聖祖實錄》，卷二二五，康熙四十五年四月癸巳，頁259。
〔註94〕《清實錄》冊六，《聖祖實錄》，卷二三七，康熙四十八年四月壬子，頁370。

聖祖親閱散館試卷，其習清書一年者，雖無甚優，亦不甚劣；即至三等卷猶能對漢文繙譯，俱留翰林院。習漢文者，詩文俱屬平常，列一等者仍留翰林院，餘十一卷實屬不堪，均革去庶吉士，令歸散進士教習館學習〔註95〕。五十七年（1718）十月，再留館教習者六人，革職者一人〔註96〕。該年戊戌科新選庶吉士鄭江在館期間，被薦校順天鄉試，復以校閱公明議敘，未散館而授檢討，成為詞林故實〔註97〕。六十年（1721）四月，考試後引見，再留館教習者一人，革職者七人。〔註98〕

世宗雍正元年（1723）開登極恩科，諭將來選拔庶常，當親加考試，日後散館仍照舊例以三等分用。又議準滿洲庶吉士散館，文理優者授編修、檢討；平常者照滿洲散進士例，以通政使司知事等官補用〔註99〕。是年十一月散館試，命吏部尚書隆科多、戶部尚書張廷玉、禮部尚書張伯行、禮部侍郎登德共同閱卷具奏。除揀選分用之外，或有才堪外用及可任部員者，均令會同左都御史朱軾分別具奏〔註100〕。該年散館即有以部員對品用者王克宏、李同聲二員，以外官對品（知縣）用者楊魁甲、姜任修、李應綬三員。〔註101〕

雍正三年（1725）四月，考試後引見，除授編、檢外，以六部主事用者四員，以中、行、評、博用者九員，以州縣用者二員，以教職用者二員。同

〔註95〕《清實錄》冊六，《聖祖實錄》，卷二五六，康熙五十二年十月甲辰，頁538。
〔註96〕《清實錄》冊六，《聖祖實錄》，卷二八一，康熙五十七年十月戊午，頁750。
〔註97〕陳康祺《郎潛紀聞初筆二筆三筆》，初筆，卷四，薦校順天鄉試，頁67～68。
〔註98〕允祿等監修《大清會典（雍正朝）》，卷二三四，翰林院，頁21a。
〔註99〕《翰林院則例》，頁14b。
按，世宗雍正二年甲辰科散館有滿洲庶吉士改用小京官一人例，至五年丁未科散館復改用主事之例。見朱珪等纂《皇朝詞林典故》，卷十九，官制，散館，頁8b。
又，福格《聽雨叢談》，卷六，庶吉士散館，頁134～135。「向例額外主事，三年期滿甄別，勤能者以主事選用，不及者以助教博士等官用。乾隆乙丑科，分部者五十餘人，及戊辰甄留者僅十之三，餘俱歸原班銓選。嗣是以後，不留者少」。
又，吳鼎雯《國朝翰詹源流編年》，卷二，頁4a。「向例進士殿試後即待選庶吉士。是年對策後，復引試於保和殿，令九卿各舉所知，依文字入選有保舉無保舉名次引見。其文字不入選有保舉者，依殿試甲第引見，始簡用庶吉士。乾隆二年，敕總理事務王大臣驗看新科進士分別三等具奏，引見選用。三十一年詔通行引見，各按省分，依甲第前後，分班帶領。其朝考錄取者，於綠頭牌及排單內註明，遂為定制」。
〔註100〕《清實錄》冊七，《世宗實錄》，卷十三，雍正元年十一月戊戌，頁238。
〔註101〕《清實錄》冊七，《世宗實錄》，卷十四，雍正元年十二月丙辰，頁248。

將記名留京進士夏之芳、姜穎新授編修，黃岳牧、陸宗楷授檢討，又任六部主事者五員，任中、行、評、博者三員，任知縣者一員〔註102〕。五年（1727）五月，考試後引見，除授編、檢外，以部屬用者一員，歸進士原班用者三員，再留教習三年者一員。〔註103〕

庶吉士散館，向例皆由翰林院承辦。高宗初年，大學士張廷玉兼領翰林院掌院學士，改令內閣典籍廳兼辦，此後散館均由內閣典籍廳專司。但應散館名單及試卷、綠頭牌甲第名單仍由翰林院辦理。〔註104〕

高宗即位後，對庶常散館試曾有些微調整。乾隆元年（1736）教習庶吉士尚書任蘭枝、侍郎方苞奏准向例庶吉士散館，祇試五言排律八韻或十韻及論一篇，不出論題則用時文。又，從前世宗雍正元年曾命試詩、賦、時文、論四題，聽群士或作兩篇或作三篇四篇。本年尚有以兩篇列高等者，其後群士皆勉強並宗四篇，風檐寸晷，轉多草率，不若止命詩、賦二題，以有裨實學。均得旨獲准。〔註105〕

慣例三鼎甲一同入館教習，間有散館改授，但從無考試置二等者〔註106〕。乾隆十三年（1748）五月散館試，高宗深覺歷科進士之鼎甲三人既已榜下授職，復同庶吉士一體入館讀書，至散館時官職無所更易，遂恃之無恐而自甘怠忽，致學業轉而荒疏。如本年散館之前科一甲一名修撰錢維城，選為清書翰林，卻考列清書三等；又如同科之一甲二名編修莊存與考列漢書二等之末，均可概見不留心學問之一斑。又慮錢維城係派習清書，或尚非其所素習，著再試以漢書；莊存與則革去編修，俟引見時酌量其才，或以部屬、知縣用，或歸班選用。命此後一甲三人均應有所儆戒而專心學問，倘有散館列三等者，均視此例辦理〔註107〕。後錢維城於散館後再試五言八韻排律詩一首，仍留修

〔註102〕《清實錄》冊七，《世宗實錄》，卷三十一，雍正三年四月丁丑，頁469。
　　　　允祿等監修《大清會典（雍正朝）》，卷二三四，翰林院，頁21b。
〔註103〕《清實錄》冊七，《世宗實錄》，卷五十七，雍正五年五月己未，頁867。
　　　　允祿等監修《大清會典（雍正朝）》，卷二三四，翰林院，頁21b。
〔註104〕王正功纂輯、趙輯寧校補《中書典故彙紀》，卷三，頁38b。
〔註105〕托津等奉敕纂《欽定大清會典（嘉慶朝）》，卷七九一，翰林院，考試，散館，乾隆元年，頁3b。
〔註106〕劉聲木《萇楚齋隨筆續筆三筆四筆五筆》，五筆，卷十，前人論寫卷摺法，頁1095。「國朝每科殿試鼎甲三名，殿試卷例用玻璃盒裝置，陳於禮部大堂三日，任人觀覽，以資則傚。每科鼎甲朝考及散館卷，比他人略長若干，以為符號，是以鼎甲雖間有散館，然從無置二等者」。
〔註107〕《清實錄》冊十三，《高宗實錄》，卷三一四，乾隆十三年五月丙申，頁160

撰之職。莊存與引見奉旨留館同次科庶常教習，期滿再行散館，亦仍留編修原官。〔註108〕

乾隆四年（1779）曾准庶吉士散館以主事用者，令其掣籤，先分發六部，在額外主事上行走。其中如有實心辦事，熟練部務者，准遇本部主事員缺，該堂官保奏引見補授。〔註109〕

清書庶吉士散館試，亦以清書定甲乙。大興翁方綱於乾隆十七年（1752）壬申科選清書庶常，散館時高宗以繙譯陶潛〈桃花源記〉命題。試日午刻，翁方綱撰就脫稿，適高宗駕出，取卷閱覽，問姓名至再而曰「牙拉賽音」（滿語，甚好之意），次日御定散館試一等一名。此後翁方綱纂修秘籍，掌握文衡，靡役不與，遂褒然爲北學領袖。其受知可謂始於散館一試。〔註110〕

乾隆二十二年（1757）丁丑科會試，裁去表、判，增用五言八韻律詩一首，永著爲例。此外進士朝考、庶常散館、翰詹大考、考試試差等均照此有律詩一首，名曰試帖〔註111〕。三十六年（1771）定新進士朝考、庶常散館、翰詹大考、考試試差之詩題均遵照定式祗賦一首，不得違例多作〔註112〕。三十七年（1772）開四庫全書館，調取進士舉人多名進京同司校勘，三十八年

～161。

〔註108〕 朱珪等纂《皇朝詞林典故》，卷十九，官制，散館，頁10a。

昭槤《嘯亭雜錄》，卷七，頁187～188，載錢維城再試漢書始末，有大學士傅恆爲其向高宗請求寬貸：「錢文敏公維城，中乾隆乙丑狀元，選爲清書翰林。公性聰敏，以國書爲易學，遂不復用心，至散館日，輒曳白。純皇帝大怒曰：『錢維城以國語爲不足學耶，乃敢抗違定制若此』。將置於法。傅文忠公代請曰：『錢某漢文優長，尚可寬貸』。上召至階下，立命題考之。公倚礎石揮毫，未踰刻輒就。上異其才，命南書房供奉，後遂涉陞至戶部侍郎，寵眷甚渥云」。

又，清初四朝，鼎甲散館改用他官者僅五人：康熙六十年（1721）辛丑科一甲二名編修吳文煥改員外郎。乾隆五十二年（1787）丁未科一甲二名編修孫星衍、一甲三名編修董教增均改主事。乾隆五十八年（1793）癸丑科一甲二名編修陳雲改主事。乾隆六十年（1795）乙卯恩科一甲三名編修潘世璜改主事。見朱珪等纂《皇朝詞林典故》，卷十九，官制，散館，頁10b。

〔註109〕 崑岡等纂《欽定大清會典事例（光緒朝）》冊一，卷七十二，吏部，除授，庶吉士散館，乾隆四年，頁927。

〔註110〕 陳康祺《郎潛紀聞初筆二筆三筆》，初筆，卷三，翁方綱精清書，頁48。

〔註111〕 夫椒蘇何聖生《簷醉雜記》（台北：文海出版社據清刊本影印），卷二，頁8a。

〔註112〕 托津等奉敕纂《欽定大清會典事例（嘉慶朝）》，卷七八四，翰林院，官制，考選庶吉士，頁15a～16a。

（1773）以該人等尚無職任，當予以登進之途以示鼓勵，特命四庫全書總裁等官留心試看年餘，如果行走勤勉，實於辦書有益之邵晉涵、周永年、余集等進士出身者，特准同三十七年壬辰科庶吉士一體散館；另，舉人戴震、楊昌霖准與下科新進士一體殿試候用〔註113〕。至四十年（1775）又諭因辦理四庫全書，需員纂校，所用庶吉士頗多，是以散館員數較上次為少，而留館員數轉多，此為特別情形，後不得為例〔註114〕。四十三年（1778）散館，清書庶吉士梁上國，漢書庶吉士倉聖脈、何思鈞等前已有旨以部屬用，著加恩再留館教習三年，同新科庶吉士一體散館。四十四年（1779）倉聖脈、何思鈞以辦理四庫全書議敘，均免散館。〔註115〕

南匯吳省欽於乾隆三十一年（1766）散館，授編修，有自注詩紀其事，可覘當時情狀：〔註116〕

六街新報狀元歸，西苑薰絃協舜揮，襆被預租金地淨，押班齊望火城圍；三年教養恩如海，兩字賢良德有輝，執卷趨蹌敷坐穩，氍毹㲪几咫顏咸。_{時尹文端、劉文正以大學士為館師，率領謝恩記，入賢良祠散館。}殿東晴接殿西陰，正大光明仰帝心，丹字分題雙捧下，錦袍合跽三思尋：盡字_{即忍}求麥隴秋濤壯，莫負花磚書暑沈，一賦五詩眞鹵莽，願闕鳳律破蟁吟，_{是日試八磚影賦麥浪詩，省欽成五首。}翠輦東來降玉階，羽林全撤仗雙排，平臨天步光先近，宣索雲箋韻未諧；_{巳刻御輦經殿前，隨上入殿，諭詩成者以稿上。}封進閤門重簡點，評量樞院戲參差，二三等第勞宸覽，留館容看發綠牌。_{清、漢書皆分一二三等，拆封後依序繕綠頭牌，引對勤政殿。}宵衣勤政仰家傳，雁序通名豈論年，職志已完文士業，詞章也荷聖人憐；但循資格安時命，蚤託編摩遺俗緣，如此清華難副望，向陽葵藿免精專。_{省欽與修《一統志》、《音韻述微》、《續文獻通考》，時列一等第二。}

吳省欽在庶常館受教時，有大學士尹繼善、劉統勳為館師，即大教習。該年散館，即由大教習率領庶吉士齊赴賢良祠考試。試題為〈麥浪詩〉，考試當日，

〔註113〕清高宗敕撰《清朝文獻通考》，卷五十八，選舉十二，乾隆三十八年，頁5401～5402。

〔註114〕托津等奉敕纂《欽定大清會典事例（嘉慶朝）》，卷七九一，翰林院，考試，散館，乾隆四十年，頁4b。

〔註115〕托津等奉敕纂《欽定大清會典事例（嘉慶朝）》，卷七九一，翰林院，考試，散館，乾隆四十三年，頁4b。

〔註116〕陳康祺《郎潛紀聞初筆二筆三筆》，三筆，卷三，吳省欽選館授職擢侍讀諸詩，頁693～695。

高宗於巳刻駕臨試場，親諭群士詩成者可逕呈其稿。庶吉士分別派習清、漢書，皆依照考試結果分爲一、二、三等，答卷拆封後由主司官按成績繕寫綠頭牌，引見於勤政殿。吳省欽曾以庶常之身與修《大清一統志》、《音韻述微》、《續文獻通考》諸書，散館一試名列一等第二，授職翰林院編修。

第三節　大　考

　　詞臣大考爲清代獨有之制。翰林出身者以學問文章見長，皇帝隨時都有借重其所長之處，故而有此考試，免其荒廢殆忽。凡內閣學士以下及由翰林改補卿寺者、翰林院侍讀學士以下至檢討、詹事府少詹事以下至左右贊善各官，均須參加此項不定期考試。詹事府人員亦須應考乃是因爲他們俱是翰林出身，且詹事府本爲翰林備陞轉、豫儲材之地，事實上與翰林無大分別之故。因此這項考試亦常稱爲「翰詹大考」。

　　大考並無定期，大抵三數年一次，亦可能十餘年才有一次。凡大考之期，皆於考前數日降旨，降旨之後即不准告假或報病，其例甚嚴。考試結果由皇帝親加甄別，優劣定爲四等。大體而言一等超擢，二等前列者或優陞、或予賞，二等後列及三等無獎懲，四等前列者或罰俸、或降級，四等後列者輕則降調、重則革職或休致〔註117〕。試題概由欽命，大抵一詩、一賦，有時亦加疏一道，皆臨時出題，未成定例。〔註118〕

　　清代世祖、聖祖、世宗、高宗四朝大考共十九次，首次翰林考試在世祖順治十年（1653）二月，此時尙非後來固定形式之大考，而是由世祖親臨內院面試翰林各官滿洲文義。考試結果將通熟滿洲文義者三人，不拘資俸，以應陞之缺用，計有侍講胡兆龍陞侍讀學士，編修李霨陞中允兼編修，檢討莊冏生陞贊善兼檢討。其次可造者十二人仍各照原銜，責令勉力學習，俟再試分別優劣。其餘全未通曉、不能成文者五人理應外調，但念其曾入詞林數內，姑著調六部用〔註119〕。同年四月，正式舉行清代首次大考，世祖先於三

〔註117〕崇彝《道咸以來朝野雜記》，頁107～108。
〔註118〕鄧嗣禹《中國考試制度史》（台北：臺灣學生書局，1967年），頁241。
〔註119〕《清實錄》冊三，《世祖實錄》，卷七十二，順治十年二月丙辰，頁572～573。
　　　　世祖諭略云「國家設翰林各官，原爲儲養人才以充侍從之選，故特選教習滿書官員，令伊等兼習滿語滿文以資奏對講讀。選授之時，惟擇少年，以其易於學習也。今計三科之內，有經六七年者，有經三四年者，朕親臨內院面試，若不加分別，伊等何由激勸」。

月諭曰：

> 朕稽往制，每科考選庶吉士，入館讀書，歷陞編檢講讀及學士等官，
> 不與外任。所以諮求典故，撰擬文章。充是選者，清華寵異，過於
> 常員。然必品行端方，文章卓越，方爲稱職。乃者翰林官不下百員，
> 其中通經學古，與未嘗學問者，朕何由知。今將親加考試，先閱其
> 文，繼觀其品，再考其存心持己之實據。務求眞學，備朕異日顧問。
> 自吏禮兩部翰林侍郎，及三院學士，詹事府詹事以下，各候朕旨親
> 試，分別高下，以昭朕慎重詞臣之意。〔註120〕

此諭明示翰林各官備員顧問，清華上選，乃是皇帝潛修君德、緝熙聖學之最
重要人選，向來極受重視。以考試方式甄別其高下等第，優者更上層樓或可
成爲明日輔弼股肱，劣者或罰或革，總之不能使其辱沒詞林令名。

對於此一甄別人才之考試，世祖亦自有一套理念，即「親加考試，先閱
其文，繼觀其品，再考其存心持己之實據」。不僅要求文學優長，而且要求品
格端正，還要考慮其如何修身立世、持己盡忠，實是一項全面的考試。四月
初二日，世祖御太和門親試兼翰林銜之吏禮兩部侍郎，及內三院學士編檢以
上官六十二員。欽命題「君子懷德論」一篇、「請立常平倉疏」一通〔註121〕。
初五日將試過各官御筆親定去留，其中令留原衙門者，照舊供職；另少詹事
王崇簡等十二人俱從優外轉。針對此次大考結果，世祖諭曰：

> 國家官人，內外互用。在內者習知紀綱法度，則內可外。在外者諳
> 練土俗民情，則外亦可內。內外揚歷，方見眞才。朕親試詞臣，量
> 爲分別，有照舊留任者，有改授外任者，其外任編檢以上官，照詞
> 臣外轉舊例，優與司道等缺。如年衰病弱者，聽其請告，朕仍優遣
> 之。〔註122〕

翰林各官雖爲文學侍從之臣，掌撰擬，備顧問，但從世祖此諭視之，則若有

談遷《北遊錄》，紀聞下，滿書，頁369。

〔註120〕《清實錄》冊三，《世祖實錄》，卷七十三，順治十年三月己巳，頁578。
　　　　朱珪等纂《皇朝詞林典故》，卷二十九，恩遇，考試，順治十年三月，頁 1b
　　　　〜2b。

〔註121〕《清實錄》冊三，《世祖實錄》，卷七十四，順治十年四月丁酉，頁581。

〔註122〕《清實錄》冊三，《世祖實錄》，卷七十四，順治十年四月庚子，頁581。
　　　　朱珪等纂《皇朝詞林典故》，卷二十九，恩遇，考試，順治十年四月，頁 2b
　　　　〜3b。
　　　　談遷《北遊錄》，紀聞下，試定詞臣，頁370〜371。

眞才實學，堪當重任者，仍應不次拔擢，蔚爲國用。且詞臣本有外轉舊例，以學問文章之根柢，加以外轉他職之歷練，未來若有大用，正是國家棟樑之完整培養過程。

順治十二年（1655）四月，以庶吉士之考選，原欲儲養眞才以備任用，故必須懋勉學問，時加策問，乃能練習典故，博通文章，故諭除仍舊館試院試之外，今後滿漢庶吉士及共同教習讀書之一甲翰林，每兩月由世祖親自面試一次，以辨其勤惰高下，每歲六試，並將此諭永著爲令〔註123〕。惟就載籍所見，此項面試似未賡續舉行。

終世祖一朝，共計三次大考。第二次大考在順治十二年（1655）九月，因世祖御試庶吉士而連帶使翰詹等官一同與試。此次考試乃是起於世祖原欲親試庶吉士，其時有內翰林三院學士各一人直內院預票擬，其中內翰林弘文院學士麻勒吉與禮部右侍郎兼內翰林秘書院學士胡兆龍相友善，兩人又同教習庶吉士，均日入禁中，同議機密，甚受倚重。胡兆龍以世祖欲親試庶吉士，乃使麻勒吉口奏翰詹各官一體應試，世祖從之。乃於九月初四日試翰詹四十八人於午門之內，試題有表一、疏一、判一。表爲「（崇德二年，1637）上親征朝鮮大捷國王率其臣民歸降群臣賀表」〔註124〕。初五日內院及學士等閱定奏進，乃詔敍甲乙各有差，其三品以上者由世祖親定敍獎。諭曰：

> 翰林官員，簡擢中秘，習知法度，今用人孔亟，必得文行兼優者，以學問爲經濟，庶能飭法惠民，助登上理。茲朕親行裁定（陳嬪等十七人，略）皆品行清端，才猷贍裕，信任既久，圖報必殷，著各照外轉應得職銜，陞一級用，遇缺即補，各官須益矢忠勤，興利除弊，副朕圖治安民至意。〔註125〕

再次肯定詞臣才堪大任之潛在能力，以個人道德學問做爲經世濟民之基礎；外轉臨民，承宣布政，亦是詞臣仕途另一高峰。

順治十三年（1656）二月，世祖以翰林爲儲才之地，鼎甲庶常皆使兼習滿漢文字，以俟將來大用，期待甚殷。而今習滿書者將及一年，乃親試諸翰林。計有陳敱永等十員尚優，俱加賞賚，後列程邑等四員罰俸三月。其中右

〔註123〕《清實錄》冊三，《世祖實錄》，卷九十一，順治十二年四月己卯，頁716。

〔註124〕談遷《北遊錄》，紀聞下，御試詞臣，頁403～407。

〔註125〕《清實錄》冊三，《世祖實錄》，卷九十三，順治十二年九月己亥，頁734。吳偉業時任內翰林秘書院侍講，亦參加了此次考試，所撰之「表」，考後經中書傳錄於外，見談遷《北遊錄》，紀聞下，御試詞臣，頁403～407。

春坊右庶子王熙精通滿書，世祖特以御服貂裘賜之〔註126〕。至閏五月再試學習滿書諸詞臣，有王熙等六員學問皆優，特旨獎勵；白乃貞等四員遺忘所學，令住俸於翰林院，再行教習三年；郭棻、李昌垣二人學習已久，卻全不通曉，懲其降三級調外用，並於補官之日起罰俸一年。〔註127〕

順治十五年（1658）四月，世祖以讀書作文乃翰林之職，須加以考試方知其優劣，令除內翰林三院學士外，其餘翰林官員皆與試。五月，親行裁定吳正治等十五員才堪外任，令照例遇缺補用以歷練民事。〔註128〕

順治十年四月與十五年四月兩次大考，皆以外轉爲優，其時只有習清書翰林有內陞者。至聖祖康熙時，習漢書之翰林始有內陞者。

聖祖朝大考五次。康熙十八年（1679）五月御試詞臣，侍讀牛鈕名在第一，即日除侍講學士〔註129〕。康熙二十四年（1685）正月試翰詹諸臣於保和殿，欽命題「經史賦」、「懋勤殿早春應制五言排律詩」，親擢徐乾學等十一人。越二日再試於乾清宮，欽命題「班馬異同辨」、「乾清宮讀書記」、「扈從祈穀壇七言律詩」。當日修撰蔡升元納卷後，召對移時，至日暮，聖祖命侍衛執燈伴送至閣門〔註130〕。二月，以前月試過諸詞臣高下有別，命徐乾學等五人以學問優長，文章古雅均加賞賚，用示獎勵；彭遯孫等文學亦通，著照舊供職，益勤研究，以底精純；周之麟等十人文理荒疏，體式未嫻，難勝厥任，分別降調及對品調用各有差，並且下諭：

> 國家設立翰林院衙門，原以儲養人材，嫻習文學，以備顧問編纂之用。必淹貫經史，博極群書，方克諳練體裁，洞悉今古，敷詞命意，典贍弘通，悉登著作之林，用佐右文之治，始爲稱職。〔註131〕

〔註126〕《清實錄》冊三，《世祖實錄》，卷九十八，順治十三年二月甲子、戊辰，頁762。

〔註127〕《清實錄》冊三，《世祖實錄》，卷一〇一，順治十三年閏五月乙卯，頁782。

〔註128〕《清實錄》冊三，《世祖實錄》，卷一一六，順治十五年四月己丑，頁906；卷一一七，順治十五年五月庚子，頁909。

〔註129〕朱珪等纂《皇朝詞林典故》，卷二十九，恩遇，考試，康熙十八年五月，頁5a。
　　　　牛鈕於康熙九年成進士，選庶吉士。十一年散館，授檢討，未到任即除侍講。十八年大考除侍講學士，先後皆受殊擢。

〔註130〕朱珪等纂《皇朝詞林典故》，卷二十九，恩遇，考試，康熙二十四年正月，頁5b～6a。

〔註131〕《康熙帝御製文集》（台北：台灣學生書局據國立台灣大學藏清刊本影印，1966年）第二集，卷一，敕諭，諭吏部，康熙二十四年二月初七日，頁17a

欲以翰林文學所長，佐其右文之治，此爲聖祖與世祖對待詞臣之異處。聖祖性喜讀書，對本身學問亦有自信，此次考試親自閱卷，曾以試卷示大學士曰：

> 從來文章家作者手筆固自不同，閱者好尚亦不一轍。朕觀翰林文頗多佳卷，而筆力高古無出徐乾學之右，朕向聞徐乾學文字最工，諸翰林官莫不向彼請正。今細閱其所試文，果堪領袖。置之第三，恐眾論不服，即其爲人或有被人議論處，然此考試止論文章，不及其他。爾等以朕所閱各卷，傳集諸翰林官，令其自行閱看，視朕所定次第何如。〔註132〕

聖祖充分理解文章手筆各人不同，雖有一己之喜好，然亦謙沖虛懷，不以己見爲堅持，實是暫拋帝王之尊而與諸臣互爲切磋之舉。

康熙三十三年（1694）閏五月，御試翰林官於西苑豐澤園，自內閣學士以下，以及由翰林院改補卿寺者皆與試。欽命題「豐澤園賦」、「理學有眞僞論」。贊善陸葇名在第一，即除內閣學士，其餘各有賞賚〔註133〕。此次大考發生答卷不敬情事：翰林出身之兵部督捕左理事官熊賜瓚答「理學有眞僞論」時，應抬寫之字未曾抬寫，卷內又逕書妄語，本當從嚴處分，聖祖念其「愚蠢無知」，從寬免予處分〔註134〕。又親以理學眞僞爲題，就本朝鑽研理學之臣提出評斷，如原任刑部尙書魏象樞曾以吳三桂叛逆爲不正，自有天討，請免發兵，而與大學士索額圖發生激辯成隙；後康熙十八年（1679）地震，魏象樞又以天象示警，奏請速殺大學士索額圖。聖祖不禁嘆道「道學之人，果如是挾仇懷恨乎」？又如李光地、湯斌、熊賜履皆係講求道學之人，然三人卻各不相合，湯斌且曾在聖祖面前因訕笑他人文章而失儀，既而出宮後又向他人另有一番說辭，事爲聖祖所知，因而認爲「使果係道學之人，惟當以忠誠爲本，豈有在人主之前作一等語，退後又別作一等語者乎」？再如熊賜履所著《道統》一書，迭經王鴻緒、高士奇奏請刊行頒布學宮，待聖祖親覽，發現

～18a。

〔註132〕羅振玉《羅雪堂先生全集》（台北：大通書局，1973 年），五編，冊五，〈聖祖仁皇帝起居注殘稿〉康熙二十四年二月初六日，頁 2154～2155。

〔註133〕朱珪等纂《皇朝詞林典故》，卷二十九，恩遇，考試，康熙三十三年閏五月，頁 6b。

〔註134〕《清實錄》冊五，《聖祖實錄》，卷一六三，康熙三十三年閏五月丁丑，頁 787。

該書內容過當之處甚多，認爲「凡書果好，雖不刻，自然流布，否則雖刻何益。道學之人又如此務虛名而事干瀆乎？」〔註135〕深感道學名臣亦無法裡外合一，又頗多心胸褊狹，乃將上述數事傳諭大學士知之，自認惟以治天下國家之道存之於心，對於類似熊賜瓚妄語答卷其實無足計較，因此從寬處分。

同年（康熙三十三年，1694）六月，聖祖再試詞臣於暢春苑，欽命題「萬壽無疆賦」，須摹擬御製，並以題中五字爲韻。考試結果擢春坊中允徐秉義爲第一，賜宴並賜御筆「擢秀清流」四大字。其餘少詹事以下皆有賞賜，惟不合格者二十人不與〔註136〕。康熙四十一年（1702）十二月，聖祖出巡北邊，歸自德州，曾召內直諸詞林官舉行一次小型考試，定一等侍讀學士陳元龍等十人，二等若干，三等諭德王化鶴等五人調知縣用〔註137〕。五十三年（1714）十一月亦曾有一次小型考試，命試編修以下各官書法，拔其尤者入武英殿試抄《御製周易折中》，凡三試始得十卷進呈御覽，聖祖欽定六員，其中編修彭廷訓第一，命入直南書房。〔註138〕

康熙五十四年（1715）正月，聖祖朝最後一次大考於乾清宮舉行，欽命題「明四目達四聰論」、「爲有源頭活水來詩」。編修儲在文第一，特命入直南書房，另命直武英殿者八人，其餘勒令致仕者二十四人〔註139〕。聖祖對此次考試結果不甚滿意，與試諸臣竟有不能詩文者，亦有用「則、坎」等字入詩者，認爲諸臣習知聖祖素講《易經》，故率爾濫用，不論切題與否，而又皆以荒疏已久爲辭，妄圖敷衍。聖祖斥之以部院司官有辦理之事，猶可云荒疏，而翰林理應讀書，豈可云爲荒疏。同時認爲當時翰林諸臣已迴不如昔，往日詞臣如熊賜履、張玉書、張英、陳廷敬、徐乾學、徐元文、徐秉義、王士正等學問俱佳；又如挑選至內廷行走及武英殿修書翰林亦較在外翰林不同，渠

〔註135〕《清實錄》冊五，《聖祖實錄》，卷一六三，康熙三十三年閏五月癸酉，頁785。

〔註136〕朱珪等纂《皇朝詞林典故》，卷二十九，恩遇，考試，康熙三十三年六月，頁7a～7b。

〔註137〕王士禎《香祖筆記》，卷一，壬午冬，頁9b～10a。
周壽昌《思益堂札記》，十卷本，卷四，翰詹大考，頁88～89。

〔註138〕朱珪等纂《皇朝詞林典故》，卷二十九，恩遇，考試，康熙五十三年十一月，頁7b～8a。

〔註139〕朱珪等纂《皇朝詞林典故》，卷二十九，恩遇，考試，康熙五十四年，頁8a～8b。
托津等奉敕纂《欽定大清會典事例（嘉慶朝）》，卷七九一，翰林院，大考，康熙五十四年正月，頁9a～9b。

等詩文率皆大方，認為其原因「總由每日纂修校對故也」。〔註140〕

世宗雍正一朝並無大考，惟雍正元年（1723）正月有以〈雍正寶座銘〉考試翰林諸官之事，詳情不見載籍，僅蕭奭《永憲錄》聊備一語，又記此次考試，編修成文有「興利除弊」之語，世宗怒斥諭道：

> 皇考聖旨有何弊，朕何以除之？伊有條奏，八旗十五歲以上俱令讀書，則一應護軍挑取何人？伊教習二十阿哥，為人甚狂妄，著革職，仍令悛改前非。〔註141〕

另雍正十一年（1733）四月二十一日，世宗諭習清書之庶吉士經散館授職後，仍須時加考驗。於是世祖朝便已存在之清書繙譯翰林考試，至此方正式列入大考。原來翰林學習清書，蓋以備繙譯之任，故須「專心熟習，辨析精微，積學功深，與年俱進，始為不負所選」。聖祖康熙年間館選之例，庶吉士年四十五歲以下，悉皆分讀清書，而世宗御極以來，祇擇年少資敏者，每科不過十餘人。此批清書庶吉士經散館後，以無從考驗而令所學束之高閣，致教習清書三年轉為虛設。因此世宗諭曰：

> 嗣後庶吉士等雖經授職，或數年以後，或十年，朕當再加考驗能否，若仍然精熟，必從優錄用，以示鼓勵。其或遺忘錯誤，亦必加以處分，可傳諭諸翰林知之。〔註142〕

不過此項繙譯翰林大考，終世宗朝均未實施。

高宗朝共有十一次大考。乾隆二年（1737）五月首次下諭大考，高宗以為翰林本文學侍從之臣，備制誥文章之選，詞采可觀者固不乏人，而淺陋荒疏者恐亦不少，非考試無以鼓勵其讀書向學之心。因令自少詹講讀學士以下，編修檢討以上，所有滿漢各員於初七日齊集乾清宮應試〔註143〕。先令大學士、掌院等引見於養心殿，奏名畢乃依次出殿外就坐。欽命題「為君難為臣不易論」、「藏珠於淵賦」以藏珠於淵南華妙蘊為韻，詩題「賦得薰風自南來」七言排律十二韻得來字。納卷後，高宗親定甲乙，一等三人，二等十人，三等二十人，四等五十六人。名在一等之編修陳大受陞侍讀、贊善趙大鯨陞洗馬、編修張映辰陞侍讀，二三等各有陞降，餘休致者十三人。越數

〔註140〕《清實錄》冊六，《聖祖實錄》，卷二六二，康熙五十四年正月甲子，頁579。

〔註141〕蕭奭《永憲錄》，卷二上，頁85。

〔註142〕李調元《淡墨錄》，卷十，繙譯翰林大考，頁13b～14a。

〔註143〕《清實錄》冊九，《高宗實錄》，卷四十二，乾隆二年五月辛卯，頁749。

日，復賜優等翰詹諸臣御製〈喜雪詩〉墨刻及宮紗文葛、端溪松花石硯、筆墨等物。〔註144〕

　　乾隆八年（1743）四月，高宗風聞翰詹諸臣頗有從事詩酒博奕，鮮能究心四庫五車，故依往例令自少詹講讀學士以下、編修檢討以上等官，於三十日赴圓明園候旨應試〔註145〕。至試日於圓明園正大光明殿考試，欽命題「禮以養人爲本論」、「藏珠於淵賦」、詩題「賦得折檻旌直臣」五言八韻限三肴。高宗按其文字優劣，分爲四等，一等三人，二等九人，三等十七人，四等七十一人，各有陞降調用，其中降調十九人，罰俸一年者三十二人，休致者二十人。並賜優等詞臣宮紗文葛、畫筆、香囊、筆墨等物〔註146〕。又令休致諸人於閏四月初十覆試，欽命題「長勺之戰論」、「螢光照字賦」以尺璧非寶寸陰是競爲韻，詩題「賦得渭北春天樹」五言八韻，結果仍留原任者六人，並仍罰俸一年。〔註147〕

　　由於此次大考由部屬等官用入翰詹衙門者未與，高宗認爲渠等已陞入翰詹，讀書作文乃職分之事，既不似侍衛之足供差遣，又不似部曹之日辦簿書，若徒虛糜俸祿，豈不貽素餐之譏。且該員等雖不由庶吉士陞轉，卻原亦科甲出身，縱使不能作詩，但作論繙譯則萬無推謝之辭。於是傳集考試，並諭「嗣後考試翰林時，即將此等由別衙門改授者，一併傳齊，另題考試，永著爲例」〔註148〕。此諭所指實係由其他部院司官陞轉入詞苑之八旗子弟，即「滿洲外班翰林」。此批外班翰林皆科甲出身，故亦通曉文墨，唯以未選入庶常，直接撥部差使，故詩文稍弱。閏四月初七日即單獨大考滿洲外班翰林，欽命一等二人，二等四人，三四等各五人，亦陞降各有差。高宗且以此次考試實係初次，是以從寬辦理，「伊等既爲翰詹，學問乃其本業，若不加勉勵，仍復荒疏，下次考試時，不能屢邀寬典也」。〔註149〕

〔註144〕朱珪等纂《皇朝詞林典故》，卷二十九，恩遇，考試，頁9a～10b。
　　　　《清實錄》冊九，《高宗實錄》，卷四十二，乾隆二年五月戊戌，頁754。
〔註145〕《清實錄》冊十一，《高宗實錄》，卷一八九，乾隆八年四月辛亥，頁438。
〔註146〕朱珪等纂《皇朝詞林典故》，卷二十九，恩遇，考試，乾隆八年四月，頁12a～13a。
　　　　《清實錄》冊十一，《高宗實錄》，卷一九〇，乾隆八年閏四月丁巳，頁444。
〔註147〕朱珪等纂《皇朝詞林典故》，卷二十九，恩遇，考試，頁14b～15a。
〔註148〕《清實錄》冊十一，《高宗實錄》，卷一九〇，乾隆八年閏四月戊午，頁445。
〔註149〕《清實錄》冊十一，《高宗實錄》，卷一九〇，乾隆八年閏四月辛酉，頁446～447。

此後高宗仍不時舉行翰詹大考：〔註150〕

十三年（1748）五月，試於乾清宮，欽命題「竹泉春雨賦」以有斐君子終不可諼分爲韻，詩題「賦得洞庭張樂」得和字七言六韻，「時務疏」。

十七年（1752）六月，試於正大光明殿，欽命題「納涼賦」以薰風自南來爲韻，詩題「賦得風動萬年枝」五言六韻得名字，「擬董仲舒天人三策」。

二十三年（1758）三月，試於正大光明殿，欽命題「瑾瑜匿瑕賦」以隱惡揚善執其兩端爲韻，「河防得失疏」，詩題「賦得野含時雨潤」五言六韻得知字。

二十八年（1763）五月，試於正大光明殿，欽命題「江漢朝宗賦」，詩題「賦得結網求魚」五言八韻得賢字，「畿輔水利疏」。

三十三年（1768）四月，試於正大光明殿，欽命題「擬張華鷦鷯賦」，詩題「賦得紫禁朱櫻出上闌」七言八韻得圓字，「新疆屯田疏」。

五十年（1785）二月，試於乾清宮，欽命題「以仁安人以義正我賦」，詩題「賦得循名責實」得班字七言八韻，「聖人定之以中正仁義而主靜論」。

五十六年（1791）二月，試於正大光明殿，欽命題「擬張衡天象賦」以奉三無以齊七政爲韻，詩題「賦得眼鏡」五言八韻得他字，「擬劉向請封甘延壽陳湯疏並陳今日同不同」。

五十六年（1791）九月，試八旗翰詹官（滿洲外班翰林），欽命題「小陽春賦」，詩題「賦得黃華晚節香」得誠字五言八韻。

編修南匯吳省欽於乾隆三十三年（1768）參加大考，列一等，擢爲侍讀，有自注詩紀其事，可見當時故實：〔註151〕

天門訣蕩曳青緗，甲第聯銜候試差，月旦待題名士重，風儀難信病坊諧；朔日引見應出試差人員，坊缺中有年老者，遂命大考。六年大比宜循典，三日常雩適致齋，館

〔註150〕以下各次考試均見朱珪等纂《皇朝詞林典故》，卷二十九，恩遇，考試，頁15b～30a。及《高宗實錄》各日期條下。

〔註151〕陳康祺《郎潛紀聞初筆二筆三筆》，三筆，卷三，吳省欽選館授職擢侍讀諸詩，頁693～695。

吏一時喧走語，筆床硯匣細安排。自壬戌後，屆六年即舉大考於西苑，時值零典。文囿宏開曙色
霙，羽林雙引翰詹齊，抱從佛腳靈當乞，仰過天顏候漸稽；薦寢拜
霑嘉果腸，留田策罷遠糧齎，茂先王佐臣何有，慚愧枋榆斥鷃低。試擬張華
《鷦鷯賦》、《新疆屯田議》、紫禁朱櫻出上闌詩。白華朱實捧宸廧，草屋標題兆豫成，省欽自號白華，伏聞御製朱櫻詩，首聯有「白華細結冬三月，朱實紛垂首夏天」之句。新進無資還壓卷，故人有分輒連名；省欽列一等第一，諸侍講廷璋一等第二，自召試朝考，省欽名皆在諸上。寸心得失終難問，鼎甲迴翔暫比榮，一等例止三人。今後好修衷倍矢，敕頭何易副親旌。歷奉諭旨，觀其文復觀其人，親定等第。丹翰遷除寵命新，光明喜遇佛生辰，三升未信由司馬，五品先誇不遜人；明張位《詞林典故》，「五品不復推遜」，引「虞書」語。人以為笑端。報主文章徒夢寐，致身富貴孰精神，飛沈時數關前定，少賤驚心四十春。

由吳省欽自注語可知，該年大考乃因引見應差各省鄉試主考人員之時，見詹事府春坊官有年老者，疑其學力不及，遂命舉行翰詹大考。大考等第，皆由皇帝觀其文藝人品而定，該年大考，名列一等者三人，編修吳省欽為第一，侍講褚廷璋為第二。

翰詹大考向無彌封慣例，各大學士臣等校閱之際雖謹慎公允，然仍難免形跡之露，故而高宗乾隆二十八年（1763）五月有御史王懿德奏請彌封，從之。〔註152〕

清代科舉之制，除一般程序之外，八旗子弟另有優待，高宗乾隆三十年（1765）曾諭令：

八旗三品以上子弟，遇考試之期，其父兄自行奏明。原因八旗淳樸素風，恐其豔心詭遇，是以示之節制，俾知崇實黜華。非概從禁制，過其進取之途也。乃邇年來八旗大臣，竟無奏請子弟應試者。我國家滿洲世臣，宣力贊政者，多不藉文章一途。但承平百餘年，滿洲詞臣，文藻黼黻，亦不可少。大臣子弟中，果能於國語騎射之外，兼習文藝者，仍准一體入闈，毋庸奏明請旨。〔註153〕

以身分特殊而予以優待，得以應試選庶常，比較漢人士子之應試文科，已為

〔註152〕《清實錄》冊十七，《高宗實錄》，卷六八六，乾隆二十八年五月壬戌，頁677。

〔註153〕章中和《清代考試制度資料》（台北：文海出版社，1968年），頁50～51。

容易許多，然此項作法並不能普遍提高滿洲翰林素質，至乾隆五十年（1785）
大考後乃裁汰滿翰林員額。高宗深感滿洲子弟由科目出身而為翰林，本應認
真讀書、通達事理，為國家有用之才，方稱其實；向來滿洲之習舉業者，其
文義本屬淺陋，待倖登科目列名翰苑，「問以文學則曰身係滿洲，豈漢人可比；
及至問以清語騎射，又曰我係詞林，豈同武夫戰卒」，如此之進退失據、兩處
躲避，終究落於無用之流。高宗舉昔日之尹繼善、鄂容安、鐘音、觀保等滿
洲大臣為例，諸人在翰林中雖俱稱出色，但只能隨常辦事，並不能對於邊疆
事務經理裕如。而其中鄂容安膺命疆旅重寄，但臨危遇變，亦唯知一死以塞
責，對於國勢大局究竟無何補益；針對此次大考：

> 朕嚴加甄別，滿員出缺甚多，除簡擢數人外，餘竟無員可補，與其
> 濫竽充數，毋寧核實酌裁。

因此將現出之滿洲讀講學士二缺，及滿洲侍讀侍講二缺降旨裁汰，並冀嗣後
滿洲人員益當愧勉讀書，敦勵成材，以備器使。〔註154〕

　　翰詹以文章為本業，故試其詩賦。又兼及策論疏判，乃是為將來陞轉他
途做準備。雖然詞林陞遷途徑並不十分暢通，但冀望藉大考而奮力一搏者大
有人在。大體而言，新翰林盼大考，希望脫穎而出，一展長才；老翰林則怕
大考，實係消磨日久，學問荒疏，只求平安過去，不敢再有奢望。清季有無
名氏作竹枝詞，鮮活點明大考的嚴峻：

> 金頂朝珠褂紫貂，群仙終日樂逍遙。一朝大考魂皆掉，任你神仙也
> 不饒。〔註155〕

亦且名列劣等者，例如降旨休致，則不啻外吏之干六法，絕無復還原秩之望
〔註156〕。正因大考並無定期，一旦頒佈諭旨便即日進宮應試，連稱病報假機
會亦無。高宗乾隆十三年（1748）便敕諭翰林考試不得稱病規避，否則嚴劾
〔註157〕。清季名臣曾國藩於宣宗道光二十三年（1843）遇大考，即於稟祖父
母家書中表露其驚懼之色：

〔註154〕清高宗敕撰《清朝文獻通考》，卷七十八，職官二，乾隆五十年，頁5582。
〔註155〕許姬傳《許姬傳七十年聞見錄》（北京：中華書局，1985年），頁11，註1。
　　　　另，清季文康撰《兒女英雄傳》（台北：三民書局，1990年），第八十三回亦
　　　　有類似之詞「金頂朝珠褂紫貂，群仙終日任逍遙。忽傳大考魂皆落，告退神
　　　　仙也不饒」，可以參看。
〔註156〕陳康祺《郎潛紀聞初筆二筆三筆》，三筆，卷十一，翰林大考之黜陟，頁
　　　　840。
〔註157〕清高宗敕撰《清朝文獻通考》，卷六十一，選舉十五，乾隆十三年，頁5423。

三月初六日奉上諭，于初十日大考翰詹，在圓明園正大光明殿考試。

孫初聞之，心甚驚恐。蓋久不作賦，字亦生疏。向來大考，大約六

年一次。此次自己亥歲二月大考，到今僅滿四年，萬不料有此一舉，

故同人聞命下之時，無不惶悚。〔註158〕

　　大考以詩文識見取勝，亦重楷法書寫。高宗時法式善即以楷法不善，兩次大考俱見黜，一次以侍讀學士降員外郎，一次以侍讀學士改贊善，揚歷清班二十餘年，從不曾一與直省學政及鄉、會典試分校之役，實未嘗不與其楷法不善有關。〔註159〕

第四節　鴻博經學

　　清代科舉，有常科、制科之別。常科即固定舉行之鄉、會試，制科即天子親詔特舉，別開一科以選卓異之材。唐、宋開制科最多，視爲優選，元、明兩代無制科，至清代復開制科，有聖祖、高宗兩朝之博學鴻詞科，德宗朝之經濟特科及始於聖祖、終於清亡之孝廉方正科。其餘若保舉經學、巡幸召試，或選拔範疇較小，或限於個別地區，雖未開科，但可與制科具相類意涵。〔註160〕

　　清代制科之與翰苑直接關聯者，唯聖祖、高宗所開之兩次博學鴻詞科，請於此論述之；附以高宗朝之保舉經學，以其與詞林間接相關故也。

一、博學鴻詞

　　清廷入關之後，極欲鞏固政權，延用前明官員及徵聘民間隱逸爲方法之一。世祖順治二年（1645）四月，平定三秦流寇，特頒恩詔於陝西等處，其中有云：

〔註158〕《曾國藩全集》（長沙：嶽麓書社排印本，1985 年），《家書》冊一，道光二十三年三月二十三日，稟祖父母，頁 61。

〔註159〕趙爾巽等撰《清史稿》冊四十四，卷八五五，列傳二七二，文苑二，法式善，頁 13402。

陸以湉《冷廬雜識》（北京：中華書局點校本，1984 年），卷六，烏爾吉祭酒，頁 309～310。

陳康祺《郎潛紀聞初筆二筆三筆》，初筆，卷七，乾隆已重字不重文，頁 141。

〔註160〕趙爾巽等撰《清史稿》冊十二，卷一○九，志八十四，選舉四，制科，頁 3175。

秦中山林隱逸之士，有懷才抱德，堪爲時用，及武略出眾，膽力過

人者，撫按據實舉薦，該部覆覈，徵聘來京，以便擢用。〔註161〕

至順治十二年（1655）正月吏科給事中朱徽於奏疏中說明歷來徵聘山林隱逸

成果：

比年以來，錄遺舉廢，恩詔頻頒，甚盛舉也。但有以曾經前朝罪廢

不用者，亦有以本朝微眚註誤不用者。又有以赴部違限，概加革職

永不敍用者。

可見清廷選拔遺逸仍有一定嚴格程序與標準，然如此嚴苛之選舉方式，終非

人心所服，且果有眞才碩學，任其藏於民間，未免可惜，因此朱徽建議：

宜敕督撫，無論前代遺紳與山林隱逸，果有才堪理民，學可輔世者，

已舉未舉，覈實奏聞，該部覆核，即加擢用。其不願仕者，亦准以

原官休致，庶四方向風，人才輩出矣。〔註162〕

至聖祖朝，終於大規模延納並接受薦舉才學之士，於常科之外特開「博

學鴻詞科」以招聘賢才。先是康熙二年（1663），聖祖厭薄科考八比之文，曾

諭內三院與九卿於甲辰（康熙三年）、丁未（康熙六年）兩科會試改換策論，

欲以經濟時務取士，而廷臣狃於故習，皆言古學不可猝辦，仍暫用八比以俟

徐復策論〔註163〕。及至康熙十七年（1678）正月，聖祖以爲自古一代之興，

必有博學鴻儒以振起文運，闡發經史，潤色詞章，並備顧問著作之選，而清

廷定鼎以來，自認崇儒重道，培養人材，以四海之廣，豈無奇才碩彥、學問

淵通而文藻瑰麗之可以追步前哲往賢者，因此下諭吏部：

凡有學行兼優，文詞卓越之人，不論已仕未仕，令在京三品以上及

科道官員，在外督撫布按，各舉所知，朕將親試錄用。其餘內外各

官，果有眞知灼見，在內開送吏部，在外開報督撫代爲題薦。務令

虛公延訪，期待眞才，以副朕求賢右文之意。

於是立有大學士李霨等薦原任副使道曹溶等七十七人，命各員赴吏部齊集之

日請旨，而在外現任者則免開缺〔註164〕。同年十一月大學士索額圖、明珠奉

旨各大臣官員題舉才學諸人，俟全到之日考試，其中恐有貧寒難支者，交與

〔註161〕《清實錄》冊三，《世祖實錄》，卷十五，順治二年四月丁卯，頁135～138。

〔註162〕《清實錄》冊三，《世祖實錄》，卷八十八，順治十二年正月己酉，頁695。

〔註163〕李調元《淡墨錄》，卷四，己未博學鴻詞五十人，頁1a～4b。

〔註164〕《清實錄》冊四，《聖祖實錄》，卷七十一，康熙十七年正月乙未，頁910。

戶部酌量給與衣食，以副求賢之意〔註165〕。於是由戶部發給被薦至京者每人每月俸銀三兩、米三斗，自十一月初一日起算，至考試結束為止。〔註166〕

　　李調元《淡墨錄》詳記聖祖訂定博學鴻詞科考試日期過程：康熙十八年（1679）正月晦日（二十九日）上諭薦舉人員著於二月初三日親試。大學士李霨奏時限迫促，無法預備試卷、桌案等項，遂令改於二月十六日奏來。屆期，聖祖方幸溫泉回宮，當值大學士馮溥又因簡入會試闈中，未及啓奏。十七日，乃諭吏部會同翰林院詳議試期及應用事宜具奏。因定三月初一日考試，薦舉到部各員並先於二月二十九日在吏部過堂。〔註167〕

　　三月初一日，於體仁閣考試內外諸臣薦舉博學鴻儒一百四十三人。當日平明時分，諸士齊集太和門，魚貫入詣太和殿前，鴻臚唱行九叩首禮畢，聖祖御殿祭堂子，回命諸士赴體仁閣下，臨軒命題，大學士及翰林院掌院學士捧題出。首題用李霨所擬「璇璣玉衡賦」，有序，用四六；次題用杜立德所擬「省耕詩」，五言排律二十韻。諸士俱坐作文，又命撤四圍護軍，俾使吟詠自適。至巳牌時分，宣旨賜宴云「諸士皆讀書博古，當世賢人，朕隆重有加，宿命光祿授餐，使知敬禮至意」，遂引上體仁閣設席賜椅，四人一席，由大學士滿漢各一員及滿漢掌院學士陪席。給饌十二色，皆大盌高攢；先賜茶二通，時果四色，後用饅首卷子，另紅綾餅粉湯各二套、白米各一大盂。宴畢復就試，文完者先出，未完者十餘人命給燭竣事，至漏二下始罷。由吏部收卷，翰林院總封，進呈聖祖御覽。〔註168〕

〔註165〕李調元《淡墨錄》，卷四，己未博學鴻詞五十人，頁1a～4b。
〔註166〕李集《鶴徵前錄》（台北：明文書局，周駿富輯《清代傳記叢刊》據昭代叢書本影印，1985年），卷首。
〔註167〕李調元《淡墨錄》，卷四，己未博學鴻詞五十人，頁1a～4b。
　　又，聖祖諭吏部會同翰林院詳議考試日期，見《清實錄，第四冊，聖祖實錄》，卷七十九，康熙十八年二月壬午，頁1012。「諭吏部，朕以萬幾之暇，留心經史，思得博學鴻儒，備顧問著作之選。故特頒諭旨，令內外諸臣，各舉所知。膺薦人員已陸續到部，欲行考試，因天寒晷短，恐其難於屬文，弗獲展厥蘊抱。今天氣已漸融和，應定期考試，所有合行事宜爾部會同翰林院詳議具奏」。
〔註168〕考試過程綜合以下資料所得：
　　《清實錄》冊四，《聖祖實錄》，卷八十，康熙十八年三月丙申，頁1016。
　　李調元《淡墨錄》，卷四，己未博學鴻詞五十人，頁1a～4b。
　　王應奎《柳南隨筆續筆》（北京：中華書局點校本，1983年），隨筆，卷四，頁64。
　　陸以湉《冷廬雜識》，卷八，給燭，頁433。

　　既納卷，由大學士李霨、杜立德、馮溥與掌院學士葉方藹閱卷進呈，卷分四等：上上、上、中、下。上上卷二十人，作一等；上卷三十人，作二等；中卷作三等，下卷作四等。共取一、二等五十卷，三、四等俱落第。欽定一等彭孫遹等二十人，二等李來泰等三十人，俱令纂修明史，授翰林官。其授官標準爲道員授爲侍讀，計一人；候補道員、郎中授爲侍講，計四人；進士出身之主事、中、行、評、博、內閣中書、知縣及未仕進士授爲編修，計十八人；舉貢出身之推、知、教職，革職之檢討、知縣及未仕之舉貢、廕、監、布衣俱授爲檢討，計二十七人〔註169〕。另有年老未取中者，念其文學素著，從優加銜並聽其回籍，以示恩榮：張貞授翰林院侍詔，孫枝蔚、王昊、鄧漢儀授司經局正字，杜越、傅山、王方穀、朱鍾仁、申維翰、王嗣槐俱給事中舍人銜。〔註170〕

　　授官已定，擇四月二十日到任，各朝服冠帶於欽天監火神廟，齊到衙門行禮，次日赴明史館履任。〔註171〕

　　聖祖開博學鴻詞，其後五十四年之間未能再舉，至世宗雍正十一年（1733）四月諭再舉博學鴻詞，除現任翰詹官員無庸薦舉外，其他已仕未仕之人，在京著滿漢三品以上各舉所知彙送內閣，在外著督撫會同學政悉心體訪，遴選考驗，保題送部轉交內閣〔註172〕。無奈內外各官瞻顧不前，未能盡心保薦，兩年之內僅寥寥數人，雍正十三年（1735）二月世宗下諭斥責：

　　　　朕令薦舉博學宏詞……乃降旨已及兩年，而外省之奏薦者寥寥無
　　　　幾。以江浙兩省人材眾多之地，至今未見題達，此非人材之不足應

　　　　王應奎《柳南隨筆續筆》所記參與薦試人員共一百七十四人，分別爲直隸十
　　　　九人、江南五十八人、浙江四十七人、山東十二人、山西十一人、河南四人、
　　　　湖廣六人、陝西十人、江西四人、福建二人、貴州一人。
〔註169〕《清實錄》冊四，《聖祖實錄》，卷八十，康熙十八年三月甲子，頁1023；卷
　　　　八十一，五月庚戌，頁1034。
　　　　朱珪等纂《皇朝詞林典故》，卷二十八，恩遇，詞科，頁3a～3b。
　　　　清高宗敕撰《清朝文獻通考》，卷四十八，選舉二，頁5307～5308。
〔註170〕陳康祺《郎潛紀聞初筆二筆三筆》，初筆，卷八，美授，頁167。
　　　　王應奎《柳南隨筆續筆》，隨筆，卷四，頁64。
　　　　清高宗敕撰《清朝文獻通考》，卷四十八，選舉二，頁5307～5308。
　　　　李調元《淡墨錄》，卷五，給中書舍人銜六人，頁25a～26b；給司經局正字
　　　　銜三人，頁26b～27a；給翰林院待詔銜一人，頁27b～28a。
〔註171〕李調元《淡墨錄》，卷四，己未博學鴻詞五十人，頁1a～4b。
〔註172〕《清實錄》冊八，《世宗實錄》，卷一三〇，雍正十一年四月己未，頁689～
　　　　690。

選，乃督撫學臣等奉行不力故也……李黻、吳應棻合舉二人，吳應
棻又獨舉二人，就中則有宣化府進士。夫以宣化北邊一郡尚有可舉
之人，何況内地各省。

因此再通行宣諭，無論已奏未奏之省，俱著再行遴選題送〔註173〕。同年八月，
世宗崩殂，始終未能再開鴻博。

　　高宗繼位，立於雍正十三年（1735）十一月詔諭再開鴻博：

　　皇考樂育群才，特降諭旨令直省督撫及在朝大臣各保舉博學鴻詞
　　之士，以備制作之選，乃直省奉詔已及二年，而所舉人數寥寥。
　　朕思天下之大，人材之眾，豈無足膺是舉者。一則各懷慎重觀望
　　之心，一則衡鑑之明，視乎在己之學問，或已實空疏，難以物色
　　流品，此所以遲回而不能決也。然際此盛典，安可久稽，朕用再
　　為申諭，凡在内大臣及各直省督撫，務宜悉心延訪，速行保薦，
　　定於一年之内齊集京師，候旨廷試。倘直省中實無可舉，亦即具
　　本題覆。〔註174〕

乾隆元年（1736）二月，内外臣工舉薦應試之博學鴻詞人員已逾百數，唯因
尚未齊集京師，不便即行考試，高宗以先到者未免旅食艱難，諭自三月為
始，每人月給銀四兩以資其膏火，在戶部按名發給，並定考試後停止，若有
現任在京食俸者即不必支給。又行文外省，令未到之人俱於九月以前到京，
若該省無續舉之人，亦即報部知之，免致久待〔註175〕。九月二十六、二十八
兩日於保和殿御試博學鴻詞一百七十六員，試中亦賜宴，命大學士鄂爾泰、
張廷玉及吏部侍郎邵基閱卷〔註176〕。考前依御史吳元安所奏，試程分為兩
場，首場試以經解一篇、史論一篇，二場照例試以詩、賦、論三題，皆許自
辰至酉，夜則准其繼燭以盡其長。其用意在薦舉鴻博，原期得湛深經術、敦
崇實學之儒，始足副淹雅之稱、膺著作之選。此因詩賦雖取兼長，而經史尤
為根柢，若徒駢綴儷偶、推敲聲律，縱有文藻可觀，終覺名實未稱，故而有
此改變。〔註177〕

〔註173〕杭世駿《詞科掌錄》（台北：臺灣學生書局據道古堂藏板影印，1976年），上
　　　　諭，雍正十三年二月二十七日内閣抄出奉上諭，頁2a～3a。
〔註174〕《清實錄，第九冊，高宗實錄》，卷六，雍正十三年十一月乙巳，頁264。
〔註175〕朱珪等纂《皇朝詞林典故》，卷二十八，恩遇，詞科，頁6b～7a。
〔註176〕《清實錄》冊九，《高宗實錄》，卷二十七，乾隆元年九月己未，頁590。
〔註177〕清高宗敕撰《清朝文獻通考》，卷五十，選舉四，頁5322。

實際考試時，首場欽命賦題「五六天地之中合賦」以敬授民時聖人所先為韻，詩題「賦得山雞舞鏡詩」得山字七言排律十二韻，論題「黃鐘為萬事根本論」。二場試題經、史二策〔註178〕。考試結果，錄取一等劉綸等五名及二等楊度汪等十名，共十五人，分別授官，一等俱授翰林院編修，二等內由科甲出身者授翰林院檢討，未經中舉者授翰林院庶吉士。十月初五日引見於養心殿，各賜御製《日知薈說》一部。〔註179〕

乾隆二年（1737）七月十一、十三兩日，高宗又補試被薦續到之博學鴻詞人員於體仁閣，亦賜宴。首場欽命制策二道，二場賦題「指佞草賦」以生於堯階有佞必指為韻，詩題「賦得良玉比君子詩」七言排律十二韻得來字，論題「復見天心論」。命大學士張廷玉、尚書孫嘉淦閱卷〔註180〕。計取四人，一等萬松齡授翰林院檢討，二等朱荃、洪世澤授翰林院庶吉士，張漢授翰林院檢討。〔註181〕

嘉道間有陸以湉比較兩次鴻博之試，乃具四特點如下：〔註182〕

（一）聖祖朝，自大學士以下，至主事、內閣中書、庶吉士、兵馬指揮、督捕理事等官，皆得薦舉。高宗朝，三品以下官薦舉者，部駁均不准與試。

（二）聖祖朝，凡緣事革職之官，皆得與試。高宗朝，部駁不准與試。

（三）聖祖朝，原官翰林者仍得與試，故有兩次入翰林者，如秦松齡、沈筠、錢金甫。高宗朝，已官翰林者，皆不得與試。

（四）兩科人才，皆以江南為極盛，其次皆為浙江。又兩科皆有一人日後入閣，聖祖朝為王頊齡，高宗為劉綸。

清代博學鴻詞科僅聖祖朝及高宗朝兩次，此下即不再舉行，文宗咸豐朝與德宗光緒朝均有人建議再舉博鴻試以儲人才，但均以非關當務之急而未能實現。

〔註178〕試題詳見朱珪等纂《皇朝詞林典故》，卷二十八，恩遇，詞科，頁7b～13a。

〔註179〕《清實錄》冊九，《高宗實錄》，卷二十八，乾隆元年十月癸亥，頁597；十月乙丑，頁599。

朱珪等纂《皇朝詞林典故》，卷二十八，恩遇，詞科，頁13b～14a。

〔註180〕朱珪等纂《皇朝詞林典故》，卷二十八，恩遇，詞科，頁14a～16a。

〔註181〕《清實錄》冊九，《高宗實錄》，卷四十七，乾隆二年七月壬寅，頁806。

〔註182〕陸以湉《冷廬雜識》，卷一，博學鴻詞，頁4。

二、保舉經學

　　清代保舉經學人員僅只高宗朝一次，起因於高宗深慨頻年考試翰林各官詩賦，致諸臣率爾精研詞章，卻未見沈酣六籍、含英咀華，究經訓之閫奧者。高宗認爲聖賢之學，以行爲本，文爲其末，而文之中則以經術爲其根柢，詞章又爲文之枝葉；窮經不如敦行，然知務本則於躬行爲近，是故崇尚經術乃良有關於世道人心之事。高宗惑於詞苑之中未見深研經術者，究爲鮮有篤志正學之人，抑有其人而未之聞？然仍堅信海宇昇平之世，學士大夫舉得精研本業，其窮年矻矻，宗仰儒先者當不乏人，怎奈其終老牖下，而使詞苑之中寡經術之士。乃於乾隆十四年（1749）十一月，令內自大學士、九卿，外至直省督撫，均應公舉所知，精選勿濫，不拘進士、舉人、諸生以及退休閒廢人員，愼重遴訪潛心經學者，務擇老成敦厚、純樸淹通之士〔註183〕。至十五年（1750）十二月准吏部具題據大學士、九卿、督撫等保舉經學人員共四十九員，其中編修夏力恕、檢討吳大受、庶吉士魯曾煜三員原係翰林，因事回籍，未來仍可供職，無庸再行保舉。另有原任同知吳廷華，因署通判任內計參浮躁降調，奉旨休致；原任筆帖式李錯因打死家人革職；原任監察御史范咸因巡視台灣，以分派供應事革職；原任直隸廣大兵備道陳法，因檢舉淮徐道任內堤工漫溢，奏事不實革職；原任檢討孫景烈，因考試四等休致。上述數員，覈其情罪，可知並非敦厚純樸、淹通經術之士，俱不准保舉，並照例將保舉不實之大學士吏部尙書梁詩正等五人罰俸九月。〔註184〕

　　乾隆十六年（1751）閏五月，高宗針對內外諸臣保舉之員到部者尙屬寥寥，且諸臣似未深悉己意而暢論保舉經學原意：

> 蓋經術爲根柢之學，原非徒以涉獵記誦爲能。朕所望於此選者，務得經明行修，淹洽醇正之士，非徒占其工射策、廣記問，文藻詞章，充翰林才華之選而已。亦非欲授以政事，責其當官之效，如從前各保一人故事，此朕下詔本意也。

並再令大學士、九卿等將現舉人員再行虛公覈實，不必拘泥人數之多寡，務取名實相孚者確實以聞，如若所舉之人果然眾所共信，即可不必再加考試

〔註183〕《清實錄》冊十三，《高宗實錄》，卷三五二，乾隆十四年十一月己酉，頁860。

〔註184〕《清實錄》冊十三，《高宗實錄》，卷三七九，乾隆十五年十二月己丑，頁1206。

〔註 185〕。旋據大學士、九卿等覆奏，從前內外諸臣所保人員，經公同會核，大半未能熟知深悉，殊少眾所共推之人。其內惟陳祖范、吳鼎、梁錫璵、顧棟高四人，多有知其平素品行端謹、留心正學者，就數十人之中詳加較量，允屬潛心經學之士〔註 186〕。得旨，既據大學士、九卿等公共覆覈，眾論僉同，則陳祖范等四人平日研窮經義，必見之著述，令進呈所著述以覘實學。其人在京者即交送內閣進呈，並帶領引見；在籍者行文督撫就取之，或願赴部引見或年老不能進京則聽之。旋吳鼎進《象數集說》、《集說附錄》、《春秋四傳選義》、《易堂問目》、《考律緒言》各一部；梁錫璵進《易經揆一》一部。六月，二人由吏部帶領引見，俱以國子監司業用，一體食俸辦事，不爲定員。而陳祖范、顧棟高則因年力老邁，不能來京供職，俱賞給國子監司業銜，以爲績學之勸，所有著述亦俱留覽。〔註 187〕

此次保舉經學獲選者四人。吳鼎，金匱人，授國子監司業，歷官翰林院侍講學士，轉侍讀學士，大考降左春坊左贊善，遷翰林院侍講後休致。梁錫璵，介休人，授國子監司業，乾隆十七年（1752）命直上書房，累遷詹事府少詹事，大考降左庶子，再擢國子監祭酒，坐遺失書籍鐫級。陳祖范，常熟人，以年老不任職，賜司業銜，後卒於家。顧棟高，無錫人，以年老不任職，賜司業銜，乾隆二十二年（1757）高宗南巡，召見行在，加祭酒銜，後卒於家。〔註 188〕

〔註 185〕《清實錄》冊十四，《高宗實錄》，卷三九一，乾隆十六年閏五月辛巳，頁132。

〔註 186〕朱珪等纂《皇朝詞林典故》，卷二十八，恩遇，經學，頁 21b～22a。
　　　　陳祖范爲大學士張廷玉、尚書王安國、侍郎歸宣光所舉；吳鼎爲尚書汪由敦所舉；梁錫璵爲侍郎錢陳群所舉；顧棟高爲大理寺卿鄒一桂所舉。見趙爾巽等撰《清史稿》冊四十三，卷四八○，列傳二六七，儒林一，頁 13149。

〔註 187〕托津等奉敕纂《欽定大清會典事例（嘉慶朝）》，卷七八五，翰林院，官制，保舉經學，頁 8b～9b。
　　　　朱珪等纂《皇朝詞林典故》，卷二十八，恩遇，經學，頁 22a～25a。

〔註 188〕四人皆有傳，俱見趙爾巽等撰《清史稿》冊四十三，卷四八○，列傳二六七，儒林一，頁 13149～13151。

第四章　典　禮

　　國家典禮之與翰苑直接相關者，厥爲講筵與諡法二項。講筵即經筵日講，諡法即身後易名，俱爲重要典則，論列之際，欲明其故實，具其首尾，乃擴而大之，並不專以翰林爲限，此實探究有清一代功令典制所不得不然者，識者其寬量宥之。

第一節　講　筵

　　經筵日講，要言之，即古代專爲皇帝講解經史，使學習治國政術。乃爲特設之御前講席。就體制而言，經筵爲定期舉行之國家典禮，儀節固定，其行儀或每旬、或每月、或兼旬、或春秋一舉，各代不同。日講則爲密集式講讀，或每日、或隔數日一舉，儀節清簡，爲帝王探研學問、進德修業之主要途徑。

　　漢代已有御前講讀之事。昭帝幼年即位，輔臣選碩學名儒韋賢等入授於帝前，宣帝亦曾命諸儒於石渠閣講五經。唐代，玄宗置集賢院日講經史。宋代則於眞宗朝有崇政殿說書之制，置講官，以翰林學士等官充或兼，每年二月至端午，八月至冬至爲講期，講官逢單日入侍，輪流講讀，並以講畢賜講官酒飯筵席而始稱「經筵」〔註1〕。元、明、清均有承襲，其細節則互有異同，

〔註 1〕 汪汲《事物原會》（揚州：江蘇廣陵古籍刻印社據清嘉慶元年丙辰古愚山房藏版影印，1989 年）卷四，經筵，頁 3。「潛確類書經筵歷代無專官，自漢宣帝甘露三年庚午始詔諸儒講五經於石渠閣。朝野雜記宋寧宗慶元後臺丞諫長暨副端正言司諫已上，無不預經筵者。正言兼說書自端明巫伋始，副端兼說書自端明余堯弼始，察官兼說書自少卿陳夔始」。

然經筵之眞正定制，著爲儀注，則在明中葉英宗正統元年（1436）〔註2〕。傳衍至清而有更完備發展。

一、講筵體制

清代講筵體制可追溯至入關前太宗皇太極時期，惟當時並非後世嚴格定義之講讀。天聰三年（1629）設立文館，命儒學文臣分爲兩直，一「繙譯漢字書籍」，一「記注本朝政事，以昭信史」，其用意爲「欲以歷代帝王得失爲鑑，併以記己躬之得失焉」〔註3〕。明白顯示太宗皇太極以史爲鑑，尤以中國歷史爲鑑，並時刻反躬自省、鑽研學問之用心。後來文宗咸豐年間雲貴總督吳振棫據此認爲翻譯漢字書籍即是「日講之義」，而記注本朝政事即「起居注官之義」〔註4〕。至天聰十年（即崇德元年，1636）三月，改文館爲內三院，包括內國史院、內秘書院、內弘文院。其中內弘文院職掌有「注釋歷代行事善惡進講御前」〔註5〕，此乃明確記載爲清室君主講書之最早紀錄。

太宗皇太極於崇德八年（1643）暴死瀋陽，由年僅六歲之第九子福臨繼位，是爲世祖。其所以繼承大統，乃經競爭波折而妥協者，其結果即爲幼帝即位，由叔父睿親王多爾袞及從叔父濟爾哈朗共同輔政，待幼帝長成，再行歸政。

多爾袞爲皇太極十四弟，亦爲清軍最重要將領。皇太極死，多爾袞曾爲競爭帝位主角之一，待以叔父攝政王（後改爲皇父攝政王）身分輔政，權勢更加顯赫。世祖順治元年（1644），明山海關守將吳三桂開關迎降，多爾袞率清軍長入北京，驅走流寇李自成，隨即迎清廷至北京。至是福臨乃告祭天地，

〔註2〕 明英宗定經筵日講儀注及官制，分見：
《明實錄》英宗，卷十四，正統元年二月丙辰，頁9。
李東陽等撰，申時行等重修《大明會典》（台北：東南書報社據明萬曆十五年司禮監刊本影印，1964年），卷五十二，禮部十，經筵，頁1～5。
黃佐《翰林記》，卷九，開經筵，頁123～125。
孫承澤《春明夢餘錄》（香港：龍門書店據清光緒九年廣州惜分陰館南海孔氏古香齋鑒賞袖珍本影印，1965年），卷九，頁1～3。
孫承澤《天府廣記》，經筵事宜，頁345。
廖道南《殿閣詞林紀》（台北：商務印書館影印《文淵閣四庫全書》，1983年），史部七，傳記類三，總錄之屬，卷十五，頁2～7。
〔註3〕 《清實錄，第二冊，太宗實錄》，卷五，天聰三年四月丙戌，頁70。
〔註4〕 吳振棫《養吉齋叢錄》，卷二，頁15。
〔註5〕 《清實錄》冊二，《太宗實錄》，卷二十八，天聰十年三月辛亥，頁355。

即皇帝位，清廷之統治中國正式開始。

多爾袞功業聲望無人能比，控御權位之企圖則時刻顯露無遺。世祖福臨雖已即位，然畢竟年幼可欺，於國事政務實無可作爲，一切政務均由攝政二王共同決定，然實際乃由多爾袞一人把持。因多爾袞漠不關心及有意放任，幼主之教育始終未得妥善照料。順治元年（1644）正月，都察院承政公滿達海等人首先上啓攝政二王，請求讓福臨及時典學，其啓略云：

> 今皇上聰明天縱，年尚幼沖，若不及時勤學，則古今興廢之道無由而
> 知。宜愼選博學明經之端人正士，置諸左右，朝夕講論，以資啓沃。

多爾袞以「所言甚是」先爲敷衍，卻以「上方幼沖，尚須遲一二年」爲由拒絕其請〔註6〕。同年十月，戶科給事中郝傑亦奏以從古帝王無不懋修君德、首重經筵，「正宜及時請擇滿漢端雅儒臣，日譯大學典謨數條」，且須「循舊典，遣祀闕里，示天下所宗」。然多爾袞仍以拖延方式，令「請開經筵，祀闕里，俱有裨新政，俟次第舉行」。〔註7〕

順治二年（1645）三月，大學士馮銓、洪承疇等奏：

> 上古帝王奠安天下，必以修德勤學爲首務。故金世宗、元世祖皆博
> 綜典籍，勤於文學……皇上……今滿書俱已熟習，但帝王修身治人
> 之道，盡備於六經，一日之間，萬幾待理，必習漢文、曉漢語，始
> 上意得達，而下情易通。伏祈擇滿漢詞臣朝夕進講，則聖德日進，
> 而治化益光矣。〔註8〕

其時上言請早開經筵之奏疏尚多，惟多爾袞根本不予理會〔註9〕。三年（1646）正月，禮科給事中梁維本亦以「古來聖哲宏開萬祀太平者，咸以務學爲第一義」請開經筵日講，多爾袞仍以現在節令不合，予以推託〔註10〕。

〔註6〕《清實錄》冊三，《世祖實錄》，卷三，順治元年正月丁未，頁42。

〔註7〕郝傑〈奏爲眞人應運率土歸心謹進芻言宏開泰治事〉。收入琴川居士編《皇清奏議》（台北：文海出版社據都城國史館琴川居士刊本影印，1967年），卷一，頁21〜23。
　　《清實錄》冊三，《世祖實錄》，卷九，順治元年十月丙辰，頁93。

〔註8〕《清實錄》冊三，《世祖實錄》，卷十五，順治二年三月乙未，頁131〜132。

〔註9〕順治初年上疏請早開經筵講讀者尚有元年三月甲寅大學士希福等奏，二年三月戊戌山西道監察御史廖攀龍條陳四事，二年七月戊寅工科給事中許作梅疏，二年八月庚辰禮科給事中梁維本奏，三年正月乙卯梁維本又奏。分見《清實錄》冊三，《世祖實錄》，卷三，頁48；卷十五，頁132；卷十九，頁173；卷二十，頁175；卷二十三，頁198。

〔註10〕張偉仁主編《中央研究院歷史語言研究所現存清代內閣大庫原藏明清檔案》

至順治七年（1650）十二月初，多爾袞於古北口外行獵之時，死於喀喇城，十四歲之世祖終於擺脫羈絆，提前親政。其先，世祖於宮中學習滿文母語已有相當造詣，至是則開始加強學習漢文。據云世祖親政時，對漢文依然陌生，閱讀漢文奏章，往往茫然不解其意。為能閱讀諸臣章奏及處理政務，世祖以極大毅力苦讀漢文書籍。以乾清宮為書房，擺放書架數十張，經史子集、裨官小說、傳奇時藝等無所不包。殿中又排列長几，放置商周鼎彝、印章畫冊等文物。每日除處理軍國大事之外，讀書每至深夜。為得充足讀書時間，又規定每月逢五之日為視朝之期，其餘時間則幾乎全用以讀書〔註11〕。學習漢文當然為統治漢族並控制龐大漢官集團所必須，而其本身傾慕與虔心向學亦是原因之一。

順治八年（1651）九月，刑科給事中魏象樞奏言：

> 啟沃聖德，全賴輔臣，我皇上萬幾之暇，偶有燕幸，如前後左右無才德碩望之老臣，萬一勞逸不節，出入不時，誰為奏請者。請於臨雍之際，即召滿漢輔臣二人，講說治道，以弼成聖德。仍擇滿漢詞臣，文學雅重者數人，備顧問、記起居，更宜節省遊幸，以慎保聖躬。

疏入報聞〔註12〕。此時世祖之漢文學習尚不精湛，閱讀經史仍賴滿文譯本，同年十月，內秘書院檢討徐必遠即奏請進呈《大學衍義》滿文譯本，亦報聞〔註13〕。九年（1652）四月，禮部覆議科臣楊黃〈百官入朝奏事疏〉，首次提及經筵之禮，認為「禮不容缺」，應春秋各舉一次，請於文華殿舊基重建新殿，由內院大學士知經筵事，六部尚書、都御史、通政使、大理寺卿及學士等官侍班，翰林官二員進講，並且建言「皇上之孜孜好學，即所以為勤政之本」。疏入，命工部於次年遇暇修建文華殿，以備日後行禮〔註14〕。此是清代經筵制度確立之先聲。

冊三，禮科給事中梁維本揭請擇吉舉行經筵日講大典，順治三年一月，頁B1573、A3～220。

〔註11〕左步青主編《清代皇帝傳略》（北京：紫禁城出版社，1991年），頁76～77。

〔註12〕《清實錄》冊三，《世祖實錄》，卷六十，順治八年九月庚寅，頁476。

〔註13〕《清實錄》冊三，《世祖實錄》，卷六十一，順治八年十月丁未，頁478。
姚椿編《清朝文錄》（台北：大新書局據清咸豐元年華亭張代南山館刊本影印，1965年），卷二十五，頁7～8；載同疏〈請譯進大學衍義疏〉，惟上疏人題名為「徐必達」，與實錄異，今從實錄。

〔註14〕《清實錄》冊三，《世祖實錄》，卷六十四，順治九年四月乙丑，頁504。

　　文華殿建成之前，世祖仍持續經史之閱讀。十年（1653）二月，命內院
諸臣繙譯五經。閱後深爲所動，特諭諸臣「天德王道，備載於書，眞萬世不
易之理也」〔註 15〕。五月，以內院尚非經筵日講之地，諭令工部作速起造文
華殿，以便講求古訓〔註 16〕。其時亦有廷臣以經筵之舉，等待費時，乃疏請
世祖「春秋鼎盛，正當及時力學，則日講之官不可不專設，日講之事不可不
急行」，請令取《大學》、《論語》及《帝鑑圖說》、《貞觀政要》、《大學衍義》
諸書，令講官日講一二章，使能「精思明辨，躬體力行，則學有實用，於追
蹤帝王，坐致太平有餘裕矣」〔註 17〕。世祖除將疏言下所司知道外，亦認爲
帝王敷治以文教爲先，臣子致君以經術爲本，而自明末以來，天下擾亂，馴
致學問之道闕而未講。現在大勢漸定，實應「興文教，崇經術，以開太平」，
故命禮部傳諭各直省學臣訓督士子，凡經學、道德、經濟、典故諸書務須「研
求貫通，博古通今」，且此等人若能明體則爲眞儒，能達用則爲良吏，如眞有
實學，將不次簡拔，重加任用。又諭內外大小各官於政事之暇，亦須留心學
問，使德業益修，識見益廣，以「佐朕右文之治」。而世祖本身之讀書修業，
則接受臣下日講之議，於順治十二年（1655）三月詔選日講官，命內三院選
滿漢詞臣學問淹博者八員，以原銜充任，侍於左右，以備諮詢，並規定：

　　日講之禮，每歲自二月經筵後始，夏至日止。八月經筵後始，冬至
　　日止。每日于部院官奏事後進講。講章繕正副二本，以正本先期進
　　呈，以副本進講。歲終，彙錄成帙進御。

即於同年四月二十五日開講〔註 18〕，並以學士麻勒吉、胡兆龍、李霨，侍讀
學士哲庫訥，洗馬王熙，左中允方懸成，右中允曹本榮俱充日講官。〔註 19〕
　　費時兩年，文華殿遲遲未能建成，世祖有感於稽古典學有關治道，難以
再遲，故諭令禮部開列儀注，擇吉於弘德殿先行舉行經筵。乃訂定順治十四

〔註 15〕 《清實錄》冊三，《世祖實錄》，卷七十二，順治十年二月甲寅、壬戌，頁 572
　　　　～573。
〔註 16〕 《清實錄》冊三，《世祖實錄》，卷七十五，順治十年五月乙亥，頁 590。
〔註 17〕 《清實錄》冊三，《世祖實錄》，卷八十八，順治十二年正月壬子大理寺卿霍
　　　　達奏，頁 698～699。
〔註 18〕 《清實錄》冊三，《世祖實錄》，卷九十，順治十二年三月壬子，頁 712；卷九
　　　　十一，順治十二年四月癸亥，頁 714。另，《大清十朝聖訓》世祖章皇帝，卷
　　　　一，聖學，順治十二年乙未三月癸丑，頁 4。
　　　　吳鼎雯《國朝翰詹源流編年》，卷一，順治十二年三月，頁 17b～18a。
〔註 19〕 吳鼎雯《國朝翰詹源流編年》，卷一，順治十二年四月，頁 18b。

年（1657）九月初七於弘德殿肇開經筵。

　　禮部開列具奏之經筵儀注甚是繁縟，雖曾諭令退回重行開列，但爲昭典禮隆重之意，其確定施行之儀節仍有一定程序。爲明瞭清代經筵儀式詳情，乃將順治十四年確定之經筵儀注歸納簡列如下：

　　一、開講前期，皇帝親詣弘德殿致祭先師孔子，有祭品、祝文。

　　一、經筵講官聽內院酌定員數，並以經書爲題，令講官撰擬講章，
　　　　送內院酌改，預先送呈皇帝御覽。

　　一、開講之日，內院滿漢大學士、六部滿漢尚書及都御史、通政使、
　　　　大理寺滿漢堂官各一員侍班。滿漢科臣各一員、御史二員侍儀。
　　　　另有禮部、鴻臚寺簡定之鳴贊、執事等官。

　　一、有御案、講官案各一，俱列講章及進講副本，左書右經（書指
　　　　四書，經指五經）。講官行禮畢，立案前進講，先書後經。講畢，
　　　　行禮，退。

　　一、禮畢，皇帝還宮，眾官賜宴。

　　一、此次肇開經筵，講官爲：
　　　　內翰林弘文院學士麻勒吉、布顏、王熙。
　　　　內翰林國史院學士折庫訥、查布海、蘇納海。
　　　　內翰林秘書院學士常鼐、白色純、胡兆龍、李霨。
　　　　內翰林秘書院侍讀學士巴海、馮溥。
　　　　內翰林弘文院侍講學士方懸成。
　　　　左春坊左庶子曹本榮。
　　　　禮部尚書胡世安。
　　　　兵部尚書梁清標。〔註20〕

　　世祖建立清代經筵之制，日後傳衍，經筵講官之選定稍有變易，定制爲經筵講官滿漢各六人。滿講官以內閣學士、掌院學士、讀講學士、詹事、少詹事及尚書、侍郎、左都御史、副都御史、通政司、大理寺卿等官之由內閣、翰林陞任者，以原銜兼充。漢講官兼充者，有祭酒而無通政、大理，餘皆同

〔註20〕以上世祖諭令先行舉行經筵及禮部條奏儀注，見《清實錄，第三冊，世祖實
　　　　錄》，卷一一一，順治十四年八月甲戌，頁867；八月戊寅，頁868；八月壬
　　　　辰，頁870；九月甲辰，頁871。
　　　　又，世祖初御經筵日期，確定爲順治十四年九月丙午，見《世祖實錄》，卷一
　　　　一一，頁872。

滿官。經筵講義則由翰林院擬進題目，欽點某題，由講官撰文。講官須先期熟讀講案，此因雖設副本，仍恐臨時匆遽，易有脫誤。行禮日，講官袍用莽袖，以示清貴。進講時，先四書，後經書。滿講官先以清語進講，講畢，由漢講官繼之。均講畢，皇帝宣示御論，各官跪聆，起居注官亦跪。凡講官宣講，俱依講案原文朗誦，並不增減一字，而音節之間，抑揚反復，宜有講論口吻。遇稱皇上之處，必仰對聖顏，以示陳善閉邪，寓規於頌之意。〔註21〕

　　順治十二年（1655）四月開始日講之後，因文華殿遲未建成，無適當場所而暫行停止，前後達兩年之久。至十四年（1657）九月肇開經筵，又諭令恢復，命於十月開講。十二月，又以日講官侍帝左右，以備顧問，應增設多員，命史大成、劉芳躅、田逢吉等十人俱充日講官〔註22〕。至十七年（1660）命翰林官分三班直宿景運門，以備世祖不時顧問。〔註23〕

　　順治十八年（1661）正月初七，世祖因染痘症而崩。皇三子玄燁以幼時曾患痘症痊癒，得終生免疫，無慮早夭而繼承大統，是為聖祖，年號康熙。即位時，年僅八歲，由內大臣索尼、蘇克薩哈、遏必隆、鰲拜四人共同輔政。

　　聖祖潛邸之時，便已開始讀書生活。除滿文之外，漢文之學習亦不曾間斷，儒家經典均有涉獵。康熙六年（1667），聖祖援世祖十四歲親政之例，於七月初七舉行親政大典〔註24〕。在此前後，鰲拜培養中外勢力，對聖祖多所鉗制，聖祖則深自韜晦，等待時機。八年（1669）計擒鰲拜，翦除黨羽，真正開始其親政活動，此時聖祖年方十六歲。

　　聖祖性喜讀書，只因鰲拜輔政時期權勢太盛、氣焰薰天，無法多所顯露其讀書意願。康熙二年（1663）四月，福建道御史王鼐疏言先帝山陵將畢，應早舉經筵，請擇滿漢詞臣老成淵博者為講官，採輯繙譯經史有關治道之言

〔註21〕吳振棫《養吉齋叢錄》，卷二，頁16；卷五，頁53。
〔註22〕《清實錄》冊三，《世祖實錄》，卷一一一，順治十四年九月癸亥，頁874；卷一一三，順治十四年十二月壬申，頁884～885。命充講官者為史大成、劉芳躅、田逢吉、馮源濟、曹申吉、沈世奕、蔡汝楫、鄧鍾麟、党以讓、項景襄。十月壬申，以開日講，祭告先師孔子於弘德殿，見《世祖實錄》，卷一一二，順治十四年十月壬申，頁876。
〔註23〕《清實錄》冊三，《世祖實錄》，卷一三六，順治十七年六月乙酉，諭翰林院，頁1047；六月壬辰，掌翰林院事學士折庫訥、王熙疏，頁1052。
〔註24〕《清實錄》冊四，《聖祖實錄》，卷二十三，康熙六年七月乙巳，頁313；七月己酉，頁314。

以備進講。疏入僅報聞〔註 25〕，四年（1665）三月，提督四譯館太常寺少卿
錢綖奏言君德關乎治道，而聖學尤爲急務，請愼選老成耆舊、德性溫良、博
通經史之滿漢諸臣數員，令其出入侍從，以備朝夕顧問，並請先將經史典籍
內，古帝王敬天勤民、用賢善諫等善政採集成書，分班直講，每日陳說數條，
若能「行之無間，必能仰裨聖德」。此疏亦只「下部知之」〔註 26〕。六年（1667）
六月，內弘文院侍讀熊賜履遵旨條奏萬言疏，其中有云：

> 從古帝王聖如堯舜，可謂至矣。而危微精一之誠，不啻諄諄焉。蓋
> 雖生知之聖，而藉學問之力也。我皇上……生長深宮，春秋方富，
> 薰陶德性，輔養聖躬，端在此時矣。伏乞愼選耆儒碩德，老成端重
> 之士，置之左右，優之以保衡之任，隆之以師傅之禮，不必勞以職
> 事、拘以文貌，使之出入禁闥，時親便座，從容閒燕，講論道理，
> 啟沃宸衷，涵養聖德……毋空事講幄之空文，毋徒應經筵之故事，
> 毋以寒暑有輟，毋以晨夕有間。至於《大學衍義》尤爲切要下手之
> 書，其中體用包舉，本末貫通，法戒靡遺，洪纖畢具，誠千聖之心
> 傳，百王之治統，而萬世君師天下者之律令格例也。

反覆陳言，無非請帝眞心實學，仍僅報聞〔註 27〕。同年七月，史科給事中藺
挺達亦上疏請行講讀，以隆聖學，以端治本，依然報聞〔註 28〕。七年（1668）
三月，福建道御史李棠奏請亟開經筵，以光典禮。七年五月，貴州道御史田
六善以變通之道疏請帝王緝熙典學，不必專俟經筵，請帝於聽政之暇，日取
漢唐宋元四代史冊，親閱數條，反復討論一切用人行政、黜陟賞罰及興衰理
亂之故。均報聞。〔註 29〕

　　直至八年（1669）五月翦除鰲拜勢力，經過一段適應期，於康熙九年（1670）
十月諭令禮部擇吉舉行經筵，禮部遵旨議覆：經筵應照順治十四年例，每年
春秋二次舉行。先期應由皇帝親祭奉先殿及先師孔子，講官則聽內閣酌定員
數題用，經書講章應令講官撰送，內閣酌量改定，先期進呈御覽，其餘禮儀

〔註 25〕 《清實錄》冊四，《聖祖實錄》，卷九，康熙二年四月壬子，頁 143～144。
〔註 26〕 《清實錄》冊四，《聖祖實錄》，卷十四，康熙四年三月丙午，頁 221～222。
〔註 27〕 熊賜履萬言疏，見姚椿編《清朝文錄》，卷二十五，頁 14～21。
〔註 28〕 《清實錄》冊四，《聖祖實錄》，卷二十三，康熙六年七月甲寅，頁 315～316。
　　　　 又見琴川居士編《皇清奏議》，卷十七，藺挺達〈敬陳新政之首務請行講讀以
　　　　 隆聖學以端治本疏〉，頁 31～33。
〔註 29〕 《清實錄》冊四，《聖祖實錄》，卷二十五，康熙七年三月乙巳，頁 351；卷二
　　　　 十六，康熙七年五月乙卯，頁 360。

筵宴俱照舊例。又定期次年（康熙十年，1671）二月十七日午時初御經筵開講。〔註30〕

聖祖詔舉經筵之時，亦訂定日講起期，於康熙九年（1670）十一月二十一日開講〔註31〕。翰林官直講禁中，講官始則熊賜履，繼爲史鶴齡、孫在豐、張英、徐元文、陳廷敬、葉方藹、張玉書、湯斌、歸允肅，大抵以掌院學士一員與翰林官一員同講，止二員。惟康熙十七年（1678）某日，陳廷敬、葉方藹直講，其時聖祖駕幸南海子，葉方藹偶病告假旬日，以張玉書代之，後方藹疾癒入直，遂始有三員同直講。其後史鶴齡以編修告歸，歿於家，特賜祭葬，其恩禮非外廷所敢望者〔註32〕。聖祖講讀不輟，尤其日講，不但用功勤學，且寒暑無間，其經史知識之獲益與創發，實爲前此帝王所未有者。論者誌云「大體而言，其研習經史，確有獨到之成，而其勤政愛民，畢生孜孜求治，馴致雍熙之盛世，胥與其研習經史，並躬行踐履有關」。〔註33〕

經筵之禮，聖祖終生奉行，而日講則於康熙二十五年（1686）閏四月停止，唯聖祖仍然自行讀書，終生不改。其所以停止日講，乃是認爲講官每日侍講讀，爲時過長，有礙自行披覽書籍，因而令停日講，但講章則仍每日豫備，送至內廷備覽〔註34〕。可見聖祖自行研習經史已具相當信心，亦可窺想聖祖意欲吸收更多其他知識之用意。

聖祖停止日講，世宗與高宗均未予以恢復。康熙二十五年停日講，而起居注官仍繫日講二字於職銜之上。康熙五十七年（1718）裁起居注，以其事歸諸內閣，令翰林官五員於聽政時輪直班行〔註35〕；至世宗雍正元年（1723）四月始復設日講起居注官，但僅負責記注皇帝起居〔註36〕。清季咸豐之初，湘鄉曾國藩官禮部侍郎，上疏請復日講舊例，並擬日講章程，繪圖具說以

〔註30〕《清實錄》冊四，《聖祖實錄》，卷三十四，康熙九年十月丁酉，頁462；卷三十四，康熙九年十一月丙辰，頁462；卷三十五，康熙十年二月己亥，頁474。

〔註31〕《清實錄》冊四，《聖祖實錄》，卷三十四，康熙九年十一月丙辰，頁462。

〔註32〕王士禛《池北偶談》，卷四，談故四，日講，頁75。

〔註33〕呂實強〈從起居注看康熙帝對經史的研習〉，收入《近代中國初期歷史研討會論文集》（台北：中央研究院近代史研究所，1989年），頁464。

〔註34〕中國第一歷史檔案館整理《康熙起居注》（北京：中華書局標點本，1984年），康熙二十五年閏四月初六日己未，頁1471～1472。

〔註35〕吳振棫《養吉齋叢錄》，卷二，頁15。

〔註36〕《清實錄》冊七，《世宗實錄》，卷六，雍正元年四月乙丑，頁131～132。張廷玉等纂《詞林典故》，卷二，雍正元年四月，頁35a～37a。

進，文宗特命禮部議奏。大學士穆彰阿不以爲然，授意禮部尚書孫瑞珍上駁議，既而文宗仍命行日講，每月由翰林院掌院學士遞進講官名單，御筆圈出十員，於每員名下親注某月某日進講某書某節。屆期，進講義，召見陳對。逾年，以東南兵事日棘乃輟講〔註37〕，日講至此終不復見。

聖祖崩於康熙六十一年（1722）十一月，皇四子雍親王胤禛嗣位，是爲世宗，年號雍正。世宗即位之時，年已四十五歲。其先潛邸四十五年，自幼及長，乃至中年，其思想才幹、情趣愛好等，無一不形成於此，於其日後帝王生活自有深刻影響。世宗潛邸時，以聖祖及書房眾師傅之嚴格教育與督課管束，無論滿漢語文、經史典籍，俱有良好基礎。又以中年繼位，使其有充分時間與機會肄習歷代治國安民經驗。即位後，親批中外臣工奏疏，直抒胸臆動輒數十百、數百千言，皆爲一氣呵成，一揮而就。此不僅展露世宗處理政務才幹，亦爲其潛邸時，讀書學習成果之表現。

雍正三年（1725）七月，世宗以八月二十三日爲釋服之期，諭令禮部準備恢復經筵。隨即於八月二十五日初御經筵〔註38〕。講官爲署吏部尚書孫柱、戶部尚書張廷玉，同講「博厚所以載物」節；禮部尚書賴都、刑部尚書勵廷儀，同講「大哉乾元」節〔註39〕。此後，終世宗一朝，春秋歲舉，始終不輟。

世宗於雍正十三年（1735）八月猝崩於圓明園寢宮，皇四子弘曆繼位，廟號高宗，年號乾隆。高宗於二十四歲即位，日後高宗回憶身爲皇子時讀書生活云：

> 我國家之制，諸皇子六歲以上，即就上書房讀書，即皇孫、皇曾孫亦然。既選京堂翰林以分課其讀，復派大學士、尚書數人以總視其成，更簡滿洲、蒙古大臣、侍衛等以肄之國語騎射，長幼相聚，昕夕程功。〔註40〕

〔註37〕 吳慶坻《蕉廊脞錄》（北京：中華書局點校本，1990 年），卷一，咸同日講故事一，頁 3。

〔註38〕 《清實錄》冊七，《世宗實錄》，卷三十四，雍正三年七月丁巳，頁 521；卷三十五，雍正三年八月庚寅，頁 535。
又見中國第一歷史檔案館編《雍正朝起居注冊》（北京：中華書局影印，1993 年），雍正三年七月二十二日，頁 538；雍正三年八月二十五日，頁 558～559。

〔註39〕 蕭奭《永憲錄》，卷三，頁 229。
雍正三年八月初御經筵，其儀注仍前繁複，具體可見之於蕭奭《永憲錄》，卷三，頁 218～219。

〔註40〕 蔣良騏原纂，王先謙改修《十二朝東華錄》（台北：文海出版社據清刻本影印，

朕在潛邸，六經諸史，皆嘗誦習，自承大統，敕戮萬幾，少有餘間，

未嘗不稽經讀禮。〔註41〕

由高宗自言之語，可具體了解高宗潛邸時之讀書生活，及其嗣位後仍然讀書
不輟。高宗學習語文甚具天資，為提倡滿文，每御經筵，必滿漢並用，先將
御製論說以漢語讀過一遍，再以滿語讀過一遍。又諳熟蒙古語，曾經自承「乾
隆八年始習蒙古語」，能以蒙古語與蒙古王公交談，故而更能贏得信任愛戴。
其後更學會維吾兒語、藏語及金川番語。〔註42〕

　　乾隆二年（1737）三月，兵科掌印給事中畢誼奏請特敕史臣取經史諸書
及古代奏議，不論卷帙，亦無拘忌諱，日派二人各寫數幅進呈，請於聽政之
暇披覽。高宗覽奏允行，並且認為：

在朕廣挹群言，可以因事監觀，隨時觸發。而覽諸臣所進，亦可以

考驗其學識，或召見講論，則性資心術，並因此可覘。

並且非惟史臣，即職司獻替之科道官員亦須一併錄呈。後來命將進呈之經史
奏疏交由南書房收貯，備行之日久，集思廣益，薈萃成書，以資觀覽〔註43〕。
此舉乃為高宗除服之前，經筵未舉之時，最重要之講論活動。高宗對此異常
重視，其本意乃欲藉此「以明義理之指歸，審設施之體要」，又舉例表明研習
經史奏疏之目標云：

所望切實敷陳，昌言不諱。如大易否泰剝復之幾，尚書危微治忽之

旨，風雅正變美刺之殊，春秋褒貶是非之實，與夫歷朝史鑑，興衰

理亂所由，人材之進退，民生之疾苦，鑒往古以儆無虞，善為法而

惡為戒。庶披覽之下，近之有助於正心誠意，推之有益於國是民生。

涑水《通鑑》之編，西山《衍義》之輯，政治所資，前規具在。若

有避諱之心，言得不言失，言治不言亂，則非所謂竭忱納誨之道矣。

朕於六經諸史，誦覽研窮，再三熟復。義理之精妙，固樂於探求，

怠荒之覆轍，亦時凜於炯鑒。諸臣各就意見所及，毋專取吉祥頌美

　　　1967年），乾隆朝，卷三十四，乾隆四十三年九月，頁20a～20b。

〔註41〕《清實錄》冊九，《高宗實錄》，卷三十九，乾隆二年三月戊申，頁698。

〔註42〕高宗學習各族語文，見戴逸《乾隆帝及其時代》（北京：中國人民大學出版社，
　　　　1992年），頁90。

〔註43〕《清實錄》冊九，《高宗實錄》，卷三十九，乾隆二年三月戊申，頁698；卷三
　　　　十九，乾隆二年三月甲寅，頁702；卷四十七，乾隆二年七月丙辰，頁819。
　　　　琴川居士編《皇清奏議》，卷三十四，兵科掌印給事中畢誼奏，頁41～43。
　　　　姚椿編《清朝文錄》，卷二十九，畢誼〈請繕進經史以資聖治疏〉，頁22～23。

之語，論理必極其周詳，論事必極其切當。務裨實用，勿尚膚詞。
朕虛心採納，於諸臣章奏尚屢降諭旨，令勿拘忌諱，況經傳之舊文，
載籍之往事，更復何所避忌。若以避忌爲恭敬，是大謬古人獻替之
義，亦且不知朕兼聽並觀之虛懷矣。〔註44〕

此項措施一直持續至乾隆十四年（1749），以漸成具文，方諭令停止。〔註45〕

乾隆三年（1738）正月，以喪滿除服，諭禮部擇吉開經筵，即於次月初
御經筵。又以首舉之故，典禮當日，高宗親詣奉先殿告祭歷朝祖宗，以昭隆
重，復遣官告祭傳心殿。經筵典禮於文華殿進行，講官阿山、任蘭枝進講《論
語》「道之以德，齊之以禮，有恥且格」節；班第、孫嘉淦進講《尚書》「咨
十有二牧，日食哉惟時」節。前後兩段書講畢，均由高宗宣示「御論」，再次
闡揚書文要旨與引伸之治國理民至道〔註46〕。舉乾隆五十一年（1786）二月
初六日經筵禮爲例，是日經筵講《論語》「仁者安仁，知者利仁」與《尚書》
「正德利用厚生惟和」，高宗以安仁利仁之義，朱子隱而未發，故御論曰：

> 雙峰饒氏謂與仁一，故曰其仁，與仁猶二，故曰於仁，亦既發之矣。
> 然曷不於顏淵、子貢觀之乎？顏淵安仁，子貢利仁。簞食瓢飲，回
> 不改其樂，是安仁也。賜不受命，而貨殖焉，是利仁也。賜不受命，
> 非富貴貧賤之命，蓋天命之謂性，率性之謂道，率性即安仁，不受
> 命即未能安仁也。貨殖者見有利於仁，如貨殖之生財耳。〔註47〕

高宗蒞朝六十年，其間除因巡幸、后妃喪殂等事傳免之外，共御經筵四十九
次。

高宗對待經筵態度，確實非常尊重。照例，經筵典禮時，皇帝須就進講
經史之內容宣讀〈御製論說〉二篇，即前述之「御論」，而此〈御製論說〉向
無手錄之本，爲使後代子孫得有學習榜樣，乾隆六十年（1795），高宗命將〈御
製論說〉共九十八篇彙輯成冊，計編成六冊，陳列於文華殿，以誌令典，又
諭道：

> 予自幼讀書，服膺孔子之訓，今當八旬有五，而好學孜孜，未曾少
> 間，是以歷年經筵論中樹義闡微，時有心得，固不敢離經詭異，亦

〔註44〕《清實錄》冊九，《高宗實錄》，卷五十八，乾隆二年十二月戊戌，頁948～
949。

〔註45〕朱珪等纂《皇朝詞林典故》，卷二十三，職掌，輪進經史奏議，頁12b～13a。

〔註46〕《清實錄》冊十，《高宗實錄》，卷六十三，乾隆三年二月丙午，頁30～31。

〔註47〕陳康祺《郎潛紀聞初筆二筆三筆》，初筆，卷三，高宗御經筵，頁52。

非欲與經師講家較長絜短。惟期因文見道，闡明先聖立言之旨，以
示治世臨民，總不出古聖心傳政要，修己立誠。我子孫臨講席者，
其聰聽之。〔註48〕

此處明見高宗「非欲與經師講家較長絜短」之謙沖襟懷，可信確是眞性情之
流露。

二、講筵意義

　　清代經筵日講，乃爲承襲歷史上各朝代講究儒家治術而來。滿族學習力
甚強，其以異族入主中國，雖云爲統治政術所需而積極吸取漢人文化，但審
觀清初諸帝之傾心研究儒家學問，實已證明其傾慕虔敬之內在心態。

　　清初經筵之制，屬禮之範疇，屬五禮中之嘉禮〔註49〕。此乃清廷沿襲中
國政治傳統表現之一，即以禮之形式，由皇帝親身示範勤政向學，期望生成
典範教化功能，其實際即爲儒家政治理想所要求之模範。值得注意者乃爲清
代舉行經筵儀式，必先期於傳心殿祭告皇師、帝師、王師、先聖與先師，由
皇帝親詣行禮，二跪六叩首，偶或遣官代祭〔註50〕。此一祭告儀式定制於聖
祖康熙時期。皇師即伏羲、神農、軒轅；帝師即陶唐（堯）、有虞（舜）；王
師即禹、湯、周之文武；先聖即周公；先師即孔子〔註51〕。其意義代表清政
權於文化上直接上承中國古聖先賢，俱一脈相承之道統。傳心殿原規建於聖
祖康熙二十四年（1685），祭器與歷代帝王廟同。原定每逢經筵，前期遣大學
士祇告，此爲祭告傳心殿之始〔註52〕。至次年（康熙二十五年，1686）二月，

〔註48〕慶桂等編纂《國朝宮史續編》，聖製春仲經筵詩（乙卯）御識，頁284。
〔註49〕五禮爲吉、凶、軍、賓、嘉五種。
　　　　明代已將經筵禮儀歸爲嘉禮，見龍文彬纂《明會要》（北京：中華書局標點本，
　　　　1956年），頁221。
　　　　清代將經筵禮儀歸爲嘉禮，見席裕福纂《皇朝政典類纂》，卷二八三，禮三十
　　　　一，嘉禮，經筵。
〔註50〕《欽定大清會典》（遵旨重刊武英殿聚珍版，乾隆二十九年甲申春御製序，江
　　　　南省通行原刊本），卷二十五，頁1。
〔註51〕趙爾巽等撰《清史稿》冊十，卷八十四，志五十九，禮三，吉禮三，傳心殿，
　　　　頁2532。
　　　　傳心殿祭祀儀，見《大清通禮》，卷十一，轉引自王爾敏〈滿清入主華夏及其
　　　　文化承緒之統一政術〉，台北《中國歷史上的分與合學術研討會論文集》，頁
　　　　257。
〔註52〕趙爾巽等撰《清史稿》冊十，卷八十四，志五十九，禮三，吉禮三，傳心殿，
　　　　頁2532。

太常寺奏以文華殿告成，將舉經筵，前一日例應祭先聖先師於傳心殿，請旨皇帝親詣行禮或遣官代祭。聖祖諭曰：

> 經筵大典，於文華殿初次舉行。先聖先師，道法相傳，昭垂統緒，炳若日星。朕遠承心學，稽古敏求，效法不已，漸近自然，然後施之政教，庶不與聖賢相悖。其躬詣行禮，以彰景仰之意。〔註53〕

乃親詣傳心殿祭先聖先師。聖祖之景仰中國先聖先師，於其自語之「效法不已，漸近自然」，足可證其嚮慕之忱。即此「自然」二字，深刻道出聖祖心中已全然拋開滿漢界限，文化道統在聖祖而言，絕對凌駕其他價值。又深自期許「自然」之後，以此文化道統施於政教，治國理民，如此方不悖於先聖先師之教。就清廷之以滿人入主中土而論，此種態度於文化觀念之融合與政權之合法性，乃有絕對利益者。論者謂殿名「傳心」，即足考見清帝服膺中國文化道統之用心與真誠，標示至明，功用至深。〔註54〕

清代政治體制極重家法，祖宗定制不可輕易改變，後世子孫皆須奉行唯謹。聖祖康熙朝定經筵儀注，規定皇帝必先期親祭奉先殿，此後各帝亦皆遵行，此即祖宗家法唯唯遵行的表現之一。奉先殿爲清代帝室家廟，供奉歷朝帝后祖先。舉經筵而祭饗奉先殿，足見清代對經筵之重視。〔註55〕

經筵與日講均屬禮，其儀式繁簡不同。表面視之，乃由皇帝起示範作用，希冀天下臣工士民皆能模而仿之，效而習之。然而其真正意義，則爲聖君賢主之陶鑄造就。唯有真正聖賢之君，方能以愛己之心愛民，以習禮之心治國。觀現傳之明成祖永樂時刊本《歷代名臣奏議》，首揭〈君德〉五卷，其次即是〈聖學〉四卷〔註56〕。〈聖學〉所載，起自春秋魯哀公問子夏「學而後可以安國保民」，止於元順帝時蘇天爵奏「帝王之治，典學爲先」。皆爲歷代帝王治學講道之事蹟與臣僚奏議。

歷代名臣論君王之學，一以古聖先王之立德化民，以禮爲治；一以講吉凶治亂，得失存亡之所由兆。宋代治平間起居注韓維所論饒富興味，其奏云：

〔註53〕《清實錄》冊五，《聖祖實錄》，卷一二四，康熙二十五年二月己酉，頁321。

〔註54〕王爾敏〈滿清入主華夏及其文化承緒之統一政術〉，台北《中國歷史上的分與合學術研討會論文集》，頁258。

〔註55〕鄂爾泰、張廷玉纂《國朝宮史》（北京：北京古籍出版社點校本，1987年），奉先殿饗祀儀，頁95～99。

慶桂等纂《國朝宮史續編》，奉先殿饗祀儀，頁215～220。

〔註56〕黃淮、楊士奇等編《歷代名臣奏議》（台北：台灣學生書局據明永樂年間內府刊本影印，1985年）。

　　蓋治天下者，必先於建事。欲建事者，莫重於師古。欲師古者，莫
　　急於求多聞。然則今之所講筵者，陛下之所以求多聞也。〔註57〕

此語已涵括帝王講學之全部涵義，即治國平天下，凡百經法，只往勤學一路
尋去便得，不需另闢蹊徑。此為傳統儒家政治理想表徵，治國理民固需政術，
更貴在用心，而心之啓發，則應自古聖先王道理中獲取。惟有眞得古聖先王
理念眞髓，方為用心所在。中國政治以人治為基幹，人君不學即無以養德，
無德便易流於荒道廢政，最後仍是天下蒼生遭殃。史上各朝各代，無不有大
小臣工惓惓亟請皇帝勤於講道問學、修明君德，其用意無不在此。倘遇幼主
登基嗣位，更須促請及時典學，早蒙薰陶。否則幼主長於內廷宦寺之手，倘
於后妃女官之懷，不知書義，不解綱常，一旦長成，難免縱性恣為、廢弛殆
政之憂。

　　清初諸帝之中，世祖和聖祖均為沖幼即位，屢有廷臣疏請典學，即是典
型範例。順治二年（1645）山西道監察御史廖攀龍奏云：

　　聖學之宜早講也。皇上天亶聰明，無待學。正惟天亶聰明，最易
　　學。今天氣和煦，時候清閒，經筵雖未遽開，請於視朝之暇，集滿
　　漢端方博雅大臣，取往古治亂興亡之蹟，進講數條，以資啓沃。
　　則知為君之難，為首出開創之君尤難，而萬年有道之長肇基於此
　　矣。〔註58〕

明指世祖身為開國之君，其肩負責任何等重大，惟有及早講論學問，始能奠
立國家不朽之基。聖祖親政，吏科給事中藺挺達奏陳新政之首，在行講讀以
隆聖學而端治本，其疏略云：

　　今者恭遇皇上躬親大政，百度維新。天心之眷顧方殷，祖宗之付托
　　甚重，臣民之愛戴彌切。以天下幾務至煩，咸待理於皇上之一身，
　　自非講求經史，窮究義理，深知前代興衰治亂之原，以及人情物理、
　　稼穡艱難之事，則凡揆務審幾，用人行政之際，何由盡歸於至當，
　　以法天下而垂後世耶……臣歷觀古帝王，即生知至聖，未有不資下
　　問之益，以勵躬修而奏邳隆之化者。則今皇上親政之始，所最重者，
　　莫如聖學一事矣。〔註59〕

〔註57〕黃淮、楊士奇等編《歷代名臣奏議》，卷六，頁12。
〔註58〕琴川居士編《皇清奏議》，卷一，山西道監察御史廖攀龍奏，頁44～47。
〔註59〕琴川居士編《皇清奏議》，卷十七，吏科給事中藺挺達奏，頁31～33。

其他請開講筵奏疏尙多，議論大致相同。確實可見儒家政治理想影響之深，其對君王學行品性之要求則始終不變。世祖時便有秘書院編修曹本榮上言：

> 皇上得二帝三王之統，則當以二帝三王之學爲學……君德既修，祈
> 天永命，必基於此。〔註60〕

可見道統與政統一體兩面，而帝王聖學乃政統基礎，政統既正，則道統自然承襲無間。

　　清代帝室率皆注重教育學習，歷朝君主亦均奮勉好學，此向爲人所共知。而清初諸帝之講讀，即爲祖宗家法樹立良好典範。無論沖幼即位，或者成年登基，均願講究勤學。其心態實是自動自發，且能深研其中菁萃，樂而不倦。世祖曾向講官談及讀《易》心得，但以歷年各家注疏繁簡精粗不同，特命加以採擇，折衷諸論，使能簡切洞達，輯成一編，以備觀覽，更使「稱朕闡明四聖人作述之事至意」〔註61〕。聖祖之好學更早爲人所樂道，嘗自言「朕聽政之暇，即於宮中披閱典籍，殊覺義理無窮，樂此不疲」，並自覺向來隔日進講，於心猶有未愜，故令講官每日侍講讀。即遇寒暑，亦不輟講〔註62〕。又曾向講官表示所講經書皆是內聖外王、修齊治平之道，己躬孜孜詳詢，專意聽講，但「學問無窮，不在徒言，惟當躬行實踐，方有益於所學」，因令講官須「愈加直言，毋有隱諱，以助朕好學進修之意」〔註63〕。嘗親製〈講官箴〉一篇，賦予講官極大期望：

> 予企至道，覃思簡編，朝夕討習，禮茂講筵。
> 詩人有云，顯示德行，啓沃惟賢，庶幾金鏡。
> 爾列詞苑，峨峨在廷，細旃廣廈，論史談經。
> 體之行之，朕躬是力，載獻載替，爾職宜飭。
> 毋務剿說，毋苟雷同，毋繆於正，毋悖厥中。
> 在昔大儒，稱先則古，皋夔是師，言規行矩。
> 誼貴翼勵，先正其心，爾苟勿欺，吐辭足欽。
> 詎曰名義，可以塗飾，詎曰聖賢，可以蠡測。

〔註60〕趙爾巽等撰《清史稿》冊四十三，卷四八○，列傳二六七，儒林一，曹本榮，
　　　　頁 13128。
〔註61〕《清實錄》冊三，《世祖實錄》，卷一○七，順治十四年二月戊寅，頁 834～835。
〔註62〕《大清十朝聖訓》（台北：文海出版社據清刻本影印，1965 年），聖祖仁皇帝，
　　　　卷五，康熙十二年癸丑二月丁未，五月壬申，頁 1。
〔註63〕《大清十朝聖訓》聖祖，卷五，康熙十六年丁巳五月癸卯，頁 2。

關閩濂洛，炳矣心傳，撰述大旨，庠序宗焉。

用昭儒修，用弘教澤，爾其勉茲，尚無攸斁。〔註64〕

細繹此箴，聖祖心中之講官形象，有如銅鏡之光可鑑人，君王之顯德啓沃，惟講官是賴。君臣之間講論往來，固然帝王須將古來道理身體力行，然講官之職司獻替，乃爲君主力行之來源。講官既如許重要，故獻替侍講讀之際，須秉心持正，不剿襲苟且，不悖離中正，以古聖賢爲師，持身端謹，則每有所言，必足爲師法。聖祖且以講官學問，非僅皇帝應該學習，其理學心傳，更足爲全國教育所依循者。就聖祖視之，講官不僅爲個人立身行世楷模，更甚者，直可視爲持政臨民之光明導師。

康熙五十年（1711）二月御經筵，聖祖向大學士等述及登位五十年之心境感受：

> 從來經筵之設，皆帝王留心學問，勤求治理之意。但當期有實益，不可止飾虛文。朕觀前代講筵，人主惟端拱而聽，默無一言。如此則人主不語文義，臣下亦無由而知之。若明萬曆天啓之時，何嘗不舉行經筵，特存其名耳，何裨實用。朕御極五十年，聽政之暇，勤覽書籍，凡四書五經通鑑性理等書，俱經研究。每儒臣逐日進講，朕輒先爲講解一過。遇有一句可疑、一字未協之處，亦即與諸臣反覆討論，期於義理貫通而後已。蓋經筵本係大典，舉行之時，不可以具文視也。〔註65〕

如此之重視講筵，直超邁前代。康熙盛世之造就，實與聖祖勤勉好學與躬行實踐有關。

世宗、高宗兩朝雖無日講，然經筵不輟。且二帝成年即位，潛邸時均能博覽群書，故即位後亦均敷教爲治。世宗雍正五年（1727）八月御經筵，講官鄧德、吳襄廷進講《論語》「予以四教，文行忠信」一節。世宗批評講章內將文行忠信分爲四解，僅爲常解，無甚高論，乃自行解義道：

> 仁義道德之理，見於詞章者爲文，見於躬行者爲行，實有諸己則爲忠，誠孚於物則爲信。分之固爲四端，合之只此一理，聖人四教，即謂之一教亦可。

〔註64〕《康熙帝御製文集》（台北：台灣學生書局據國立台灣大學藏本影印，1966年），卷二十五，贊，講官箴，頁 7b～8b。

〔註65〕《清實錄》冊六，《聖祖實錄》，卷二四五，康熙五十年二月辛巳，頁 432。

將仁義道德觀念貫穿於文行忠信之中，即以仁義道德解釋文行忠信，使之凝
爲一體，確實一新耳目。此次經筵進講《書經》後，世宗仍自解經義，認爲
講章引申之義「君以天之心爲心，臣以君之心爲心」不妥，應爲：

> 君臣一德一心，人君欽崇天道，人臣寅亮天功，皆當以天之心爲心
> 也。總之，元首股肱原屬一體，若云人君以天之心爲心，人臣以君
> 之心爲心，是君臣之間，尚有分析矣。〔註66〕

世宗此解之意不難理解：臣下以君主意願爲己之意願，其源頭本爲忠君。然
忠君乃臣子分所應爲者，爲行天道，君臣須一心一德，共體天心，亦即臣下
亦須對天負責，提高對臣下之要求。可見世宗並不讀死書，而是活用於政治
之上。〔註67〕

　　高宗對待學問，亦與政治連繫一氣。即位初年，便自言：

> 學問戒乎自欺，蒞政臨民尤戒乎自欺。要當以學問與政事看作一事，
> 則無入而不自得。若看作兩截，則不爲章句之腐儒，必爲簿書之俗
> 吏，乃自欺之甚者也。〔註68〕

將學問與政事一而二、二而一，入於其間，悠哉游哉，直臻化境。

　　縱觀清代經筵體制，雖因日講未能持續施行而小有缺憾，但仍無損於清
初諸帝之進德修業。抑且諸帝均能勤奮向學，亦有良好經史學問根柢，實有
助於治國臨民，爲天下表率。此爲傳統儒家理想薰染之下，君王必須具備之
特質，而讀書乃爲培養君德之最直接方法，施行講筵則是躬爲天下倡之實際
行動。準此，清初諸帝確已維繫傳統之道德要求，清初盛世之出現，理學之
倡行，飽學之主迭起，賢能之臣輩出，皆可視爲受此直接影響而產生之結果。

第二節　謚　法

　　謚法之起源，眾說紛紜，迄無定論。傳統皆遵循鄭樵《通志》「古無謚，
謚起於周人」〔註69〕之說，周公則被視爲發凡起例之始創者。清代朱右曾集

〔註66〕中國第一歷史檔案館編《雍正朝起居注冊》，雍正五年八月初六，頁 1404～
　　　　1405。
〔註67〕世宗之才識、性格與作風，詳見馮爾康《雍正傳》（北京：人民出版社，1985
　　　　年），頁 496～517。
〔註68〕《清實錄》冊九，《高宗實錄》，卷三十七，乾隆二年二月，頁 681。
〔註69〕鄭樵《通志》（上海：商務印書館萬有文庫本，1937 年），卷四十六，謚略，
　　　　序論第一，頁 603。

訓校釋《逸周書》，於〈諡法解〉一篇得文如下：

> 唯三月既生魄，周公旦、太師望相嗣王發，既賦憲受臚于牧之野，
> 將葬，乃制作諡。

集訓校釋之文如下：

> 三月，謂成王元年作諡法之月也。武王未葬，故不諱。賦，布；憲，
> 法；臚，旅。布法于天下，受諸侯旅見之禮，于時追諡西伯爲文王，
> 而諡法未備。及此將葬武王，乃敘制之。〔註70〕

此言當牧野戰前，已追諡姬昌爲文王，但尚未制定諡法，至成王元年（1063
B.C）三月，爲備武王葬禮，周公乃制定諡法。晉人范甯注《穀梁傳》即言「昔
武王崩，周公制諡法」〔註71〕。歷代言諡者，大抵皆本此說，至清代仍有顧
棟高言「夫易名之典，起于周公」。〔註72〕

清人崔述嘗懷疑諡法並非周公制作，乃爲「由漸而起者」，其語：

> 上古人情質樸，有名而已，其後漸尚文而有號焉。至湯撥亂反治，
> 子孫追稱之爲武王，而諡於是乎始。〔註73〕

其說雖未獲響應，然已指出研究方向。今人屈萬里即以殷王公日干之號，乃
出於後人追命，而將諡法濫觴定於殷代：

> 蓋殷代末葉，已知就先王平生行爲，而追命以「名符其實」之號也。
> 此「名符其實」之號之追命，亦自有其所自來之前身，非突然而生
> 者……知以世次之特徵，以追號其先王，亦當能知就先王之其他特
> 徵追號之……武丁之時，已知以「居處」之特徵，以追號其先王。
> 至是，則距以「行事」之特徵，以追號其先王而爲諡者，在意念下，
> 不過一間之差而已。實則，就先王「行事」之特徵，而追命以「名
> 符其實」之號，殷人已優知之……可確定殷人已知就先王行事之特
> 徵，而追命以名符其實之特號。此行事之特徵，即周書所謂行之跡；

〔註70〕朱右曾《逸周書集訓校釋》〈諡法解〉，轉引自屈萬里〈諡法濫觴於殷代論〉，
文載《中央研究院歷史語言研究所集刊》第十三本，1948年，頁219。

〔註71〕范甯集解、楊士勛疏《春秋穀梁傳注疏》（北京：中華書局據上海世界書局縮
印清阮元校刊《十三經注疏》影印，1980年），卷四，桓公十八年，頁14。

〔註72〕顧棟高《春秋大事表》（台北：廣學社印書館據錫山顧復初先生原本，同治癸
酉秋平遠丁禪璜少保鑒定重雕，山東尚志堂藏板影印，1975年），卷四十九，
論，列國諡法考，頁19。

〔註73〕崔述《豐鎬考信錄》（上海：商務印書館叢書集成初編據畿輔叢書本排印，
1937年），卷三，周制度雜考，頁43～44。

此特號，即周書所謂功之表。雖爾時未必有後世所謂謚法之觀念，亦未必每王皆就其行之跡而追命以特號。然既有此事實，則謂其爲謚法濫觴之始，當非過論也。〔註74〕

類此有關謚法起源及創制之討論尚多，無法一一過濾，唯知其濫觴於往古，乃逐漸演進而成，而在周代確已存在即可。

謚，或稱謚號。意指古時帝王、公卿、大夫等死後，國家依據法典給予稱號，用以彰顯其人一生功蹟懿行或醜陋罪惡。謚之起源甚古，《逸周書》〈謚法解〉開首即云：

惟周公旦、太公望，開嗣王業，建功于牧之野。終，將葬。乃制謚，遂敘謚法。〔註75〕

《禮記》有「死謚，周道也」之語，唐孔穎達疏云：

死而加謚，凡此之事皆周道也……殷以上有生號，仍爲死後之稱，更無別謚……周則死後別立謚。〔註76〕

可知至晚自先秦周代，謚法便已存在〔註77〕。又，謚號具蓋棺論定特性，故而後人對於獲得謚號之死者，常直接以此特殊稱號指稱其人，故獲贈謚號又有「易名」之稱，其典出於《禮記》：

公叔文子卒，其子戍請謚於君，曰「日月有時，將葬矣，請所以易其名者。〔註78〕

是知謚號除國家主動賜贈之外，亦可由死者家屬遺眷向國家請頒，且須於下

〔註74〕屈萬里〈謚法濫觴於殷代論〉。《中央研究院歷史語言研究所集刊》第十三本，頁219。

〔註75〕《逸周書》（台北：台灣中華書局四部備要本，據抱經堂刊本校刊，1966年），謚法解第五十四，頁17b。

〔註76〕鄭玄注、孔穎達疏《禮記正義》（北京：中華書局據上海世界書局縮印清阮元校刊《十三經注疏》影印，1980年），卷七，檀弓上，頁58。

〔註77〕謚法的起源，眾說紛紜，似尚未有定論。近世陸續有王國維、郭沫若分別爲文推敲。見王國維《觀堂集林》，卷十八，遹敦跋；郭沫若《郭沫若文集》，卷十四，謚法之起源。另有吳靜淵於1979年撰〈謚法探源〉，見《中華文史論叢》1979年第三輯（總第十一輯）（上海：上海古籍出版社，1979年9月）。至1995年有汪受寬《謚法研究》（上海：上海古籍出版社，1995年）。首次將中國傳統謚法學問做綜合研究，功力深厚。台灣學人對謚法的研究有張卜庥《謚法及得謚人法》（台北：台灣商務印書館，1977年）。言簡意賅，亦有根柢。

〔註78〕《禮記正義》，卷十，檀弓下，頁81。

葬之前獲賜。此一時程上之爭取動作，即表示諡號乃具有蓋棺論定作用者，葬後即以此一總結死者生平之稱謂，於歷史上留下永不磨滅記號。後世且視爲具有懲惡勸善功能，如明思宗於崇禎十一年（1638）六月諭禮部：

> 易名之典，關係甚重，即應與諡者，必確核品行心術，如古諡法，善與善字，惡與惡字，務使名實相符，以示勸懲。〔註79〕

職是之故，諡典，或曰易名之典，乃古代政治歷史極端重要之觀察面向。抑且此一制度於中國持續使用，遠逾二千年之久，不僅代表各時代之價值判斷、政治風氣，亦爲中國文化傳統有別於其他人類文明之一大特徵。

　依上所言，諡號不僅施於有善政賢跡者，亦施於有惡行逆狀者，是以諡字自古即有美惡之別。以諡字之美惡，用以褒貶死者一生行跡，進而發揮勸世勵俗功能。明代且明訂於御敕所撰《性理大全》之中，成爲凡知書者皆熟讀牢記，且自勵再三之經訓。書中引宋儒程頤之語：

> 古之君子相其君，而能致天下於大治者，無他術，善惡明而勸懲之道至焉爾。勸得其道而天下樂爲善，懲得其道而天下懼爲惡，二者爲政之大權也。然行之必始於朝廷，而至要莫先於諡。何則？刑罰雖嚴，可警於一時，爵賞雖重，不及於後世；惟美惡之諡一定，則榮辱之名不朽矣。故歷代聖君賢相，莫不持此以勵世風也。〔註80〕

上自國君，下至百官，議諡之時，皆無從逃避道德裁判。即使尊貴如皇帝，其「諡之美者，成、宣也；惡者，靈、厲也」〔註81〕。而臣僚得諡之美惡判準，則益爲嚴格，據現存最早記載諡法之《逸周書》所載：

> 經緯天地曰文，道德博聞曰文……辟地有德曰襄，甲冑有勞曰襄……協時肇亨曰孝，秉德不回曰孝……布德執義曰穆，中情見貌曰穆……去禮遠眾曰煬，好內遠禮曰煬……凶年無穀曰糠，名實不爽曰質，怙威肆行曰醜……好變動民曰燥……抗天虐民曰抗……。〔註82〕

上引所列，實隨意抽樣，未經刻意選擇，要亦可知諡法之嚴格與諡字意義之重要。

〔註79〕孫承澤《山書》（杭州：浙江古籍出版社點校本，1989年），卷十一，頁266。

〔註80〕胡廣等奉敕撰《性理大全》（日本·京都：中文出版社據明永樂十三年御製序本影印，1981年），卷六十七，治道二，諡法，程子曰，頁5。

〔註81〕王充《論衡》（長沙：嶽麓書社點校本，1991年），須頌，頁314。

〔註82〕《逸周書》，諡法解第五十四，頁17b～25b。

周代以降，除秦之外，歷代均行謚法。謚法原普遍施行於皇帝、后妃、太子、諸王宗室、文臣、武將，及各種特殊人物，如聖賢碩儒、隱逸、釋道、外戚、宦官，甚或平民之有殊勳者。凡與國家政事、宮廷休戚、社會風習相關，且俱一定事蹟者，死後皆可由國家給謚。即使民間，為追懷祖德，亦有私謚之事。自先秦至清，中國歷史之中，無代無之。本題以清初文臣之翰林人物為核心，其目的即藉謚法考察當時對於此批人物一生行實之價值判斷，亦在明瞭傳統謚法流變痕跡；同時冀望藉謚法施行之探討，提供切入視角，觀察清初儒生官僚格局之政治面向。

一、謚法內容

與其他許多法制相同，清初謚法亦沿襲明代制度，惟其中仍有少許變革之處。現存可見最早記載清代謚字謚義之官書為仁宗朝嘉慶年間重修之《大清會典》。據仁宗朝《會典》載，清代有《鴻稱通用》之書三冊，分別列載各種身分人物適用之謚字與謚義。上冊分上、中、下三卷；中冊分上、下二卷；下冊一卷：

> 上冊之上，列聖廟號取焉……上冊之中，列聖尊謚取焉……上冊之下，列后尊謚取焉……中冊之上，以謚妃嬪……中冊之下，以謚王……下冊則群臣賜謚者得用之。

群臣謚字共七十一個，謚義則有一百四十六個。每一謚字，少則一字一義，如「智能辨物曰哲」；多則一字數義，如「道德博聞曰文，脩治班制曰文，勤學好問曰文，錫民爵位曰文」。所有文武諸臣賜謚，皆據此而來。其中亦規定無論帝、后、妃嬪、諸王、群臣，其謚「皆擬上而請定焉」，又注明：

> 恭上廟號尊謚，大學士偕九卿科道等官會議。謚妃嬪及王大臣賜謚者，皆由大學士酌擬，奏請欽定。〔註83〕

仁宗朝《會典事例》則補充云：

> 親王郡王謚用一字，貝勒以下及文武大臣謚用二字。〔註84〕

據《會典》所載，文臣之得謚與否須由皇帝仲裁；准予賜謚者，由內閣大學士擬具二字謚數個，奏請皇帝勾定。至文臣得謚之資格，則可先於清人筆記中建立初步印象。蕭奭《永憲錄》記云：

〔註83〕托津等奉敕纂《欽定大清會典（嘉慶朝）》，卷二，內閣，頁11b～17a。
〔註84〕托津等奉敕纂《欽定大清會典事例（嘉慶朝）》，卷十二，內閣，職掌，頁1b。

易名之典，在內一二品官奏請外，非實有政績奉旨予謚，不得奏請，
故有褒無貶。至官品未高而侍從有勞或死勤事者則出自特恩。凡謚
號，皇帝十七字，皇后十三字，皇妃、東宮妃二字，親王一字，郡
王一字，文武大臣亦二字，定制也。〔註85〕

王士禛《池北偶談》載：

本朝最重易名之典，官至尚書大學士乃得賜謚。〔註86〕

李調元《淡墨錄》載：

大臣賜謚，京朝官唯閣臣尚書總憲得請，侍郎副憲已下多無之。

〔註87〕

梁章鉅《浪跡叢談》載：

定例，一品官以上應否予謚，請旨定奪。二品以下無謚，其有予謚
者，係奉特旨。或效職勤勞，或沒身行陣，或以文學，或以武功，
均得邀逾茂典。〔註88〕

另據《大清會典事例》則可見禮部題准之謚法典則，略引於下，以見其沿革：

世祖順治十八年（1661）定：

滿洲公侯伯以下，文武二品以上大臣，由吏部確覈功績勤勞，有應
予謚者咨（禮）部。應否予謚，請旨定奪。漢官應與謚者，各省撫
按及科道官公舉，由部酌議具題請旨。〔註89〕

聖祖康熙九年（1670）題准：

本身所得公侯伯病故，給予全葬，並致祭銀，遣官讀文致祭一次。
應否予謚，出自聖旨。大學士、尚書、左都御史……各照品級，給
予全葬，並致祭銀，遣官讀文致祭一次。應否予謚，請旨定奪。侍
郎……學士、副都御史、總督……加級至二品巡撫，各照所加品級
給予全葬，並致祭銀，遣官讀文致祭一次。應否予謚，請旨定奪。
三品侍郎、學士、副都御史、巡撫、通政使、大理寺卿，三年任滿
者，給予全葬；未滿三年者，給予半葬。皆給致祭銀，遣官讀文致

〔註85〕蕭奭《永憲錄》，卷一，頁39。
〔註86〕王士禛《池北偶談》，卷二，談故二，頁48。
〔註87〕李調元《淡墨錄》，卷二，特予謚，頁2。
〔註88〕梁章鉅《浪跡叢談續談三談》，叢談，卷四，頁55。
〔註89〕托津等奉敕纂《欽定大清會典事例（嘉慶朝）》，卷三八八，禮部，卹典，王
　　　公大臣官員卹典，頁5a～5b。

祭一次。不請謚。有加級者，仍照前例請謚。布政使、副將，各照品級，給予全葬，並致祭銀，遣官讀文致祭一次，不請謚。文官知縣以上，武官守備以上陣亡者，各照加贈品級給予全葬。並致祭銀，遣官讀文致祭一次。凡予謚，一品官工部立碑，碑文內閣撰擬。其遣官致祭者，祭文均由內閣撰擬。〔註90〕

高宗乾隆三十六年（1771）：

奉旨，禮部所奏向來一二品大臣，身後未具遺本，及該處未經具奏者，禮部將應否賜卹之處，奏聞請旨，嗣後請將奉旨予謚者照例具請，其餘概毋庸置議等語。大臣身後議卹，乃國家飾終令典，未便概行停止，嗣後一品大臣身故，除已經特旨予卹外，著吏兵二部及各該旗隨時咨報禮部，將應否賜卹之處，專摺具奏，酌量加恩。其二品大臣，照部議毋庸奏請。〔註91〕

宣宗道光二十四年（1844）：

又議准，一品官以上，應否與謚，請旨定奪。予謚者交內閣撰擬謚號，工部給碑價，翰林院撰擬碑文。二品官以下不請謚，特予者，遵旨辦理。〔註92〕

綜合以上公私記載，清代文臣須位至一品，如大學士、尚書、總督等，方可得謚。得謚與否應由皇帝同意，並非所有一品文臣皆可得謚。二品以下則例無謚號，除非具備特殊事蹟乃有可能破格賜謚，惟仍須經皇帝御筆欽賜。《清史稿》便總結而云：

定制，一品官以上予否請上裁，二品官以下不獲請。其得謚者，率出自特旨，或以勤勞，或以節義，或以文學，或以武功。破格崇褒，用示激勵。嘉、道以前，謚典從嚴，往往有階至一品例可得而未得者。〔註93〕

王士禎曾舉喇沙里、葉方藹、沈荃爲例，說明二品以下得謚皆由特殊事

〔註90〕托津等奉敕纂《欽定大清會典事例（嘉慶朝）》，卷三八八，禮部，卹典，王公大臣官員卹典，頁6b～7b。

〔註91〕托津等奉敕纂《欽定大清會典事例（嘉慶朝）》，卷三八八，禮部，卹典，王公大臣官員卹典，頁9b～10a。

〔註92〕崑岡等纂《欽定大清會典事例（光緒朝）》冊六，卷四九九，禮部，卹典，王公大臣卹典，頁774。

〔註93〕趙爾巽等撰《清史稿》冊十，卷九十三，志六十八，禮十二，凶禮二，賜謚，頁2720。

蹟而來：

> 近（按，聖祖朝）惟翰林院掌院學士喇沙里公以講筵舊勞，又勤王
> 事以死，特贈禮部尚書，謚文敏；掌院學士葉公方藹以講筵舊勞，
> 特加禮部尚書，尋遷刑部侍郎，仍帶掌院學士，加禮書舊銜，卒亦
> 謚文敏；掌詹學士沈公荃亦以講筵舊勞，加禮部侍郎，仍掌府事，
> 卒謚文恪。皆異數，非常例也。〔註94〕

此三人之特殊事蹟皆爲「講筵舊勞」，其中喇沙里又以勤王事而死，破格賜
謚，「皆異數，非常例也」。可見清初之賜與謚號甚爲嚴格。陳康祺便明言自
清初開國，至宣宗道光朝二百年間，「膺易名之典者，僅四百餘人。有生官極
品，而歿不得謚者」〔註95〕。如致仕原任大學士魏裔介於聖祖康熙二十五年
（1686）卒，史稱其人：

> 居言路最久，疏至百餘上，敷陳剴切，多見施行。生平篤誠，信程、
> 朱之學，以見知聞。知述聖學之統，著述凡百餘卷，大抵原本儒先，
> 並及經世之學。家居十六年，躬課稼穡，循行阡陌，人不知其爲故
> 相也。〔註96〕

評價實不可謂不高。然裔介方卒之時，禮部題請應否與謚，聖祖則以謚典關
係勸戒，務須至公，方合人心，而魏裔介「爲人強悍，居鄉多事，不宜與謚」
〔註97〕，因此否決給謚。

　　清代擬謚程序，據仁宗朝《會典》載大臣賜謚皆由大學士酌擬，而後奏
請皇帝定奪。究其實際則另具過程，以官書未見詳載，故需另尋其他載記以
考其實。朱彭壽《舊典備徵》載：

> 本朝定例，凡大臣應否予謚，由禮部先行奏請，俟得旨允准後，行
> 知內閣撰擬謚號四字，恭候欽定。〔註98〕

朱彭壽係清末德宗時人，所記內容應是清代謚典傳衍二百餘年之定制。清初
擬議程序可見福格《聽雨叢談》：

〔註94〕王士禎《池北偶談》，卷二，談故二，頁48。
〔註95〕陳康祺《郎潛紀聞初筆二筆三筆》，初筆，卷五，給謚慎重，頁100。
　　　　陳康祺身處清季，觀察當時予謚之制已與清初有所不同：「自同治初兩宮垂簾
　　　　訓政，凡階一品皆予謚，近數十年，遂爲定制矣」，語見上書同出處。
〔註96〕趙爾巽等撰《清史稿》冊三十三，卷二六二，列傳四十九，魏裔介，頁9890。
〔註97〕中國第一歷史檔案館編《康熙起居注》，康熙二十五年五月十七日，頁1493。
〔註98〕朱彭壽《舊典備徵》（北京：中華書局點校本，1982年），卷三，頁52。

國初大臣予謚，皆由內閣大學士、學士傳旨，問九卿詹事科道：
「某官某某應否予謚」。九卿等議其行實以聞，或予或否，出自上
裁。〔註99〕

顯見皇帝決定給謚與否之前，必經傳旨，由九卿詹事科道會議，將該已故大
臣生前行實奏聞。惟此一會議結果並不影響皇帝是否給謚，最終決定權仍握
於皇帝之手。

王士禎比較古來議謚職掌所司云：

古易名之典，太常博士議之，吏部考功奏行之；有未允者，所司駁
之，其重如此。明掌於禮部，本朝則內閣典籍司之，每一人擬八謚
或六謚以上，內閣閣臣擇其三四進呈御覽，欽定其一。〔註100〕

是清初議謚之所乃為內閣典籍廳。葉鳳毛嘗於內閣典籍廳供事，曾有自述其
職掌之語，適以證明：

目禮部文到典籍，先擬數名白中堂，中堂擇四名以請旨。鳳毛任典
籍四年，自揣職卑事大，必與漢同僚泊學士議而白中堂也。〔註101〕

禮部請准予謚之文到內閣，由典籍廳擬出可用謚字數個，交內閣大學士選擇
四字進呈皇帝做最後勾定。吳振棫即簡略記載此一程序云：

每遇禮部奏請，奉旨予謚者，由閣臣擬進四字，恭候欽定。〔註102〕

至清季陳康祺詳記給謚程序，足以考見此制之流變：

定例，臣下謚典，由禮部奏準後，行知內閣撰擬，舊隸典籍廳。咸豐
初，卓文端公（按，卓秉恬）入閣，改歸漢票籤，令兩侍讀司之。
凡奉旨給謚者，侍讀遵諭旨褒嘉之語，得謚文者擬八字，由大學士選
四字，不得謚文者擬十六字，由大學士選八字，恭請欽定。〔註103〕

是則擬謚之所已由內閣典籍廳改為內閣漢侍讀，內閣大學士始終為皇帝勾定

〔註99〕福格《聽雨叢談》，卷二，謚法，頁50。
〔註100〕王士禎《池北偶談》，卷二，談故二，謚典，頁48～49。
〔註101〕葉鳳毛《內閣小志》(台北：文海出版社明清史料彙編初集冊六據清刻本影印，
　　　　1967年)，頁29a～29b。
〔註102〕吳振棫《養吉齋叢錄》，卷十二，頁143。
〔註103〕陳康祺《郎潛紀聞初筆二筆三筆》，初筆，卷五，擬謚之例，頁100。
　　　　改內閣漢侍讀擬謚，另有清末朱彭壽、方濬師所記可為佐證。朱彭壽云「本
　　　　朝得謚諸臣，經禮部奏請，奉旨允准後，行知內閣擬謚，其事向由漢侍讀司
　　　　之」，見《安樂康平室隨筆》，卷四，頁230。方濬師云「本朝大臣予謚者，
　　　　內閣侍讀酌擬十六字呈大學士閱定八字，繕單請旨」，見《舊軒隨錄》(北京：
　　　　中華書局點校本，1995年)，卷三，擬謚，頁102。

前之過濾關卡，禮部則向為題請應否與諡之機關。《清史稿》總結有清一代給
諡過程即是依照上述諸記載而來：

> 令甲，得諡者禮部取旨，行知內閣典籍撰擬。至穆宗朝，大學士卓
> 秉恬改歸漢票籤，唯侍讀司之。……（諡文者）侍讀擬八字，大學
> 士選四字，餘則擬十六字，大學士選八字，並請上裁定。〔註104〕

清代諡法有一規定，即「由翰林授職之員，及官至大學士者，上一字坐
諡文，死事之臣上一字坐諡忠。惟文正則不敢擬，悉出特旨，自非品學德業
無愧完人者未足當此」〔註105〕。凡出身翰林或曾官屬翰林者，死後得諡「文」
字，此為沿襲明代以來之特點，《明史》載：

> 定例，三品得諡，詞臣諡文。然亦有得諡不止三品，諡文不專詞臣
> 者，或以勤勞，或以節義，或以望貫，破格崇獎，用示激勸。其冒
> 濫者，亦間有之。〔註106〕

又，明代非詞林出身而得諡文者，則文字必繫於他字之下，如「端文」、「忠
文」之類〔註107〕。至清代則并大學士亦得諡文。此一特點，於清代官書中向
未見載，唯慣見私家筆記以「例」出之，此下即討論「文」字諡。

福格《聽雨叢談》云：

> 凡由詞館出身者，無論改官文武，例准以文字冠首……若大學士則
> 無論何途出身，皆諡文字。蓋大學士即學士之長，本為詞臣，入閣
> 與入翰林同。〔註108〕

陳康祺《郎潛紀聞》亦有類似之語：

> 國朝諡法，惟由翰林授職之員，始得冠以文字。其官至大學士，則
> 雖不由科目，亦得諡文。〔註109〕

劉聲木《萇楚齋隨筆》更明白指出：

> 我朝定制，非翰林留館，卒後不得諡文。〔註110〕

〔註104〕趙爾巽等撰《清史稿》冊十，卷九十三，志六十八，禮十二，凶禮二，賜諡，
　　　　頁2720。
〔註105〕朱彭壽《舊典備徵》，卷三，頁52。
〔註106〕張廷玉等撰《明史》（北京：中華書局點校本，全二十八冊，1974年），冊五，
　　　　卷六十，志三十六，禮十，凶禮三，賜諡，頁1488。
〔註107〕王應奎《柳南隨筆續筆》，隨筆，卷三，頁57。
〔註108〕福格《聽雨叢談》，卷二，諡法，頁49。
〔註109〕陳康祺《郎潛紀聞初筆二筆三筆》，初筆，卷十一，諡法重文字，頁246。
〔註110〕劉聲木《萇楚齋隨筆續筆三筆四筆五筆》，續筆，卷九，左宗棠賜進士始末，

所謂「留館」，乃指庶吉士教習期滿，除榜下授職且一同入館讀書之一甲三人無須另行授職之外，其餘者依散館試等第授職，凡考試合格者，原二甲進士實授編修，原三甲進士實授檢討，以上人員均留翰林院供職，是爲「留館」〔註111〕。由此起家，憑藉個人努力，依照國家體制，逐漸陞擢高位，此即陳康祺所謂之「由翰林授職之員」。凡此等翰林出身，均得以「文」字爲諡。大學士得諡文，乃因拜命入閣之時，須至翰林院到任，坐翰林院大堂居中，故稱「中堂」，即使掌院蒞任亦只坐東偏，意爲避相國坐處，大學士亦以此而爲翰林之長，故得以諡文〔註112〕。按仁宗朝《會典》所載「文」字諡義爲「道德博聞」、「脩治班制」、「勤學好問」、「錫民爵位」〔註113〕，自非道德學問、品格操守皆無與倫比者莫屬。清季朱彭壽考校「文」字諡，認爲清代錫諡典制之中，諸諡字之取捨乃論其人德性才猷而定，唯「文」字諡獨以出身爲限，乃因「文」字諡取義甚廣，凡士大夫皆可用之，故而定此範圍，以使主司諡議者無可贍徇之故。〔註114〕

翰林出身，其後改仕武職，亦得諡文。如玉麟，滿洲正黃旗人，高宗乾隆六十年（1795）進士，選庶吉士，授編修，後累官遷改武職伊犁將軍，宣宗道光十三年（1833）卒於返京途次，賜諡文恭〔註115〕。另有極少數出身翰林卻不依例諡「文」者，如鄂容安，出身翰林，後改任疆圻武職，高宗乾隆二十年（1755）阿睦爾撒那作亂，鄂容安力戰自盡。閣臣議諡之時，以其詞苑起家，擬「文剛」、「文烈」二諡進奏，高宗以鄂容安忠義果毅，不欲拘於常例給諡，乃抹去二「文」字，合取「剛烈」以賜，以爲殊恩〔註116〕。又如聖祖時之王維珍諡「敏懿」；世宗之時何世璂諡「端簡」，高宗時之汪新諡「勤

頁 443。

〔註111〕黃本驥《歷代職官表》（台北：樂天出版社，1973 年），歷代職官簡釋，頁176。

〔註112〕王應奎《柳南隨筆續筆》，隨筆，卷三，頁57。
朱彭壽《安樂康平室隨筆》（北京：中華書局點校本，1982 年），卷四，頁232。

〔註113〕托津等奉敕纂《欽定大清會典（嘉慶朝）》，卷二，內閣，頁15a。

〔註114〕朱彭壽《安樂康平室隨筆》，卷四，頁232。

〔註115〕趙爾巽等撰《清史稿》冊三十八，卷三六七，列傳一五四，玉麟，頁 11462～11465。

〔註116〕趙爾巽等撰《清史稿》冊三十五，卷三一二，列傳九十九，鄂容安，頁 10662～10665。
陳康祺《郎潛紀聞初筆二筆三筆》，二筆，卷三，鄂容安賜諡剛烈，頁360。

儯」，皆爲翰林出身文臣而不謚「文」者。〔註117〕

　　大學士又稱閣臣，亦可得謚「文」字。舉世祖朝爲例：順治九年（1652）賜內弘文院大學士希福謚「文簡」；十一年（1654）賜內國史院大學士張端謚「文安」；十三年（1656）追謚內弘文院大學士高爾儼「文端」；十八年（1661）賜保和殿大學士額色赫謚「文恪」〔註118〕。然亦有少數例外不謚「文」者，如世祖朝內弘文院大學士李率泰謚「忠襄」，內國史院大學士陳泰謚「忠襄」，建極殿大學士謝陞謚「清義」；聖祖朝弘文院大學士巴哈納謚「敏壯」，國史院大學士蘇納謚「襄愍」，武英殿署大學士衛莫洛謚「忠愍」；高宗朝體仁閣大學士楊應琚謚「勤愨」，協辦大學士阿里袞謚「襄壯」等皆是。〔註119〕

　　清代謚典另有一特殊成例，清初滿洲部院大臣，必須經歷內閣學士乃得以充任經筵講官，有此經歷，則歿後得以謚「文」；其官詹事府、侍讀侍講學士、祭酒以下者皆不得與〔註120〕。其間緣由，殆因部院大臣原依例可以得謚，然滿洲部院大臣之出身翰林者甚少，謚「文」機會相對降低，故而限定曾充經筵講官之滿洲內閣學士（從二品）以學行宏博而與詞臣出身者同，皆可謚「文」。一則增加滿官得「文」字謚之機會與數額，一則顯現非翰林出身滿官謚「文」之正當性。此舉似是滿人政權處於漢人儒家思想價值體系中，有意表現之種族平衡心態。

二、謚法特徵

　　錫謚之舉，古例應於死者下葬前行之，《春秋穀梁傳》桓公十八年載：

　　　謚所以成德也，于卒事乎加之矣。〔註121〕

〔註117〕周壽昌《思益堂日札》，五卷本，卷四，詞臣謚無文字，頁242。
　　　　　福格《聽雨叢談》，卷二，謚法，頁49。
　　　　　梁章鉅《浪跡叢談續談三談》，叢談，卷四，謚文，頁56。
　　　　　另朱彭壽《舊典備徵》，卷三，謚法不拘定例，頁54～55。載有出身翰林而不謚文，及非翰林出身而謚文的其他特例，可以參見。
〔註118〕上述諸大學士賜謚，分見劉長華《皇朝謚彙考》（台北：中央研究院歷史語言研究所藏清光緒七年海寧陳氏慎初堂刊本），卷三，頁8～12。
　　　　　大學士（閣臣）非翰林出身者亦得謚文，王士禎便舉清初數例，如洪承疇謚文襄，宋權謚文康，王永吉、金之俊皆謚文通，孫廷銓謚文定，衛周祚謚文清，李之芳謚文襄。見王士禎《池北偶談》，卷三，談故三，閣謚，頁57～58。
〔註119〕福格《聽雨叢談》，卷二，謚法，頁49～50。
〔註120〕吳振棫《養吉齋叢錄》，卷十二，頁144。
　　　　　福格《聽雨叢談》，卷二，謚法，頁50。
〔註121〕范甯集解、楊士勛疏《春秋穀梁傳注疏》，卷四，桓公十八年，頁2378。

此云諡號乃死者一生行為之總評價，蓋棺方能論定，既葬則其德成，故而諡號須於葬前議定。《白虎通義》解釋其因：

> 所以臨葬而諡之何？因眾會欲顯揚之也。〔註122〕

其意乃葬禮將有眾人參加，臨葬而諡，可在眾人面前頌揚死者生前功業德跡。此制在明代遭到破壞，明代諡典五年一舉，採集體賜贈之法〔註123〕，並不隨時議賜，盡失古意，且易生弊病。至清代則恢復臨葬而諡之例，且皇帝擁有給諡與否之最終權力，而是否獲賜諡號又有嚴格限制，故清代之重視諡典，實達最高程度。

諡法屬五禮中之凶禮〔註124〕，其組成乃包含數要件：死者官銜品級、生前行實德業、議諡過程與決定諡號。給諡程序則歷代大同小異，大致均有請諡、議諡、定諡與賜諡等步驟。

清代雖總匯傳統文化之大成，但諡法沿革則另有特色。史載清代諡法「定制，一品官以上予否請上裁，二品官以下不獲請。其得諡者，率出自特旨，或以勤勞，或以節義，或以文學，或以武功。破格褒獎，用示激勵。嘉、道以前，諡典從嚴，往往有階至一品例可得而未得者」〔註125〕。就得諡品級而言，傳統概以三品為率，至清代則縮小至唯有一品大臣得以賜諡，且「予否請上裁」，是知清廷有意提昇賜諡之政治意義，以國家名器並不輕授，可謂為一種控馭手段。皇帝為決定給諡予否之最高且唯一之權力中樞，死者一旦得諡，豈不皇恩浩蕩，在世生者見之莫不油然而生歆羨之心，將更無貳志，盡心效忠。而二品以下得諡者，則以特殊事蹟若勤勞、若節義、若文學、若武功等，破格賜與，以示鼓勵。即雖官非一品，但若能有所成就，則仍可能獲

〔註122〕 班固等撰《白虎通義》（上海：商務印書館叢書集成初編據抱經堂本影印，1936年），卷一上，諡，頁29。

〔註123〕 張廷玉等纂《明史》冊五，卷六十，志三十六，禮十四，凶禮三，賜諡，頁1489。「（天啟）三年，禮部尚書林堯俞言『諡典五年一舉，自萬曆四十五年至今，蒙恤而未諡者，九卿臺省會議與臣部酌議』，帝可之。然是時，遲速無定。六年，禮科給事中彭汝楠言『耳目近則睹記真，宜勿逾五年之限』」。又，孫承澤《春明夢餘錄》，卷四十，諡法，頁36。「崇禎十五年，禮部覆科臣張國維議疏，察得原疏請諡舊例五年一舉，當時已缺。至十二年而今，又遲十年矣」。

〔註124〕 《清史稿》即將「賜諡」置於「凶禮」之部。見趙爾巽等撰《清史稿》冊十，卷九十三，志六十八，禮十二，凶禮二，頁2720。

〔註125〕 趙爾巽等撰《清史稿》冊十，卷九十三，志六十八，禮十二，凶禮二，頁2720。

邀賜諡，乃爲使百官竭力盡忠效勞、盡己修持之利器。加之配合追諡之舉，
更能顯現此種功用。

依照傳統，臣死得諡，除國家依令典審覈賜給之外，家屬遺眷亦可請求
給諡。前舉《禮記》「公叔文子卒，其子戍請諡於君」一節，即已顯示請諡之
舉，自古已然，至明代仍行之不輟〔註126〕。而清代則完全取消請諡之舉，給
諡之權完全操於皇帝之手，陳康祺《郎潛紀聞》記云：

> 唐宋名臣，多由子孫條上政蹟，始得美諡。本朝則或出特恩，或付
> 禮臣議定，無子孫請諡之例。……考康熙朝永嘉縣知縣馬玠殉難，
> 因其子疏請，追諡忠勤。又六十一年十一月，西安副都統阿魯疏奏，
> 臣父濟世哈因軍前效力，擢用至正紅旗都統、刑部尚書、三等男，
> 於康熙元年病故，未蒙賜諡，伏乞皇上加恩。世宗允之，得諡勇壯。
> 此曠世殊恩，後亦無敢援例者。〔註127〕

此處將聖祖及世宗兩次准予請諡，視爲「曠世殊恩」，實由請諡本非清代功令
所准，而皇帝特恩破格給予，除嘉其生前行實之外，亦可想見非屬得諡資格
者對於賜諡榮典之想望。

臣死得諡，尚有可能發生追、加、改、奪之情：按諡法規定，諡號應於
葬前定議錫與，惟亦有將死去甚久之人賜予諡號，是爲追諡。有對本朝代人
之追諡，亦有對前代人之追諡。通常追諡之因有幾種：其初爲權臣、政敵所
阻，後人代爲申訴而得者；冤屈而死，以平反昭雪而得者；政治情勢變化，
對前已物故者評價改變而得者；亦有王朝初建，追諡前歿功臣者。清代予諡

〔註126〕 李東陽等奉敕撰，申時行等奉敕重修《大明會典》，卷一○一，禮部五十九，
喪禮六，恩卹，賜諡，頁16。孝宗弘治四年令「凡乞恩賜諡者，禮部斟酌可
否，務合公論，不許一概比例濫請」，十五年准奏「文武大臣有請諡者，禮部
照例上請得旨，行吏兵二部備查實跡，禮部定爲上中下三等，以行業俱優者
爲上，行實頗可者爲中，行實無取者爲下，開送翰林院擬諡請旨」。

〔註127〕 陳康祺《郎潛紀聞初筆二筆三筆》，二筆，卷七，子孫乞諡，頁452。
馬玠之子疏請追諡一事，曾被援引爲例，使聖祖再度准許疏請追諡，見王士
禎《香祖筆記》，卷五，頁5b。「山西平定州知州劉學嘉上疏，爲其父劉欽鄰
請諡略云，臣父某係順治辛丑科進士，原任平樂府富川縣知縣。康熙十三年
值孫逆延齡叛亂罵賊殉節，仰蒙聖慈溫綸渥錫，優贈太僕寺少卿，廕子入監
讀書，特賜祭葬。以小臣疊邀異數，臣捐糜頂踵，難報高厚於萬一。但查蘇
松糧道臣馬逸姿伊父馬玠，原任永嘉縣知縣，與溫處道臣陳丹赤同時殉節，
屢被聖恩優卹。四十二年皇上南巡，逸姿爲父請諡，仰蒙諭允。臣父欽鄰死
節，與玠正同。幸逢聖駕西巡，千載一時之會，用敢披瀝下誠，援例上請，
懇照馬玠之例，一體予諡。奉旨下部議，賜諡忠節」。

大權操於皇帝之手，故追諡之舉幾全出於皇帝主動。如世祖順治六年（1649）文館大學士達海卒，至十年（1653）追諡「文成」〔註128〕。聖祖康熙初年，內國史院大學士蘇納海、直隸山東河南總督朱昌祚、直隸保定巡撫王登聯均為輔臣鰲拜矯詔論死。待鰲拜敗後，於康熙八年（1669）特旨昭雪，並各予追諡「襄愍」、「勤愍」、「愨愍」〔註129〕。另如康熙四十二年（1703）侍郎勵杜訥卒於官，特賜祭葬；越二年，聖祖駐蹕靜海，追念勵杜訥效力南書房二十餘年，敬慎勤勞，特予追諡「文恪」〔註130〕。四川道監察御史陸隴其於康熙三十一年（1692）卒，無諡，世宗雍正二年（1724）從祀文廟，至高宗乾隆元年（1736）以其官雖止五品，但前已從祀文廟，應援宋儒胡瑗、呂祖謙諸儒皆未居顯職而有諡之例予以追諡，乃賜諡「清獻」，並加贈內閣學士兼禮部侍郎〔註131〕，此亦為清代小臣得諡之始。〔註132〕

　　清代有以生前詩文學問而於卒後獲得追諡者，茲再舉數例。吳振棫《養吉齋叢錄》載：

　　　　乾隆間，以詩文被獎而追諡者，尚書王士禎諡文簡，尚書韓菼諡文
　　　　懿。以究心理學而追諡者，侍郎胡煦諡文良。〔註133〕

據梁章鉅《浪跡叢談》記載，韓菼以工制義時文而追諡，王士禎則以工詩而追諡〔註134〕。而王士禎之獲追諡，據云乃出於沈德潛之語：士禎入仕三十餘年，以醇謹稱職，甚受聖祖優眷。惟以其與理密親王酬倡往來，為聖祖所怒，遂以他故罷官，歿時並無卹典。至高宗時，帝與沈德潛談及近日詩道中衰，無復曩昔之盛，沈德潛乃乘間進言「因不讀王某之詩，蓋以其卒無諡法，無所羨慕故也」，乃命將王士禎予以追諡。〔註135〕

　　清初曾有大規模追諡明臣之舉，世祖順治十年（1653），南明君臣與流寇

〔註128〕趙爾巽等撰《清史稿》冊三十一，卷二二八，列傳十五，達海，頁9256。

〔註129〕陳康祺《郎潛紀聞初筆二筆三筆》，初筆，卷五，蘇納海朱昌祚王登聯特旨昭
　　　　雪，頁99。

〔註130〕陳康祺《郎潛紀聞初筆二筆三筆》，三筆，卷一，聖祖追諡勵杜訥，頁659。
　　　　趙爾巽等撰《清史稿》冊三十三，卷二六六，列傳五十三，勵杜訥，頁9946。

〔註131〕《滿漢名臣傳》（哈爾濱：黑龍江人民出版社校訂本，1991年），陸隴其，頁
　　　　1513～1514。

〔註132〕陳康祺《郎潛紀聞初筆二筆三筆》，初筆，卷十一，小臣得諡，頁246～247。

〔註133〕吳振棫《養吉齋叢錄》，卷十二，頁144。

〔註134〕梁章鉅《浪跡叢談續談三談》，叢談，卷四，諡法，頁55。

〔註135〕桐西漫士《聽雨閒談》，頁82。
　　　　昭槤《嘯亭雜錄》，卷九，王文簡公補諡，頁273。

餘部仍在兩湖、兩廣及雲貴等地激烈抗清，世祖下詔追謚前於李自成入京時「殉節」之明朝大臣范景文、倪元路等二十六人，用表清廷與闖賊誓不兩立之意。至高宗乾隆四年（1739）、四十年（1775）、四十一年（1776），復分批追謚明代封疆殉節之臣、甲申殉節之臣、福王殉節之臣、唐王殉節之臣、魯王殉節之臣、桂王殉節之臣、寇難殉節之臣及建文革除之際仗節死事之臣共一七七五人〔註136〕。此類隔代集體追謚，當然有其政治目的。

　　改謚乃指將既有謚號予以更改。傳統謚法中，有於議謚過程中更改者，有已議定未公布便即更改者，有已賜謚而後更改者，此中僅最末一種俱其意義。有由美改爲醜、由醜改美，亦有由美改爲更美者。遍查清代得謚文臣，並無發現有改謚情形，益見清代謚典之莊重，一旦予謚，絕不更改，亦是謚號難得之處。清末大學士張之洞於宣統元年（1909）卒，原已擬定特謚文忠或文正，然以其遺摺有「臣平生以不樹黨援，不殖生產自勵」二語，觸某邸之忌，迫改前議，改擬謚爲文襄〔註137〕。其謚乃頒詔錫予之前所改，實仍屬議謚階段，不屬此處所論之改謚。

　　加謚，其實類同改謚，乃於保留原來謚字基礎之上，再加其他謚字。如清太祖努爾哈齊，初謚武皇帝，爲一字謚。後改謚高皇帝，仍爲一字謚。其後又累次加謚，最後定謚「承天廣運聖德神功肇紀立極仁孝睿武端毅欽安弘文定業高皇帝」〔註138〕，是爲二十五字謚，後代各皇帝謚號字數均無過此者，實是最高榮典。而清代文臣給謚，例用二字，故無加謚問題。

　　奪謚，又稱削謚。始於宋代，盛於明清。往代若對於已得謚者有所不滿，認其不該有此美謚，則可改爲惡謚，並不直接奪去其謚號，故奪謚之舉在明代以前極爲罕見。然自明仁宗洪熙初年取消惡謚〔註139〕，作惡之人根本不配有謚，即惡謚亦不足以付之。清代又沿襲之，致使謚法消失原有懲惡勸

〔註136〕按吳振棫《養吉齋叢錄》，卷十二，頁 145。「乾隆四十年，命補謚明季殉節諸臣，及建文革除之際其臣抗節死事者，或專謚，或通謚，凡三千六百餘人」。但考之《清朝通考》〈謚略七〉所載，僅得一千七百餘人。

〔註137〕吳慶坻《蕉廊脞錄》，卷二，張之洞因遺摺而改謚，頁 58。

〔註138〕趙爾巽等撰《清史稿》冊二，卷一，本紀一，太祖，頁 1。

〔註139〕明仁宗洪熙初追謚十七文臣之時，有另一已故通政使賀銀所得議謚不美，仁宗即諭禮部尚書呂震「此數人皆在先朝盡力國事，有德行厚重、表裡一致者，有涉歷艱難、始終一心者。必加旌襃，庶幾禮賢厚終之道，但朕意未嘗及銀。銀勞可贈官，行不應美謚。若加銀惡謚，又不若無謚」此後明代即再無惡謚。語見鄭曉《鄭端簡公今言類編》（上海：商務印書館叢書集成初編據鹽邑志林本影印，1925 年），卷五，頁 331～332。

善之懲惡功能，所存者皆美諡，一變而成爲單純之榮寵百官工具，以公開撤銷死者美諡，表達對其幽魂之撻伐。如聖祖康熙十七年（1678）大學士馮銓卒，諡「文敬」，不久又追削其諡號〔註140〕。又如都察院左都御史揆敘卒於康熙五十六年（1717），諡「文端」。至世宗雍正二年（1724），揭發其生前罪狀，奪官削諡，又詔改鐫墓碑爲「不忠不孝陰險柔佞揆敘之墓」〔註141〕，此實可謂極盡侮蔑之能，其辱無比。最可惜者爲大詩人沈德潛，詞林出身，曾任內閣學士、禮部尚書，甚受高宗禮遇，乾隆三十四年（1769）卒諡「文慤」。十年之後，東台縣民首告已故舉人徐述夔《一柱樓集》有悖逆語，而集中竟有沈氏所做徐述夔傳，亟稱徐氏品行、文章皆可爲法。於是下大學士、九卿議，乃奪去沈德潛贈官、祠祭，削其諡號。更將其墓碑仆倒，以爲膺懲。〔註142〕

「議諡」與「諡義」乃爲組成諡法最重要部分。「議諡」即人死之後，爲給予諡號而依據典制就其生時行跡進行公正議論，議論內容即爲「諡議」。議論結果，依諡法爲死者冠上適當諡號。諡號本身有長有短，有美有醜，每一諡字均有其意義，此即「諡義」。「議諡」須公正無私，不得溢美、故隱、醜詆、陷罪；「諡議」須公開無隱，爲可受公評論斷者；「諡字」須謹守典制，不可隨意增造修改；「諡義」須與死者行實相合，免有諛陷之譏。此爲諡法必須遵守之要件。

歷代所用諡字互有增刪，就總趨勢言之，時代愈後，諡字數量愈多，且諡義愈爲繁複。前引公叔文子請諡一節。衛靈公云：

> 昔者衛國凶饑，夫子爲粥與國之餓者，是不亦惠乎。昔者衛國有難，夫子以其死衛寡人，不亦貞乎。夫子聽衛國之政，脩其班制，以與四鄰交，衛國之社稷不辱，不亦文乎。故謂夫子貞惠文子。〔註143〕

衛君論述公叔文子之賑饑、衛君、聽政，此即「諡議」；給予「貞」、「惠」、「文」等字爲諡，乃以諡議所述諸功業按以諡法冠之。按《逸周書》〈諡法解〉爲現存最早諡法文獻，大致可信乃記載周初政典之周代文獻，其中所載「貞」字諡義有三：清白守節、大慮克就、不隱無屈；「惠」字諡義有二：柔質慈民、愛民好與；「文」字諡義有六：經緯天地、道德博聞、學勤好問、慈惠愛民、

〔註140〕《滿漢名臣傳》，馮銓，頁4550。

〔註141〕趙爾巽等撰《清史稿》冊三十四，卷二八七，列傳七十四，揆敘，頁10225。

〔註142〕趙爾巽等撰《清史稿》冊三十五，卷三〇五，列傳九十二，沈德潛，頁10511。

〔註143〕《禮記正義》，卷十，檀弓下，頁81。

慼民惠禮、錫民爵位〔註144〕。將東周衛靈公議諡之語與之比較，「貞」字諡義
稍異，其餘皆相符。可知諡字諡義於東周之時便已有擴大現象，以後各朝代
更是如此。另從上引文可知，諡號乃是將個人功業足述者，分類表述，以不
同諡字顯揚各類事跡，將不同諡字加以組合，即爲諡號。是故一個諡號之內，
每一諡字之間，並不必然有聯帶關係。

　　清代文武諸臣得以錫用之諡字共七十一個，序列如下：〔註145〕

忠　孝　純　誠　文　獻　成　憲　宣　昭　明　哲　度　武　烈
勇　壯　剛　果　威　桓　毅　恭　敬　莊　端　恪　欽　穆　厚
安　泰　敦　裕　良　康　惠　和　順　溫　正　肅　簡　靖　清
介　節　慤　僖　平　貞　確　質　潔　思　愼　密　定　直　義
勤　襄　景　敏　理　通　達　榮　隱　慼　懿

此七十一個諡字就字面觀之，僅「隱」、「慼」二字似不甚爲美，其餘均可稱
爲美諡字，至少亦爲平諡字以上。而「隱」字諡義爲「懷情不盡」，「慼」字
諡義爲「使民悲傷」〔註146〕，其含義則不盡爲醜，故「隱」、「慼」二字可謂
之平諡字。自明代起，中國諡法雖已再無醜諡字，惟以清初之嚴格賜予，仍
有褒榮功用。人臣於諡號之想望，亦代表其人居官之恪愼守己，據云宣宗時
吏部尙書朱士彥嘗語家人「余生平行事過人者，惟見得定、守得定，此六字
不敢不勉。異日蓋棺，得諡爲定足矣」。卒後，宣宗不顧禮臣所呈擬諡，特旨
予諡「文定」，一時朝士咸服宣宗之知人，亦服朱士彥之自信有素。〔註147〕

　　就文武官員整體而論，有以諡號之最美者，應爲「忠武」，並舉歷代獲此
諡者以爲說明，如三國諸葛亮、晉代溫嶠、唐代尉遲敬德、唐代郭子儀、宋
代韓世忠、明代常遇春等，無不是忠心赤誠並有輝煌功業者〔註148〕。至清代
有以諡字當以「襄」字爲重者，如況周頤《眉廬叢話》即引文宗咸豐三年
（1853）十月諭「文武大臣或陣亡，或軍營積勞病故，而武功未成者，均不
得擬用襄字」〔註149〕。考諡法「闢地有德曰襄，因事有功曰襄」〔註150〕，應

〔註144〕《逸周書》諡法解第五十四。
〔註145〕托津等奉敕纂《欽定大清會典（嘉慶朝）》，卷二，內閣，頁15b～16b。
〔註146〕托津等奉敕纂《欽定大清會典（嘉慶朝）》，卷二，內閣，頁16b。
〔註147〕陳康祺《郎潛紀聞初筆二筆三筆》，初筆，卷十，朱士彥得諡文定，頁215。
〔註148〕朱彭壽《舊典備徵》，卷三，以忠武爲諡，頁54。
〔註149〕況周頤《眉廬叢話》，諡法以襄字最隆重，頁315。
〔註150〕托津等奉敕纂《欽定大清會典（嘉慶朝）》，卷二，內閣，頁16b。

乃積有戰功、安定社稷者所用。文宗初年，太平天國作亂已熾，文宗以襄字爲重，當爲情勢使然。

陳康祺《郎潛紀聞》詳記清代給謚程序之語，值得注意：

> 又奉旨給謚者，侍讀遵諭旨褒嘉之語，得謚文者擬八字，由大學士選四字，不得謚文者擬十六字，由大學士選八字，恭請欽定。〔註151〕

此處顯示幾個問題：（一）禮臣擬謚，除確覈死者生前行跡，尚須考慮先前題准予謚之時，皇帝諭旨褒嘉之語，必細細揣摩上意，期擬適切且符合帝心之謚號。（二）謚字有先後順序之別，亦即《會典》所列七十一個謚字，其所受重視程度，乃依順序而有別，排列愈前者，愈爲美善。（三）得謚「文」字者，其資格有所限制，而「文正」一謚，乃皇帝特恩，非禮臣所敢擬呈者。以下即分別討論。

仰承皇帝褒獎之語，據以擬謚，正乃皇帝手操與謚大權之象徵。以聖祖爲例，不僅令禮臣擬謚，且准奏之時亦顯露聖祖本身之重視，茲舉數例如下：〔註152〕

> （康熙）十八年十一月十二日……顧大學士等諭曰「掌院學士喇沙里昨晚病故……喇沙里侍從有年，小心勤愼，翻譯經書，明白精詳，咸稱朕意，即翰林諸臣，亦稱其賢。今一旦溘逝，朕心憫惻，可將好謚與他。」

> 二十年三月十六日……禮部題請原任廣西巡撫傅弘烈應否贈謚加祭事。上曰「傅弘烈不肯從賊，以身殉難，著仍予謚，加祭一次。」

> 二十一年十月二十三日……請定原任刑部侍郎葉方藹、陣亡原任護軍參領贈副都統阿爾賽謚名。上曰「謚典甚有關係，必與其人功績相符，予謚始當。若並無功績，即行予謚，或功績平常，予謚過當，則優劣不分，無以爲效力者勸。葉方藹予謚文敏，阿爾賽予謚壯愨。」

> 二十一年十二月二十日……禮部爲原任尚書郭四海應否予謚請旨事。上曰「郭四海自任部以來，諸事黽勉勤勞。從來賜謚當視人勞績，郭四海著與他謚」……二十二年正月二十三日，大學士等以所

〔註151〕陳康祺《郎潛紀聞初筆二筆三筆》，初筆，卷五，擬謚之例，頁100。
〔註152〕以下所舉之例，各見《康熙起居注》各日期條下。

擬原任刑部尚書郭四海謚請旨。上曰「謚法字樣，關係人品，止擬進三字，恐與其人不相符合。今郭四海謚可用文敏。此後予謚須多擬數字，並將謚法細註進呈，按其行實定奪。」

二十三年七月二十日……上御行幄，扈從學士等以折本請旨：禮部題原任總督于成龍應否加恩卹給與謚號請旨。上曰「于成龍居官甚清，應給還尚書銜及所降之級以褒之。其加祭、謚號著照原任總督施維翰例。此本發與大學士，著擬票籤送來」。

以上數人，葉方藹、阿爾賽、郭四海等三人均由聖祖即刻決定謚號，另喇沙里、傅弘烈、于成龍三人，稍後分別定謚爲「文敏」、「忠毅」、「清端」〔註153〕，均可見出禮臣揣摩帝語擬謚痕跡。

所有文臣謚號之中，「文正」最美，此謚在清代向出皇帝特恩，禮臣均不敢擬。統計世祖、聖祖、世宗、高宗四朝，得謚文正者，僅工部尚書湯斌、東閣大學士劉統勳二人〔註154〕。按，《會典》錄《鴻稱通用》所載群臣謚字，「文」字第五，「正」字第四十一。世重「文正」之謚，實因宋代大儒朱熹學行爲後世所宗，其謚號即爲「文正」。清人福格云：

宋人最重道學。以文正二字之義，實與道學表裏，因而重之。迨我國初理學諸子，又以道學相尚，推而尊之，遂致相惑不解。其實文正之謚，遠出文忠四十字之下也。〔註155〕

依清代謚法規定，群臣字前五名依序是：忠、孝、純、誠、文。謚義分別是：

肫誠翊贊曰忠，危身奉上曰忠。慈惠愛親曰孝，大慮行節曰孝，能養能榮曰孝。志慮忠實曰純，安危一心曰純。肫篤無欺曰誠，實心

〔註153〕趙爾巽等撰《清史稿》冊三十二，卷二五二，列傳三十九，傅弘烈，頁9227。冊三十三，卷二七七，列傳六十四，于成龍，頁10083。
喇沙里謚號見鮑康《皇朝謚法考》（上海：上海古籍出版社《續修四庫全書》冊八二七，據湖北省圖書館藏清同治三年（1864）增修本影印，1997年），卷三，頁37。
〔註154〕鮑康《皇朝謚法考》，卷三，頁25。
〔註155〕福格《聽雨叢談》，卷二，謚法，頁49。
其實「文正」之謚在明代便已極受重視。明中葉大學士李東陽病亟之時，故友楊一清來視，東陽以身後謚號爲慮，一清乃云「本朝無謚文正者，請以奉公」，此語竟使李東陽在病榻上連連頓謝。待東陽卒，果然得謚「文正」。見陳夢雷《古今圖書集成》原冊七一四，經濟彙編，禮儀典，卷一二九，謚法部，紀事三，雜錄，頁53a。

施惠曰誠。道德博聞曰文，脩治班制曰文，勤學好問曰文，錫民爵位曰文。〔註156〕

另第四十一「正」字諡義爲「守道不移曰正，心無偏曲曰正」〔註157〕。顯見國家始終置於個人之上，身爲臣子，盡忠於國家乃最大職志。又，孝道乃歷來最受重視之德行，爲家庭與社會之維繫支柱，盡忠於國家亦可解爲孝之極至，是爲大孝，諡義所言「大慮行節」便是此義，其義正爲宋明理學所闡述者。然則明清將「文正」視爲最高最美，實是受理學影響，亦可見清代統治受漢文化影響之深。

〔註156〕托津等奉敕纂《欽定大清會典（嘉慶朝）》，卷二，內閣，頁 15b。
〔註157〕托津等奉敕纂《欽定大清會典（嘉慶朝）》，卷二，內閣，頁 16a。

第五章　仕　途

　　有清翰林制度既已詳述如前，當針對翰林人物之宦途有所析論，藉以明瞭渠等遷轉降調之跡，亦可知其於國家文官機制中之仕宦格局。又，清代文官系統，以科舉考試為官員之常規來源，進士功名須歷經數重考驗方能取得，乃清代科舉之最高榮譽，百官之選任陞擢概由此起家，此實可視為菁英主義之奉行，亦為文官機制之主流人物。而詞館出身者，較之一般進士又須多受教習考成，更可謂為菁英中之菁英，雖則各人仕途發展高低不同，然就科考歷程、文學教養而言，翰林實為清代文官之最出類拔萃者。

第一節　散館起家

　　新進士朝考選為庶吉士，入庶常館修業三年。一般而言，在館期間之唯一要務厥為努力讀書一項，除每月領取些微膏火津貼之外，別無他事。而庶吉士之身分並非國家正式職官，充其量僅能視為仕途前之一段準備時期，正如尚未授職之新科進士，不能遽視為業已展開個人仕途。

　　庶吉士教習期滿，依照散館考試等第，正式授與官職，方為步入宦途之正式起家，有留翰林院任為編修、檢討者，此為翰林官之絕大來源。又有選為監察御史、給事中者，有改六部主事者，有歸入原班進士銓選者，亦有成績不佳而在留館再予教習或除名回籍者。下表臚列世祖至高宗朝各科進士館選與散館授職情形，藉明各科庶常起家梗概。一甲三人雖榜下授職，以其與庶吉士同入館讀書，故散館時仍計入。另，極少數未及散館即特予授職，亦

一併計入，以其仍是宦途起家之故。〔註1〕

世祖朝至高宗朝散館授職

科　分	進士	館選	散　館　授　職										其　　他
			修撰	編修	檢討	御史	給事中	知縣	主事	歸班	再教習	除名	
世祖朝													
順治3年 （1646）	373	49	1	18	14	4	7		1				4（不詳）
順治4年 （1647）	298	23	1	9	7	2	1		1				1（外用） 1（不詳）
順治6年 （1649）	395	43	1	20	10	5	6		1				
順治9年 （1652）	397	47	1	10	18	7	5		1				1（教授） 2（推官）
順治9年 滿洲榜	50	9	1	2									
順治12年 （1655）	399	33	1	12	8	4	6						2（外用）
順治12年 滿洲榜	50	9	1	2									
順治15年 （1658）	343	35	1	13	11	1	3	1	1		2		
順治16年 （1659）	376	44	1	12	3	5	5	1	14				1（推官）
順治18年 （1661）	383	13	1	6	4	1							1（監丞）

科　分	進士	館選	散　館　授　職										其　　他
			修撰	編修	檢討	御史	給事中	知縣	主事	歸班	再教習	除名	
聖祖朝													
康熙3年 （1664）	200	18	1	2	3	3	1		7				1（不詳）

〔註 1〕 散館授職表係據下列資料統計而得：
朱汝珍《詞林輯略》（台北：鼎文書局，楊家駱主編《古今圖書集成續編初稿》
冊二十五，選舉典。據中央刻經院刊本影印，1977年），卷一～卷四。
嚴懋功《清代徵獻類編》（台北：世界書局，1961年），下冊《清代館選分韻
彙編》（全十二卷）。

年份													備註
康熙6年（1667）	155	15	1	7	2	2	2		1				
康熙9年（1670）	299	31	1	11	5	2			11				1（不詳）
康熙12年（1673）	166	35	1	10	10	6			4				4（不詳）
康熙15年（1676）	209	35	1	21	4	1	2		5				1（不詳）
康熙18年（1679）	151	35	1	15	7	4	1		7				
康熙18年 博學鴻詞		50		17	28								1（侍讀） 4（侍講）
康熙21年（1682）	179	35	1	12	10	3	2		5		1		1（不詳）
康熙24年（1685）	164	38	1	20	13	1			2				1（不詳）
康熙27年（1688）	146	37	1	14	10	1		1	5	2			3（不詳）
康熙30年（1691）	157	36	1	11	12	2		6		3			1（不詳）
康熙33年（1694）	168	43	1	18	11	1		3	1	4	1		2（不詳） 1（對品旗員）
康熙36年（1697）	150	34	1	13	11					7			2（不詳）
康熙39年（1700）	305	46	1	9	11			1		18	1		1（道員） 4（不詳）
康熙42年（1703）	166	52	1	20	13			1			3	5	1（教授） 1（博士） 7（不詳）
康熙45年（1706）	290	53	1	22	19						2	7	2（不詳）
康熙48年（1709）	292	67	1	25	29				1	1	2	1	1（教授） 6（不詳）
康熙51年（1712）	177	69	1	32	24			3	1			2	3（中書） 3（不詳）
康熙52年（1713）	196	56	1	24	23			1				2	5（不詳）

科 分	進士	館選	修撰	編修	檢討	御史	給事中	知縣	主事	歸班	再教習	除名	其　他
康熙 54 年（1715）	190	47	1	24	14		1						1（運同）6（不詳）
康熙 57 年（1718）	165	58	1	26	20			2		4			1（知州）1（州同）3（不詳）
康熙 60 年（1721）	163	65	1	18	13			5	2	5			7（知州）6（部郎）8（不詳）

科 分	進士	館選	散　館　授　職										
			修撰	編修	檢討	御史	給事中	知縣	主事	歸班	再教習	除名	其　他
世 宗 朝													
雍正元年（1721）	246	61	1	25	12				9	1			9（中行評博）4（不詳）
雍正 2 年（1724）	299	43	1	26	2			3	4	4		1	1（署丞）1（知州）
雍正 5 年（1727）	226	40	1	16	16			1	1	1	1		1（運同）1（同知）1（不詳）
雍正 8 年（1730）	399	58	1	35	14				3	1			1（知府）3（不詳）
雍正 11 年（1733）	328	73	1	37	14			6	7	3			1（府同知）4（不詳）

科 分	進士	館選	散　館　授　職										
			修撰	編修	檢討	御史	給事中	知縣	主事	歸班	再教習	除名	其　他
高 宗 朝													
乾隆元年（1736）	344	67	1	18	19			13	4	8			4（不詳）
乾隆元年博學鴻詞		15		6	7			1	1				
乾隆 2 年（1737）	324	62	1	25	11			5	11	6			3（不詳）
乾隆 2 年補試鴻博		4		1	3								
乾隆 4 年（1739）	328	66	1	31	12			6	6	4			1（知州）5（不詳）
乾隆 7 年（1742）	323	57	1	22	11			2	7	4	1		9（不詳）

乾隆 10 年（1745）	313	54	1	31	8	2	5	2		5（不詳）
乾隆 13 年（1748）	264	54	1	28	7	2	6	4		6（不詳）
乾隆 16 年（1751）	243	45	1	22	3	2	8	6		3（不詳）
乾隆 17 年（1752）	231	41	1	21	5	4	3	4	1	2（不詳）
乾隆 19 年（1754）	241	38	1	14	12	1	3	3		4（不詳）
乾隆 22 年（1757）	242	37	1	21	6		3	1		5（不詳）
乾隆 25 年（1760）	164	37	1	14	9		11	1		1（不詳）
乾隆 26 年（1761）	217	38	1	16	10		8	2		1（不詳）
乾隆 28 年（1763）	188	32	1	12	6		9	1		3（不詳）
乾隆 31 年（1766）	213	34	1	20	3		8	2		
乾隆 34 年（1769）	151	29	1	15	9		3	1		
乾隆 36 年（1771）	161	35	1	19	4		10			1（不詳）
乾隆 37 年（1772）	162	36	1	23	7		3			2（不詳）
乾隆 40 年（1775）	158	44	1	24	8		9	1		1（不詳）
乾隆 43 年（1778）	157	35	1	15	8		5	5		1（不詳）
乾隆 45 年（1780）	155	29	1	10	6		4	7		1（不詳）
乾隆 46 年（1781）	170	35	1	10	9	1	9	2		3（不詳）
乾隆 49 年（1784）	112	24	1	13	5		5			
乾隆 52 年（1787）	137	32	1	13	6		8	2		2（不詳）

乾隆 54 年 （1789）	98	24	1	12	7		4	
乾隆 55 年 （1790）	97	27	1	13	6		6	1（不詳）
乾隆 58 年 （1793）	81	23	1	11	4		6	1（不詳）
乾隆 60 年 （1795）	111	18	1	7	6		3	1（不詳）

　　散館授職爲庶常進入官場之初階，由上表可知世祖朝至高宗朝所授之職，在京大多集中於翰林院編檢、科道、六部主事，在外則以知縣爲多，另有歸班候銓者。以下分別概述庶常授職起家之職掌，藉明步入仕途之初始情形。

　　據上表，各科散館授修撰者均只一人，此是一甲一名榜下授職，同入庶常館讀書，教習期滿並不另行授職，仍留館任修撰，亦可知庶吉士散館按功令不能授修撰之職。一甲二名、三名榜下授職編修，亦同入庶常館讀書，教習期滿不另授職，仍留館任編修。此外，選爲庶吉士入館讀書者，均爲二甲、三甲進士，教習期滿，經散館考試分別予以授職，凡奉旨留翰林院供職者「二甲授編修，三甲授檢討。以知縣即用者，不論雙單月即用。以知縣歸班用者，仍歸進士原班候選」〔註2〕。此等人員散館後留翰林院實缺供職者，稱爲「留館」〔註3〕，合侍讀、侍講、侍讀學士、侍講學士通稱「詞臣」。「留館」領受之職爲一生仕途之原始標記。凡翰林出身，若致仕還鄉，定深受地方禮敬；死後議恤如予加謚，則例得獨一無二之「文」字。以翰林起家而言，一甲一名進士爲修撰（從六品），一甲二、三名及散館二甲進士爲編修（正七品），散館三甲進士爲檢討（從七品）。

　　博學鴻詞科所取之員不限資格，自布衣至現任官員均有，故授職與庶吉士散館稍有不同。聖祖康熙十八年（1679）博學鴻詞科五十人，授職侍讀者一人，侍講四人，編修十七人，檢討二十八人，所有授職前經歷如下：〔註4〕

〔註2〕崑岡等纂《欽定大清會典事例（光緒朝）》冊一，卷七十二，吏部，除授，庶吉士散館，頁926～927。

〔註3〕黃本驥《歷代職官表》，歷代職官簡釋，頁176。

〔註4〕康熙十八年博學鴻詞科受職前經歷係依據下列資料整理而得：
　　李集《鶴徵前錄》，吏部題，奉旨，頁11b～14a。
　　秦瀛《己未詞科錄》（台北：明文書局，周駿富輯《清代傳記叢刊》據嘉慶十二年吳騫敘本影印，1985年），卷首，吏部題，奉旨，頁6b～9a。

額外授職侍讀者

邵吳遠　浙江進士，係學道內陞以京堂錄用。

額外授職侍講者

李來泰　江西進士，候補參議道。

湯　斌　河南進士，原任參政道，降三級調用，患病休致。

施閏章　江南進士，原任江西湖西道。

吳元龍　江南進士，原任工部郎中，終養回籍。

授職編修者

彭孫遹　浙江進士，候選主事。

張　烈　順天進士，候選內閣中書。

汪　霦　浙江進士，現任行人司行人。

喬　萊　江南進士，現任內閣辦事中書。

王頊齡　江南進士，現任太常寺博士。

陸　葇　浙江進士，現任內閣典籍。

錢中諧　直隸進士，原選瀘溪知縣。

袁　佑　直隸拔貢，現任內閣辦事中書。

汪　琬　江南進士，原任戶部主事，告病回籍。

沈　珩　浙江進士，候選內閣中書。

米漢雯　直隸進士，候補主事。

黃與堅　江南進士，候選知縣。

李　鎧　江南進士，現任蓋平知縣。

沈　筠　浙江進士。

周慶曾　江南進士，候補主事。

方象瑛　浙江進士，候選中行評博。

錢金甫　江南進士。

曹　禾　江南進士，現任內閣辦事中書。

授職檢討者

倪　燦　江南舉人。

李因篤　陝西布衣。

秦松齡　江南進士，原任翰林院檢討，革職保舉湖廣軍前後用。

周清原　江南監生。

徐嘉炎　浙江監生。

馮　勖　江南布衣。

汪　楫　江南歲貢，現任江南贛榆縣教諭。

朱彝尊　浙江布衣。

邱象隨　江南拔貢。

潘　耒　江南布衣。

徐　釚　江南監生。

尤　侗　江南貢生，原任推官降三級調用。

范必英　直隸舉人。

崔如岳　直隸舉人。

張鴻烈　江南廩監。

李澄中　山東拔貢。

龐　塏　直隸舉人。

毛奇齡　浙江廩監。

陳鴻績　浙江舉人，原任知縣革職。

曹宜溥　湖廣廩監。

毛升芳　浙江拔貢。

黎　騫　江西貢生。

高　詠　江南貢生，候選知縣。

龍　燮　江南候監，候選州同。

陳維崧　江南生員。

吳任臣　浙江生員。

嚴繩孫　江南布衣。

高宗乾隆元年（1736）再舉鴻博，計授職編修者五人，檢討五人，庶吉士五人。其先前經歷如下：〔註5〕

授職編修者

劉　綸　江南廩生。

潘安禮　江西進士，原任刑部員外郎，降補太常寺典簿。

〔註5〕乾隆元年、二年博學鴻詞人員授職前經歷整理自：

李富孫《鶴徵後錄》（台北：明文書局，周駿富輯《清代傳記叢刊》據昭代叢書本影印，1985 年），頁 12a～18b。

諸　錦　浙江進士，改庶吉士，散館以知縣用，改就教職，選金
　　　　華府教授。

于　振　江南狀元，授修撰，降補行人司司副。

杭世駿　浙江進士。

授職檢討者

陳兆崙　浙江進士，分發福建學習。

劉　藻　山東舉人，觀城縣教諭。

夏之蓉　江南進士，淮安府鹽城教諭。

周長發　浙江進士，原任翰林院庶吉士，改樂清縣教諭。

程　恂　江南進士，原任北運河同知。

授庶吉士者

沈廷芳　浙江監生，散館一等授職編修。

汪士鍠　江南副貢生，散館一等授職編修。

齊召南　浙江副貢生，散館二等授職檢討。

楊度汪　江南拔貢生，散館出知江西德興縣。

陳士璠　浙江生員，散館改授戶部主事。

乾隆二年（1737）補試續到鴻博，計取四人，其先前經歷為：

授職檢討者

萬松齡　江南舉人，內閣中書。

張　漢　雲南進士，改庶吉士，授檢討，原任河南府知府。

授庶吉士者

朱　荃　浙江生員，散館一等授編修。

洪世澤　福建廩生，散館二等授檢討。

以上博學鴻詞人員大部分並非因鴻博試而起家，堪稱以鴻博而起家者唯授職前為布衣、生員、廩生、廩監、監生、貢生、拔貢、舉人、未受職進士及候補待缺各員。

　　散館授職科道（監察御史、給事中）自世祖順治三年（1646）首科已然。清有十五道監察御史：京畿、河南、江南、浙江、山西、山東、陝西、湖廣、江西、福建、四川、廣東、廣西、雲南、貴州。各道監察御史掌彈舉官邪，敷陳治道，稽查在京各衙門政事，並各覈本省刑名，凡秋審、朝審均各題以

俟勾決，亦接任以言事。分別職掌如下：〔註6〕

> 京畿道分理院事及直隸盛京刑名，稽查內閣、順天府、大興、宛平兩縣。
>
> 河南道分理河南刑名，照刷諸司卷宗，稽查吏部、詹事府、步軍統領、五城事務。
>
> 江南道分理江南刑名，稽查戶部、寶泉局、宣課司、左右翼監督、在京十二倉、總督運漕、磨勘三庫奏銷。
>
> 浙江道分理浙江刑名，稽查禮部、都察院事務。
>
> 山西道分理山西刑名，稽查兵部、翰林院、六科、中書科、總督倉場、坐糧廳、大通橋監督、通州二倉事務。
>
> 山東道分理山東刑名，稽查刑部、太醫院、總理河道、催比五城命盜案牘緝捕之事。
>
> 陝西道分理陝西刑名，稽查工部、寶源局、覆勘在京工程事務。
>
> 湖廣道分理湖廣刑名，稽查通政司、國子監事務。
>
> 江西道分理江西刑名，稽查光祿卿事務。
>
> 福建道分理福建刑名，稽查太常寺事務。
>
> 四川道分理四川刑名，稽查鑾儀衛事務。
>
> 廣東道分理廣東刑名，稽查大理寺事務。
>
> 廣西道分理廣西刑名，稽查太僕寺事務。
>
> 雲南道分理雲南刑名，稽查理藩院、欽天監事務。
>
> 貴州道分理貴州刑名，稽查鴻臚寺事務。

六科給事中掌稽查六部百司之事，凡制敕宣行，大事覆奏，小事署而頒之；又掌言職，傳達綸音，掌發科鈔，勘鞫官府公事，以註銷文卷，有封駁即聞。各科分掌如下：

> 吏科分稽銓衡，註銷吏部、順天府文卷。
>
> 戶科分稽財富，註銷戶部文卷。

〔註 6〕 以下科道官制、職掌均參照下列資料：

趙爾巽等撰《清史稿》冊十二，卷一一五，志九十，職官二，都察院，頁 3301～3306。

崑岡等纂《欽定大清會典（光緒朝）》，卷六十九，都察院，頁 632～638。

席裕福纂《皇朝政典類纂》冊十六，卷二四二，職官五，在京文武官，都察院，頁 7552～7564。

禮科分稽典禮，註銷禮部、宗人府、理藩院、太常寺、光祿寺、鴻
臚寺、國子監、欽天監文卷。

兵科分稽軍政，註銷兵部、鑾儀衛、太僕寺文卷。

刑科分稽刑名，註銷刑部文卷。

工科分稽工程，註銷工部文卷。

初制，監察御史唯滿洲、漢軍爲正三品，順治十六年（1659）並改七品，康
熙六年（1667）陞爲四品，九年（1670）復爲七品。雍正七年（1729）改由
編、檢、郎員授者正五品，由主事、中、行、評、博授者正六品，乾隆十七
年（1752）均定爲從五品〔註7〕。聖祖康熙三十六年（1697）丁丑科起，再無
庶常散館授職科道之例，前已說明乃因清初科道爲七品，故庶吉士初任官職
可以轉調，至是科道陞爲五品，改爲編修、檢討歷階，已非庶吉士所能轉
任。〔註8〕

主事係京中六部（吏、户、禮、兵、刑、工）屬官，一般與部内各司之
郎中、員外郎、七品小京官等合稱「司官」。初制四品，順治十六年（1659）
改六品，康熙六年（1667）陞五品，九年（1670）定正六品。掌各部之文案
章奏〔註9〕。高宗乾隆四年（1739）奏准庶吉士散館以主事用者，令其掣籤，
先分發六部在額外主事上行走，如有實心辦事、熟練部務者，遇本部主事員
缺，著該部堂官保奏引見補授實缺。〔註10〕

知縣，正七品，掌一縣之政令，平賦役、聽治訟、興教化、厲風俗，凡
養老、祀神、貢士、讀法，皆親厥職而勤理之。〔註11〕

歸班係指暫不授職，歸入原中式科分銓選知縣。清代俗稱榜下即用知縣
爲「老虎班」，散館授職知縣則不入此列，惟同爲指定所轄，即刻上任，此即
前引《會典事例》庶吉士散館「以知縣即用者，不論雙單月即用」。而「以知

〔註 7〕趙爾巽等撰《清史稿》冊十二，卷一一五，志九十，職官二，都察院，頁 3301
　　　～3306。
〔註 8〕福格《聽雨叢談》，卷六，庶吉士散館，頁 134。
　　　張廷玉等撰《詞林典故》，卷二，官制，庶吉士散館，頁 42a～42b。
〔註 9〕趙爾巽等撰《清史稿》冊十二，卷一一四，志八十九，職官一，吏部，頁 3271
　　　～3272。
〔註 10〕席裕福纂《皇朝政典類纂》冊十三，卷二○八，選舉十八，文選，除授，頁
　　　6346。
〔註 11〕席裕福纂《皇朝政典類纂》冊十六，卷二四七，職官十，直省文武官，知縣，
　　　頁 7687。

縣歸班用者，仍歸進士原班候選」，則甚有可能候補多年，仍不得一缺。清代本有分月選官之法，單雙月所選之官各有不同。凡選缺，分為即選、正選、插選、併選、抵選、坐選，各辦其積缺與否，到班者選之；選班有服滿、假滿、俸滿、開復、應補、降補、散館庶吉士、進士、舉、貢、廕生、議敘、捐納、推陞。大選雙月，即選單月。滿、蒙、漢軍上旬，漢官下旬，筆帖式中旬。選人原有到部投供點卯之例，後停，改令各回籍，由吏部查年月先後掣選，寄憑赴任，至聖祖康熙八年（1669）令應選者悉赴部投供點卯，立為永制不改。選班首重科目正途，初制，進士知縣惟逢雙月銓五人，選官有遲至十餘年者，世宗雍正二年（1724）改單月亦銓用四人，於是需次二、三年即可得官〔註12〕。雖然等待時間大為縮短，但庶吉士入館讀書三年，待歸班之時，下科新進士又已加入候銓，故此庶常歸班實未必得以順利即選，在京守候多時，個人生活與精神均為極大負擔。

　　庶吉士散館授職偶有其他情形，人數甚少：

　　（一）屬國子監者，有繩愆廳監丞，規制滿漢各一員，其初滿員五品、漢員八品，後俱改正七品，掌太學學規以督教課、查勤惰、均廩餼、核支銷，有不如規者，則糾治之；又，博士廳博士，規制滿漢各一員，從七品，掌闡明經說以助教迪，與六堂（率性、修道、誠心、正義、崇志、廣業）助教、學正、學錄並司學舍經義事宜。〔註13〕

　　（二）屬中行評博者，「中」為內閣中書，正七品，掌撰擬記載繙譯繕寫之事〔註14〕。「行」為行人司行人，遍查載籍均未見官職記載，唯《清史稿》〈職官志・禮部〉有「（乾隆）十三年，省行人司入之」〔註15〕之語。原《周禮》已有行人，掌朝覲聘問〔註16〕；漢代大鴻臚屬官有行人，後改稱大行令；

〔註12〕趙爾巽等撰《清史稿》冊十二，卷一一○，志八十五，選舉五，頁3207～3212。

〔註13〕趙爾巽等撰《清史稿》冊十二，卷一一五，志九十，職官二，國子監，頁3319。另，席裕福纂《皇朝政典類纂》冊十六，卷二四二，職官五，在京文武官，國子監，頁7577。

〔註14〕趙爾巽等撰《清史稿》冊十二，卷一一四，志八十九，職官一，內閣，頁3267。另，席裕福纂《皇朝政典類纂》冊十五，卷二四○，職官三，在京文武官，內閣，頁7470。

〔註15〕趙爾巽等撰《清史稿》冊十二，卷一一四，志八十九，職官一，禮部，頁3283。

〔註16〕鄭玄注，賈公彥疏《周禮注疏》（北京：中華書局據上海世界書局縮印清阮元校刊《十三經注疏》影印，1980年），卷三十七，秋官，小行人，頁255。「小

明代設行人司，屬吏部，掌傳旨、冊封、撫諭等事〔註 17〕。清初行人應是承繼明代而來，世祖順治十一年（1654）遣使冊封琉球國王，領命前往之正、副使即是兵科副理事官張學禮、行人司行人王垓〔註 18〕。「評」為大理寺左、右評事，正七品，各漢員一人，掌繕左、右兩寺章奏〔註 19〕。「博」為太常寺博士廳博士，規制滿洲、漢軍、漢員各一人，掌稽考祝文禮節，著籍為式，有祀事則據儀以進，品物所需，咸應時而供其值〔註 20〕。將此四種職官合而稱之，據推測乃因其職位大小相等之故。〔註 21〕

　　（三）屬司官者，除主事之外，另有六部員外郎，初制四品，順治十六年（1659）改五品，康熙六年（1667）復故，九年（1670）定從五品，原為正員以外之郎官，清代則列為正式職官，位在郎中之次〔註 22〕。另，世宗雍正二年（1724）改正紅旗恒德為光祿寺署丞，按光祿寺有四署：大官、珍饈、良醞、掌醢。各有署正，滿漢各一，下有署丞，定制為滿缺，各二員，初制六品，康熙九年（1670）定從七品。其職掌各署不同。〔註 23〕

　　行人掌邦國賓客之禮籍，以待四方之使者……使適四方，協九儀賓客之禮。朝、覲、宗、遇、會、同，君之禮也。存、覜、省、聘、問，臣之禮也」。

〔註 17〕明代行人司未見正史記載，唯明人徐學聚所撰將行人司置於吏部，見徐學聚《國朝典彙》（宋祥瑞主編《明清史料叢編》。北京：北京大學出版社，北京大學圖書館藏善本叢書，1993 年），冊六，卷七十，吏部三十七，行人司，頁 4169〜4172。

〔註 18〕《清實錄》冊三，《世祖實錄》，卷八十五，順治十一年七月戊子，頁 667。

〔註 19〕趙爾巽等撰《清史稿》冊十二，卷一一五，志九十，職官二，大理寺，頁 3308〜3309。

〔註 20〕趙爾巽等撰《清史稿》冊十二，卷一一五，志九十，職官二，太常寺，頁 3315。席裕福纂《皇朝政典類纂》冊十六，卷二四二，職官五，在京文武官，太常寺，頁 7568。

〔註 21〕顧張思《土風錄》（揚州：江蘇廣陵古籍刻印社，中國民俗方言謠諺叢刊據嘉慶三年朱珪序本影印，1989 年），卷十二，中行評博，頁 6a〜6b。「《尤悔菴集》『祭文出名有候選中行評博某某等』。謂中書、行人、大理評事、太常博士也。蓋四職大小相等，故以稱之」。

〔註 22〕趙爾巽等撰《清史稿》冊十二，卷一一四，志八十九，職官一，吏部，頁 3272。

〔註 23〕趙爾巽等撰《清史稿》冊十二，卷一一五，志九十，職官二，光祿寺，頁 3316。席裕福纂《皇朝政典類纂》冊十六，卷二四二，職官五，在京文武官，光祿寺，頁 7571。

　　光祿寺各署署丞職掌如下：大官署丞掌肉脩蔬茹之屬，辨其物而供之，祭祀燕饗則陳其几席；珍饈署丞掌即時獻其禽鮮，以薦新于廟，祭祀則供兔醢，若燕饗品物，各准其度數以差次之；良醞署丞掌供祭祀燕饗之酒醴，設酒庫於西安門內，授之法式而頒其政令；掌醢署丞掌供百事之鹽及果實、飴蜜、醢

（四）屬外官者，有以下數職〔註24〕。運同，位在都轉運鹽使司鹽運使與鹽法道之下，從四品，長蘆、山東、河東、兩廣各一人，與運副、運判均掌各分司產鹽之地而糾察之，輔佐鹽運使、鹽法道以分治其事。道員，正四品，職司風憲，綜覈官吏，爲督撫布教令以率所屬。府同知，正五品；府通判、正六品，均分掌糧鹽督捕、江海防務、河工水利、清軍理事、撫綏民夷諸要職。推官，原爲知府以下之員，掌讞獄之事，於聖祖康熙六年（1667）裁省。府教授，正七品，爲府學堂官，與州學正（正八品）、縣教諭（正八品）共掌訓迪學校生徒，課藝業勤惰，評品行優劣，以聽於直省學政。知州，初制從五品，乾隆三十五年（1770）改直隸州知州正五品。直隸州知州掌一州之政令，其規制與知府相同，惟無倚郭縣，其所治州即以知州行知縣之事；散州知州亦掌一州之政治，以縣之地大而繁者，升而置之，其所統轄一如縣制。又有州同，從六品，與州判（從七品）分掌一州之糧務、水利、防海、管河諸職。

第二節　宰輔部院

散館起家之後，經由國家陞轉機制與個人供職表現，最高職位可陞至殿閣大學士（正一品），輔佐帝王，表率百僚，總攬全國庶政，是爲宰輔；稍次者可陞至六部尚書及都察院左都御史（均從一品），主管各部院事務，亦屬全國範圍。二者皆位高權重，動見觀瞻，非有眞知灼見、勤恪奮職且實心辦事、確爲幹才者不能勝任。清代自世宗朝始置軍機處，命重臣兼領軍機大臣，密邇禁廷，其地位日趨重要，浸假而取代內閣，職任本非功令所有，詞臣起家者未必得預其事，然以其地位特殊，仍列入本節，以爲清代中央官職之完整說明。另有需加說明者，「部院」在清代本爲針對各省巡撫之俗省稱謂，惟此處乃借用指稱中央六部與都察院，讀者祇予亮察。

所有清代前四朝殿閣大學士之中，有五十名具詞館經歷及曾任翰林。其中有六部尚書經歷者共四十五人，有左都御史經歷者共二十二人，兼有六部尚書與左都御史經歷者共十九人。

醬之屬，咸以時按式而告備。

〔註24〕以下均見趙爾巽等撰《清史稿》冊十二，卷一一六，志九十一，職官三，外官，頁3333～3360。及席裕福纂《皇朝政典類纂》冊十六，卷二四五～二四六，職官八，直省文武官，頁7639～7685。

漢缺六部尚書之中，具詞館經歷與曾任翰林並得擢陞爲殿閣大學士者共四十六人，曾任左都御史者三十五人，曾任左都御史且日後陞爲殿閣大學士者共十六人。

前四朝之漢缺左都御史之中，曾任六部尚書者共三十九人，曾任殿閣大學士者二十一人，兼有六部尚書與殿閣大學士經歷者共十八人。

就清代官制而言，殿閣大學士與六部尚書、左都御史分別爲正、從一品，爲國家最高官職，位極人臣，其權柄之重可想。歷經時代累積，於上文清代前四朝各項人員簡歷各表已充分見出，翰苑出身人員依照國家法制並憑藉個人努力，於各項職任所佔比例均大幅增加，而各職任人員之仕宦模式亦以其翰苑出身而另具特色。

一、殿閣大學士

清代自世祖朝至高宗朝曾任殿閣大學士者，共一百四十二人，其貫望、出身、歷官及諡號等簡歷均見文後所附「殿閣大學士簡歷表」。所有大學士之內，在旗七十人，漢官七十二人。由本朝進士出身者共五十六人，其中一甲榜下授職爲詞臣者九人，改庶常者三十九人，由博學鴻儒授職詞臣者二人。是即進士出身之五十六名大學士之中，有五十名曾經任職詞館，比例甚重。

雖則翰苑出身之大學士在清代前四朝所佔比例不高，約三成五有餘，然觀察各朝大學士始任情形，應可確見詞臣出身者比例有愈來愈重趨勢。世祖朝始任大學士三十四人，其中在旗十四人，並無庶常出身者；另漢官二十人，中有屬前明官員者十六人，均爲降清後授職，有屬前明生員一人（范文程），歸降於天命三年（明萬曆四十六年，1618）太祖努爾哈齊克撫順之時，後於文館供職〔註25〕。所有清代進士出身漢官僅三人，而此中有二人爲一甲一名進士（呂宮、傅以漸），一人爲庶吉士授職檢討（李霨），皆是詞臣。清初定鼎中原，國基初建，除本族滿官之外，難免沿用前明官員，一則仍需有熟悉中國政治、民族、文化等各方面之舊政權官僚，俾便於統治政術有所學習，且有助於安定中原被統治民族人心；一則以立國未久，科舉選拔人才，尚未歷練完成，仍不足以擔當國家重任，是以世祖朝甚少科舉出身之大學士。如

〔註25〕王鍾翰點校《清史列傳》（北京：中華書局，全二十冊，1987 年），冊二，卷五，范文程，頁 257。

呂宮為首位清代進士累陞大學士者，原為順治四年（1647）丁亥科一甲一名進士，授內翰林秘書院修撰，於順治十年（1653）十二月以吏部右侍郎授內翰林弘文院大學士〔註26〕。又如傅以漸為第二位清代以進士累陞大學士者，原為順治三年（1646）丙戌科一甲一名進士，授內翰林弘文院修撰，至順治十一年（1654）始由內翰林國史院學士擢為內翰林秘書院大學士。〔註27〕

聖祖朝始任大學士者共三十八人，在旗者十七人，中有進士一人（伊桑阿），但未選庶常；漢官二十一人，中有前明降官三人（孫廷銓、梁清標、杜立德），本朝進士十八人。漢籍進士當中，屬一甲三人榜下授職者一人，改庶常者十三人，以博學鴻詞授館職者一人（王頊齡）。已經清楚可見聖祖之時，漢大學士數目已超過滿大學士，有詞館經歷（包括榜下授職、在館庶常、博學鴻詞授職）之大學士又盡屬漢官，其比例且佔漢大學士總數之八成三三有餘（15：18）；又佔所有滿漢大學士總數之三成九四有餘（15：38）。而本朝漢進士之中，又有十三人曾任翰林（包括榜下授職、散館授職、博學鴻詞授職），是翰林起家大學士佔本朝漢進士大學士之七成二二有餘（13：18）；又佔所有聖祖朝始任大學士之三成四二有餘（13：38）。

世宗朝始任大學士者共二十人，在旗十一人，進士中式且選庶常者二人（徐元夢、福敏）；漢官九人，其中進士八人，破格特授進士一人（蔣廷錫）。漢官之中，一甲進士一人（陳元龍），改庶常者七人。較之聖祖朝情形，有詞館經歷（包括榜下授職、在館庶常、博學鴻詞授職）之漢大學士比例更高，佔所有漢官總數之八成八八有餘（8：9）。若合滿大學士之數，則世宗朝始任大學士有五成整數（10：20）具詞館經歷。另，滿官並無曾任翰林者（包括榜下授職、散館授職），漢官則有六人，為漢官總數之六成六六有餘（6：9），又為所有世宗朝始任大學士之三成整數（6：20）。

高宗朝始任大學士者共五十人，內在旗二十八人，有二人為進士且選庶吉士者（阿克敦、尹繼善），均於散館後授職編修；漢官二十二人，曾經中式進士者二十一人，由廩生舉博學鴻詞、授編修者一人（劉綸）。漢進士內，榜下授職之一甲進士五人，選庶吉士者十五人，庶吉士且均散館留館。綜視之，有詞館經歷（包括榜下授職、在館庶常、博學鴻詞授職）且曾任翰林者（包括榜下授職、散館授職、博學鴻詞授職），均佔總數之四成四整（22：50）；

〔註26〕王鍾翰點校《清史列傳》冊二，卷五，呂宮，頁319。
〔註27〕王鍾翰點校《清史列傳》冊二，卷五，傅以漸，頁317。

漢官之內，館選與留館授職均佔九成五四有餘（21：22），尤爲所有高宗朝始任大學士總數之四成二整（21：50），較之聖祖、世宗二朝均高出甚多，可以推論有詞館經歷與曾任職翰林者，其升遷任職機會有日趨增加之勢。

（一）世祖朝翰苑出身殿閣大學士

世祖朝翰林始任殿閣大學士者有三人：呂宮、傅以漸、李霨。

呂宮，江南武進人，順治四年（1647）一甲一名進士，授職內翰林秘書院修撰。九年（1652）遇恩詔，加銜右中允。曾於順治十年（1653）二月，世祖駕幸內院之時，與侍講法若眞、編修程芳朝、編修黃機俱蒙召對，命撰〈柳下惠不以三公易其介論〉，呂宮所撰文有「伊、周、衛、霍，爭介不介」語，帝喜曰「此三公語」，列爲第一，並賜茶食。同年五月，世祖以舊例翰林官之陞轉，除較論資俸，亦兼論才品，然而若果有才品特出之士，實不必拘於舊例，以呂宮文章簡明、氣度閒雅，因命遇學士員缺，即行推補。尋授內翰林秘書院學士，又擢吏部右侍郎，不多時更超授內翰林弘文院大學士。曾與大學士額色赫、金之俊同充敕纂《資政要覽》總裁。當超授大學士典掌機要之時，一時朝野驚異，而呂宮陳思秘勿，知無不言，嘗自言「臺諫當糾閣臣，閣臣當率部府，不得授以指、比以私」。又知人愛士，能折節下人，惟仍能威重清嚴，綜別流品，且諳悉前代掌故，深嫉玷閣賊黨之徒。江南奏銷案起，以賞賚廉俸代償逋，又寄資回江南賑荒，全活甚眾。計自推補內翰林秘書院學士至超陞內翰林弘文院大學士，爲時僅閱九月。卒後范文程爲誄曰「本朝第一人物，第一知遇，爲先帝知公，惟公不負先帝」。〔註28〕

傅以漸，山東聊城人，順治三年（1646）一甲一名進士，實授內翰林弘文院修撰。翌年充會試同考，五年（1648）充明史修纂官，八年（1651）閏二月遷內翰林國史院侍講。九年（1652）正月復充《太宗文皇帝實錄》修纂官，六月遷左庶子。十年（1653）正月遷內翰林秘書院侍講學士，五月遷少詹事，閏六月擢內翰林國史院學士，七月教習庶吉士。十一年（1654）八月授內翰林秘書院大學士，十二年（1655）改內翰林國史院大學士。十五年（1658）九月，以內翰林三院改置內閣，授武英殿大學士並兼兵部尚書。個人仕途中，

〔註28〕趙爾巽等撰《清史稿》冊三十二，卷二三八，列傳二十五，呂宮，頁9496。
王鍾翰點校《清史列傳》冊二，卷五，呂宮，頁319。
《滿漢名臣傳》冊二，呂宮列傳，頁1705。
錢儀吉《碑傳集》冊一，卷四，開國宰輔，呂星垣〈太保公呂宮家傳〉，頁89。

曾充文、武殿試讀卷官、會試主考；又充《太祖高皇帝聖訓》、《太宗文皇帝聖訓》、《通鑑全書》等書總裁，另亦承旨修《易經通註》以進〔註29〕。自遷侍講至始任大學士，共歷三年六個月。

　　李霨，直隸高陽人，順治三年（1646）進士，改庶吉士，授檢討。十年（1653）二月，世祖親試肄習清書翰林，李霨與侍講胡兆龍、檢討莊冏生並列上等，擢中允，五月遷侍講。其時適會直隸、江南等省學政需代，例用翰林，李霨與莊冏生等以清書尚未精通，恐致荒廢，乞免開列，大學士圖海、范文程為之代奏，得旨俞允，尋擢侍講學士。十二年（1655）遷內翰林秘書院學士，與學士禪代、麻勒吉、胡兆龍等同教習庶吉士；時始設日講官，又與麻勒吉、胡兆龍及侍講學士哲庫訥、洗馬王熙、中允方懸成、中允曹本榮等並入直。十四年（1657）充經筵講官，十五年（1658）二月充會試副考官，三月以考滿加一級並廕一子入監，五月授內翰林秘書院大學士，九月改東閣大學士。十八年（1661），聖祖御極，復設內三院，李霨改內弘文院大學士。康熙九年（1670）仍以內三院為內閣，李霨再改任保和殿大學士。曾三充會試正考官，歷充《世祖實錄》、《三朝聖訓》、《平定三逆方略》、《重修太祖高皇帝實錄》、《重修太宗文皇帝實錄》、《大清會典》、監修《明史》等書總裁官。自散館授職至初任大學士，期間歷經十一年。自釋褐始，迴翔禁苑十餘年，致位宰輔，年方三十有四，而以學士超拜殿閣，亦為異數。李霨久居相位，凡朝廷大典禮如冊立中宮、相視山陵、點神主、釋奠於先師等，每以屬之。出則扈從，入則進講，歷主會試三科，殿試文武進士讀卷者十四科，充纂修、監修、總裁官者十一次。賞賚優渥，自御書卷軸以至龍莽、貂綺、金銀、鞍馬、上尊之屬不計其數，然皆不為私計，自奉廉儉，門庭肅然，無衣紓之僕，餽贈者悉為屏跡。卒諡文勤。〔註30〕

　　以上三人任官經歷，無論專兼各職，均有詞臣職任之充分特色，可為清初翰苑出身人員代表。

〔註29〕趙爾巽等撰《清史稿》冊三十二，卷二三八，列傳二十五，傅以漸，頁9496。
　　　　王鍾翰點校《清史列傳》冊二，卷五，傅以漸，頁317。
　　　　《滿漢名臣傳》冊二，傅以漸列傳，頁1701。

〔註30〕趙爾巽等撰《清史稿》冊三十二，卷二五〇，列傳三十七，李霨，頁9685。
　　　　王鍾翰點校《清史列傳》冊二，卷七，李霨，頁477。
　　　　《滿漢名臣傳》冊二，李霨列傳，頁1465。
　　　　錢儀吉《碑傳集》冊一，卷四，開國宰輔，王熙〈光祿大夫太子太師戶部尚書保和殿大學士諡文勤李公霨墓誌銘〉，頁85。

　　自聖祖朝開始，有大量清代進士出身之殿閣大學士出現。康、雍、乾三
朝始任殿閣大學士計一百零八人，其中進士出身者五十三人，內有翰苑經歷
者（包括一甲授職、在館庶常、散館翰林、博學鴻詞）四十六人，又有舉人
薦試鴻博而爲翰林者一人（劉綸）。進士出身，未曾入翰苑者僅七人（余國柱、
李之芳、伊桑阿、吳琠、田從典、趙國麟、孫士毅）。康、雍、乾三朝始任殿
閣大學士中，進士出身，有翰苑經歷者，其仕途模式可概分數種：一甲進士
榜下授職者、庶常散館改授他職者、庶常散館留館爲編檢者、薦試博學鴻詞
而爲詞臣者。以下分別說明。

（二）聖祖至高宗朝一甲進士出身殿閣大學士〔註31〕

　　聖祖朝至高宗朝殿閣大學士之由一甲進士出身者有七人：徐元文、陳元
龍、梁詩正、莊有恭、于敏中、梁國治、王杰。

　　就出身言之，徐元文爲順治十六年（1659）一甲一名進士，授翰林院修
撰。陳元龍爲康熙二十四年（1685）一甲二名進士，授編修。梁詩正爲雍正
三年（1730）一甲三名進士，授編修。莊有恭爲乾隆四年（1739）一甲一名
進士，授修撰。于敏中爲乾隆二年（1737）一甲一名進士，授修撰。梁國治
爲乾隆十三年（1748）一甲一名進士，授修撰。王杰爲乾隆二十六年（1761）
一甲一名進士，授修撰。

　　以臨時差遣職務而言，徐文元嘗充陝西鄉試正考官、經筵講官、日講起
居注官，又充重修《太宗文皇帝實錄》副總裁、纂修《平定三逆方略》、《政
治典訓》、《一統志》等書總裁官。康熙二十九年（1690）四月，詔修三朝國
史，以大學士王熙爲監修總裁官，徐元文與大學士伊桑阿、阿蘭泰、梁清標
並充總裁官。充日講起居注官時，嘗擇朱熹《通鑑綱目》內事之尤要者，採
取先儒之論，參以臆斷，演繹發揮，按期進講。康熙十八年（1679）以丁憂
之身召爲《明史》監修總裁官，疏薦前明給事中李清、耆儒黃宗義二人，以
修史所需，宜延致訪問，或其人疾老不能就道，則令有司錄所著以上。陳元
龍曾經入直南書房，康熙二十五年（1686）充日講起居注官，又充陝西鄉試
正考官、經筵講官。梁詩正歷充山東鄉試正考官、上書房行走、日講起居注

〔註31〕 以下個人歷官說明，均見下列各書各人本傳，除別有引據外，不另加註。
　　　　趙爾巽等撰《清史稿》。
　　　　王鍾翰點校《清史列傳》。
　　　　《滿漢名臣傳》。

官、順天武鄉試正考、二充順天鄉試正考官、二充經筵講官、《皇清文穎》館副總裁、《文獻通考》總裁，又曾以丁憂而照在京修書之例於南書房行走。莊有恭榜下授職即命在上書房行走，嘗充日講起居注官、江南鄉試正考官。于敏中嘗充日講起居注官、武會試副考官、山西鄉試正考官、典山東武鄉試、二充經筵講官、入直上書房、方略館副總裁、會試正副考官、國史館副總裁、《四庫全書》正總裁、國史館及《三通》館正總裁、上書房總師傅、文淵閣領閣事。梁國治嘗充日講起居注官、廣東鄉試正考官、江西鄉試正考官、入直南書房、受命纂辦《日下舊聞考》、二署經筵講官、殿試讀卷官、四庫全書館副總裁、順天鄉試正考官。王杰嘗充湖南鄉試副考官、武會試總裁、日講起居注官、南書房行走、江西鄉試正考官、兩任會試副總裁、《四庫全書》館暨《三通》館副總裁、奉旨添派閱看《大清一統志》、浙江鄉試正考官、武英殿總裁同辦明史、國史館副總裁、經筵講官、兩任上書房總師傅、兩任會試正總裁、順天鄉試正考官、會典館正總裁。各人所有派充職務均為詞臣份內所掌，亦符國家功令規定。

　　以個人一生仕途歷宦視之，徐元文歷任秘書院侍讀、國子監祭酒、內閣學士、翰林院掌院學士、左都御史、刑兵二部尚書，康熙二十八年（1689）授文華殿大學士。陳元龍曾於康熙二十八年（1689）涉及少詹事高士奇、左都御史王鴻緒植黨營私案，休致回籍。三十年（1691）詔復任，其後累遷侍講、侍讀、右庶子、侍講學士、侍讀學士、少詹事，擢翰林院掌院學士，教習庶吉士。五十年（1711）授吏部右侍郎，旋轉左，復擢廣西巡撫。五十七年（1718）擢工部尚書，調禮部尚書。雍正七年（1729）授文淵閣大學士，仍兼禮部。梁詩正歷宦侍讀、侍講學士、服闋後推補侍讀學士，累遷內閣學士、刑部右侍郎、戶部右侍郎、戶部左侍郎、管理吏部右侍郎，歷任戶、兵、刑、工、吏等部尚書，抑且吏、兵二部均再回任。又，二兼翰林院掌院學士，二任協辦大學士，乾隆二十八年（1763）擢東閣大學士。莊有恭由修撰累遷侍講學士、光祿寺卿，歷仕特擢內閣學士、二任提督江蘇學政、戶部侍郎、江蘇巡撫、署兩江總督、署江南河道總督。乾隆二十二年（1757）以江南任內數罪，革職解京，命戴罪署理湖北巡撫。後調浙江巡撫、回任江蘇巡撫，擢刑部尚書，三十年（1765）陞協辦大學士。于敏中歷宦左中允、提督山東學政、侍講、浙江學政、侍讀、侍講學士、侍讀學士、少詹事、詹事、內閣學士、兵部右侍郎、兵部左侍郎、兩授刑部左侍郎、戶部右侍郎兼管錢法堂事、

軍機處行走、戶部左侍郎、戶部尚書。乾隆三十六年（1771）始授協辦大學士，後晉文華殿大學士，兼翰林院掌院學士。梁國治由修撰歷任國子監司業、廣東惠嘉潮道員、署糧驛道、署理左副都御史、提督安徽學政、吏部左侍郎、江蘇學政、特授山西冀寧道、擢湖南按察使、江寧布政使、擢湖北巡撫、特命署理湖廣總督兼署荊州將軍、調湖南巡撫、軍機處行走、署禮部侍郎、補戶部右侍郎、轉左、擢戶部尚書。乾隆四十八年（1783）實授協辦大學士，其後晉東閣大學士仍兼戶部。王杰歷官提督福建學政、侍讀、右庶子、侍講學士、少詹事、內閣學士兼禮部侍郎、三任提督浙江學政、署工部右侍郎、轉刑部右侍郎、兩署禮部右侍郎、轉吏部右侍郎、左都御史、軍機大臣上行走，乾隆五十二年（1787）授東閣大學士兼管禮部。

最後比較各人自始授職起家，至初擢陞任殿閣大學士，期間歷經年歲：徐元文十二年，陳元龍四十四年，梁詩正十九年，莊有恭二十六年，于敏中三十四年，梁國治三十五年，王杰二十六年。各人所歷年歲之久暫，極不平均。此不能遽視為國家規制不周或升遷管道未暢所致，實應考慮依照各人所在官職與職任特性，是否丁憂服喪，並且帝王有無指派特殊職務等等因素，綜合考慮，乃能有所解釋。

以個人身後諡號視之，徐元文、莊有恭無諡之外，其餘陳元龍諡文簡，梁詩正諡文莊，于敏中諡文襄，梁國治諡文定，王杰諡文端，均符合國家諡典規定。

（三）聖祖至高宗朝散館翰林出身殿閣大學士

康雍乾三朝始任殿閣大學士之由散館翰林起家者計三十三人：馮溥、熊賜履、王熙、黃機、吳正治、宋德宜、張玉書、李天馥、張英、陳廷敬、李光地、王掞、張廷玉、蔣廷錫、嵇曾筠、彭維新、徐本、陳世倌、史貽直、劉於義、陳大受、阿克敦、汪由敦、孫嘉淦、蔣溥、劉統勳、尹繼善、陳宏謀、于敏中、程景伊、嵇璜、蔡新、彭元瑞。茲舉以下列十例做為說明。

馮溥，山東益都人，順治三年（1646）進士，四年（1647）補殿試，改庶吉士，六年（1649）散館授編修。任詞臣時，世祖嘗幸內院，顧謂大學士等曰「朕視馮溥乃真翰林也」。充經筵講官、會試副考官、二任會試正考官、重修《太宗文皇帝實錄》總裁官。累遷司經局洗馬、國史院侍讀、授國子監祭酒、遷弘文院侍講學士、轉秘書院侍讀學士、擢吏部右侍郎、轉左侍郎、擢左都御史、刑部尚書。康熙十年（1671）授文華殿大學士。居家京師，闔

「萬柳堂」一室，時與諸名士觴詠其中。又，其性愛才，聞有賢能者，輒大書姓名於座隅，以備薦擢，一時士論歸之。聖祖詔舉鴻博，馮溥與大學士李霨、杜立德合薦原任布政使法若眞、副使道曹溶、參議道施閏章、進士沈珩、進士葉舒崇、中書曹禾、中書陳玉璂、知縣米漢雯，並得旨召試；後施閏章授侍講，沈珩、曹禾、米漢雯俱授編修。告老乞休臨行之時，猶上書請帝無費財、無遠出、勿輕遣官、勿輕剿台灣、勿增關稅鹽課等五事，均報聞。自散館授職至始任大學士，計歷二十二年。卒諡文毅。〔註32〕

熊賜履，湖北孝感人，順治十五年（1658）進士，翌年由庶吉士授檢討。曾充順天鄉試副考官、日講起居注官、二充經筵講官、會試副考官、武會試正考官、四任會試正考官、又並充《太祖高皇帝聖訓》、《太宗文皇帝聖訓》、《御撰孝經衍義》與重修《太宗實錄》總裁官、另並充《平定朔漠方略》、《明史》總裁官。一生仕途歷宦國子監司業、弘文院侍讀、秘書院侍讀學士、擢國史院學士、翰林院掌院學士、二授禮部尚書、調吏部尚書，康熙十二年（1673）授武英殿大學士，三十八年（1699）授東閣大學士。自始授職至陞任大學士共歷十四年。當鰲拜輔政自專之時，賜履曾疏言朝政國計之可憂可慮處，鰲拜傳旨詰問「積習隱憂」及「未厭人望」實事，答以「制治未亂，保邦未危」二語，意欲至尊憂勤惕勵也。聖祖初即位，以經筵舊典不行，賜履亦曾上疏亟請肇開經筵、愼選儒臣以資啓沃，並請備記言記動之職、設起居注官。康熙十年（1671）二月，詔舉經筵大典於保和殿，命為經筵講官，進講《尚書》「人心惟危」一節，帝曰「今日可為得行其言矣」，自是春秋經筵遂為故事。聖祖又以春秋兩講為期闊疏，因命賜履日講於弘德殿，每頡旦進講，聖祖有疑必問，賜履亦必上陳道德，下道民隱，引伸觸類，竭盡表裏。聖祖日益勤學，盡心於堯、舜、羲、孔之道，暨周、程、張、朱五子之書，資諏討論，達於政事，人浹而義炳，其端緒實自賜履發之。待賜履去位後，聖祖每論侍學諸臣，未嘗不稱賜履之忠益。卒諡文端。〔註33〕

〔註32〕趙爾巽等撰《清史稿》冊三十二，卷二五〇，列傳三十七，馮溥，頁9690。
王鍾翰點校《清史列傳》冊二，卷七，馮溥，頁487。
《滿漢名臣傳》冊二，馮溥列傳，頁1528。
錢儀吉《碑傳集》冊一，卷十一，康熙朝宰輔上，〈文華殿大學士馮文毅恭溥實事〉，頁271。
〔註33〕趙爾巽等撰《清史稿》冊三十三，卷二六二，列傳四十九，熊賜履，頁9891。
王鍾翰點校《清史列傳》冊二，卷七，熊賜履，頁503。
《滿漢名臣傳》冊二，熊賜履列傳，頁1505。

　　李光地，福建安溪人，康熙九年（1670）進士，改庶吉士，授編修。爲編修時，即嘗充會試同考官。後又歷充日講起居注官、經筵講官、武會試正考官、會試正副考官、奉命往視黃河應修險工。歷宦額外陞侍讀學士、內閣學士、翰林院掌院學士、改通政使、擢兵部右侍郎、提督順天學政、工部左侍郎、授直隸巡撫、吏部尚書。康熙四十四年（1705）陞文淵閣大學士，校理御纂《朱子全書》、《周易折中》、《性理精義》諸書。自散館授職至陞任大學士，共歷三十二年。在官之日，公忠易直，論人言事，無所依迴，一不掩其是非之實。每論及科場請託之弊，以爲植私廢公，壞人品、傷風化，莫此爲尤，而採虛聲、受賄屬，其罪同甚。篤信程、朱，上窺義、文之秘，所進奏文字，發抒心得，聖祖莫不稱善；凡御定諸書，亦多委光地參定，中有淆賾之處，必往復陳請不倦。卒後，聖祖曾諭部臣「李光地久任講幄，簡任綸扉，謹愼清勤，始終如一。且學問淵博，研究經籍，講求象數，虛心請益。知之最眞無有如朕者，知朕亦無有過於李光地者」。卒諡文貞。〔註34〕

　　嵇曾筠，江南長洲人，康熙四十五年（1706）進士，改庶吉士，散館授編修。嘗充日講起居注官、入直南書房兼上書房行走、河南鄉試正考官。歷官提督山西學政、左中允、侍講、都察院左僉都御史、署河南巡撫、兵部左侍郎、特授河南副總河、兼管山東黃河堤工、吏部左侍郎、擢兵部尚書、轉吏部尚書仍管副總河事、江南河道總督。雍正十一年（1733）授文華殿大學士兼吏部尚書仍總督江南河道、後特命總理浙江海塘工程、兼任浙江巡撫。自始授職至擢陞大學士，共歷二十四年。曾筠在官，視國事如家事，知人善任，恭愼廉明，治河尤爲著績，用引河殺險之法，前後節省庫帑甚鉅。曾與河督齊蘇勒會築河隄，北起滎澤，至山東曹縣，南亦起滎澤，至江南碭山，都計十二萬三千餘丈。有《防河奏議》一書行世。引疾回籍時，高宗賜詩云「海疆三載耀台星，沙漲金隄瀆協靈。此日黃扉資贊化，昔年絳帳憶談經。荊揚浙水行來遠，路指燕山

　　　錢儀吉《碑傳集》冊一，卷十一，康熙朝宰輔上，孔繼涵〈經筵講官太子太
　　　保東閣大學士兼吏部尚書熊文端公賜履年溥〉，頁253；彭紹升〈故東閣大學
　　　士吏部尚書熊文端公事狀〉，頁262。
〔註34〕趙爾巽等撰《清史稿》冊三十三，卷二六二，列傳四十九，李光地，頁9895。
　　　王鍾翰點校《清史列傳》冊三，卷十，李光地，頁703。
　　　《滿漢名臣傳》冊二，李光地列傳，頁1566。
　　　錢儀吉《碑傳集》冊一，卷十三，康熙朝宰輔下，楊名時〈光祿大夫文淵閣
　　　大學士兼吏部尚書諡文貞李公光地墓碣〉，頁329；彭紹升〈故光祿大夫文淵
　　　閣大學士李文貞公事狀〉，頁332。

望裏青。料想微痾應早復，丹誠平格享遐齡。」卒諡文敏。〔註35〕

　　阿克敦，滿洲正藍旗，姓章佳氏。康熙四十八年（1709）進士，改庶吉士，五十一年（1712）授編修。爲清代前四朝滿員始任殿閣大學士內，唯一科目出身且曾任翰林者。嘗充河南鄉試副考官、四任日講起居注官、奉使朝鮮贈藥、三任經筵講官、《聖祖仁皇帝實錄》副總裁、《四朝國史》副總裁、《大清會典》副總裁、二任遣朝鮮冊封使、《治河方略》副總裁、繙譯鄉試副考官、《八旗通志》副總裁、奉命守護泰陵、二使準噶爾、繙譯會試副考官、《大清一統志》副總裁、會試正考官、《五朝國史》副總裁、順天鄉試正考官、會典館總裁、《清漢篆文》副總裁、國史館總裁。一生仕途歷官特授侍講學士、侍讀學士、詹事府詹事、內閣學士、兵部右侍郎、兼翰林院掌院學士、專管掌院事、兼左副都御史、禮部左侍郎仍兼兵部侍郎、調兵部侍郎兼國子監祭酒、署兩廣總督兼署廣州將軍、調吏部左侍郎、署廣東巡撫、署廣西巡撫。後以罪革職，發往江南河道工程效力，特授額外內閣學士、署鑲藍旗滿洲副都統、署工部右侍郎、管理泰陵工部事務、授工部右侍郎、轉左侍郎、調刑部右侍郎、轉左、調吏部右侍郎、協辦步軍統領刑名事務、署正白旗漢軍都統、鑲藍旗滿洲都統、再兼翰林院掌院學士、擢左都御史兼議政處行走、授刑部尚書。乾隆十三年（1748）命協辦大學士事務。自始授職至始任大學士，共三十六年。居刑部十餘年，平恕易簡，未嘗有所瞻顧，其子阿桂某日侍立，阿克敦問「朝廷用汝爲刑官，治獄宜何如」？阿桂答「行法必當其罪，罪一分與一分法，罪十分與十分法」。阿克敦怒而取杖欲撲，曰「如汝言，天下無完人矣！罪十分，治之五六，已不能堪，而可盡耶？且一分罪尚足問耶」？日後阿桂掌刑部，即屢舉此言以告僚屬。阿克敦鴻裁藻鑑，天下俊偉之士多出其門下；而總領書局，則懷鉛舐墨，承其點竄者無不各愜其意。掌翰林時，務在愛養人材，戒史官不得騖奔走、衿才藻，必以立品礪行、究心經濟爲先。當厄魯特強盛時，屢患邊境，阿克敦單車奉使，直入其部落，奉辭執理，反覆詰難，時觸其酋長之怒，而斷斷不屈，卒能讋其氣而服其心，息兵定議，使編氓獲有寧宇，居功最鉅。卒諡文勤。〔註36〕

〔註35〕趙爾巽等撰《清史稿》冊三十五，卷三一〇，列傳九十七，嵇曾筠，頁 10623。
　　　　王鍾翰點校《清史列傳》冊四，卷十六，嵇曾筠，頁 1194。
　　　　《滿漢名臣傳》冊二，嵇曾筠列傳，頁 2142。
　　　　錢儀吉《碑傳集》冊七，卷七十六，河臣下，〈嵇曾筠〉，頁 2186。
〔註36〕趙爾巽等撰《清史稿》冊三十五，卷三〇三，列傳九十，阿克敦，頁 10477。

　　劉統勳，山東諸城人，雍正二年（1724）進士，改庶吉士，散館授編修，
入直南書房。嘗充湖北鄉試正考官、河南鄉試正考官、日講起居注官、上書房
行走、順天武鄉試正考官、武會試正考官、受命隨大學士嵇曾筠赴浙江學習海
塘工程、管理武英殿事務、經筵講官、順天鄉試正考官、會同大學士高斌查辦
山東賑務、查勘河道、二任國史館總裁、三任會試正考官、偕署尚書策楞往勘
河南河工、《平定準噶爾方略》副總裁、查勘巴里坤與哈密駐兵事宜、勘江南銅
山縣孫家集漫工、上書房總師傅、《四庫全書》正總裁。歷仕右中允、左中允、
侍讀、左庶子、詹事府詹事、內閣學士、署刑部侍郎、實授刑部侍郎、左都御
史、署運漕總督、工部尚書、兼管翰林院掌院學士、刑部尚書、軍機處行走、
協辦陝甘總督事務。以伊犁事革職拏交刑部，又特授刑部尚書，遷歷部尚書。
乾隆二十四年（1759）協辦大學士事務，二十六年（1761）授東閣大學士兼管
禮兵二部事務、兼管翰林院掌院學士、兼管刑部事務、兼管吏部事務。自始授
職至始任大學士，共歷三十二年。晚年受高宗眷注益隆，信任益篤，事或有待
統勳而決者。如對金川用兵之時，每召對，屢主撤兵之議，高宗頷之，但終不
遽撤；待主將溫福陣亡，再詢劉統勳應否撤兵，乃答以現時斷不可撤，並薦阿
桂當可專任，事乃決。卒後，高宗親臨其喪，見其簡素，悲痛流涕謂諸臣曰「朕
失一股肱」！又曰「如統勳乃不愧眞宰相」。又曾作懷舊詩，列劉統勳於五閣臣
中，稱其「神敏剛勁，終身不失其正」。卒諡文正。〔註37〕

　　陳大受，湖南祁陽人，雍正十一年（1733）進士，由庶吉士散館授編
修。乾隆二年（1737）大考一等一名，超遷侍讀。曾充日講起居注官、浙江
鄉試正考官、二任經筵講官、《三禮》館副總裁、會試正考官。歷任左庶子、
侍讀學士、少詹事、內閣學士、吏部右侍郎、安徽巡撫、江蘇巡撫、福建巡
撫、吏部尚書。乾隆十三年（1748）調協辦大學士行走軍機處，後署直隸總
督、兩廣總督、協理粵海關事務。初任巡撫之時，視事決疑，老吏駭其精

　　　王鍾翰點校《清史列傳》冊四，卷十六，阿克敦，頁 1150。
　　　《滿漢名臣傳》冊一，阿克敦列傳，頁 1036。
　　　錢儀吉《碑傳集》冊三，卷二十六，乾隆朝宰輔上，王昶〈太子太保協辦大
　　　學士刑部尚書文勤公阿克敦行狀〉，頁 857。
〔註37〕趙爾巽等撰《清史稿》冊三十五，卷三〇二，列傳八十九，劉統勳，頁 10463。
　　　王鍾翰點校《清史列傳》冊五，卷十八，劉統勳，頁 1384。
　　　《滿漢名臣傳》冊三，劉統勳列傳，頁 2242。
　　　錢儀吉《碑傳集》冊三，卷二十七，乾隆朝宰輔中，洪亮吉〈劉文正統勳遺
　　　事〉，頁 884。

敏。自初授職至協辦大學士，計歷十二年。出為兩廣總督時，以去京杳遠，官偷民亂，大受以猛易之，舉劾不法之吏無虛月，使風俗為之一變。卒諡文肅。〔註38〕

　　陳宏謀，廣西臨桂人，雍正元年（1723）恩科，世所謂春鄉秋會，以鄉試第一成進士，改庶吉士，授檢討。嘗充山西鄉試副考官、國史館副總裁、玉牒館副總裁、《三通》館副總裁。歷宦吏部郎中、遷浙江道御史仍兼郎中行走、授江南揚州知府仍帶御史銜、遷江南驛鹽道、擢雲南布政使、以地方事降補直隸天津道、遷江蘇按察使、江寧布政使、二調甘肅巡撫、二調江西巡撫、四調陝西巡撫、湖北巡撫、河南巡撫、江蘇巡撫、遷兩廣總督又管江蘇巡撫事、遷兵部尚書、署湖廣總督兼管巡撫事、遷吏部尚書。乾隆二十九年（1764）授協辦大學士，三十二年（1767）授東閣大學士。自始授職至任大學士，共歷四十年。在吏部時，鉅細無不詳審，有所司持案牘以白事，皆當機立斷，了無留難。外任三十餘年，歷行省十有二，歷任二十有一。任事不分畛域，亦不避嫌疑，在湖南聞江南災，即奏運楚米二十萬石以助賑；在西安聞甘肅軍需少錢，乃請撥局錢二百萬貫以濟餉，實具古大臣之體。歷官無分久暫，必究人心風俗之得失，及民間利病當興革者，分條鉤考，次第舉行；察吏甚嚴，但所劾必擇其由不肖者一二人，使足怵眾而止。學以不欺為本，與人言政，輒引之於學，並謂「仕即學也，盡吾心焉而已」，故所施各當，人咸安之。卒諡文恭。〔註39〕

　　蔡新，福建漳浦人，乾隆元年（1736）二甲一名進士，改庶吉士，二年（1737）散館，授編修。十年（1745）入直上書房，考試御史第一，辭對品遷轉，授侍講。曾充江西鄉試副考官、江西鄉試正考官、日講起居注官、上

〔註38〕趙爾巽等撰《清史稿》冊三十五，卷三〇七，列傳九十四，陳大受，頁10552。
　　　　王鍾翰點校《清史列傳》冊五，卷十八，陳大受，頁1368。
　　　　《滿漢名臣傳》冊二，陳大受列傳，頁2095。
　　　　錢儀吉《碑傳集》冊三，卷二十六，乾隆朝宰輔上，朱珪〈協辦大學士兩廣總督文肅陳公傳〉，頁866。
〔註39〕趙爾巽等撰《清史稿》冊三十五，卷三〇七，列傳九十四，陳宏謀，頁10558。
　　　　王鍾翰點校《清史列傳》冊五，卷十八，陳宏謀，頁1373。
　　　　《滿漢名臣傳》冊二，陳宏謀列傳，頁2168。
　　　　錢儀吉《碑傳集》冊三，卷二十七，乾隆朝宰輔中，彭啟豐〈光祿大夫經筵講官太子太傅東閣大學士兼工部尚書陳文恭公宏謀墓誌銘〉，頁901；袁枚〈東閣大學士陳文恭公傳〉，頁906。

書房總師傅、《四庫全書》館總裁、二充鄉試正考官、會試正考官、七任殿試讀卷官。歷仕提督河南學政、侍讀學士、內閣學士、工部右侍郎、刑部右侍郎、視學直隸、工部尚書兼署刑部、攝兵部尚書兼管國子監事務、調禮部尚書、再調兵部、轉吏部。乾隆四十五年（1780）授協辦大學士，四十八年（1783）授文華殿大學士兼吏部尚書。自始授職至始任大學士，計歷四十三年。高宗曾以蔡新究心根柢，能守家學，於其歸籍修墓時，錄寄御製〈君子小人論〉、〈雲上於天解〉、〈濮議辨〉，令閱覆；返京後又賜詩，有「年老君臣似老朋」句。乾隆五十年（1785）高宗臨雍講學，有御製〈臨新建辟雍詩〉曰「蔡新或備伯兄行」，註曰「若今之群臣，孰可當〔三〕老〔五〕更之席者？獨大學士蔡新長予四歲，或可居兄事之列；然恐其局趣勿敢當，舉王導對晉元帝之語耳」。致仕回籍，高宗復屢御製詩文以賜之，並諭曰「在朝竟無可與言古文者」。蔡新之學，以求仁為宗，以孟子不動心為指歸，直上書房四十一年，其培養啓迪於根本之地者，至深且久，諸皇子皇孫莫不肅然藹然，敬信悅服以待之。卒謚文端。〔註40〕

　　彭元瑞，江西南昌人，乾隆二十二年（1757）進士，改庶吉士，以丁母憂於二十八年（1763）散館授編修。歷充武英殿提調、入直懋勤殿、日講起居注官、入直南書房、江南鄉試正考官、《三通》館副總裁、六任殿試讀卷官、浙江鄉試正考官、國史館及《四庫全書》館副總裁、經筵講官、二任順天鄉試正考官、武英殿及《三通》館總裁、文淵閣領閣事、武會試總裁、總理高宗喪儀、《高宗純皇帝實錄》副總裁、實錄館正總裁、會試總裁，管理御書處並充會典館總裁。歷官侍講、少詹事、提督江蘇學政、內閣學士兼禮部侍郎、署工部右侍郎兼管錢法堂事務、署工部左侍郎、提督浙江學政、戶部左侍郎、調江蘇學政、二任吏部右侍郎、兵部右侍郎、禮部尚書、兵部尚書、吏部尚書並管理國子監。乾隆五十五年（1790）授協辦大學士。後以從子頂冒吏員職名而降補禮部侍郎，遷工部尚書、授翰林院掌院學士、管理詹事府。自始授職至協辦大學士，共歷二十七年。元瑞以文學而被知遇，內廷著錄藏書及書畫、彝鼎，輯《秘殿珠林》、《石渠寶笈》、《西清古鑑》、《寧壽鑑古》、《天

〔註40〕趙爾巽等撰《清史稿》冊三十六，卷三二〇，列傳一〇七，蔡新，頁10765。
　　　　王鍾翰點校《清史列傳》冊七，卷二十六，蔡新，頁1981。
　　　　李元度《國朝先正事略》（長沙：嶽麓書社點校本，1991年），冊上，卷十七，蔡文恭公事略，頁508。

祿琳琅》諸書，無役不與。和章獻頌，屢獲褒嘉。高宗御製〈全韻詩〉，元瑞
重新釐次周興嗣〈千字文〉爲跋，得高宗手詔獎諭，稱之爲「異想逸材」，並
賜貂裘、硯、墨等物。雖爲權臣和珅所齮，然恩眷始終不替，尤可想見其風
骨。卒諡文勤。〔註41〕

（四）聖祖至高宗朝庶常他授出身殿閣大學士

聖祖、世宗、高宗三朝之以庶常他授而始任大學士者，共計五人：魏裔
介、徐元夢、張鵬翮、朱軾、福敏。

魏裔介，直隸柏鄉人，順治三年（1646）庶吉士，翌年改授工科給事中。
五年（1648）曾上疏請舉經筵及時講學，以隆治本。嘗充山西鄉試正考官、
纂修《世祖章皇帝實錄》總裁官、會試正考官。歷仕吏科給事中、兵科給事
中、遷太常寺少卿、擢左副都御史、左都御史、吏部尚書，康熙二年（1663）
補內秘書院大學士，三年（1664）擢保和殿大學士。自始授職至始任大學士，
共歷十六年。當天下初定時，裔介慷慨言事，首請舉經筵以隆治本，繼又應
詔陳言上下之情未通、滿漢之氣中關，疏請召對群臣、虛心咨訪，並仍令史
官記注。裔介久居言路，疏至百餘上，敷陳凱切，多見施行，號稱敢言第一。
生平篤誠，信程朱之學，以見知聞知述聖學之統。著述百餘卷，大旨原本儒
先，並及經世之學。老病回籍，家居十六年，躬課稼穡，人不知其爲故相。
卒諡文毅。〔註42〕

徐元夢，滿洲正白旗，姓舒穆祿氏，康熙十二年（1673）進士，由庶吉
士散館授戶部主事。曾充二任日講起居注官、三入上書房課讀、順天鄉試副
考官、會試考官、二任經筵講官、《明史》總裁官、繙譯鄉試副考官、南書房
行走、纂修《世宗憲皇帝實錄》副總裁官、編輯《八旗滿洲氏族通譜》、《三
禮義疏》副總裁官。歷官中允、侍講、內務府會計司員外郎、內閣學士兼禮

〔註41〕趙爾巽等撰《清史稿》冊三十六，卷三二〇，列傳一〇七，彭元瑞，頁10769。
王鍾翰點校《清史列傳》冊七，卷二十六，彭元瑞，頁1999。
李元度《國朝先正事略》冊上，卷十七，曹文恪公事略附彭文勤公元瑞，頁
513。
〔註42〕趙爾巽等撰《清史稿》冊三十三，卷二六二，列傳四十九，魏裔介，頁9887。
王鍾翰點校《清史列傳》冊二，卷五，魏裔介，頁321。
《滿漢名臣傳》冊二，魏裔介列傳，頁1453。
錢儀吉《碑傳集》冊一，卷十一，康熙朝宰輔上，任啟運〈太子太傅保和殿
大學士兼吏部尚書魏公傳〉，頁251。

部侍郎、浙江巡撫、左都御史兼翰林院掌院學士、工部尚書仍兼掌院。雍正
元年（1723）特命署理內閣大學士兼署左都御史、刑部右侍郎、調禮部右侍
郎、轉左侍郎。自始授職至任大學士，計歷四十七年。某年，都御史員缺，
聖祖諭廷臣須保舉學問好、不畏人如徐元夢者。年老病劇之時，高宗遣太醫
診視，賜葠藥，又諭「徐元夢踐履篤實，言行相符。歷事三朝，出入禁近，
小心謹慎，數十年如一日。壽逾大耋，洵屬完人」，復命皇長子視疾。元夢成
名甚早，仕宦垂六十餘年，性剛介負氣，不苟隨人可否。中年以後精研理學，
益以涵養，言貌溫溫若唯恐傷人，而中持是非，卒無所依違附和，實因信道
益篤而力行不惑之故。卒諡文定。〔註43〕

張鵬翮，四川遂寧人，康熙九年（1670）進士，選庶吉士，改刑部主事。
歷充順天鄉試同考官、奉旨戡定俄羅斯邊界、會試同考官、順天鄉試正考官、
二充會試正考官。歷仕員外郎、禮部郎中、蘇州知府、兗州知府、河東鹽運
使、通政司右參議、轉兵部督捕右理事官、大理寺少卿、浙江巡撫、兵部右
侍郎、提督江南學政、遷左都御史、二任刑部尚書、江南江西總督、河道總
督、戶部尚書、吏部尚書。雍正元年（1723）二月授文華殿大學士。自始授
職至任大學士，共歷五十年。聖祖以鵬翮公直廉明，凡有大疑獄，輒遣判之。
生平以治河聞名，聖祖以其得治河秘要，嘗謂大學士曰「鵬翮自到河工，日
乘馬巡視隄岸，不憚勞苦。居官如鵬翮，更有何議」。大通口工成，始使黃河
入海道暢然無阻。卒諡文端。〔註44〕

朱軾，江西高安人，康熙三十三年（1694）進士，由庶吉士改湖北潛江
知縣，行取而授刑部主事。嘗充《聖祖仁皇帝實錄》總裁官、入直南書房、
順天鄉試正考官、三任會試正考官，《明史》、《則例》、《會典》總裁，《世宗
憲皇帝實錄》、《三禮義疏》總裁。歷宦刑部員外郎、刑部郎中、提督陝西學

〔註43〕趙爾巽等撰《清史稿》冊三十四，卷二八九，列傳七十六，徐元夢，頁 10247。
王鍾翰點校《清史列傳》冊四，卷十四，徐元夢，頁 1009。
《滿漢名臣傳》冊一，徐元夢列傳，頁 511。
錢儀吉《碑傳集》冊三，卷二十二，雍正朝宰輔，陳兆崙〈太子少保禮部侍
郎徐公元夢行狀〉，頁 725。
〔註44〕趙爾巽等撰《清史稿》冊三十四，卷二七九，列傳六十六，張鵬翮，頁 10128。
王鍾翰點校《清史列傳》冊三，卷十一，張鵬翮，頁 771。
《滿漢名臣傳》冊二，張鵬翮列傳，頁 2029。
錢儀吉《碑傳集》冊三，卷二十二，雍正朝宰輔，彭端淑〈張文端公鵬翮傳〉，
頁 726。冊七，卷七十六，河臣下，〈張鵬翮〉，頁 2183。

政、光祿寺少卿、奉天府府尹、通政使、浙江巡撫、左都御史、加吏部尚書銜、兼理吏部尚書。雍正二年（1724）九月授文華殿大學士兼吏部尚書。自始授職至始任大學士、共計二十七年。朱軾孜贊軍國，靜秘詳審，朝廷倚重若金城之固，故當都御史任時請終父喪，聖祖勿許；在營田所請終母喪，世宗勿許。高宗在藩邸時，聞朱軾講休戚民生、歷朝治亂尤悉；即位後，凡所陳奏無不施行。朱軾居官樸誠事主，純修清德，負一時重望。高宗初典學，世宗命朱軾爲師傅，設席懋勤殿，行拜師禮，以經訓進講，亟稱賈、董、宋五子之學。高宗深重之，〈懷舊詩〉稱之爲可亭朱先生，可亭者，朱軾之號也。朱軾經術湛深，尤邃於《禮》，酌古今之宜，其可躬行。卒諡文端。〔註45〕

　　福敏，滿洲鑲白旗，姓富察氏。康熙三十六年（1697）進士，改庶吉士，散館歸班，以知縣候銓，其時高宗初就傅，即由福敏侍讀。曾充經筵講官、會試副考官、繙譯鄉試副考官、順天鄉試正考官、會試正考官、繙譯鄉試正考官。歷宦內閣學士兼禮部侍郎、遷吏部右侍郎、署浙江巡撫、擢都察院左都御史、兼翰林院掌院學士、署湖廣總督、吏部尚書、協理兵部侍郎、兼戶部侍郎、再擢左都御史仍兼戶兵二部事、署工部尚書。雍正十年（1732）特命協辦大學士事，後又署刑部尚書。乾隆三年（1738）擢武英殿大學士並兼工部尚書，再兼翰林院掌院學士。自始授職至始任大學士，共歷三十二年。福敏性剛正，廓然無城府，直內廷時與蔡世遠、雷鋐相友善，尤服膺朱軾，曾曰「此我心之師也」。乾隆四十四年（1779）高宗製〈懷舊詩〉，於舊學諸臣皆稱先生，字而不名，言於朱軾得學之體，於蔡世遠得學之用，於福敏得學之基。六十年（1795）二月上丁，釋奠禮成，追贈福敏太師銜，詔言「沖齡就傅時，啓迪之力多也」。卒諡文端。〔註46〕

〔註45〕趙爾巽等撰《清史稿》冊三十四，卷二八九，列傳七十六，朱軾，頁10243。
　　　　王鍾翰點校《清史列傳》冊四，卷十四，朱軾，頁995。
　　　　《滿漢名臣傳》冊二，朱軾列傳，頁1895。
　　　　錢儀吉《碑傳集》冊三，卷二十二，雍正朝宰輔，袁枚〈文華殿大學士太傅朱文端公軾神道碑〉，頁730；張廷玉〈光祿大夫太子太傅文華殿大學士兼吏部尚書加五級贈太傅朱文端公墓誌銘〉，頁733。
〔註46〕趙爾巽等撰《清史稿》冊三十五，卷三○三，列傳九十，福敏，頁10471。
　　　　王鍾翰點校《清史列傳》冊四，卷十三，福敏，頁985。
　　　　《滿漢名臣傳》冊一，福敏列傳，頁1084。
　　　　錢儀吉《碑傳集》冊三，卷二十二，雍正朝宰輔，雷鋐〈記所聞相國福敏公語〉，頁750。

（五）聖祖朝至高宗朝博學鴻詞出身殿閣大學士

聖祖朝至高宗朝以博學鴻詞科而擢陞至殿閣大學士者，共二人：王頊齡、劉綸。

王頊齡，江南華亭人，原為康熙十五年（1676）進士，授太常寺博士。康熙十八年（1679）詔舉博學鴻儒，吏部尚書郝惟訥薦頊齡詩詞風雅、品儀端醇，召試一等，授編修，纂修《明史》。嘗充日講起居注官、順天武鄉試副考官、《平定三逆方略》纂修官、福建鄉試正考官、經筵講官、恩科會試正考官、會試正考官、《書經傳說彙纂》總裁。歷官右贊善、侍講、提督四川學政、轉侍讀、遷侍講學士、轉侍讀學士、遷少詹事、宗人府府丞、禮部右侍郎、禮部左侍郎、吏部左侍郎、工部尚書。康熙五十七年（1718）授武英殿大學士。自始授館職至擢陞大學士，計歷三十九年。如以一生仕途計之，則自始授職至任大學士，共歷四十二年，卒諡文恭。〔註47〕

劉綸，江蘇武進人，乾隆元年（1736）由廩生舉博學鴻詞試第一，授翰林院編修。曾充《世宗憲皇帝實錄》纂修、日講起居注官、陝西鄉試正考官、受命編輯《詞林典故》、武會試正考官、《續文獻通考》副總裁、入直南書房、國史館副總裁、《平定金川方略》副總裁、《詩經》館副總裁、二充經筵講官、《平定準噶爾方略》副總裁、恩科順天鄉試正考官、二充會試正考官、順天鄉試正考官、三通館副總裁、國史館正總裁。歷仕侍講、太常寺少卿、通政司右通政、左通政、遷太僕寺卿、內閣批本處行走、大理寺卿、內閣學士、署兵部侍郎、擢禮部右侍郎、調工部兼理兵部、軍機處行走、丁憂後補戶部右侍郎、兼理順天府府尹事、左都御史、署兵部尚書、調戶部尚書仍署兵部。乾隆二十八年（1763）命協辦大學士、兼署刑部尚書、丁母憂後補吏部尚書並協辦大學士事、兼署戶部，三十六年（1771）晉文淵閣大學士兼工部尚書。自始授職至始陞大學士，計歷二十七年。劉綸直軍機處十年，與大學士劉統勳同輔政，有「南劉東劉」之稱。校士去取尤為衿慎，嘗云「衡文始難在取，繼難在去。文佳劣相近，一去取間於我甚易，獨不為士子計乎」？較量分寸，每至夜分不倦。卒諡文定。〔註48〕

〔註47〕趙爾巽等撰《清史稿》冊三十三，卷二六七，列傳五十四，王頊齡，頁 9973。
王鍾翰點校《清史列傳》冊三，卷十，王頊齡，頁 695。
《滿漢名臣傳》冊二，王頊齡列傳，頁 1730。

〔註48〕趙爾巽等撰《清史稿》冊三十五，卷三〇二，列傳八十九，劉綸，頁 10461。
王鍾翰點校《清史列傳》冊五，卷二十，劉綸，頁 1538。

二、部院軍機

清代中央高級職官例分滿漢二缺，漢官通常為科目出身，滿官則出身不一，有覺羅、宗室、錫爵及其他旗員，鮮少常科出身者，故而下文所論前四朝始任六部尚書、左都御史各員均為漢缺。

（一）尚書總憲

六部分掌全國政務，職司綦重，各部最高長官為尚書，從一品，滿漢各一員。其職掌為：〔註49〕

吏部尚書掌中外文職銓敘、勳階黜陟之政。釐飭官常，以贊邦治。

戶部尚書掌天下土田、戶口、錢穀之政。平準出納，以均邦賦。

禮部尚書掌吉嘉軍賓凶之秩序、學校貢舉之法，以贊邦禮。

兵部尚書掌中外武職銓選，簡覈軍實，以贊邦治。

刑部尚書掌折獄審刑，簡核法律，受天下奏讞，咸閱實而上其辭，

以肅邦憲。

工部尚書掌天下工虞器用，辨物庀材，以飭邦事。

世祖至高宗朝始任漢缺六部尚書者共一百九十七人，各員簡歷見書後附表，內世祖朝三十三人，聖祖朝六十八人，世宗朝三十二人，高宗朝六十四人。

世祖朝有前明進士二十九人、前明舉人一人。清代進士出身者僅三人，其中曾改庶吉士者二人（沙澄、傅維鱗），仍是因為清代科舉所取人才尚未成其氣候，官場歷練不足，故而沿用大量前明官員為漢缺尚書。

聖祖朝有出身不詳者三人，故以六十五人為數，內有前明進士二人，而清代所舉進士共五十一人，佔總數之七成八四有餘（51：65）。清代進士之中，一甲榜下授為翰林者八人，以博學鴻詞為翰林者一人，選庶吉士者二十九人，而庶吉士散館為翰林者二十四人。是知有詞館經歷（榜下授職、在館庶常、博學鴻詞授職）共三十八人，佔清代進士總數之七成四五有餘（38：51），佔聖祖朝漢缺尚書總數之五成八四有餘（38：65）。曾任翰林者（榜下授職、散館授職、博學鴻詞授職）共三十三人，佔清代進士總數之六成四七有餘（33：51），佔所有漢缺尚書總數之五成零七有餘（33：65）。均已超出所有清代進

士與漢缺尚書之一半以上。

世宗朝有出身不詳者二人，故以三十為數。進士出身者二十二人，佔總數之七成三三有餘（22：30），其中一甲榜下授職二人，選庶常者十五人，散館後均留館任職翰林。故無論有詞館經歷者（榜下授職、在館庶常）或曾任翰林者（榜下授職、散館授職）均為十七人，均佔進士總數之七成七二有餘（17：22），亦均佔漢缺尚書總數之五成六六有餘（17：30），就進士部分而言，翰林與有詞館經歷者已佔極高比例。

高宗朝有出身不詳者三人，故以六十一為數。進士出身者四十四人，其中一甲授職翰林者十人，選庶吉士者二十七人，庶常散館任翰林者二十五人。另有一人曾任翰林卻非進士庶常出身，即博學鴻詞科之劉綸，原為廩生。統計高宗朝始任六部尚書之中，進士出身者佔總數之七成二一有餘（44：61），有詞館經歷者（榜下授職、在館庶常、博學鴻詞授職）佔進士總數之八成三六有餘（38：44），又佔所有始任漢缺尚書總數之六成二二有餘（38：61）；曾任翰林者佔進士總數之八成一八有餘（36：44），又佔所有始任漢缺尚書總數之五成九零有餘（36：61）。

如以數字表格顯示清代前四朝六部漢缺尚書出身情形，可得下表：

	尚書總人數	前明官員	清代進士	一甲授職	庶吉士	散館翰林	博學鴻詞	出身不詳	非進士出身
世祖朝	33	30	3						
聖祖朝	68	2	51	8	29	24	1	3	15
世宗朝	32		22	2	15	15		2	10
高宗朝	64		44	10	27	25	1	3	20

顯而易見，除世祖一朝以時代交替而較為特殊之外，自聖祖朝至高宗朝，進士出身者均佔各朝漢缺尚書總數之七成以上，以科目出身躋於部院大臣之位雖非完全必要條件，但以職官陞遷而言，則是官場歷練之有利因素。又，各朝進士出身之漢缺尚書之中，無論有詞館經歷者（榜下授職、在館庶常、博學鴻詞授職）或曾經任職翰林者，其比例均有逐漸增加之勢，且在所有進士中又均高達六至八成以上，不得不深信以科目出身且具翰林經歷者，於仕途中顯有較高機會位至部院大臣。

左都御史為都察院之長，清代官場常省稱「總憲」，滿漢各一人，初制為

滿員一品、漢員二品，迭經更訂，至世宗雍正八年（1730）俱定爲從一品。專掌風憲，以整飭綱紀爲職，凡政事得失、官方邪正、有關於國計民生之大利害者，皆得言之。率科道官以矢言職，本職又率京畿道監察御史糾失檢姦，並豫參朝廷大議，凡有重辟，需會刑部、大理寺定讞。遇國之祭祀、朝會、經筵、臨雍，則執法糾彈行不如儀者。〔註50〕

世祖朝至高宗朝曾任漢缺左都御史之簡歷見書後附表，共九十一人。世祖朝十人，前明進士八人，又出身不詳一人（徐啓元，順治五年（1648）授，判斷亦爲前明降官）。屬清代進士僅魏裔介一人，順治三年（1646）首科進士，選庶吉士，散館授工科給事中。〔註51〕

聖祖朝三十九人，屬前明舉人、進士者三人，屬清代進士者三十二人。清代進士出身者佔所有聖祖朝始任漢缺左都御史之八成二零有餘（32：39），其中一甲榜下授職者六人，曾選入庶常者十五人，散館授爲翰林者八人。統計有詞館經歷者（一甲授職、在館庶常）爲清代進士之六成五六有餘（21：32），又爲所有聖祖朝始任漢缺左都御史之五成三八有餘（21：39）。曾任翰林者（一甲授職、散館翰林）爲清代進士之四成三七有餘（14：32），又爲所有聖祖朝始任漢缺左都御史之三成五八有餘（14：39）。

世宗朝十二人，進士出身者十人，並無一甲進士。選庶吉士者八人，散館均授爲翰林。故有詞館經歷（在館庶常）者與曾任翰林者均佔進士之八成整數（8：10），亦均佔所有世宗朝漢缺左都御史之六成六六有餘（8：12）。

高宗朝三十人，進士出身者二十三人，爲總數之七成六六有餘（23：30）。其中一甲授職六人，曾選入庶常者十五人，散館後授爲翰林者十四人。另，舉鴻博而授翰林者一人（劉綸）。統計有詞館經歷者（一甲授職、在館庶常、博學鴻詞）爲進士總數之九成五六有餘（22：23），又爲高宗朝漢缺左都御史總數之七成三三有餘（22：30）。曾經任職翰林者（一甲授職、散館翰林、博學鴻詞）則爲進士總數之九成一三有餘（21：23），又爲高宗朝漢缺左都御史總數之七成整數（21：30）。將清代前四朝始任漢缺左都御史之出身以數字表列如下：

〔註50〕趙爾巽《清史稿》冊十二，卷一一五，志九十，職官二，都察院，頁3301～3302。
席裕福纂《皇朝政典類纂》冊十六，卷二四二，職官五，在京文武官，都察院，頁7552。
〔註51〕趙爾巽等撰《清史稿》冊三十三，卷二六二，列傳四十九，魏裔介，頁9887。

	左都御史	前明官員	清代進士	一甲授職	庶吉士	散館翰林	博學鴻詞	出身不詳	非進士出身
世祖朝	10	8	1					1	
聖祖朝	39	3	32	6	15	8			4
世宗朝	12		10		8	8			2
高宗朝	30		23	6	15	14	1		7

由上表可見，與漢缺六部尚書相同，時代愈後，進士出身者比例愈高；有詞館經歷與曾經任職翰林者，無論將其與進士數目或左都御史總數相比，亦均有愈來愈多之勢。亦是詞臣資歷在清代中央官職顯佔優勢之證。以下略舉數例，藉明翰苑出身尚書總憲之仕宦模式。

世祖朝翰苑出身而宦止部院者，僅二人：沙澄、傅維鱗。

沙澄，山東萊陽人，順治三年（1646）進士，由庶吉士授檢討。經歷不詳，順治十八年（1661）陞禮部尚書。〔註52〕

傅維鱗，直隸靈壽人，順治三年（1646）進士，由庶吉士授編修，分修《明史》。嘗充江南鄉試正考官。歷宦中允、御試翰林外轉山東東昌道、大理寺少卿、太僕寺卿、通政使、副都御史、戶部侍郎、工部侍郎。順治十八年（1661）擢工部尚書。自始授職至任尚書，計歷十四年。左副都御史任內，曾上〈勸學疏〉，意極忠懇，被譽爲「此十四年來第一疏也」。〔註53〕

聖祖朝宦止部院之出身翰苑者，共計二十人：艾元徵、陳敱永、魏象樞、張士甄、杜臻、湯斌、熊一瀟、徐乾學、翁叔元、李振裕、王鴻緒、王澤宏、韓菼、徐潮、許汝霖、張廷樞、徐元正、吳一蜚、胡會恩、蔡升元。以下略舉數人。

艾元徵，山東濟南人，順治三年（1646）進士，改庶吉士，四年（1647）

〔註52〕趙爾巽等撰《清史稿》冊二十二，卷一七八，表十八，部院大臣年表一上，順治十八年，頁6361。

嚴懋功《清代徵獻類編》下冊《清代館選分韻彙編》，卷四，頁18b。

朱汝珍《詞林輯略》，卷一，頁3。

〔註53〕《滿漢名臣傳》冊二，傅維鱗列傳，頁1608。

錢儀吉纂《碑傳集》冊一，卷九，國初部院大臣下，靈壽縣志〈工部尚書傅維鱗傳〉，頁205～206。

授弘文院檢討。歷充武會試主考官。歷宦左春坊左庶子兼秘書院侍讀、遷侍講學士、秘書院學士、禮部右侍郎兼東閣學士、授國史院學士、戶部右侍郎、戶部左侍郎、吏部右侍郎、吏部左侍郎、康熙九年（1670）陞都察院左都御史。康熙十一年（1672）擢刑部尚書。自散館授職至始陞部院，共歷二十三年。〔註54〕

魏象樞，山西蔚州人，順治三年（1646）進士，選庶吉士，明年授刑科給事中。歷宦工科右給事中、轉刑科左給事中、吏科都給事中、貴州道監察御史、左僉都御史、順天府尹、大理寺卿、戶部右侍郎、戶部左侍郎。康熙十七年（1678）授都察院左都御史，十八年（1679）遷刑部尚書。自始授職至始任部院，計歷三十一年。卒諡敏果，乃聖祖親定諡號，蓋雖曾入庶常，但終未擔任翰林之故。〔註55〕

湯斌，河南睢州人，順治九年（1652）進士，由庶吉士授國史院檢討，是時以傳選翰林科道出任監司，湯斌名在選中，有「品行清端，才猷瞻裕」之論，故以應得職銜加一級用，外轉山西潼關兵備道、江西嶺北道。康熙十八年（1679）博學鴻詞科一等，授翰林院侍講，纂修《明史》。嘗充日講起居注官、浙江鄉試正考官、《明史》總裁官、纂修《太宗文皇帝聖訓》、《世祖章皇帝聖訓》、《大清會典》副總裁官、經筵講官。歷宦侍讀、左春坊左庶子、內閣學士、江寧巡撫，康熙二十五年（1686）春，皇太子將出閣，帝諭吏部「自古帝王論教太子，必簡和平謹恪之臣專資贊導。江寧巡撫湯斌，在經筵時，素行謹慎，朕所稔知。及簡任巡撫以來，潔己率屬，實心任事，允宜拔擢大用，風示有位」，乃特授禮部尚書管詹事府事，其後再改工部尚書。自始授職至始任部院，共歷三十一年。卒諡文正。〔註56〕

徐乾學，江南崑山人，康熙九年（1670）一甲三名進士，授編修。嘗充順天鄉試副考官、日講起居注官、《明史》總裁官、入直南書房、《大清會典》

〔註54〕《滿漢名臣傳》冊二，艾元徵列傳，頁1853。

〔註55〕趙爾巽等撰《清史稿》冊三十三，卷二六三，列傳五十，魏象樞，頁9905。
王鍾翰點校《清史列傳》冊二，卷八，魏象樞，頁516。
《滿漢名臣傳》冊二，魏象樞列傳，頁1423。

〔註56〕趙爾巽等撰《清史稿》冊三十三，卷二六五，列傳五十二，湯斌，頁9929。
王鍾翰點校《清史列傳》冊二，卷八，湯斌，頁518。
《滿漢名臣傳》冊二，湯斌列傳，頁1493。
錢儀吉《碑傳集》冊二，卷十六，康熙朝部院大臣上之上，耿介〈湯潛庵先生斌傳〉，頁447。

《一統志》副總裁、經筵講官、會試正考官。歷宦左春坊左贊善、翰林院侍講、侍講學士、詹事、內閣學士、禮部侍郎。康熙二十六年（1687）擢左都御史，二十七年（1688）遷刑部尚書。初拜總憲，甫視事即語諸御史「惟當知有國，不知有身，願諸公斷苞苴之路，絕欺蔽之私，整肅臺綱，宣示天下」，又云「人臣進言，當識輕重，若毛舉細過，以求稱塞，非所望也」，自是諸御史多糾彈不避。自為翰林，以文字受知，在閣中，凡代言諸作，皆出其手。既轉禮部，乃特命凡內閣制誥文章，仍令管理。直南書房時，凡有扣問，皆應答如響，使聽者咸服其博。自始授職至始任部院，共歷十七年。〔註57〕

韓菼，江南長洲人，康熙十二年（1673）一甲一名進士，授修撰。嘗充日講起居注官、纂修《孝經衍義》、出典順天鄉試、典順天武鄉試、《一統志》總裁、經筵講官。歷仕右贊善、左贊善、侍講、侍讀、侍講學士、內閣學士、禮部右侍郎兼翰林院掌院學士、吏部右侍郎。康熙三十九年（1700）擢禮部尚書仍兼掌院。生平持論，侃侃不阿，不為兩可之說，如海關不當設、關稅不當添、私錢禁不當過嚴、永定河工例不當許捐道府、會試南北中卷不當復分左右等。又如力主太學肄業者不當回原籍；大學士達海有功國書，當配享太廟，不當從祀孔廟。率皆據理直陳，無所依回。自始授職至始任部院，共歷二十七年。卒諡文懿。〔註58〕

徐潮，浙江錢塘人，康熙十二年（1673）進士，由庶吉士授檢討。歷充江南鄉試正考官、會試副考官。歷仕贊善、諭德、庶子、少詹事、通政使、左副都御史、工部右侍郎、刑部右侍郎、刑部左侍郎、河南巡撫。康熙四十二年（1703）內陞戶部尚書，後兼翰林院掌院學士，四十七年（1708）調吏部仍兼掌院。自始授職至始任部院，共歷二十七年。徐潮學問淹通，在翰林時，應奉文字，多出其手。聖祖嘗御門召講《易》、《論語》，敷陳明晰，為之

〔註57〕趙爾巽等撰《清史稿》冊三十三，卷二七一，列傳五十八，徐乾學，頁 10007。
王鍾翰點校《清史列傳》冊三，卷十，徐乾學，頁 678。
《滿漢名臣傳》冊二，徐乾學列傳，頁 1479。
錢儀吉《碑傳集》冊二，卷二十，康熙朝部院大臣上之上，韓菼〈資政大夫經筵講官刑部尚書徐公乾學行狀〉，頁 682。

〔註58〕趙爾巽等撰《清史稿》冊三十三，卷二六六，列傳五十三，韓菼，頁 9954。
王鍾翰點校《清史列傳》冊三，卷九，韓菼，頁 655。
《滿漢名臣傳》冊二，韓菼列傳，頁 1713。
錢儀吉《碑傳集》冊二，卷二十一，康熙朝部院大臣下之下，朱彝尊〈禮部尚書兼掌翰林院學士長洲韓公菼墓碑〉，頁 698；沈德潛〈故禮部尚書韓文懿公祠堂碑記〉，頁 703。

傾聽。居官平易，不事矯飾，外任所至，民咸稱頌。卒諡文敬。〔註59〕

蔡升元，浙江德清人，康熙二十一年（1682）一甲一名進士，授修撰。曾充日講起居注官二任、入直南書房、經筵講官二任、會試副考官。歷任右中允、左中允、超擢少詹事、詹事、內閣學士，康熙五十六年（1717）擢左都御史，五十八年（1719）擢禮部尚書。任左都御史時，嘗條奏劃一六部侍郎開列之例，使翰詹陞補壅塞之狀，稍行紓解。自始授職至始任部院，共歷三十五年。〔註60〕

世宗朝宦止部院之翰苑出身人員，計十一人：勵廷儀、蔡珽、李周望、楊名時、張大有、魏廷珍、吳士玉、吳襄、涂天相、張照、任蘭枝。茲舉數例。

勵廷儀，直隸定海人，勵杜訥子。康熙三十九年（1700）進士，改庶吉士，以丁憂於四十三年（1704）授編修。曾充南書房行走、日講起居注官、經筵講官、《聖祖仁皇帝實錄》副總裁。歷仕右中允、侍講學士、內閣學士、翰林院掌院學士、兵部右侍郎仍兼掌院。雍正元年（1723）擢刑部尚書，後遷吏部仍管刑部。自始授職至始任部院，計歷十九年。掌刑部時，曾疏請分立內外監，內監居要犯，外監居輕犯，又別為女監，另牆隔別，均報可。又迭次疏論監生考職，禁止私鹽，清查入官家產，各舉其叢弊所在，均下部議行。卒諡文恭。〔註61〕

蔡珽，漢軍正白旗，康熙三十六年（1697）進士，改庶吉士，授檢討。歷充日講起居注官、河南鄉試正考官。歷宦左中允、左諭德、提督貴州學政、左庶子、右庶子、侍讀學士、少詹事、翰林院掌院學士兼禮部侍郎、四川巡撫。雍正三年（1725）正月特授都察院左都御史，四月兼正白旗漢軍都統，七月晉兵部尚書仍兼左都御史。九月調補吏部尚書，其兵部、左都御史、都統事均兼理如故。自始授職至始任部院，計歷二十五年。〔註62〕

〔註59〕趙爾巽等撰《清史稿》冊三十三，卷二七六，列傳六十三，徐潮，頁10069。
王鍾翰點校《清史列傳》冊三，卷十一，徐潮，頁790。
《滿漢名臣傳》冊二，徐潮列傳，頁1664。
〔註60〕《滿漢名臣傳》冊二，蔡升元列傳，頁1651。
〔註61〕趙爾巽等撰《清史稿》冊三十三，卷二六六，列傳五十三，勵廷儀，頁9947。
王鍾翰點校《清史列傳》冊四，卷十三，勵廷儀，頁911。
《滿漢名臣傳》冊二，勵廷儀列傳，頁1842。
〔註62〕趙爾巽等撰《清史稿》冊三十四，卷二九三，列傳八十，蔡珽，頁10325。
王鍾翰點校《清史列傳》冊四，卷十三，蔡珽，頁936。

魏廷珍，直隸景州人，康熙五十二年（1713）一甲三名進士，授編修。
嘗入直南書房、充日講起居注官、祭告中嶽及濟淮兩瀆、江南鄉試正考官、《皇
清文穎》館副總裁。歷仕侍講、侍讀、詹事、內閣學士、管理兩淮鹽政、湖
南巡撫、盛京工部侍郎、安徽巡撫、湖北巡撫。雍正九年（1731）授禮部尚
書，後授漕運總督、署兩江總督，遷兵部尚書，調禮部尚書。乾隆三年（1738）
授左都御史，遷工部尚書。自始授職至始任部院，共歷十八年。管理兩淮鹽
政時，清查運庫虧空一百五十萬兩，條分縷析，以三十年補足，帑項充實，
商力無虧。任巡撫安徽時，清查上江錢糧拖欠，釐剔積年諸弊，回補各關缺
額，隨收隨解，稅額有餘。卒諡文簡。〔註63〕

張照，江蘇婁縣人，康熙四十八年（1709）進士，五十一年（1712）庶吉
士授檢討。曾入直南書房，充福建鄉試副考官、日講起居注官、雲南鄉試正考
官、《皇清文穎》館副總裁、武英殿修書處行走、經筵講官。歷任贊善、侍講、
侍讀、右庶子、左庶子、侍講學士、少詹事、內閣學士、刑部左侍郎仍兼內閣
學士、署順天府尹。雍正十一年（1733）授左都御史、暫署刑部尚書、兼管順
天府尹，又授刑部尚書。乾隆元年（1736）以辦理苗疆事務獲罪革職拏問，後
補授內閣學士、刑部侍郎。刑部左侍郎任內，以律例刊行尚需一年之久，請於
舊例輕而新改重者，仍待頒到之日遵行，不必駁改，而舊重新輕者，既令刑部
引新書改正，其使一年內，海內早被其惠。疏上，特旨允行。直內廷甚久，每
奉敕作書，率皆稱旨。自始授職至始任部院，共歷十八年。卒諡文敏。〔註64〕

任蘭枝，江蘇溧陽人，康熙五十二年（1713）一甲二名進士，授編修。
雍正元年（1723）入直南書房，嘗充江西鄉試副考官、日講起居注官、偕左
副都御史杭奕祿齎詔往諭安南定界事、浙江鄉試副考官、二任會試副考官、《八
旗志書館》副總裁、順天鄉試副考官、經筵講官、《一統志》館總裁、《世宗

　　　《滿漢名臣傳》冊一，蔡珽列傳，頁1088。
〔註63〕趙爾巽等撰《清史稿》冊三十四，卷二九〇，列傳七十七，魏廷珍，頁10275。
　　　王鍾翰點校《清史列傳》冊四，卷十五，魏廷珍，頁1092。
　　　《滿漢名臣傳》冊二，魏廷珍列傳，頁2155。
　　　徐世昌《大清畿輔先哲傳》（北京：北京古籍出版社點校本，1993年），冊上，
　　　名臣傳四，魏廷珍，頁128。
〔註64〕趙爾巽等撰《清史稿》冊三十五，卷三〇四，列傳九十一，張照，頁10493。
　　　王鍾翰點校《清史列傳》冊五，卷十九，張照，頁1450。
　　　《滿漢名臣傳》冊二，張照列傳，頁1946。
　　　李元度《國朝先正事略》冊上，卷十四，張文敏公事略，頁426。

憲皇帝實錄》總裁官、偕鄂爾泰等恭點泰陵神主。歷宦視學四川、左中允、右庶子、左庶子、侍講學士、少詹事、內閣學士兼禮部侍郎、擢兵部右侍郎、調吏部右侍郎、轉左侍郎。雍正十三年（1735）擢禮部尙書、後調戶部、再回禮部、又調兵部、三回禮部。自始授職至始任部院，共歷二十二年。視學四川還朝，世宗有「天下第一學政」之褒。自登六卿，在禮部且十年，凡鴻儀鉅典、吉凶賓嘉之事，皆所總治，非淹洽掌故者多不克勝任，故時人稱其爲大宗伯。精於衡鑒，歷充會試、鄉試考官，凡臺閣鉅公揚歷中外者，半出其門，當世有「任太宗、活文昌」之諺。〔註65〕

　　高宗朝宦止部院之翰苑出身人員，計二十二人：高其倬、楊超曾、陳惠華、劉吳龍、王安國、何國宗、秦蕙田、裘曰修、王際華、閻循琦、曹秀先、周煌、羅源漢、曹文埴、梅瑴成、金德瑛、董邦達、彭啓豐、張泰開、李綏、竇光鼐、金士松。茲舉數例：

　　高其倬，漢軍鑲黃旗，康熙三十三年（1694）進士，由庶吉士授檢討。嘗充四川鄉試正考官。歷仕兼佐領、中允、侍講、提督山西學政、侍講學士、內閣學士、授廣西巡撫、雲貴總督，雍正三年（1725）加兵部尙書銜，四年（1726）抵閩浙總督任，調兩江總督，後署雲貴廣西總督。乾隆元年（1736）以疾召還京師，授湖北巡撫，巡調湖南，三年（1738）擢工部尙書，尋調戶部。自始授職至始任部院，共歷二十八年。巡撫廣西時，單騎入叛苗土寨，諭以朝廷威德，使苗眾棄刀羅拜，受約束而還。雍正七年（1729）自閩浙總督任入覲，賜御制詩，有「操懔冰霜功帶礪，匡時重鎮眷良臣」之句。卒謚文良。〔註66〕

　　秦蕙田，江蘇金匱人，乾隆元年（1736）一甲三名進士，授編修，命南書房行走。曾充順天武鄉試副考官、上書房行走、經筵講官、二充會試正考官。歷宦侍講、右庶子、右通政、內閣學士、禮部右侍郎、刑部侍郎。乾隆二十二年（1757）擢工部尙書、署刑部尙書，翌年調刑部仍兼管工部事。自始授職至始任部院，共歷二十一年。蕙田通經能文，尤精於《三禮》，撰《五

〔註65〕　趙爾巽等撰《清史稿》冊三十四，卷二九〇，列傳七十七，任蘭枝，頁10277。
　　　　　王鍾翰點校《清史列傳》冊五，卷十九，任蘭枝，頁1448。
　　　　　錢儀吉《碑傳集》冊三，卷二十五，雍正朝部院大臣下，任兆麟〈予告經筵講官禮部尙書任公蘭枝神道碑〉，頁835。
〔註66〕　趙爾巽等撰《清史稿》冊三十四，卷二九二，列傳七十九，高其倬，頁10301。
　　　　　王鍾翰點校《清史列傳》冊四，卷十四，高其倬，頁1058。
　　　　　《滿漢名臣傳》冊一，高其倬列傳，頁1030。
　　　　　李元度《國朝先正事略》冊上，卷八，高忠烈公事略附猶子文良公其倬，頁210。

禮通考》，首採經史，次及諸家傳說儒先所未能決者，疏通證明，使後儒有所折衷。以樂律附吉禮，以天文曆法、方輿疆理附嘉禮。博大閎遠，條貫賅備。又好治《易》及音韻、律呂、算數之學，皆有著述。卒諡文恭。〔註67〕

曹秀先，江西新建人，乾隆元年（1736）進士，改庶吉士，散館授編修。嘗充《世宗憲皇帝實錄》纂修官兼國史館校勘、山東鄉試副考官、浙江鄉試正考官、經筵講官、江南鄉試正考官、《四庫全書》館副總裁、順天鄉試正考官、上書房行走、上書房總師傅。歷任浙江道監察御史、刑科給事中、吏科給事中巡視南城、擢鴻臚寺少卿、遷光祿寺少卿、通政使參議、擢國子監祭酒、提督浙江學政、擢內閣學士、遷工部右侍郎並留學政任、調戶部右侍郎兼理工部右侍郎事、調吏部右侍郎。乾隆三十八年（1773）晉禮部尚書。自始授職至始任部院，共歷三十六年。以文學受知，乾隆四十二年（1777）命充上書房總師傅，侍皇八子講席，賜寓澄懷園。前後掌典文衡，必詳盡校閱，得士甚多，人多服其公明。卒諡文恪。〔註68〕

彭啓豐，江南長洲人，雍正五年（1727）一甲一名進士，授修撰，入直南書房。曾充日講起居注官、河南鄉試副考官、雲南鄉試正考官、江西鄉試正考官、順天武鄉試副考官、山東鄉試副考官、江西鄉試副考官、浙江鄉試正考官、經筵講官、順天鄉試正考官。歷仕左中允、侍講、右庶子、侍讀學士、右通政、左僉都御史、通政使、提督浙江學政、左副都御史仍留學政任、內閣學士仍留學政任、刑部右侍郎、吏部右侍郎、再提督浙江學政、兵部左侍郎。乾隆二十七年（1762）遷左都御史，翌年遷兵部尚書。自始授職至始任部院，共歷三十五年。先後立朝垂四十年，國家試士之典，未嘗不在列，文學之任，當時莫與能比。〔註69〕

〔註67〕趙爾巽等撰《清史稿》冊三十五，卷三〇四，列傳九十一，秦蕙田，頁10501。
王鍾翰點校《清史列傳》冊五，卷二十，秦蕙田，頁1479。
《滿漢名臣傳》冊二，秦蕙田列傳，頁2002。
〔註68〕趙爾巽等撰《清史稿》冊三十六，卷三二一，列傳一〇八，曹秀先，頁10781。
王鍾翰點校《清史列傳》冊五，卷二十，曹秀先，頁1481。
《滿漢名臣傳》冊三，曹秀先列傳，頁2303。
李元度《國朝先正事略》冊上，卷十七，曹文恪公事略，頁510。
〔註69〕趙爾巽等撰《清史稿》冊三十五，卷三〇四，列傳九十一，彭啓豐，頁10503。
王鍾翰點校《清史列傳》冊五，卷十九，彭啓豐，頁1463。
《滿漢名臣傳》冊三，彭啓豐列傳，頁2295。
錢儀吉《碑傳集》冊三，卷三十五，乾隆朝部院大臣下之上，王芑孫〈兵部尚書彭公啓豐神道碑銘〉，頁1041。

　　梅瑴成，安徽宣城人。祖梅文鼎，貢生，精天文算學。康熙五十一年（1712）因家學召入內廷，以生員供奉蒙養齋，彙編御製天文、樂律、算法諸書。五十三年（1714）欽賜舉人。五十四年（1715）賜殿試，成進士，改庶吉士，散館授編修。嘗充增修時憲算書館總裁、經筵講官。歷宦江南道御史巡視通州漕務、轉工科給事中、遷光祿寺少卿、通政司參議、擢順天府府丞、鴻臚寺卿、通政司右通政、宗人府府丞、都察院左副都御史、刑部右侍郎。乾隆十五年（1750）擢左都御史。自始授職至始任部院，共歷三十二年。瑴成承家學，亦精天文算學，肄業蒙養齋而數學日進。御製《數理精蘊》、《曆象考成》諸書，皆與分纂。明代算家不解立天元數，瑴成謂立天元一即西法之借根方。《明史》開館，與修〈天文〉、〈曆志〉。原品休致後，高宗南巡，迎駕於清江浦，獲賜詩曰「無欲有精神，趨迎清江浦。閉門惟教子，下榻不延賓。能駐西山日，引恬江國春。推恩念舊緣，皇祖內廷臣」。自始授職至始任部院，共歷三十二年。卒諡文穆。〔註70〕

　　竇光鼐，山東諸城人，乾隆七年（1742）進士，由庶吉士授編修。嘗充會試同考官、山西鄉試副考官、入直南書房、湖北鄉試正考官、告祭南海、三任殿試讀卷官、稽查右翼宗學、告祭吉林等處、福建鄉試正考官、浙江鄉試正考官、上書房總師傅、順天鄉試正考官、經筵講官、會試正考官。歷宦左中允、侍讀、侍讀學士、大考一等擢內閣學士、提督河南學政、左副都御史、提督浙江學政、順天府府尹、光祿寺卿、宗人府丞、提督浙江學政、吏部右侍郎、禮部侍郎。乾隆五十七年（1792）擢左都御史。自始授職至始任部院，共歷四十七年。自幼資賦聰穎，任編修時，大考列四等，例應降黜，但以其學問優異，僅予罰俸一年，仍特遷中允。畿輔各州縣叢弊年久日深，吏胥多夤緣為奸，光鼐初掌順天府尹事，即苞苴屏絕，懲其尤不肖者數人，屢劾不職州縣；其時有京縣蘭第錫、李湖，經光鼐薦舉，後官至督撫，皆號稱賢臣。光鼐老成持重，以左都御史在上書房總師傅上行走，身處禁近，高宗所製文字，輒命觀閱。生平不講學，立朝五十年，揭然柴立，無所顧慕，剛直不能容人，多有忌之者，惟以誠悃而受知，屢仆屢起，卒蒙保全。〔註71〕

〔註70〕趙爾巽等撰《清史稿》冊四十六，卷五〇六，列傳二九三，疇人一，梅瑴成，頁13955。

　　　　王鍾翰點校《清史列傳》冊五，卷十七，梅瑴成，頁1237。

　　　　《滿漢名臣傳》冊二，梅瑴成列傳，頁2125。

〔註71〕趙爾巽等撰《清史稿》冊三十六，卷三二二，列傳一〇九，竇光鼐，頁10791。

金士松，江蘇吳江人，乾隆二十五年（1760）進士，選庶吉士，授編修。嘗直懋勤殿寫經、典福建鄉試、直南書房、直講經筵、校勘石經。歷仕侍讀、提督廣東學政、累遷詹事、提督順天學政、累擢禮部侍郎、調兵吏二部。乾隆六十年（1795）擢左都御史，嘉慶元年（1796）遷禮部尚書，調兵部。自始授職至始任部院，共歷三十四年。卒諡文簡。〔註72〕

（二）軍機大臣

軍機處始於世宗朝，至高宗乾隆六十年（1795）止始任軍機大臣者，其簡歷見書後附表，共五十三人。世宗朝十五人，內有進士出身三人（張廷玉、蔣廷錫、徐本），均選庶吉士，散館亦均為翰林。高宗朝三十八人，內有進士出身十一人，屬一甲授職者三人，選庶吉士及散館任職翰林者均為七人。另有劉綸一人為廩生，舉博學鴻詞授職編修。合一甲進士計之，有詞館經歷及曾經任職翰林者，均為十一人。已佔高宗朝始任翰林總數之二成八九有餘（11：38）。

世宗、高宗兩朝始任軍機大臣之有翰苑背景者，共計十四人：張廷玉、蔣廷錫、徐本、蔣溥、汪由敦、陳大受、尹繼善、劉綸、劉統勳、裘曰修、于敏中、梁國治、董誥、王杰。部分人員經歷已見上文，餘者如下：

張廷玉，安徽桐城人，張英次子。康熙三十九（1700）年進士，改庶吉士、四十二年（1703）授檢討，直南書房，尋充日講起居注官。嘗充經筵講官二任、《聖祖仁皇帝實錄》副總裁、順天鄉試副考官、《明史》總裁官、三充會試正考官、國史館總裁、二充《會典》總裁、《治河方略》副總裁、《皇清文穎》館總裁、《世宗憲皇帝實錄》總裁官、《明史綱目》總裁、纂修《吏部則例》、纂修《玉牒》總裁、《三禮》館總裁。歷宦司經局洗馬、右庶子、侍講學士、內閣學士、刑部右侍郎、吏部左侍郎，康熙六十一年（1722）擢禮部尚書、兼翰林院掌院學士、戶部尚書。雍正三年（1725）署理大學士事，四年（1726）授文淵閣大學士仍兼戶部與翰林院事，五年（1727）晉文華殿大學士，六年（1728）晉保和殿大學士兼署吏部尚書。又以用兵西北，設軍

王鍾翰點校《清史列傳》冊六，卷二十四，竇光鼐，頁1815。

李元度《國朝先正事略》冊下，卷四十二，竇東皋先生事略，頁1120。

錢儀吉《碑傳集》冊三，卷三十六，乾隆朝部院大臣下之中，秦瀛〈都察院左都御史竇公光鼐墓誌銘〉，頁1053。

〔註72〕趙爾巽等撰《清史稿》冊三十七，卷三五一，列傳一三八，金士松，頁11266。東方學會編《滿漢大臣列傳（原名《國史列傳》）》（台北：文海出版社據東方學會本影印，1974年），卷六十三，金士松，頁15a。

機房於隆宗門內，八年（1730）命與怡親王允祥、大學士蔣廷錫同領其事。高宗御極，命同莊親王允祿等總理事務。終清之世，漢大臣配享太廟者，惟廷玉一人而已。卒諡文和。〔註73〕

徐本，浙江錢塘人，徐潮子。康熙五十七年（1718）進士，改庶吉士，授編修。嘗充《聖祖仁皇帝實錄》纂修官、日講起居注官、經筵講官、《皇清文穎》館總裁官、律例館總裁、《世宗憲皇帝實錄》總裁官、直南書房。歷仕提督貴州學政、贊善、侍讀、遷貴州按察使、調江蘇按察使、遷湖北布政使、擢安慶巡撫。雍正十一年（1733）遷左都御史，十二年（1734）擢工部尚書並協辦大學士事。十三年（1735）同果親王允禮、大學士鄂爾泰等辦理苗疆事務，又調刑部尚書、協辦總理事務。乾隆元年（1736）授東閣大學士兼禮部尚書，三年（1738）命軍機處行走，後兼管戶部尚書。卒諡文穆。〔註74〕

蔣溥，江蘇常熟人，蔣廷錫子。雍正八年（1730）進士，改庶吉士，直南書房。十一年（1733）授編修。曾充日講起居注官、浙江鄉試正考官、經筵講官、《會典》館副總裁、會試副總裁、兼管三庫、《文獻通考》館正總裁、受命修《盤山新志》、會試正總裁。歷宦侍講、左庶子、侍講學士、內閣學士、吏部右侍郎、尋轉左、兼署刑部左侍郎、署湖南巡撫、繼而實授。乾隆十年（1745）授吏部右侍郎並在軍機處行走、後兼理戶部侍郎事，十三年（1748）擢戶部尚書，十八年（1753）協辦大學士兼署禮部尚書又掌翰林院事，二十四年（1759）授東閣大學士兼管戶部尚書。任吏部侍郎時，高宗慮各省督撫尚有積弊未除者，命大學士、九卿留心訪奏，蔣溥密陳四事，多所採納。又善於寫生，得其父遺法，每進呈，多蒙御題，有「師承家法披圖見，右相丹青有後生」句。卒諡文恪。〔註75〕

汪由敦，浙江錢塘人，雍正二年（1724）進士，改庶吉士，授編修。六

〔註73〕趙爾巽等撰《清史稿》冊三十四，卷二八八，列傳七十五，張廷玉，頁10237。
　　　　王鍾翰點校《清史列傳》冊四，卷十四，張廷玉，頁1026。
　　　　《滿漢名臣傳》冊二，張廷玉列傳，頁1970。

〔註74〕趙爾巽等撰《清史稿》冊三十五，卷三〇二，列傳八十九，徐本，頁10455。
　　　　王鍾翰點校《清史列傳》冊四，卷十六，徐本，頁1160。
　　　　《滿漢名臣傳》冊二，徐本列傳，頁1960。

〔註75〕趙爾巽等撰《清史稿》冊三十四，卷二八九，列傳七十六，蔣溥，頁10252。
　　　　王鍾翰點校《清史列傳》冊五，卷二十，蔣溥，頁1533。
　　　　《滿漢名臣傳》冊二，蔣溥列傳，頁2087。
　　　　李元度《國朝先正事略》冊上，卷十三，蔣文肅公事略附子文恪公溥，頁395。

年（1728）丁父憂，以纂修《明史》，奉命在館守制。嘗充日講起居注官、山東鄉試正考官、上書房行走、《皇清文穎》館副總裁、順天武鄉試正考官、會試副考官、經筵講官、二充順天鄉試正考官、《平定金川方略》副總裁、同蔣溥等受命修《盤山新志》、《平定準噶爾方略》正總裁。歷官左贊善、侍講、侍讀、四譯館少卿、內閣學士、補翰林院侍讀學士、禮部右侍郎、調兵部左侍郎、戶部右侍郎。乾隆九年（1744）晉工部尚書、後調刑部尚書，十一年（1746）兼署左都御史並在軍機處行走，十四年（1749）署協辦大學士事。其後以坐保薦罪員，革職並在兵部侍郎任內效力贖罪、調戶部侍郎、晉工部尚書、刑部尚書、吏部尚書。為國子監生時，世宗即命充《明史》館纂修官，時論榮之。及官翰林，朝廷有大制作，必屬由敦為之，一時奉為衿式。尤嫻於歷代掌故，前後考定樂章、祭器、鹵簿，及朝會、升祔諸大禮，皆斟酌古今，釐然為一代體制。雖以文學受知，而簿書、錢穀、刑名、法律之事，亦無不究心。高宗塞外行圍及四方巡幸，必以由敦扈從。直內廷近三十年，以恭謹而受眷寵。高宗御製〈懷舊詩〉，列為五詞臣之一。卒後，高宗諭其「老成端恪，敏慎安詳，學問淵深，文辭雅正」。卒謚文端。〔註76〕

　　裘日修，江西新建人，乾隆四年（1739）進士，改庶吉士，授編修。曾充日講起居注官、湖北鄉試正考官、受命祭告南鎮會稽山、南書房行走、浙江鄉試正考官二科、江南鄉試正考官、經筵講官四任、會典館副總裁、方略館副總裁、會試副考官、《永樂大典》總裁、《四庫全書》館總裁。歷仕侍讀學士、少詹事、詹事、內閣學士、兵部右侍郎、吏部右侍郎、戶部右侍郎。乾隆二十年（1755）以胡中藻逆詩案革職，尋補授右中允，遷侍講、吏部右侍郎，二十一年（1756）命軍機處行走、調戶部右侍郎、署倉場侍郎、戶部左侍郎、兼管順天府尹事，三十二年（1767）遷禮部尚書仍管順天府尹事、調工部尚書、刑部尚書，又以捕蝗溺職革調工部左侍郎仍管順天府尹事、補工部尚書、兼管倉場侍郎事。以文學侍從之臣，遍歷六曹，尤善於治水，屢奉命往河南、山東、江南經理河渠。更兼司撰述，曾奉敕撰《熱河志》、《太學志》、《西清古鑑》、《秘殿珠林》、《石渠寶笈》、《錢錄》諸書。卒謚文達。

〔註76〕趙爾巽等撰《清史稿》冊三十五，卷三〇二，列傳八十九，汪由敦，頁10456。
　　　　王鍾翰點校《清史列傳》冊五，卷十九，汪由敦，頁1460。
　　　　《滿漢名臣傳》冊三，汪由敦列傳，頁2220。
　　　　錢儀吉《碑傳集》冊三，卷二十七，乾隆朝宰輔中，錢維城〈加贈太子太師吏部尚書謚文端汪由敦傳〉，頁896。

〔註 77〕

　　董誥，浙江富陽人，董邦達子。乾隆二十八年（1763）進士，改庶吉士，三十一年（1766）散館授編修，入懋勤殿寫皇后祝嘏金字經。嘗直南書房，歷充日講起居注官、經筵講官、江南鄉試正考官、《四庫全書》館副總裁、接辦《四庫全書薈要》兼充武英殿總裁、受命輯《滿洲源流考》、太學石經刊刻副總裁、國史館副總裁、總理高宗喪宜、實錄館總裁、國史館正總裁、會典館正總裁、順天鄉試正考官二科、會試正考官二科、上書房總師傅。歷宦右中允、左中允、侍讀、右庶子、侍讀學士、內閣學士兼禮部侍郎、工部右侍郎兼管錢法堂事務、戶部右侍郎兼管錢法堂事、戶部左侍郎、兼樂部事務。乾隆四十四年（1779）命在軍機大臣上行走，其後擢戶部尚書、管理稽查上諭事件處。嘉慶元年（1796）授東閣大學士總理禮部仍兼戶部事務、署刑部，四年（1799）再行走軍機處並授文華殿大學士管理稽查上諭事件處仍兼刑部尚書、管理戶部三庫事務。董誥入直軍機先後四十年，熟於朝章故事，有諮詢者無不悉心答之。當和珅用事之時，與王杰楛柱其間，卒贊仁宗殲除大憝；後遇林清之變，獨持鎮定，尤為當時所稱。卒諡文恭。〔註 78〕

第三節　仕途格局

　　翰詹詞臣以文學受知起家，其宦途成就之高者，已如上文觀舉之各項宰輔部院人員，此下當進一步分析翰詹起家人員之仕途模式，無論是否位極人臣，均應有所析論，俾明其官場升降與職掌特質；並可知詞館出身人員，在清代職官制度中，除文學職任以外，尚有何發展空間，亦即翰林之仕途格局。

〔註 77〕趙爾巽等撰《清史稿》冊三十六，卷三二一，列傳一○八，裘曰修，頁 10773。
　　　　王鍾翰點校《清史列傳》冊六，卷二十三，裘曰修，頁 1753。
　　　　《滿漢名臣傳》冊三，裘曰修列傳，頁 2264。
　　　　錢儀吉《碑傳集》冊三，卷三十三，乾隆朝部院大臣中之中，于敏中〈誥授光祿大夫太子少傅經筵講官南書房供奉工部尚書兼管順天府尹事諡文達裘公曰修墓誌銘〉，頁 1016；戴震〈光祿大夫工部尚書太子少傅裘文達公墓誌銘〉，頁 1019。
〔註 78〕趙爾巽等撰《清史稿》冊三十七，卷三四○，列傳一二七，董誥，頁 11089。
　　　　王鍾翰點校《清史列傳》冊七，卷二十八，董誥，頁 2114。
　　　　李元度《國朝先正事略》冊上，卷二十，董文恭公事略，頁 598。
　　　　錢儀吉《碑傳集》冊三，卷三十八，嘉慶朝宰輔，劉逢祿〈記董文恭公誥遺事〉，頁 1091。

一、翰詹歷階

詞臣起家多爲庶吉士散館授職編檢，按功令，日後陞轉必須論俸較陞。以翰苑內陞而言，其陞遷途徑應與詹事府各職互爲歷階。按，翰詹詞臣品級與兼銜規定原爲：

翰林院

　　侍讀學士：從四品　侍講學士：從四品

　　侍讀：從五品　　　侍講：從五品

　　修撰：從六品　　　編修：正七品

　　檢討：從七品

左春坊

　　滿漢左庶子各一員，正五品，漢左庶子兼翰林院侍讀銜。

　　滿漢左諭德各一員，從五品，漢左諭德兼翰林院修撰銜。

　　滿漢左中允各二員，正六品，漢左中允兼翰林院編修銜。

　　滿漢左贊善各二員，從六品，漢左贊善兼翰林院檢討銜。

右春坊

　　滿漢右庶子各一員，正五品，漢右庶子兼翰林院侍講銜。

　　滿漢右諭德各一員，從五品，漢右諭德兼翰林院修撰銜。

　　滿漢右中允各二員，正六品，漢右中允兼翰林院編修銜。

　　滿漢右贊善各二員，從六品，漢右贊善兼翰林院檢討銜。

司經局

　　滿漢洗馬各一員，從五品，漢洗馬兼翰林院修撰銜。

由上開翰詹各官品級，如是完整經歷，並無躐等超擢情事，可歸納翰詹衙門遷轉途徑應爲以下模式：

$$修撰(6b) \rightarrow 中允(6a) \rightarrow 侍講(5b) \rightarrow 庶子(5a) \rightarrow 侍講學士(4b)$$
$$侍讀(5b) \qquad\qquad 侍讀學士(4b)$$
$$諭德(5b)$$
$$洗馬(5b)$$

$$編修(7a) \rightarrow 贊善(6b) \rightarrow 中允(6a) \rightarrow 侍講(5b) \rightarrow 庶子(5a) \rightarrow 侍講學士(4b)$$
$$侍讀(5b) \qquad\qquad 侍讀學士(4b)$$
$$諭德(5b)$$
$$洗馬(5b)$$

有須加解釋者：

（一）翰林官除相同品級之侍讀、侍講，侍讀學士、侍講學士可以直接
由「講」遷「讀」以外，其餘編檢則應以東宮官為歷階。

（二）詹事府各官之同品級者，均可由右轉左。

（三）檢討（從七品）不能直陞編修（正七品），僅能以贊善（正六品）
或國子司業（正六品）為遷轉之階。

（四）修撰（從六品）為一甲一名進士專官，庶吉士散館者並不陞遷此
職。

（五）贊善（從六品）可直接陞為中允（正六品），無須回轉翰林院修撰
（從六品）再陞為中允。

（六）聖祖初年曾經裁去詹事府坊局等衙門，為使翰林院編、檢得有歷
階，故其時編檢無不為國子司業，率不數月即遷去，至康熙十四
年（1675）復設詹事府坊局等衙門，於是修撰、編修、檢討復以
中允、贊善為歷階；而國子監司業轉與翰林較俸，欲陞侍讀、侍
講、諭德、洗馬，則非有三年之資不得遷往。〔註 79〕

此一翰詹衙門內陞模式，可舉下列數例之早期經歷為代表。

王熙，順天宛平人，終官保和殿大學士，卒諡文靖。順治四年（1647）
進士，由庶吉士授檢討，十年（1653）二月，世祖親試習清書翰林，王熙列
次等，尋遷司業、中允、洗馬、諭德。其時適會初設日講官，以王熙及學士
麻勒吉、胡兆龍等充之，命每日直講。十三年（1656）遷庶子、侍講學士，
十四年（1657）擢弘文院學士。〔註 80〕

葉方藹，江南崑山人，終官刑部右侍郎，卒諡文敏。順治十六年（1659）
一甲三名進士，授編修。康熙十二年（1673）充日講起居注官，十四年（1675）
三月遷國子監司業，五月授侍講，仍充日講起居注官，十月充順天武鄉試副
考官，十一月奉敕撰《太極圖論》。十五年（1676）正月遷左庶子，五月授侍
講學士。十六年（1677）正月充《孝經衍義》總裁，四月轉侍讀學士。十七
年（1678）二月充《鑑古輯覽》、《皇輿表》總裁，五月充經筵講官，七月入
直南書房，十二月遷翰林院掌院學士兼禮部侍郎。〔註 81〕

王鴻緒，江南婁縣人，終官戶部尚書，無諡。康熙十二年（1673）一甲

〔註 79〕王士禎《池北偶談》，卷一，談故，司業題名，頁 14～15。
〔註 80〕王鍾翰點校《清史列傳》冊二，卷八，王熙，頁 512。
〔註 81〕王鍾翰點校《清史列傳》冊三，卷九，葉方藹，頁 653。

二名進士，授編修。十四年（1675）充順天鄉試副考官，十六年（1677）充日講起居注官，並授左春坊左贊善。十八年（1679）遷翰林院侍講，十九年（1680）以奉旨諭獎奉職勤勞諸講官，加侍讀學士銜。二十一年（1682）轉侍讀，充明史總裁官。翌年九月遷庶子，十二月擢內閣學士，充《大清會典》副總裁。〔註82〕

錢陳群，浙江嘉興人，終官刑部左侍郎，諡文端。康熙六十年（1721）進士，改庶吉士，散館授編修。雍正七年（1729）充湖南鄉試正考官，九年（1731）遷右贊善，十一年（1733）轉左贊善。十二年（1734）三月遷右庶子，四月遷侍講學士並充日講起居注官。十三年（1735）正月提督順天學政，閏四月轉侍讀學士，七月命在南書房行走，九月改右通政並仍留學政任。乾隆元年（1736）丁母憂回籍，服闋，命提督順天學政，四年（1739）補原官。〔註83〕

金德瑛，浙江仁和人，終官都察院左都御史，無諡。乾隆元年（1736）一甲一名進士，授修撰，命行走南書房，三年（1738）五月充福建鄉試正考官。六年（1741）六月充日講起居注官，旋又充江南鄉試副考官，十一月提督江西學政。八年（1743）六月遷侍講，十一月遷右庶子，十年（1745）四月轉左庶子。十三年（1748）二月擢侍讀學士，三月遷少詹事。十五年（1750）六月充福建鄉試正考官，十月遷太常寺卿。〔註84〕

以上模式為逐級晉陞理想型態，實際情形則不盡皆如此，躐等超陞者仍大有人在，以下數例可為說明。

麻勒吉，滿洲正黃旗，姓瓜爾佳氏，終官提督九門步軍統領，無諡。順治九年（1652）滿洲會試第一，殿試一甲一名，授修撰。十年（1653）五月，以「同庶吉士教習，有志向學，兼通滿漢文義，其氣度亦老成」，奉旨遇侍讀學士缺出，即行推補，於是授為弘文院侍講學士。十一年（1654）擢弘文院學士。十二年（1655），始設日講官，以麻勒吉與學士胡兆龍等充之，旋同學士禪代、胡兆龍、李霨教習庶吉士。其時編纂太祖、太宗《聖訓》及奉詔刪定歷代《通鑑》，均充副總裁。十四年（1657）九月充經筵講官，十八年（1661）七月授秘書院學士，康熙五年（1666）擢刑部侍郎〔註85〕。由修撰躍陞四級

〔註82〕王鍾翰點校《清史列傳》冊三，卷十，王鴻緒，頁688。
〔註83〕王鍾翰點校《清史列傳》冊五，卷十九，錢陳群，頁1443。
〔註84〕王鍾翰點校《清史列傳》冊五，卷二十，金德瑛，頁1477。
〔註85〕王鍾翰點校《清史列傳》冊三，卷十，麻勒吉，頁669。

而為侍講學士，除氣度老成、兼通滿漢文義之外，實際原因應以其為滿人之故。按順治八年（1651）定滿洲、蒙古與漢軍、漢人分試之制，麻勒吉以繙譯中舉人，翌年即中會試滿洲榜第一，又殿試一甲一名，實是滿人於科目當中掄魁第一人，當然甚受重視並刻意栽培。

張英，江南桐城人，終官文華殿大學士，卒諡文端。康熙六年（1667）進士，改庶吉士，旋丁父憂而回籍，服闋後至十一年（1672）始補授編修，翌年充日講起居注官，十五年（1676）遷左春坊左諭德〔註86〕。是其以丁憂而中斷庶常館之學習，又以正七品編修陞為從五品諭德，超遷三級。

覺羅滿保，滿洲正黃旗，終官閩浙總督，無諡。康熙三十三年（1694）進士，改庶吉士，散館授檢討。三十八年（1699）充浙江鄉試副考官，尋充日講起居注官。四十年（1701）遷侍講，四十一年（1702）充山東鄉試副考官，四十五年（1706）授國子監祭酒，四十八年（1709）擢內閣學士並充經筵講官〔註87〕。由檢討超擢侍講，連躍四級，當然亦是以其為滿人且屬覺羅之故。

鄂容安，滿洲鑲藍旗，終官西路參贊大臣，卒諡剛烈。雍正十一年（1733）進士，改庶吉士，奉旨行走軍機處。乾隆元年（1736）授編修，在南書房行走。二年（1737）遷侍郎，三年（1738）七月充日講起居注官，十二月轉侍讀。五年（1740）六月擢詹事府詹事，八月命入上書房隨福敏行走。由編修（正七品）超遷侍郎（從二品），此實亙古未有之事，當鄂容安日後被擢詹事府詹事時，曾經奏辭再三，高宗乃諭「朕之用人，悉秉至公，毫無私意於其間。古云『非喬木之謂，有世臣之謂』，蓋以大臣子弟果能立志向上，諸士黽勉，斯能不愧世臣，可以為國家宣力。朕觀鄂容安及大學士張廷玉之子張若靄、朱軾之子朱必堦，皆能遵守家訓，祗受國恩。況鄂容安、張若靄向蒙皇考命在軍機處行走，原欲造就成人。此次擢用，乃朕量材加恩，即寓栽培之道。賜容安不必以己意固辭」〔註88〕。即因鄂容安為大學士鄂爾泰長子，乃所謂世臣，故而特受恩遇，是則高宗所言實為欲蓋彌彰之語。

董邦達，浙江富陽人，終官禮部尚書，卒諡文恪。雍正十一年（1733）進士，改庶吉士，散館授編修。乾隆三年（1738）六月充陝西鄉試副考官，

〔註86〕 王鍾翰點校《清史列傳》冊三，卷九，張英，頁631。
〔註87〕 王鍾翰點校《清史列傳》冊三，卷十二，覺羅滿保，頁879。
〔註88〕 王鍾翰點校《清史列傳》冊五，卷十九，鄂容安，頁1425。

九年（1744）六月充日講起居注官，尋授右中允，十二月遷侍講。十年（1745）遷侍讀學士，十一年（1746）以與修《明史綱目》告成而議敘紀錄三級。十二年（1747）正月命南書房行走，七月擢內閣學士〔註89〕。由編修遷中允、侍講遷侍讀學士，皆是越級陞遷。

　　陸費墀，浙江桐鄉人，終官禮部左侍郎，無諡。乾隆三十一年（1766）進士，改庶吉士，三十四年（1769）散館授編修。三十五年（1770）充順天鄉試同考官。三十八年（1773）二月，開《四庫全書》館，充總校官，十月充日講起居注官。三十九年（1774）以承辦《四庫全書》與《薈要》處繕錄之事，加恩以侍讀陞用，四十年（1775）擢侍讀學士，尋陞少詹事〔註90〕。以編修越三級陞侍讀，再越二級陞為侍讀學士，皆是緣於辦理《四庫全書》有勞之故。

二、大考超擢

　　大考成績前列亦是翰詹超遷原因之一，例如祁陽陳大受，於乾隆二年（1737）大考列一等一名，由編修超遷侍讀〔註91〕。新建裘日修於乾隆八年（1743）大考優等，由編修超遷侍讀學士〔註92〕。天台齊召南，於乾隆元年（1736）博學鴻詞試，改翰林院庶吉士，散館授檢討。八年（1743）大考高等，超擢右中允，洊陞至侍讀學士。十三年（1748）再遇大考，有賦題「竹泉春雨賦」，人皆不知為高宗御畫，獨齊召南所作稱旨，特取一等一名，授內閣學士〔註93〕。諸城竇光鼐，乾隆十三年（1748）大考列四等，本應降黜，僅罰俸一年，且由編修特遷中允，前所未有。按照大考翰詹，惟一等及二等前數名得以遷擢，名次稍後者則或被文綺之賜。中、贊以上列三等之末，率皆改官降黜，編、檢奪俸。至四等則無不降斥。竇光鼐大考列四等而邀恩

〔註89〕 王鍾翰點校《清史列傳》冊五，卷二十，董邦達，頁1475。

〔註90〕 王鍾翰點校《清史列傳》冊七，卷二十六，陸費墀，頁2022。

〔註91〕 王鍾翰點校《清史列傳》冊五，卷十八，陳大受，頁1368。

〔註92〕 錢儀吉《碑傳集》冊三，卷三十三，乾隆朝部院大臣中之中，于敏中〈誥授光祿大夫太子少傅經筵講官南書房供奉工部尚書兼管順天府尹事諡文達裘公日修墓誌銘〉，頁1016；戴震〈光祿大夫工部尚書太子少傅裘文達公墓誌銘〉，頁1019。

〔註93〕 王鍾翰點校《清史列傳》冊十八，卷七十一，齊召南，頁5862。
　　　　陸以湉《冷廬雜識》，卷六，齊少宗伯，頁307。「其賦天語襃獎，即寫入御筆畫卷之後，裝潢成軸。宗伯因賦詩紀恩云『賦比相如定不如，卻登玉軸五雲書。武皇縱歎凌雲筆，祇聽傍人頌子虛』」。

寵，實因其學韓昌黎古文，自成家言，拘官鯁直清介，爲高宗所知所愛之故
〔註94〕。乾隆十七年（1752）大考翰詹，以「納涼賦」爲題，與試諸人多規
撫《上林》、《子虛》，鋪陳宮殿苑囿，獨編修汪廷嶼以宵旰憂勤民事立言，特
擢一等一名，超授侍講學士。嗣後一年之中，頻充日講起居注官、會試同考
官、武會試副總裁官，皆由大考一賦爲之羔雁。〔註95〕

　　高宗乾隆五十六年（1791）大考，曾有集體超陞之事。該年大考，詩題
「賦得眼鏡」五言八韻得他字，賦題「擬張衡天象賦」以奉三無以齊七政爲
韻，疏題「擬劉向請封甘延壽陳湯疏並陳今日同不同」。與試翰詹九十六人，
考後欽定一等二人阮元、吳省蘭，二等胡長齡等十人，三等潘紹經等七十四
人，不入等集蘭一人。即以此定各人陞授降黜有差，凡陞授者皆爲超陞：

　　　　侍講吳省蘭陞授詹事（正三品）。

　　　　編修阮元陞授少詹事（正四品）。

　　　　侍講曹城，編修劉鳳誥、吳樹本俱陞授侍讀學士。

　　　　修撰胡長齡，侍讀陳嗣龍俱陞授侍讀學士。

　　　　編修汪廷珍，檢討劉鐶之俱陞授侍讀。

　　　　編修曹振鏞雖考列三等，以尚堪造就，且係大臣曹文埴之子加恩陞
　　　　授侍講。

　　　　編修程昌期、崔景儀俱陞授贊善。〔註96〕

以大考高等而超陞之例，屢見不鮮。太湖李國杞，宣宗道光九年（1829）己
丑科進士，入館，授爲詞臣。十三年（1833）大考「馬援討交阯論」，誤書
「阯」作「趾」，列四等，罰俸二年。至十八年（1838）再遇大考，有詩題「心
共寒潭一片澄」，國杞作答次聯有「雙清觀我相，一片勵臣心」語，經宣宗御
筆加圈，列一等第一，由編修超擢侍講學士〔註97〕。又如道光末年，曾國藩
大考第一，由檢討超擢侍讀學士；文宗咸豐中，大考第一顏宗儀，由編修陞
侍講學士；穆宗同治初年，大考一等第一孫毓汶，由編修陞侍讀學士；德宗
光緒元年（1875）乙亥大考，一等第一吳寶恕、第二瞿鴻機，分別超陞讀、

〔註94〕　王鍾翰點校《清史列傳》冊六，卷二十四，竇光鼐，頁 1815。

　　　　陳康祺《郎潛紀聞初筆二筆三筆》，初筆，卷二，大考升降之例，頁 37。

〔註95〕　陳康祺《郎潛紀聞初筆二筆三筆》，三筆，卷十一，殿廷應試詞賦之體裁，頁
　　　　840。

〔註96〕　李調元《淡墨錄》，卷十二，考翰林眼鏡題，頁 14a～16b。

〔註97〕　陸以湉《冷廬雜識》，卷五，學政三年六人，頁 290。

講學士；光緒二十年（1894）甲午大考，一等第一文廷式，由編修陞侍讀學士。〔註98〕

三、內陞京官

詞臣內陞，除翰詹衙門互轉之外，另亦包括京中其他衙門。此處所謂內陞京官，係指翰詹經歷大致完整而後遷擢京官如部曹、九卿、科道，甚或洊陞部院宰輔者，茲舉數例。

牛鈕，滿洲正藍旗，姓赫舍里氏，終官內閣學士，無諡。康熙九年（1670）三甲進士，選庶吉士。十一年（1672）授檢討，尚未到任即超擢侍講。歷充《太宗實錄》纂修官、日講起居注官、經筵講官、奉敕撰《尚書解義》《四子書》、《易經講義》《鑑古輯略》《明史》總裁官、兼《方略》副總裁、教習庶吉士、賜恤朝鮮正使、殿試讀卷官。其歷官途徑如下：

檢討→超擢侍講→大考第一擢侍講學士→轉侍讀學士→詹事→翰林
院掌院學士兼禮部侍郎→轉內閣學士仍兼禮部侍郎→卒於任。

自始授職至始任內閣學士，共經十二年，立朝垂二十年，先後所居皆清近之職。滿洲之有漢文進士，自牛鈕始，當時人咸以為榮。〔註99〕

王掞，江南太倉人，終官文淵閣大學士，無諡。康熙九年（1670）進士，由庶吉士授編修。嘗充山東鄉試正考官、順天鄉試正考官、武會試正考官、經筵講官、會試正考官、纂修《玉牒》副總裁。其歷官途徑如下：

編修→左贊善，尋因病回籍→病瘥，補右贊善→提督浙江學政→遷
侍講→轉侍讀→遷侍講學士→轉侍讀學士→擢內閣學士→遷戶部右
侍郎→轉左→調吏部→受刑部尚書→調工部→調兵部→調禮部→晉
文淵閣大學士→休致。

自始授職至始任大學士，共歷三十九年，前後立朝五十年。任事日久，遍歷六曹，每涖官必告同事曰「某於公事，知無不言，言無不盡，言之而聽固善，不聽必愚見之誤也，亦不敢固執，然此為事介兩可者言也。若確見其失，萬不可假借者，諸公自為之，某不能唯唯聽命也」，同列皆以此敬重之，

〔註98〕崇彝《道咸以來朝野雜記》，頁108。
　　　　詞館人員不數年即驟擢卿貳，類皆大考前列所致。見夫椒蘇何聖生《詹醉雜
　　　　記》，卷二，頁6a～6b。
〔註99〕錢儀吉《碑傳集》冊四，卷四十，內閣九卿上，徐乾學〈資政大夫經筵講官
　　　　內閣學士兼禮部侍郎牛公鈕墓誌銘〉，頁1116。

若事有不決，必俟王掞一言乃定。故事，閣臣例不兼經筵，然王掞拜相之後，以禮部尚書兼銜而爲經筵講官，實因在聖祖講幄甚久，敷陳得體，特有是命。〔註100〕

陸葇，浙江平湖人，終官內閣學士，無諡。康熙六年（1667）進士，管內秘書院典籍。十八年（1679）以薦召試博學鴻儒，名列一等，授翰林院編修，分纂《明史》。嘗充福建鄉試正考官、順天武鄉試副考官、入直南書房、內廷諸書局總裁。其歷官途徑如下：

内秘書院典籍→試鴻博授編修→左春坊左贊善→大考第一超擢內閣
學士，兼禮部侍郎銜→告歸。

自始授職至始任內閣學士，共經二十七年。以典籍薦試鴻博而授編修，實以考列一等之故。總裁諸書史包括《續修唐類函》、《三朝國史》、《平定方略》、《會典》、《一統志》。〔註101〕

吳苑，安徽歙縣人，終官國子祭酒，無諡。康熙二十年（1681）進士，改庶吉士，散館授檢討。嘗充會試同考官、日講起居注官、順天武鄉試正考官，與修《一統志》、《明史禮志》、《禮經講義》。其歷官途徑如下：

檢討→右中允→轉左→侍講→超遷國子祭酒→母老乞歸。

進士對策，極論黃淮分合之勢，指陳凱切，非經生家語。國子祭酒視事日，即以振起士風、剗剔積弊爲先務，革除到監錢、出吝錢等陋習。奏准八旗子弟在官學者，一體考校。又請將教習八旗子弟者，期滿後，以文爲去取，授爲知縣，報可，得使寒素士晉身者二十四人，一時咸服其至公。另補刻前明與順治三年（1646）丙戌首科以下十八科進士題名碑，並請准摹鐫闕里聖祖御書「萬世師表」額，榜之廟中。大學士王熙稱爲近今第一祭酒。〔註102〕

倪承寬，江南錢塘人，終官太常寺卿，無諡。乾隆七年（1742）由舉人考取內閣中書。丁父憂服闋候補官協辦內閣侍讀，十七年（1752）成進士，

〔註100〕王鍾翰點校《清史列傳》冊三，卷九，王掞，頁650。
錢儀吉《碑傳集》冊一，卷十三，康熙朝宰輔下，錢大昕〈文淵閣大學士兼禮部尚書王公掞傳〉，頁340。
〔註101〕王鍾翰點校《清史列傳》冊十八，卷七十，陸葇，頁5757。
錢儀吉《碑傳集》冊四，卷四十，內閣九卿上，毛奇齡〈予告內閣學士兼禮部侍郎陸公葇神道碑銘〉，頁1122。
〔註102〕王鍾翰點校《清史列傳》冊十八，卷七十一，吳苑，頁5798。
錢儀吉《碑傳集》冊四，卷四十六，翰詹中之上，金德嘉〈吳祭酒苑傳〉，頁1280。

以一甲三名授編修，丁母憂。嘗充上書房行走、經筵講官、禮部會試知貢舉、武會試正考官。其歷官途徑如下：

> 內閣中書→丁父憂服闋起補內閣協辦侍讀→翰林院編修→丁母憂服闋散館一等，以編修直上書房→大考高等，陞右中允→遷太僕寺少卿→特擢內閣學士→授禮部右侍郎→提督順天學政→調戶部倉場侍郎→受內監高從雲案牽連，命以編修仍直上書房→授鴻臚寺卿→授太常寺卿→卒於任。

居官四十一年，由翰林侍皇子講讀二十餘年。總督倉場時，仍命於漕務之暇入直，直廬在澄懷園之近光樓，讀書每至夜半，內廷禁衛見樹陰燈火，率稱「倪翰林書燈」。〔註103〕

程景伊，江南武進人，終官文淵閣大學士，卒諡文恭。乾隆四年（1739）進士，由庶吉士授編修。嘗充會試同考官、上書房行走、日講起居注官、武會試正考官、《續文獻通考》副總裁、經筵講官、《三通》館副總裁、國史館副總裁、《四庫全書》館總裁、教習庶吉士、與修《明史》各本紀、《玉牒》館副總裁、文淵閣領閣事、國史館總裁、《三通》館總裁。其歷官途徑如下：

> 編修→超遷侍讀→大考二等遷侍讀學士→丁母憂後，回補侍讀學士→遷詹事→遷內閣學士→擢兵部侍郎→調禮部右侍郎→署吏部侍郎→實授吏部右侍郎，兼署工部左侍郎→調工部侍郎→回任吏部→擢工部尚書→調刑部→調吏部→協辦大學士→晉文淵閣大學士，兼吏部尚書暫管吏部事務→卒於任。

自始授職至始任大學士，共歷三十四年，前後在朝三十五年。〔註104〕

錢灃，雲南昆明人，終官監察御史，無諡。乾隆三十六年（1771）進士，改庶吉士，授檢討。嘗充廣西鄉試副考官。其歷官途徑如下：

> 檢討→江南道監察御史→通政司參議→太常寺少卿→通政司副使→提督湖南學政→緣事降級，復遭艱歸，服闋補主事→擢御史，直軍機處→卒於任。

立朝二十三年，所行事之最著者為疏劾陝甘總督畢沅於冒賑諸弊案內，瞻徇畏避，查辦後罰畢沅降三品頂戴，仍留巡撫任。復不畏和珅權勢，嚴劾其黨

〔註103〕錢儀吉《碑傳集》冊四，卷四十二，內閣九卿下，邵晉涵〈誥授光祿大夫太常寺卿倪公承寬墓誌銘〉，頁1165。
〔註104〕王鍾翰點校《清史列傳》冊六，卷二十一，程景伊，頁1549。

山東巡撫國泰貪縱營私，終使伏法。〔註105〕

　　馮敏昌，廣東欽州人，終官刑部主事，無諡。乾隆四十三年（1778）進士，由庶吉士授編修。嘗充會試同考官。其歷官途徑如下：

　　　　編修→大考改主事，補刑部河南司主事→丁艱，廬墓六年不復出。

生平遍遊五嶽，足跡半天下。其詩由昌黎、山谷而來，上追李杜。嘗論學云「聖門之學，大抵就事上見心。又順理成章，至公無我，可以處處推廣。又知權達變，無歉於己而有濟於人。此之謂仁耳」。〔註106〕

四、外轉他途

　　外轉他途係指原為翰詹詞臣，其後外放地方，包括督、撫、藩、臬、道、府、州、縣，以及其他如治河、漕務、鹽運等專門職掌者。此等人員，日後或回任京官，或終官外任，要之，其詞臣經歷標誌皆終生不去。庶吉士散館他授者，以其並非詞臣，此處不予論列。以下仍分別舉例說明。

　　朱之錫，浙江義烏人，終官河道總督，無諡。順治三年（1646）進士，改庶吉士，授編修。六年（1649）二月，大學士剛林、范文程等請簡翰林官十二人，編輯六科章奏以備國史之用，之錫與焉。其歷官途徑如下：

　　　　編修→丁父憂，服闋，補原官→擢弘文院侍讀學士→遷少詹事→遷
　　　　詹事→遷弘文院學士→擢吏部右侍郎→以兵部尚書銜總督河道→丁
　　　　母憂，命在任守制→卒於官。

經營河上十年，凡修守運河堤岸，綢繆至計，無不悉心擘畫，如夫役工程、錢糧職守，皆商權至當，一一條奏報可。尤其承前任楊方興之後，並未墨守成規，凡事自有己見，又未嘗有大工鉅役，使數省之民獲免昏墊。其開董口新河，復太行老堤，挑高郵運道，治石香爐決口，功著揚、豫二省。治河方略見於〈兩河利害〉等疏。〔註107〕

〔註105〕王鍾翰點校《清史列傳》冊十八，卷七十二，錢灃，頁5934。
　　　　錢儀吉《碑傳集》冊五，卷五十六，科道下之中，袁文揆〈侍御錢先生灃別傳〉，頁1622。

〔註106〕王鍾翰點校《清史列傳》冊十八，卷七十二，馮敏昌，頁5947。
　　　　錢儀吉《碑傳集》冊五，卷六十，曹司下，吳蘭修〈戶部主事馮公敏昌傳〉，頁1728。

〔註107〕王鍾翰點校《清史列傳》冊二，卷八，朱之錫，頁552。
　　　　錢儀吉《碑傳集》冊七，卷七十六，河臣下，陸燿〈治河名臣小傳——朱之錫〉，頁2177。

　　吳正治，湖廣江夏人，終官武英殿大學士，卒諡文僖。順治五年（1648）
進士，改庶吉士，八年授內翰林國史院編修。十五年（1658）特簡翰林官十
五人外轉，正治與焉，乃授江西布政司參議，分守南昌道。嘗充順天鄉試副
考官、經延講官、會試正考官、重修《太祖高皇帝實錄》總裁官、《三朝聖訓》
總裁官、《大清會典》總裁官、《一統志》總裁官、《平定三逆方略》總裁官。
其歷官途徑如下：

> 編修→丁母憂，服闋，起補原官→遷右庶子，兼侍講→特授江西南
> 昌道→遷陝西按察使→內陞工部侍郎→調刑部→請假省親二年，假
> 滿，補工部左侍郎→丁父憂，除服，補兵部督捕左侍郎→擢都察院
> 左都御史→遷工部尚書→調禮部尚書→授武英殿大學士→致仕，卒
> 於家。

當分守南昌道命下，或有以人情重內輕外為言者，乃奮然曰「上不以臣為不
肖，得備驅策，何內外之有」。在任旬月，平劇盜，出疑獄，境內頌聲翕然。
內召還京之初，銓司原擬循例補授大理寺少卿，但世祖以其前在陝西按察使
任內廉明允正，特授工部侍郎。在禮部凡十年，一遇冊立東宮，兩遇冊立中
宮，皆充冊使。又自云禮部「秩宗重任，非優游養閒地也」，故凡屬郊廟、朝
會、賓貢、燕饗、行慶、告捷諸大禮，皆躬親敬肅，考稽古今沿革事宜，綱
舉目張，屢為聖祖稱善；南郊分獻，舊例原屬勛爵之任，亦以此而特遣之，
時稱異數。〔註108〕

　　曹申吉，山東安丘人，終官貴州巡撫，無諡。順治十二年（1655）進士，
改庶吉士，十四年（1657）授編修。嘗充日講官，扈從、殿試讀卷官。十五
年（1658）以才堪外用，出為湖廣右參議，分守下荊南道。其歷官途徑如下：

> 編修→外用湖廣右參議，分守下荊南道→遷河南分巡睢陳兵備道副使
> →內擢通政使左通政→遷大理寺卿→順治十八年（1661）以疾告歸，
> 康熙三年（1664）疾瘥還職→擢禮部右侍郎→吏部右侍郎→工部右
> 侍郎→兼都察院右副都御史巡撫貴州→遭吳三桂之變，殉節雲南。

少年早達，二十一歲成進士，二十四歲任官方面，二十六歲位躋九列。當其
應庶常之選，世祖方嚮文學，親閱其卷，擢第一，自慶得人，並賜以錦袍。

〔註108〕王鍾翰點校《清史列傳》冊三，卷九，吳正治，頁636。
　　　　錢儀吉《碑傳集》冊一，卷十二，康熙朝宰輔中，彭定求〈光祿大夫太子太
　　　　傅禮部尚書武英殿大學士吳文僖公正治墓誌銘〉，頁291。

詞臣外轉，例許爲各省學政，曹申吉獨有己見「上命將試以艱難，而臣下遽請清華，可乎」，遂出爲分守道，鎭勛陽。巡撫貴州時，以吳三桂逆作被俘，仍潛遞奏疏、密陳機宜，事覺而遇害。〔註109〕

　　黃叔琳，順天大興人，終官詹事府詹事，無諡。康熙三十年（1691）一甲三名進士，授編修，累遷侍講。嘗充江南鄉試正考官。其歷官途徑如下：

編修→遷國子司業→侍講→丁父憂，服闋，補原官→提督山東學政→遷鴻臚寺少卿，留學政任→遷通政司參議→左僉都御史→太常寺卿→內閣學士→刑部右侍郎→調吏部→授浙江巡撫→以巡撫任內查鹽等案革職，命赴海塘效力→授山東巡撫→遷山東布政使→丁母憂，服闋，授詹事→以山東布政使任內誤揭屬員諱盜，革任→乾隆十六年（1751）以重遇傳臚歲紀，從優加給侍郎銜→卒於家。

當督學山東時，毅然以興學育才爲己任，捐修三賢祠於泰山之麓，奉祀宋儒胡安定、孫明復、石徂徠。又興復白雪、松林兩書院，延師儒，選才俊，捐備膏火。巡撫浙江時，以薦賢爲重，所汲引者如萊州縣令嚴有禧、長清縣令劉輝祖，皆以循良遷秩。典試江南所拔取者，多有博學之士，如理學任啓運、經學陳祖范、文學徐文靖。又善識天下才俊，方苞爲諸生時曾來扣謁，稱莫逆，凡方苞所著《周禮》、《春秋》之學，皆與叔琳往復指畫，無稍間斷。〔註110〕

　　張甄陶，福建福清人，終官知縣，無諡。乾隆十年（1745）進士，選庶吉士，散館授編修。其歷官途徑如下：

編修→改廣東鶴山知縣→調香山縣→調新會縣→調高要縣→調揭陽縣→丁憂除服，起補雲南昆明知縣→坐事免職→以滇黔總督劉藻薦，賞加國子司業銜→卒於家。

甄陶嗜學，早年受巡撫王恕、學政周學健之薦，入學國子監。乾隆元年（1736）舉博學鴻詞試，不售，由大學士朱軾、侍郎方苞、侍郎李紱薦充《三禮》纂修官，但辭不入館，改從方苞問學，得於詞館讀書，取《永樂大典》三萬卷遍觀之，致廢寢食而不顧。由翰林補授外任之時，人咸惜之，甄陶獨慨然有

〔註109〕錢儀吉《碑傳集》冊六，卷六十三，康熙朝督撫上之上，張貞〈通奉大夫巡撫貴州工部右侍郎兼都察院右副都御史加一級曹公申吉墓誌銘〉，頁1784。
〔註110〕王鍾翰點校《清史列傳》冊四，卷十四，黃叔琳，頁1055。
　　　　錢儀吉《碑傳集》冊六，卷六十九，雍正朝督撫，頁1991；陳兆崙〈詹事府詹事加侍郎銜刑部右侍郎黃公叔琳墓誌銘〉，戈濤〈黃崑圃先生傳〉，頁1994。

用世之志曰「視國如其家，視民如其身，視官如其日用飲食。以天下爲己任者，不當如是耶」，乃在嶺南仿明人呂坤作《學實政錄》。歷官粵東六年，所歷諸縣，類皆難治劇邑，然所有設施，綱舉目張，使粵中利弊興革，一一見諸施行。自雲南去職後，在滇黔兩省主講書院垂十六年，名宦尹壯圖、錢灃皆其弟子。晚病歸閩，主講鼇峰書院，以經義課士，乃通漢唐註疏之學。著述蒙繁，大指以正心術爲本，以多見聞爲資，以明體達用爲宗，以濟人利物爲效。〔註111〕

沈業富，江蘇高郵人，終官鹽運使，無諡。乾隆十九年（1754）進士，由庶吉士授編修。嘗充江西鄉試副考官、山西鄉試副考官、分校順天鄉試、國史館纂修官、《續文獻通考》館纂修官。其歷官途徑如下：

編修→出知安徽太平府→擢河東鹽運使→乞養歸，卒於家。

任編修時，前後典試三地，皆正法衡文，得士爲盛，尤屏絕聲氣，關節不通，館譽重之。出補太平知府，掌院劉統勳曰「纂書之勤，無如君者」，欲留爲京秩而未果。在太平府任十六年，於災省尤爲盡職。授鹽運使乃高宗特簡，立「均引順路」之法，盡革絕河東三省鹽運賄賂之弊。〔註112〕

畢沅，江蘇鎮洋人，終官湖廣總督，無諡。乾隆二十二年（1757）以舉人爲內閣中書、軍機處行走。二十五年（1760）一甲一名進士，授修撰。嘗充日講起居注官、教習庶吉士、會試同考官。其歷官途徑如下：

修撰→左中允→侍讀→左庶子→特授甘肅鞏秦階道→安肅道→陝西按察使→陝西布政使→授陝西巡撫→丁母憂，去職→未服闋，署理陝西巡撫→服闋，實授巡撫→調河南巡撫→擢湖廣總督→以未奏報傳習邪教及夥匪事，降補山東巡撫，摘去花翎→仍授湖廣總督→卒於任。

早年儤直內廷，即習於朝章國故，爲尚書裘日修所知。殿試之時，就新疆屯田事宜詳核對策，獨邀眷寵，由擬進第四改爲第一。在翰林六載，曾於耕籍田禮中，以詩而獲高宗青睞。出仕西陲，拓地二萬餘里，名臣宿將往來邊徼，

〔註111〕 王鍾翰點校《清史列傳》冊十九，卷七十五，張甄陶，頁6204。
錢儀吉《碑傳集》冊九，卷一〇六，乾隆朝守令中之下，孟超然〈賜進士出身敕授文林郎廣東新會縣知縣前翰林院編修張公甄陶墓誌銘〉，頁3018。
〔註112〕 王鍾翰點校《清史列傳》冊十八，卷七十二，沈業富，頁5901。
錢儀吉《碑傳集》冊七，卷八十六，乾隆朝監司下之下，阮元〈翰林院編修河東鹽運使司沈公業富墓誌銘〉，頁2486。

皆與之上下諏諮。又掌新疆經費局，凡行軍轉餉諸利弊，無不貫串熟悉，故四川、陝西、湖廣等地軍務頻繁，仍能兼權熟計，經理裕如。以經濟、文學上結主知，出鎮外任前後二十六年，旌節所至，皆盡心國事、勤求民隱，歷省督撫之中，未有如是專且久者。〔註113〕

陳昌齊，廣東海康人，終官道員，無諡。乾隆三十六（1771）年進士，改庶吉士，授編修。嘗充《三通》館纂修官、《四庫全書》館纂修官、湖北典試、會試同考官。其歷官途徑如下：

> 編修→擢贊善→晉中允→大考三等，左遷編修→補河南道監察御史
> →陞兵科給事中→丁外艱，服闋，轉刑科給事中→授浙江溫處道→
> 因事罣部議，投劾歸，卒於家。

初在翰林時，大學士和珅欲羅致之，昌齊以和珅並非掌院，無晉謁之禮，卒不往。在兵科時，巡視中西二城，風規肅然，姦宄屏跡。在刑科時，以幼年生長海濱，洞悉邊要，乃上疏切言洋匪、會匪情形，亟請設法捕剿。翌年復條陳防海剿盜事宜，疏入，召對稱旨。其時海寇蔡牽騷擾閩浙，昌齊抵溫處道後，修戰艦、簡軍伍，細繪諸洋全圖，昕夕披覽，瞭如指掌，每接見武弁，必加意禮待，若關報稍有不實，輒指斥之，雖百里外事猶如親睹。〔註114〕

任應烈，浙江錢塘人，終官按察使副使，無諡。乾隆五十四年（1789）進士，改庶吉士，授編修，充《一統志》纂修官，書成晉級，以兩掌院之薦，出守河南懷慶。其歷官途徑如下：

> 修撰→河南懷慶知府→丁父憂，服闋，補南陽知府→大計卓異，晉
> 按察使副使→卒於任。

任懷慶知府，精於心計，民畏而吏不敢欺，尤以振興人文為己任，又請准以韓愈後裔為五經博士。出知南陽，雖地廣民悍，號稱難治，然用策擒盜，闔郡帖然。〔註115〕

〔註113〕王鍾翰點校《清史列傳》冊八，卷三十，畢沅，頁2305。
錢儀吉《碑傳集》冊六，卷七十三，乾隆朝督撫下之下，王昶〈兵部尚書都察院右都御史湖廣總督贈太子太保畢公沅神道碑〉，頁2098，洪亮吉〈畢宮保遺事〉，頁2104。

〔註114〕王鍾翰點校《清史列傳》冊十九，卷七十五，陳昌齊，頁6222。
錢儀吉《碑傳集》冊七，卷八十七，嘉慶朝監司，廣東通志〈浙江溫處道陳公昌齊傳〉，頁252。

〔註115〕錢儀吉《碑傳集》冊九，卷一○五，乾隆朝守令中之上，杭世駿〈南陽府知府任君應烈墓誌銘〉，頁2964。

五、文學詞臣

　　翰詹爲禁近侍從之臣，職司文學，舉凡內廷入直、制誥文字、日講記注、經筵講書、編纂書史以及典試衡文、提督學政等，均爲其職掌範圍。前文已有多人之仕宦經歷可以看出，無論宰輔部院、督撫藩臬，抑九卿科道、河漕鹽糧，凡翰院出身者，均曾有上述詞館文學經歷。唯此等人員究屬少數，尚有多數翰詹詞臣未必得以遷擢高位，是以此處所舉之例，類皆涵泳詞館、濡墨飽讀而踽行以終者。

　　曹本榮，湖北黃岡人，終官侍讀學士，無諡。順治六年（1649）進士，改庶吉士。布袍蔬食，以清節自勵。八年（1651）授秘書院編修。嘗充日講官、順天鄉試正考官、經筵講官。其歷官途徑如下：

> 編修→擢右春坊右贊善→尋遷國子司業→轉中允→陞秘書院侍講、左春坊左庶子，兼侍讀→遷翰林院侍講學士→轉侍讀學士→改國史院侍讀學士→請假回籍遷葬，客死揚州。

爲編修時，應詔上《聖學疏》千言，請世祖當以二帝三王之學爲學，舉《四書》、《五經》及《通鑑》中有裨身心要務、治平大道者，朝夕講論，以修君得，祈天之永命。在國子監，日夜以正學爲六館之倡，刊〈白鹿洞學規〉以教成均子弟。爲學自王陽明致良知入手，而加以踐履篤實之功，嘗謂「明德與仁，皆心之妙用，性原不睹不聞。見此之謂見道，聞此之謂聞道」。又謂「顏子不改其樂，從戒慎恐懼中來」。家道素貧，自庶常官編修、司業，皆僦居京師黃岡會館，四壁頹然，不避風雨，有問何以自苦若是，則笑曰「吾將以爲學也。學貴澹泊明志，使吾學有成，一旦得以致之吾君，使吾君爲堯舜，飢寒困苦非所惜也」。既卒，容城孫奇逢痛哭之，擬爲元代許衡。〔註116〕

　　施閏章，安徽宣城人，終官侍讀，無諡。順治六年（1649）進士，授主事。康熙十八年（1679）召試博學鴻詞，列二等四名，授侍講。其歷官途徑如下：

> 刑部主事→丁母憂，服闋，補員外郎→試高等，擢山東學政→秩滿，遷江西參議，分守湖西道→召試鴻博，二等四名，授侍講→轉侍讀→卒於官。

〔註116〕王鍾翰點校《清史列傳》冊十七，卷六十六，曹本榮，頁5287。
　　　　錢儀吉《碑傳集》冊四，卷四十三，翰詹上之上，計東〈中憲大夫內國史院侍讀學士曹公本榮行狀〉，頁1187。

提學山東，取士必先行而後文，講學重儒術。分守湖西道，屬郡殘破多盜，乃遍歷山谷撫循之，人呼爲「施佛子」。尤崇獎風教，所至輒修葺書院，會講數百人。入翰林後，充《明史》纂修官。適逢日講員缺，聖祖親命補缺，忌者沮之。又典試河南、奉命纂修《太宗文皇帝寶訓》。其學以體仁爲本，爲文意樸而氣靜。詩與宋琬齊名，五言詩尤爲王士禎所鍾。〔註117〕

　　朱彝尊，浙江秀水人，終官檢討，無諡。康熙十八年（1679）召舉博學鴻詞，以布衣入選，除翰林院檢討，與修《明史》。嘗充日講起居注官、江南鄉試副考官、入直南書房。其歷官途徑如下：

　　　　以布衣入選博學鴻儒，授檢討→以進書被劾，降一級→補原官，尋乞假歸，卒於家。

在史館，曾七上總裁書，論定凡例、訪遺書、寬其期等。直南書房時，命紫禁城騎馬，賜居邸於禁垣東，數與內廷宴，被文綺時果之賚。既乞歸居家，潛心著述，成書等身。〔註118〕

　　陸肯堂，江蘇長洲人，終官侍讀，無諡。康熙二十四年（1685）一甲一名進士，授修撰。嘗充江西鄉試正考官、日講起居注官。其歷官途徑如下：

　　　　修撰→右春坊右中允→轉左春坊左中允→擢侍講→轉侍讀→卒於官。

早年穎悟嗜學，初受知於朱彝尊，王鴻緒、徐乾學、汪琬皆推重之，相與訂交。在翰苑所撰誥命、制敕、傳記、詩章，俱務歸典要。朝廷大著作，亦多出其手。自出典文衡，以至陪侍螭頭、入直講幄，皆不循年資超擢，聖祖即曾兩謂閣臣「陸肯堂學問甚優，人品亦好」。〔註119〕

　　林蒲封，廣東東莞人，終官侍講學士，無諡。雍正八年（1730）進士，

〔註117〕趙爾巽等撰《清史稿》冊四十四，卷四八四，列傳二七一，文苑一，施閏章，頁13328。

　　　　王鍾翰點校《清史列傳》冊十八，卷七十，施閏章，頁5711。

　　　　錢儀吉《碑傳集》冊四，卷四十三，翰詹上之上，毛奇齡〈翰林院侍讀施君閏章墓表〉，頁1179。

〔註118〕王鍾翰點校《清史列傳》冊十八，卷七十一，朱彝尊，頁5776。

　　　　錢儀吉《碑傳集》冊四，卷四十五，翰詹上之下，陳廷敬〈日講官起居注翰林院檢討朱公彝尊墓誌銘〉，頁1267。

〔註119〕王鍾翰點校《清史列傳》冊十八，卷七十，陸肯堂，頁5768。

　　　　錢儀吉《碑傳集》冊四，卷四十六，翰詹中之上，張伯行〈翰林侍讀陸公肯堂墓表〉，頁1284。

由庶吉士授編修。嘗充會試同考官、兩充順天鄉試同考官。其歷官途徑如下：

<blockquote>編修→累遷侍講學士→提督江西學政，未到任而卒。</blockquote>

蒲封經術湛深，於天文、律呂，靡不研究。侍從二十年，性恥奔競，退食之暇則閉戶著述，蕭蕭然一如寒素。屢和御製詩，均能稱旨。纂修國史，凡有舛誤，亦侃侃正論。編纂《皇朝文穎》，校刊經史、《三通》，無不精當。〔註120〕

朱筠，順天大興人，弟為大學士朱珪。終官學政，無謚。乾隆十九年（1754）進士，由庶吉士授編修。嘗充日講起居注官、福建鄉試正考官、總辦《日下舊聞》修纂事、會試同考官三科。其歷官途徑如下：

<blockquote>編修→贊善→大考二等，擢侍讀學士→提督安徽學政→以生員欠考捐貢案，降三級用，加恩授編修，在辦理《四庫全書》處行走→提督福建學政→秩滿，返京數月卒。</blockquote>

乾隆三十八年（1773）詔求天下遺書，乃奏請將前明《永樂大典》擇取繕寫各目為書，其後四庫館開，得之於《大典》者五百餘部，皆世所不傳，次第刊布海內，實由朱筠發之。窮年考古，兼好金石文字，謂可證佐經史。為文長於敘事，書法參通六書，藏書萬卷，坐客常滿，談辯傾倒一時。〔註121〕

曹仁虎，江蘇嘉定人，終官學政，無謚。為諸生時，遇高宗南巡，召試列一等，特賜舉人，授內閣中書。乾隆二十六年（1761）進士，改庶吉士，授編修。其歷官途徑如下：

<blockquote>內閣中書→成進士，改庶吉士，授編修→遷右中允→晉侍講→轉侍讀→遷右庶子→擢侍講學士→提督廣東學政，遭母憂，以哀毀卒。</blockquote>

仁虎於學無不通，詩尤妙絕一世，所刻詩集，流傳日本，為「吳中七子」之一。在翰苑，每遇大禮，高文典冊、應奉文字，多出其手。〔註122〕

邵晉涵，浙江餘姚人，終官侍講學士，無謚。乾隆三十六年（1771）進士，歸班銓選。適會《四庫全書》館開，特詔與歷城周永年、休寧戴震等五

<hr>

〔註120〕王鍾翰點校《清史列傳》冊十八，卷七十一，林蒲封，頁5848。

〔註121〕王鍾翰點校《清史列傳》冊十七，卷六十八，朱筠，頁5496。
錢儀吉《碑傳集》冊四，卷四十九，翰詹下之上，孫星衍〈朱先生筠行狀〉，頁1380。

〔註122〕王鍾翰點校《清史列傳》冊十八，卷七十二，曹仁虎，頁5914。
李元度《國朝先正事略》冊下，卷四十一，張南華先生事略附曹仁虎，頁1102。

人，同入館編纂，乃改翰林院庶吉士，後授編修。嘗充廣西鄉試正考官、文淵閣直閣事、日講起居注官、國史館纂修官、國史館提調官、一典廣西鄉試、教習庶吉士二科。其歷官途徑如下：

> 進士歸班→以與修《四庫全書》，改庶吉士，授編修→大考，遷左中
> 允→轉補侍讀→左庶子→擢侍講學士→卒於官。

晉涵善讀書，四部七錄，靡不研究。尤長於史，淵源於父祖之學，蓋南宋以來，浙東儒哲講性命者，多攻史學，歷有師承之故。在國史館最久，編纂最多。〔註123〕

法式善，蒙古正黃旗，姓烏爾濟氏，隸內務府。乾隆四十五年（1779）進士，改庶吉士，授檢討。其歷官途徑如下：

> 檢討→擢司業→以高宗臨雍禮成，遷左庶子→遷侍讀學士→大考下
> 等，左遷工部員外郎→大學士阿桂薦補左庶子→陞祭酒→坐言事不
> 當，免官，俄而起復編修→遷侍講→轉侍讀→遷侍讀學士→大考下
> 等，降贊善→遷洗馬→陞侍講學士→坐修書不謹，貶秩為庶子→乞
> 病，卒於家。

每官至四品即左遷，名盛數奇，似有成格。自登仕版，即以研求文獻、宏獎風流為己任。為祭酒時，以「讀書立品」勗諸肄業知名之士，一時甄擢，稱為極盛。居翰林時，凡官撰之書，無不遍校，因此見聞益博。所撰《清秘述聞》、《槐廳載筆》，俱詳悉本朝故事，賅博審諦。〔註124〕

〔註123〕王鍾翰點校《清史列傳》冊十七，卷六十八，邵晉涵，頁5526。
　　　　錢儀吉《碑傳集》冊四，卷五十，翰詹下之中，王昶〈翰林院侍講學士充國史館提調官邵君晉涵墓表〉，頁1413；章學誠〈邵與桐別傳〉，頁1415。
〔註124〕王鍾翰點校《清史列傳》冊十八，卷七十二，法式善，頁5948。
　　　　李元度《國朝先正事略》冊下，卷四十三，法時帆先生事略，頁1142。